Die rechtlichen Rahmenbedingungen
für ausländische Investitionen in Ungarn

Europäische Hochschulschriften

Publications Universitaires Européennes
European University Studies

Reihe II
Rechtswissenschaft

Série II Series II
Droit
Law

Bd./Vol. 3244

PETER LANG
Frankfurt am Main · Berlin · Bern · Bruxelles · New York · Oxford · Wien

Ilona Schmitz-Filvig

Die rechtlichen Rahmenbedingungen für ausländische Investitionen in Ungarn

PETER LANG
Europäischer Verlag der Wissenschaften

Die Deutsche Bibliothek - CIP-Einheitsaufnahme

Schmitz-Filvig, Ilona:

Die rechtlichen Rahmenbedingungen für ausländische Investitionen in Ungarn / Ilona Schmitz-Filvig. - Frankfurt am Main ; Berlin ; Bern ; Bruxelles ; New York ; Oxford ; Wien : Lang, 2001
(Europäische Hochschulschriften : Reihe 2, Rechtswissenschaft ; Bd. 3244)
Zugl.: Köln, Univ., Diss., 2000
ISBN 3-631-38430-0

D 38
ISSN 0531-7312
ISBN 3-631-38430-0

www.peterlang.de

VORWORT DER VERFASSERIN

Die folgende Arbeit lag im Wintersemester 2000 der Rechtswissenschaftlichen Fakultät der Universität Köln als Dissertation vor. Sie behandelt die rechtlichen Rahmenbedingungen der ausländischen Investitionen in Ungarn und die wichtigsten Gesetze des ungarischen Wirtschaftsrechts, außerdem stellt sie im Hintergrund den Übergang Ungarns von der sozialistischen Planwirtschaft in die Marktwirtschaft dar.

Meinem Doktorvater Herrn Prof. Dr. Karl-Heinz Böckstiegel bin ich zu tiefstem Dank für seine Unterstützung und rasche Betreuung verpflichtet. Herrn Prof. Dr. Georg Brunner danke ich für die zügige Erstellung des Zweitgutachtens.

Schließlich möchte ich meinem Mann für die unermüdliche Hilfe bei den Korrekturarbeiten, meinem Bruder für die Unterstützung der Literaturrecherchen und meinen Eltern für die Ermöglichung der Promotion danken.

Overath, Juni 2001

INHALTSVERZEICHNIS

Literaturverzeichnis XI

Abkürzungsverzeichnis....................XX

A. Einführung....................1

I. Wirtschaftliche Bedeutung der ausländischen Investitionen in Ungarn....................1

II. Die Rechtsentwicklung vor 1988 2

1. Die ausländische Kapitalinvestition als eine Folge der Wirtschaftsreform....................2
2. Wirtschaftliche Vereinigungen mit ausländischer Beteiligung....................3
a/. Gegenstand der Verordnung....................3
b/. Teilnehmer....................4
c/. Wirkungskreis der Verordnung....................5
d/. Vereinigungsformen....................5
e/. Gründung....................5
f/. Die Führung der Wirtschaftsvereinigung....................7
g/. Vermögensgarantien zugunsten der ausländischen Partner....................8
h/. Begünstigungen....................9
i/. Auflösung der Wirtschaftsvereinigung....................10
3. Zollfreigebietsvereinigungen....................10
4. Folgerung....................12

B. Sonderbestimmungen für ausländische Investitionen in Ungarn....................15

I. Vorbemerkungen....................15

II. Das Gesetz über die Wirtschaftsgesellschaften....................16

III. Das Gesetz über die ausländischen Investitionen....................20

1. Wesenszüge des Gesetzes....................20
2. Anwendungsbereich....................22
3. Die Gründung von Joint-Ventures....................24
4. Die Bedingungen für die Tätigkeit eines Gemeinschaftsunternehmens....................30
5. Garantien....................33
6. Steuerbegünstigungen....................37
7. Die Gesellschaft auf zollfreiem Gebiet....................40

IV. Immobilienerwerb durch Ausländer....44

1. Die Regelungen in den Verordnungen....44
2. Immobilienerwerb nach dem Investitionsgesetz....46
3. Widerspruch zwischen den Verordnungen und dem Investitionsgesetz....47

V. Die Handelsvertretung....49

1. Begriff und Bedeutung....49
2. Errichtung der Handelsvertretung....49
3. Die Tätigkeit der Handelsvertretung....51
4. Die Steuerverpflichtung....52
5. Auflösung....53
6. Service- und Informationsbüros....53

VI. Exkurs: Die Privatisierung....54

VII. Zusammenfassung....56

C. Neuere Tendenzen bei der Behandlung ausländischer Investitionen in Ungarn....58

I. Warum nimmt die Gleichbehandlung von Ausländern immer mehr zu?....58

II. Abbau der Sondernormen des Investitionsgesetzes....60

1. Anwendungsbereich....60
2. Die Gründung von Gesellschaften mit ausländischer Beteiligung....61
3. Bedingungen für die Tätigkeit der Gesellschaft mit ausländischer Beteiligung....62
4. Garantien....62

III. Abbau der Steuerbegünstigungen....63

IV. Die Gesellschaft auf zollfreiem Gebiet....65

V. Immobilienerwerb von Ausländern....67

1. Immobilien für landwirtschaftliche Zwecke....67
2. Sonstige Immobilien....69

VI. Weitere Möglichkeiten für ausländische Investoren....70

1. Handelsvertretung....71
a/. Begriff....71
b/. Gründung der Handelsvertretung....71
c/. Die Tätigkeit der Handelsvertretung....72
d/. Die Auflösung....73
2. Zweigniederlassung....73
a/. Begriff....73
b/. Gründung....73
c/. Tätigkeit....74
d/. Auflösung....75
3. Wirtschaftsniederlassung von Ausländern als selbständiger Unternehmer....76

VII. Zusammenfassung....77

D. Überblick über sonstige rechtliche Rahmenbedingungen für ausländische Investitionen....79

I. Vorbemerkung....79

II. Die Wirtschaftsverfassung Ungarns....79

III. Das Zivilgesetzbuch....79

IV. Gerichtsbarkeit: Die ordentlichen Gerichte und das Schiedsgericht....81

1.Das Gerichtssystem....81
2. Die Schiedsgerichtsbarkeit....82
a/. Die Bedeutung und der Begriff der Schiedsgerichtsbarkeit....82
b/. Die Wirkung des Gesetzes....85
c/. Die Vereinbarung des Schiedsgerichtes....86
d/. Die Schiedsvereinbarung....87
e/. Verzicht auf das Recht der Einrede....88
f/. Klage vor dem Gericht trotz Schiedsvereinbarung?....89
g/. Die Auswahl und Ernennung der Schiedsrichter....91
aa. Auswahl....91
bb. Ernennung des Schiedsrichters....93
h/. Die Befangenheit und die Beendigung des Mandats als Schiedsrichter....95
i/. Die „Kompetenz-Kompetenz“....99
j/. Die Grundsätze des Schiedsverfahrens....103
k/. Beginn und Verlauf des Schiedsverfahrens....106
l/. Anordnung vorläufiger und sichernder Maßnahmen....110
m/. Die Einstellung des Schiedsverfahrens....111
n/. Internationales schiedsrichterliches Verfahren....114

o/. Funktionen der Gerichte: Aufhebung und Vollstreckung des Schiedsspruchs....116
p/. Das Schiedsgericht der Ungarischen Industrie- und Handelskammer....119

V. Gesellschaftsrecht....120

1. Begriff der Wirtschaftsgesellschaft....122
a/. Offene Handelsgesellschaft (OHG)....122
b/. Kommanditgesellschaft (KG)....123
c/. Gesellschaft mit beschränkter Haftung (GmbH)....124
d/. Aktiengesellschaft (AG)....125
e/. Gemeinsame Unternehmen....126
2. Die Gründung einer Wirtschaftsgesellschaft....126
3. Vorgesellschaft....134
4. Das Firmengericht....135
a/. Firmenregister....135
b/. Rechtsaufsicht....137
c/. Sonstiges....139
5. Sonderaufgaben des Gerichts hinsichtlich der Wirtschaftsgesellschaften....139
a/. Unwirksamkeitsfeststellung des Gründungsvertrages....139
b/. Gerichtliche Revision des Gesellschaftsbeschlusses....140
c/. Ausschluß eines Gesellschafters....141
d/. Der Minderheitenschutz vor dem Gericht....143
6. Die Organe und führenden Amtsträger der Gesellschaft....143
a/. Höchste Organe....143
b/. Geschäftsführung....144
c/. Aufsichtsrat....147
7. Die Vertretung der Gesellschaft....149
8. Die Umwandlung der Wirtschaftsgesellschaften....150
9. Die Auflösung der Wirtschaftsgesellschaften ohne Rechtsnachfolge....152
a/. Die Auflösungsgründe....152
b/. Die Abwicklung....152
c/. Vereinfachte Abwicklung....154
d/. Die Haftung der Gesellschafter nach der Auflösung....154

VI. Insolvenzrecht....155

1. Das Vergleichsverfahren....155
2. Das Konkursverfahren....158
3. Vereinfachtes Konkursverfahren....165

VII. Wettbewerbs- und Kartellrecht....166

1. Verbot der unlauteren Marktverhaltensweisen....167

a/. Unlauterer Wettbewerb....168
b/. Unlautere Beeinflussung der Verbraucherentscheidungen....169
c/. Wettbewerbsbeschränkende Vereinbarungen....170
d/. Mißbrauch marktbeherrschender Stellung....171
e/. Fusionskontrolle....172
2. Die wettbewerbs- und kartellrechtliche Aufsicht....174
3. Anmerkung zum Wettbewerbs- und Kartellrecht....175

VIII. Devisenrecht....176

IX. Zollrecht....181

1.Geltungsbereich und Grundzüge des Zollgesetzes....182
2. Sicherung der Zollbelastung....184
3. Ursprungsregelungen....185
4. Zollbemessungsgrundlage....186
5. Das Zollverfahren....187
6. Zollbegünstigungen und Zollfreiheit....191
7. Zollverwaltung....192

X. Außenhandelsrecht....192

E. Abschließende Bewertung und Perspektive für die Zukunft....195

Anhang....219

Anhang I: Verordnung des Finanzministers Nr. 28/1972(X.3.)PM über die wirtschaftlichen Vereinigungen mit ausländischer Beteiligung....219

Anhang II: Weisung des Finanzministers Nr. 5(VII.23.) vom Jahre 1979 zur Durchführung der Verordnung Nr. 28/1972(X.3.)PM des Finanzministers....224

Anhang III: Gemeinsame Verordnung Nr. 62/1982(XI.16)PM-KM des Finanz- und Außenhandelsministers über die auf Zollfreigebieten errichteten wirtschaftlichen Vereinigungen mit ausländischer Beteiligung....229

Anhang IV: Gesetz Nr. XXIV vom Jahre 1988 über die Investitionen von Ausländern in Ungarn (ursprüngliche Fassung)....232

Anhang V: Gesetz Nr. XXIV vom Jahre 1988 über die Investitionen von Ausländern in Ungarn (heute geltende Fassung)....243

LITERATURVERZEICHNIS

Abbers, Stephan: Der parteibestellte Schiedsrichter im schiedsgerichtlichen Verfahren der ZPO und das Gebot überparteilicher Rechtspflege, Europäische Hochschulschriften, Reihe 2, Rechtswissenschaft Band 1818, Lang 1995

Antalóczy, Katalin: Magyarország a nemzetközi tőkeáramlásban. Tapasztalatok, eredmények, egy lehetséges stratégia körvonalai (Ungarn im internationalen Kapitalstrom. Erfahrungen, Ergebnisse, Umrisse einer möglichen Strategie), Társadalmi Szemle 1995/5, S. 24ff.

Árva, László: A Közép-Kelet-Európába irányuló közvetlen külföldi beruházások helye és perspektívái a hárompólusú világgazdasági rendszerben (Orte und Perspektiven für die nach Mittel-Ost-Europa gerichteten unmittelbaren ausländischen Investitionen im dreipoligen Weltwirtschaftssystem), Közgazdasági Szemle 1994/3, S. 229ff.

Árva, László: Külföldi működőtőke, hazai beszállítói kapcsolatok, külkereskedelmi mérleg és technológiatranszfer (Ausländisches Funktionskapital, heimische Lieferantenbeziehungen, Außenhandelsbilanz und Technologietransfer), Közgazdasági Szemle 1997/11, S. 1007ff.

Baumbach, Adolf/Lauterbach, Wolfgang/Albers, Jan/Hartmann, Peter: Zivilprozeßordnung, 57. Auflage, München 1999

Bánrévy, Gábor: Bírósági és választottbírósági gyakorlat (Gerichtliche und schiedsgerichtliche Praxis), Friss Hírek 1991/10, S. 24ff.

Beszteri, Sára: A vámjog törvényi szintű újraszabályozása (Neuregelung des Zollrechts auf Gesetzesebene), Gazdaság és Jog 1995/7-8, S. 30ff.

Biczi, Éva: A cégek átalakulása: az egyesülés (Umwandlung von Unternehmen: die Verschmelzung), Cég és Jog 2000/3, S. 5ff.

Biczi, Éva: A felügyelőbizottság megváltozott szerepe a társaságok működésében (Die veränderte Rolle des Aufsichtsrates beim Funktionieren der Gesellschaften), Cég és Jog 1999/1, S. 7ff.

Biczi, Éva: A társaságok szétválása (Die Trennung der Gesellschaften), Cég és Jog 2000/2, S. 4ff.

Biczi, Éva: Újfajta részvénytársaságok, újfajta részvények
(Neuartige Aktiengesellschaften, neuartige Aktien),
Gazdaság és Jog 1998/9, S. 9ff.

Bokodi, Béla/Palos, Monika: Privatisierung und ausländische Investitionsmöglichkeiten in Ungarn,
Recht der Internationalen Wirtschaft 1993/6, S. 467ff.

Boric', Tomislav: Entwurf zu einem ungarischen Privatisationsgesetz aus 1994,
Wirtschaft und Recht in Osteuropa 1995/4 S. 150.

Boytha, Györgyné: Módosuló versenytörvény
(Das sich ändernde Wettbewerbsgesetz),
Jogtudományi Közlöny 1997/2, S. 85ff.

Brunner, Georg: A magyar jog nyugat-európai szemmel
(Das ungarische Recht aus westeuropäischer Sicht),
Vortrag auf der Konferenz der Ungarischen Juristenvereinigung 1998, S. 387ff.

Brunner, Georg: Einführung in das ungarische Wirtschaftsrecht,
1. Auflage, Baden-Baden 1991

Brunner, Georg: Handbuch für Wirtschaft und Recht in Osteuropa, Loseblatt
Ungarn 6, Stand Oktober 1997

Cseuzné Bankó, Judit/Vatheuer, Peter: Die Änderungen des ungarischen Gesetzes über das Zollrecht, das Zollverfahren sowie die Zollverwaltung,
Wirtschaft und Recht in Osteuropa 1997/12, S. 448ff.

Csiky, Endréné: Vámjog – ismét törvényi szinten
(Zollrecht – wieder auf Gesetzesebene),
Gazdaság és Jog 1995/12, S. 13ff.

Csőke, Andrea: Csőd, felszámolás, végelszámolás. Magyarázat
(Konkurs, Liquidierung, Endabrechnung. Kommentar),
Budapest 1997

Darázs, Lénárd: Grundzüge des Insolvenzrechts in Ungarn,
Wirtschaft und Recht in Osteuropa 1993/5, S. 151ff.

Diczházy, Bertalan: Külföldi beruházások Magyarországon 1995 végéig
(Ausländische Investitionen in Ungarn bis zum Ende 1995),
Valóság 1996/10, S. 86ff.

Diczházy, Bertalan: Külföldi működőtőke befektetések ösztönzéséről
(Über die Förderung von Investitionen ausländischen Funktionskapitals),
Társadalmi Szemle 1997/3, S. 24ff.

Emmerich, Volker: Kartellrecht,
7. Auflage, München 1994

Farkas, Péter: A külföldi működőtőke beáramlás hatása a K+F-re és az innovációra Magyarországon
(Die Auswirkung der ausländischen Kapitaleinfuhr auf Forschung+Entwicklung und auf Innovation in Ungarn),
Magyar Tudomány 1996/9, S. 1067ff.

Gadó, Gábor: Rechtsregelungen für Investitionen,
in: Handbuch für Investoren, Budapest 1991

Galik, Gábor/Kardos, Zsuzsanna: A kereskedelmi képviselet
(Die Handelsvertretung),
Magyar Jog 1996/9, S. 547ff.

Gál, Judit: A gazdasági társaságok átalakulásának egyes kérdései
(Einige Fragen der Umwandlung von Wirtschaftsgesellschaften),
Gazdaság és Jog 1999/7-8, S. 3ff.

Gellért, György: Új törvény a választottbíráskodásról
(Neues Gesetz über die Schiedsgerichtsbarkeit),
Magyar Jog 1995/8, S. 449ff.

Glatz, Olivér: Az új devizatörvény és a gazdasági tevékenység
(Das neue Devisengesetz und die Wirtschaftstätigkeit),
Gazdaság és Jog 1996/3, S. 10ff.

Gobert, Arne: Aktuelles Steuerrecht und Investitionsrahmenbedingungen in Ungarn,
Wirtschaft und Recht in Osteuropa 1995/8, S. 290ff.

Gobert, Arne: Europäische Rechtsangleichung in Ungarn, eine Untersuchung ausgewählter Bereiche des ungarischen Wirtschaftsrechts im Lichte der Assoziationsvorgaben der Europäischen Union,
Berlin 1997

Győrffy, István: A Gazdasági Versenyhivatal eljárásáról
(Über das Verfahren des Wettbewerbsamtes),
Gazdaság és Jog 1998/11, S. 16ff.

Győrffy, István: Az új versenytörvény hatálybalépésével kapcsolatos jogalkalmazási problémák
(Rechtsanwendungsprobleme hinsichtlich des Inkrafttretens des neuen Wettbewerbsgesetzes),
Gazdaság és Jog 1997/1, S. 19ff.

Hamar, Judit: A külföldi működőtőke beáramlás Magyarországon belüli területi jellemzői
(Gebietliche Kennzeichnung der Einfuhr ausländischen Funktionskapitals in Ungarn),
Külgazdaság 1999/3, S. 47ff.

Hegedűs, Éva: Änderungen des ungarischen Konkursgesetzes,
Wirtschaft und Recht in Osteuropa 1998/2, S. 46ff.

Hegedűs, Éva: Das neue Devisengesetz der Republik Ungarn,
Wirtschaft und Recht in Osteuropa 1996/6, S. 201ff.

Hegedűs, Éva: Immobilienerwerb durch Ausländer in Ungarn,
Wirtschaft und Recht in Osteuropa 1997/4, S. 133ff.

Horváth, Éva: A (nemzetközi) kereskedelmi választottbíráskodásról
(Über die (internationale) Handelsschiedsgerichtsbarkeit),
Jogtudományi Közlöny 1992/7, S. 314ff.

Horváth, Éva: A választottbíráskodásról szóló törvény általános rendelkezései a gyakorlat tükrében
(Die allgemeinen Bestimmungen des Gesetzes über die Schiedsgerichtsbarkeit im Spiegel der Praxis),
Jogtudományi Közlöny 1995/4, S. 171ff.

Horváth, Éva: Eljárási kérdések szabályozása a választottbíráskodásról szóló törvényben
(Regelung von Verfahrensregeln im Gesetz über die Schiedsgerichtsbarkeit),
Jogtudományi Közlöny 1995/5, S. 221ff.

Horváth, Éva: Hogyan működik a kamarai választottbíróság?
(Wie funktioniert das Kammerschiedsgericht?),
Bírák Lapja 1992/4, S. 39ff.

Horváth, Éva: „Magán"-bíráskodás törvény alapján
(„Privat"-Gerichtsbarkeit aufgrund des Gesetzes),
Gazdaság és Jog 1995/7-8, S. 42ff.

Horváth, László: A működőtőke beérkezés és az ország külső pénzügyi helyzete
(Die Einfuhr ausländischen Funktionskapitals und die äußere finanzielle Lage des Landes),
Pénzügyi Szemle 1995/10, S. 777ff.

Investitionsführer Ungarn. Bericht einer Arbeitsgruppe des Ost-Ausschusses der Deutschen Wirtschaft, Köln und der Ungarischen Handelskammer, Budapest über deutsch-ungarische Gemeinschaftsunternehmen,
Köln/Budapest 1986

Jágfai, Jánosné: Külföldi székhelyű vállalkozások: fióktelep és kereskedelmi képviselet
(Unternehmen mit Sitz im Ausland: Zweigniederlassung und Handelsvertretung),
Cég és Jog 2000/5, S. 36ff.

Király, Miklós: A Magyar Beruházási Kódex lehetőségei és korlátai a külföldi tőkebefektetések növelésében
(Möglichkeiten und Schranke des Ungarischen Investitionskodexes bei der Erhöhung ausländischer Kapitalinvestitionen),
Jogtudományi Közlöny 1990/3, S. 144ff.

Komáromi, Gábor: Die Gesellschaftsformen für Ausländer in Ungarn,
in: Handbuch für Investoren, Budapest 1991

Korányi, Mariann: A kft. évzáró taggyűlése, az 1999. évi mérleg elfogadása
(Jahresabschluß-Mitgliederversammlung der GmbH,
Annahme der Bilanz vom Jahre 1999),
Cég és Jog 2000/2, S. 2ff.

Kovács, Józsefné: Gondolatok a vámjogról, a vámeljárásról, valamint a vámigazgatásról
szóló 1995. évi C törvényről
(Überlegungen über das Gesetz Nr. C vom Jahre 1995 über das Zollrecht,
das Zollverfahren und die Zollverwaltung),
Friss Hírek 1996/1, S. 43ff.

Kun, Tibor: A társasági törvény magyarázatokkal és iratmintákkal
(Das Gesellschaftsgesetz mit Erläuterungen und Formularmustern),
Pécs 1988

Lantos, Árpád: Devizajogunk néhány gyakorlati problémája II.
(Einige praktische Probleme unseres Devisenrechts II.),
Cég és Jog 2000/1, S. 35ff.

Lionnet, Klaus: Handbuch der nationalen und internationalen Schiedsgerichtsbarkeit,
Stuttgart-München-Hannover-Berlin-Weimar-Dresden, 1996

Mádl, Ferenc/Vékás Lajos: Nemzetközi magánjog és a nemzetközi gazdasági kapcsolatok
joga
(Internationales Privatrecht und Recht der internationalen
Wirtschaftsbeziehungen),
Budapest 1985

Miskei, László/Müller, György/Kevevári, Katalin/Kovács, Józsefné: A vámjogról, a
vámeljárásról, valamint a vámigazgatásról szóló 1995. évi
C. törvénynek a végrehajtási rendelettel és magyarázatokkal
egységes szerkezetbe foglalt szövege
(Das Gesetz Nr. C vom Jahre 1995 über das Zollrecht,
Zollverfahren und die Zollverwaltung und deren
Durchsetzungsverordnung in einheitlicher Fassung und mit
Erläuterungen),
Budapest 1996

Miskolczi Bodnár, Péter: A gazdasági erőfölény megváltozott fogalma és megítélése a
versenyhivatali gyakorlatban
(Der veränderte Begriff und die Beurteilung der wirtschaftlichen
Überlegenheit in der Praxis des Wettbewerbsamtes),
Gazdaság és Jog 1999/2, S. 3ff.

Miskolczi Bodnár, Péter: A gazdasági társaságok. Magyarázat
(Die Wirtschaftsgesellschaften. Kommentar),
Budapest 1998

Nagy, Attila: A csődtörvény várható változásai
(Zu erwartende Änderungen des Konkursgesetzes),
Gazdaság és Jog 1993/2-3, S. 31ff.

Nagy, Gábor: A külföldi tőke szerepe és térbeli terjedése Magyarországon
(Die Rolle und territoriale Ausbreitung des ausländischen Kapitals in Ungarn),
Tér és Társadalom, 1995/1-2, S. 55ff.

Nagy, Katalin: Németország mint a legjelentősebb nyugati beruházó Kelet-Európában
(Deutschland als der bedeutendste westliche Investor in Ost-Europa),
Külgazdaság 1994/7, S. 66ff.

Németh, Géza: Módosul a vámtörvény
(Das Zollgesetz wird geändert),
Cég és Jog 2000/3, S. 34ff.

Novotni, Zoltán: Kérdések a csőd joga vagy a jog csődje köréből
(Fragen aus dem Kreis des Rechts des Konkurses oder aus dem Kreis des Konkurses des Rechts),
Jogtudományi Közlöny 1992/9, S. 383ff.

Pajor-Bytomski, Magdalena/Vezekényi, Ursula: Die Gründung von Gesellschaften mit ausländischer Beteiligung und ihre Registrierung in Ungarn im Spiegel der Rechtsprechung,
Monatshefte für Osteuropäisches Recht 1992/4, S. 215ff.

Parlamentsprotokoll zum Gesetz über die Schiedsgerichtsbarkeit vom 1. 11. 1994

Pető, Márton: A szervezeti és a tulajdonviszonyok változása és a külföldi befektetések
(Änderung der Organisation- und Eigentumsverhältnisse und die ausländischen Investitionen),
Statisztikai Szemle 1991/12, S. 957ff.

Petsche, Alexander: Die Verbrauchertäuschung im ungarischen Wettbewerbsrecht,
Wirtschaft und Recht in Osteuropa 1998/11, S. 410ff.

Pikó, Rita: Schiedsgerichtsbarkeit in Ungarn,
Schriften zur Schiedsgerichtsbarkeit, Band 3.,
Heidelberg 1998

Pillér, András/Török, Gábor: Új csődtörvényünk
(Unser neues Konkursgesetz),
Jogtudományi Közlöny 1992/5, S. 244ff.

Pitti, Zoltán: A külföldi érdekeltségű vállalkozások működésének jellemzői Magyarországon
(Kennzeichen der Tätigkeit von Unternehmen mit ausländischer Beteiligung in Ungarn),
Pénzügyi Szemle 1997/12, S. 980ff.

Sárközy, Tamás: A gazdaság joga, mint az Európai Unióhoz való csatlakozás hajtóereje
(Das Recht der Wirtschaft, als Triebkraft des Beitritts zur Europäischen Union),
Vortrag auf der Konferenz der Ungarischen Juristenvereinigung 1998, S. 15ff.

Sárközy, Tamás: Ausländische Investitionen in Ungarn,
Budapest 1990

Sárközy, Tamás: Átalakulás, beruházásvédelem, társasági jog
(Umwandlung, Investitionsschutz, Gesellschaftsrecht),
Budapest 1989

Schlosser, Peter: Das Recht der internationalen privaten Schiedsgerichtsbarkeit,
2. Auflage, Tübingen 1989

Schmidt, Lajos: Civilisztikánk szerepe a külföldi beruházások ösztönzésében
(Die Rolle der Zivilistik bei der Förderung ausländischer Investitionen),
in: Nizsalovszky-emlékkönyv, Budapest 1994

Schwab, Karl-Heinz/Walter,Gerhard: Schiedsgerichtsbarkeit. Systematischer Kommentar zu
den Vorschriften der Zivilprozeßordnung, des
Arbeitsgerichtsgesetzes, der Staatsverträge und der
Kostengesetze über das privatrechtliche
Schiedsgerichtsverfahren,
5. Auflage, München 1995

Schütze, Rolf A./Tscherning, Dieter/Wais, Walter: Handbuch des Schiedsverfahrens. Praxis
der deutschen nationalen und
internationalen Schiedsgerichtsbarkeit,
2. Auflage, Berlin - New York 1990

Spuller, Gábor: Investitionsmöglichkeiten auf land- und forstwirtschaftlich genutzten Flächen
in Ungarn,
Wirtschaft und Recht in Osteuropa, 1995/2, S. 74ff.

Szász, Iván: A választottbíráskodásról és szabályozásáról
(Über die Schiedsgerichtsbarkeit und ihre Regelung),
Gazdaság és Jog 1993/2-3, S. 8ff.

Szász, Iván: Törvény a választottbíráskodásról
(Gesetz über die Schiedsgerichtsbarkeit),
in: Jogi tájékoztató füzetek, Budapest 1994

Szentiványi, Iván: A devizaszámláról az új devizatörvény megjelenése után
(Über das Devisenkonto nach dem Erscheinen des neuen Devisengesetzes),
Gazdaság és Jog 1996/1, S. 11ff.

Szigeti, Adrienn: A társaságok vezető tisztségviselőinek felelőssége
(Haftung der führenden Amtsträger der Gesellschaften),
Cég és Jog 1999/1, S. 4ff.

Tattay, Levente: Az új magyar versenytörvényről
(Über das neue ungarische Devisengesetz),
Gazdaság és Jog 1997/6, S. 15ff.

Tóth, József /Szakács, Imre: Külföldiek részvételével működő gazdasági társaságok alapítása, működése, adózása, ellenőrzése és megszűnése
(Gründung, Tätigkeit, Steuerzahlung, Kontrolle und Auflösung der Wirtschaftsgesellschaften mit ausländischer Beteiligung),
Módszertani segédlet, Budapest 1992

Török, Gábor: Adalékok a csődjog elméleti alapjaihoz
(Beiträge zu den theoretischen Grundlagen des Konkursrechts),
Gazdaság és Jog 1994/3, S. 14ff.

Török, Gábor/Riel, Stephan: Das ungarische Insolvenzrecht im Überblick,
Wirtschaft und Recht in Osteuropa 1994/11, S. 409ff.

Újlaki, László: A fél és a választottbíróság eljárásjogi autonómiája
(Verfahrensrechtliche Autonomie der Partei und des Schiedsgerichts),
Magyar Jog 1992/12, S. 705ff.

Újlaki, László: A Pp. újabb módosítása (1995. évi LX. törvény) és a választottbíráskodás
(Die neueste Änderung der ZPO (Gesetz Nr. LX vom Jahre 1995) und die Schiedsgerichtsbarkeit),
Magyar Jog 1995/11, S. 669ff.

Újlaki, László: A választottbíráskodási hatáskör szabályozásának illeszkedési pontjai a különböző jogforrásokban
(Anpassungspunkte der schiedsgerichtlichen Zuständigkeitsregeln in den verschiedenen Rechtsquellen),
Magyar Jog 1997/3, S. 151ff.

Újlaki, László: Választottbírósági eljárásjogi töprengések
(Schiedsgerichtliche verfahrensrechtliche Überlegungen),
Friss Hírek 1993/8, S. 18ff.

Vezekényi, Ursula: A cégek átalakulása, a kötelező átalakulás
(Die Umwandlung von Unternehmen: die verbindliche Umwandlung),
Cég és Jog 2000/1, S. 2ff.

Vezekényi, Ursula: A cégek kötelező feltőkésítése
(Die verbindliche Aufstockung von Unternehmen),
Cég és Jog 2000/3, S. 2ff.

Vezekényi, Ursula: Tag kizárása a gazdasági társaságból
(Ausschluß eines Gesellschafters aus der Wirtschaftsgesellschaft),
Cég és Jog 1999/1, S. 10ff.

Vida, Alexander: Schutz gegen unlauteren Wettbewerb in Ungarn,
Wirtschaft und Recht in Osteuropa 1993/8, S. 257ff.

Vida, Alexander: Wettbewerbsbeschränkungen und Fusionskontrolle in Ungarn,
Wirtschaft und Recht in Osteuropa 1994/6, S. 193ff.

Vissi, Ferenc: A versenytörvény módosításának gazdaságpolitikai háttere
(Der wirtschaftspolitische Hintergrund der Änderung des Wettbewerbsgesetzes),
Gazdaság és Jog 1996/7, S. 15ff.

Wallacher, Lajos: A választottbíráskodás szerződései
(Die Verträge der Schiedsgerichtsbarkeit),
in: Jogi tanulmányok, Budapest 1995

Wellmann, György: A vezető tisztségviselők és a fb. tagok felelőssége
az új Gt.-ben
(Die Haftung der führenden Amtsträger und der Mitglieder des
Aufsichtsrates im neuen Wirtschaftsgesellschaftsgesetz),
Gazdaság és Jog 1998/9, S. 4ff.

Zoltán, Ödön: Választottbíráskodásunk egyes kérdéseiről
(Über einige Fragen unserer Schiedsgerichtsbarkeit),
Magyar Jog 1993/5, S. 277ff.

ABKÜRZUNGSVERZEICHNIS

AB	Alkotmánybíróság (Verfassungsgericht)
Abs.	Absatz
a.F.	alte Fassung
AG	Aktiengesellschaft
Anm.	Anmerkung
Art.	Artikel
Bd.	Band
BGB	Bürgerliches Gesetzbuch
BGH	Bundesgerichtshof
bzgl.	bezüglich
bzw.	beziehungsweise
ca.	circa
Cgtv.	Cégtörvény (Firmengesetz)
CJ	Cég és Jog (Zeitschrift „Unternehmen und Recht")
d.h.	das heißt
etc.	et cetera
EG	Europäische Gemeinschaft
EGV	Vertrag der Europäischen Gemeinschaft
EU	Europäische Union
ff.	und das Folgende
ggf.	gegebenenfalls
GJ	Gazdaság és Jog (Zeitschrift „Wirtschaft und Recht")
GmbH	Gesellschaft mit beschränkter Haftung
iVm	in Verbindung mit
Kap.	Kapitel
Korm.	Kormány (Regierung)
JK	Jogtudományi Közlöny (Zeitschrift „Rechtswissenschaftliches Blatt")
KG	Kommanditgesellschaft
KKM	külkereskedelmi miniszter (Außenhandelsminister)
KM	kereskedelmi miniszter (Handelsminister)
KSZ	Közgazdasági Szemle (Zeitschrift „Volkswirtschaftliche Schau")
max.	maximal
mind.	mindestens
MJ	Magyar Jog (Zeitschrift „Ungarisches Recht")
MT	Magyar Tudomány (Zeitschrift „Ungarische Wissenschaft")
n.F.	neue Fassung
NJW	Neue Juristische Wochenschrift
Nr.	Nummer
o.ä.	oder ähnliche
OECD	Organization for Economic Cooperation and Development
OHG	offene Handelsgesellschaft
PM	Pénzügyminiszter (Finanzminister)
PSZ	Pénzügyi Szemle (Zeitschrift „Finanzschau")
Ptk.	Polgári Törvénykönyv (Bürgerliches Gesetzbuch)
rend.	rendelet (Verordnung)
Rn.	Randnummer
S.	Seite
sog.	sogenannt

SSZ	Statisztikai Szemle (Zeitschrift „Statistische Schau")
TSZ	Társadalmi Szemle (Zeitschrift „Gesellschaftliche Schau")
tv.	törvény (Gesetz)
usw.	und so weiter
WGO	Monatshefte für osteuropäisches Recht
WIRO	Wirtschaft und Recht in Osteuropa
WOS	Wirtschaftsrecht der osteuropäischen Staaten
z.B.	zum Beispiel
ZPO	Zivilprozeßordnung

A. EINFÜHRUNG

I. Wirtschaftliche Bedeutung der ausländischen Investitionen in Ungarn

Thema dieser Doktorarbeit sind die ausländischen Investitionen und deren rechtliche Rahmenbedingungen in Ungarn.
Die Kapitaleinfuhr durch Ausländer nach Ungarn erfolgt durch Gründung von Unternehmen, aber auch durch den Erwerb von Gesellschaftsanteilen, Unternehmenskauf oder Kreditgewährung.[1] Daneben kommt der Immobilienkauf in Betracht, welcher für Ausländer nur eingeschränkt möglich ist. Die Bereitschaft zu ausländischen Investitionen ist von mehreren Faktoren abhängig. Als Motivation ist Folgendes zu erwähnen: Marktzugang, rechtliche und politische Sicherheit, gute Verkaufsmöglichkeiten, positive Arbeitsmoral und Arbeitsniveau der Arbeiter, Steuervergünstigungen, niedrige Produktionskosten, weitgehende Infrastruktur. Demgegenüber werden sich ausländische Investoren von einem Land fernhalten, in dem sinkende Leistung der Wirtschaft, zunehmende Inflation und Arbeitslosigkeit, hohes Staatsverschulden, zurückgebliebene Infrastruktur, noch nicht endgültig festgelegte Darlehens- und Kapitalmarktbedingungen, nicht einschätzbare Technologie, unsichere wirtschaftliche und politische Zustände und kein stabiles Rechtssystem vorherrschen.[2] Die ausländischen Investitionen haben für das betroffene Land zahlreiche günstige Auswirkungen: Einführung von modernen Verkaufs- und Marketingmechanismen, Rationalisierung der Finanzwirtschaft, Kapitaleinführung, wirtschaftliche Erneuerung, neue Marktbeziehungen, Technologietransfer, Förderung der Wettbewerbsfähigkeit bestimmter Produkte.[3] Der ausländische Kapitalimport spielt auch in bezug auf den Beitritt Ungarns in die Europäische Union eine bedeutsame Rolle.[4] Ein Land, welches die erwähnten Vorteile ausnutzen möchte, muß die erforderlichen Rahmenbedingungen für ausländische Investitionen schaffen.[5]
Aufgrund der politischen und wirtschaftlichen Lage Ungarns wurden ausländische Investitionen gefördert oder benachteiligt. In den Zeiten der totalitären Einparteidiktatur erhielten ausländische Investitionen kaum Raum. Erst Ende der 60er Jahre wurde mit Hilfe der Wirtschaftsmechanismen und während des Übergangs zu einer „sozialistischen Marktwirtschaft"[6] der Weg für ausländische Investoren geöffnet, um der ungarischen Wirtschaft zu neuen Produktionsmethoden zu verhelfen. Die rechtlichen Rahmenbedingungen waren wegen der damaligen sozialistischen Auffassung stark durch staatliche Kontrollen beeinflußt. Später wurden die Einschränkungen immer mehr abgebaut, es wurden Begünstigungen für ausländische Investoren eingeführt und der Grundsatz der Inländerbehandlung, d.h. keine

[1] Horváth, László: A mûködõtõke beérkezés..., PSZ 1995/10, S. 777.
[2] Petõ, Márton: A szervezeti és tulajdonviszonyok változása..., SSZ 1991/12, S. 977.
[3] Nagy, Gábor: A külföldi tõke szerepe és térbeli terjedése, TT 11995/1-2, S. 55.
[4] Petõ, Márton: A szervezeti és tulajdonviszonyok változása, SSZ 1991/12, S. 977.
[5] Schmidt, Lajos: Civilisztikánk szerepe a külföldi beruházások ösztönzésében, S. 191.
[6] Brunner, Georg: Wirtschaftsrecht der osteuropäischen Staaten, S. 1.

Benachteiligung der Ausländer gegenüber Inländern, gefordert. Im Laufe des Ausbaus der sozialen Marktwirtschaft wurden die Begünstigungen immer umfangreicher, im Bereich der Investitionen wurden Ausländer nicht nur gleich, sondern günstiger als Inländer behandelt. Um den politischen und wirtschaftlichen Systemwandel zu beschleunigen erhielten also die ausländischen Investoren Ende der 80er Jahre zahlreiche rechtliche Vorteile. Diese wurden jedoch Anfang der 90er Jahre wiederum teilweise abgebaut und spielen heutzutage lediglich eine geringe Rolle. Das ist auch eine Folge des beabsichtigten Beitritts Ungarns in die Europäische Union, was einer Angleichung des ungarischen Rechtssystems an das Gemeinschaftsrecht erfordert. Eines der wichtigsten Kriterien für ausländische Investitionen ist dabei die Geltung des Gleichbehandlungsgrundsatzes. Danach sind Inländer und Ausländer gleich zu behandeln, weder der eine noch der andere soll bevorzugt oder benachteiligt werden. Infolge von Gesetzesänderungen wurden immer mehr Sonderbestimmungen für ausländische Investitionen außer Kraft gesetzt und seitdem gelten dafür die allgemeinen - auch für inländische Investoren anzuwendenden - rechtlichen Regelungen.
Dementsprechend wird die vorliegende Arbeit in zwei Hauptteile gegliedert. Im ersten Teil wird der oben erwähnte Vorgang dargestellt, d.h. der Anfang, der Höhepunkt und der Rückgang der sonderrechtlichen Regelungen für ausländische Investitionen. Im zweiten Teil werden die wesentlichen Bereiche des ungarischen Wirtschaftsrechts dargestellt. Der Schwerpunkt dieser Arbeit liegt in den Sonderbestimmungen und der diesbezüglichen Rechtsentwicklung, da eine detaillierte Darstellung des gesamten Wirtschaftsrechts innerhalb einer Doktorarbeit nicht möglich ist. Da die ausländischen Investitionen in Ungarn größtenteils bei der Gründung von Gesellschaften wiederzufinden sind, stehen gesellschaftsrechtliche Gesichtspunkte im Vordergrund.

II. Die Rechtsentwicklung vor 1988

1. Die ausländische Kapitalinvestition als eine Folge der Wirtschaftsreform

Die rechtlichen Rahmenbedingungen für ausländische Kapitalinvestitionen wurden in Ungarn erst 1972 geschaffen.[7] Ihnen ging die Wirtschaftsreform vom Jahre 1968 voraus, welche im Rahmen des Sozialismus auch für Waren- und Handelsverkehr sowie Geldgeschäfte einen Raum ließ.[8] In der Landwirtschaft wurden bereits 1966 entsprechende Reformen eingeleitet. Im Jahr 1968 versuchte man die Funktionsfähigkeit der Wirtschaftslenkungsmittel zu verbessern und schaffte die für die Unternehmen obligatorischen Produktionspläne ab. Im Rahmen einer „sozialistischen Marktwirtschaft" wurde die traditionell imperative Zentralplanung durch eine indikative ersetzt.[9] Die makroökonomischen Ziele wurden in den zentralen staatlichen Volkswirtschaftsplänen festgelegt und sollten mit indirekten

[7] Brunner, Georg: Einführung in das ungarische Wirtschaftsrecht, S. 12.
[8] Schmidt, Lajos: Civilisztikánk szerepe a külföldi beruházások ösztönzésében, S. 192.
[9] Brunner, Georg: Wirtschaftsrecht der osteuropäischen Staaten, S. 1.

Mitteln der staatlichen Wirtschaftspolitik verwirklicht werden. Die Betriebe wurden zur Ausnutzung der Marktkräfte veranlaßt.[10] Es wurden zahlreiche Maßnahmen zur Stärkung der Eigenverantwortlichkeit und Gewinnorientierung der Unternehmensorgane eingeleitet, um eine bessere Anpassung der Erfordernisse an die nationalen und internationalen Märkte zu erzielen und die internationale Wettbewerbsfähigkeit Ungarns sowie die Wirtschaftlichkeit seiner Unternehmen zu verbessern. Dazu mußte auch der Weg für ausländische Kapitalinvestitionen und ausländisches Know-how geöffnet werden.
Von der Möglichkeit der ausländischen Investitionen wurde jedoch bis Anfang der 80er Jahre kaum Gebrauch gemacht. Dabei spielte auch die sog. COCOM - Liste eine erhebliche Rolle, die den Unternehmen die Möglichkeit zur Einführung modernster Technologien lange Zeit verwehrte.[11]

2. Wirtschaftliche Vereinigungen mit ausländischer Beteiligung

Im Laufe der positiven wirtschaftlichen Entwicklung wurde das Finanzministerium ermächtigt, Regelungen hinsichtlich der Gründung und Tätigkeit von Gemeinschaftsunternehmen zu erlassen. Die daraus resultierende Verordnung des Finanzministers über wirtschaftliche Vereinigungen mit ausländischer Beteiligung[12] beruhte einerseits auf dem Handelsgesetzbuch,[13] andererseits auf dem Gesetz über die GmbH und die Stille Gesellschaft.[14] Zwar wurden zahlreiche Regelungen dieser beiden Rechtsvorschriften 1960 außer Kraft gesetzt,[15] die Regelungen über die AG und GmbH blieben jedoch erhalten.[16] Neben dieser Verordnung des Finanzministers sind noch zwei einschlägige Vorschriften zu erwähnen: Die Weisung des Finanzministers zur Durchführung der Verordnung über die wirtschaftlichen Vereinigungen mit ausländischer Beteiligung[17] sowie die Gesetzesverordnung des Präsidialrates über Wirtschaftsvereinigungen.[18] Die Verordnung des Finanzministers vom Jahre 1972 blieb mit mehrmaliger Abänderung bis zum Jahre 1988 in Kraft und enthielt folgende Punkte:

a/. Gegenstand der Verordnung

Gegenstand der Verordnung waren Wirtschaftsvereinigungen mit ausländischer Beteiligung. Eine Wirtschaftsvereinigung im Sinne dieser Verordnung konnte

---

[10] Investitionsführer Ungarn, S. 22.
[11] Nagy, Gábor: A külföldi tőke szerepe és térbeli terjedése, TT 1995/1-2, S. 55.
[12] Verordnung des Finanzministers Nr. 28/1972 (X.3.)PM über die wirtschaftlichen Vereinigungen mit ausländischer Beteiligung (Verordnung 28/1972), siehe: Anhang I
[13] Gesetz Nr. XXXVII vom Jahre 1975 (Handelsgesetzbuch)
[14] Gesetz Nr. V vom Jahre 1930 über die GmbH und die Stille Gesellschaft (Gesetz V/1930)
[15] Gesetzesverordnung Nr. 11 vom Jahre 1960
[16] Schmidt, Lajos: Civilisztikánk szerepe a külföldi beruházások ösztönzésében, S. 192.
[17] Weisung des Finanzministers Nr. 5 (VII.23.) vom Jahre 1979 zur Durchführung der Verordnung Nr. 28/1979 (Weisung 5/1979), siehe: Anhang II
[18] Gesetzesverordnung des Präsidialrates Nr. 4 vom Jahre 1978 über Wirtschaftsvereinigungen (Gesetzesverordung 4/1978)

aufgrund gegenseitiger Interessen der Vereinigungsmitglieder zur Ausübung solcher Produktions-, Handels- und Dienstleistungstätigkeiten gegründet werden, welche die rentable Entwicklung des technischen und wirtschaftlichen Niveaus förderten.[19] Als solche Tätigkeiten kamen die Anwendung hochentwickelter Technik in Ungarn, die Aneignung moderner technischer und produktionsorganisatorischer Verfahren, die Erweiterung der bestehenden Märkte, die Steigerung des Exports oder die Erlangung sonstiger Devisenvorteile in Betracht.[20] Der damaligen ideologischen Auffassung entsprechend durfte das Gemeinschaftsunternehmen keine Produktion, sondern lediglich die Fachkenntnis, das Know-how aus dem Ausland einführen. Bezüglich der Produktion war eine Bestellung nur bei einem ungarischen Unternehmen gestattet, welche das geeignete Niveau der Produktion nicht immer sichern konnte.[21] Zum Abschluß eines Liefervertrages[22] war die Wirtschaftsvereinigung nicht berechtigt.[23]

b/. Teilnehmer

Die Mindestteilnehmer waren wenigstens ein ungarischer und ein ausländischer Unternehmer. Die ungarische Seite konnte in der Wirtschaftsvereinigung aus Wirtschaftsorganisationen, die ausländische Seite aus ausländischen Unternehmen bestehen.[24] Unter dem Begriff „ausländischer Unternehmer" waren entgegen der deutschen Auffassung lediglich juristische Personen zu verstehen. Natürliche Personen waren zur Gründung von Gemeinschaftsunternehmen nicht berechtigt.

Aus der Auffassung des sozialistischen Systems ergab sich, daß die Beteiligung von Ausländern im Gesamtbetrag der Wirtschaftsvereinigung 49% nicht überschreiten dürfte.[25] Diese Einschränkung bestand bis Ende 1990.[26] Eine Ausnahme dieser Einschränkung konnte mit Genehmigung des Finanzministers vorliegen.

Aufgrund von Abänderungen im Jahre 1977 und 1982[27] war eine ausländische Mehrheitsbeteiligung zuerst im Bereich des Bank- und Finanzwesens und der sonstigen Dienstleistungen, später auch in den übrigen Tätigkeitsbereichen in besonders begründeten Fällen gestattet.[28]

Daneben bot das Handelsgesetzbuch die Möglichkeit der Gründung einer AG ausschließlich von Ausländern, forderte aber dazu die Gründung einer Zweigniederlassung oder einer Vertretung. Die Gründung einer Zweigniederlassung oder einer Vetretung blieb jedoch durch die damalige geltende ungarische Rechtslage

---

[19] § 2 Abs. 1 der Verordnung 28/1972

[20] Mádl, Ferenc/Vékás, Lajos: Nemzetközi magánjog..., S. 219.

[21] Schmidt, Lajos: Civilisztikánk szerepe a külföldi beruházások ösztönzésében, S. 193.

[22] § 379 Abs. 2, § 685 des Gesetzes Nr. IV vom Jahre 1959 über das Zivilgesetzbuch der Ungarischen Republik (Zivilgesetzbuch), siehe: WOS-Dokument Nr.II.1.a

[23] § 2 Abs. 3 der Weisung 5/1979

[24] Mádl, Ferenc/Vékás, Lajos: Nemzetközi magánjog..., S. 219.

[25] § 4 Abs. 1 der Verordnung 28/1972

[26] Schmidt, Lajos: Civilisztikánk szerepe a külföldi beruházások ösztönzésében, S. 193.

[27] geändert durch Verordnungen des Finanzministers Nr. 7 (V.6.)PM vom Jahre 1977 und Nr. 63 (XI.16.)PM vom Jahre 1982

[28] Schmidt, Lajos: Civilisztikánk szerepe a külföldi beruházások ösztönzésében, S. 193.

verwehrt.[29] Die Gründung einer Wirtschaftsvereinigung ohne ungarischen Partner war nicht zugelassen. Eine Höchstgrenze für die ausländische Beteiligung am Stammkapital war gesetzlich nicht festgesetzt.
Die Vermögensbeiträge der Mitglieder richteten sich im übrigen nach den allgemeinen Regeln der Wirtschaftsgesellschaften, sie konnten also in Bargeld oder als Vermögenseinlage (Sacheinlage) geleistet werden. Bei der Einführung von Mobilien als Sachanlage waren die Zollvorschriften zu beachten.

c/. Wirkungskreis der Verordnung
Die Verordnung bezog sich in erster Linie auf Wirtschaftsvereinigungen, die im Rahmen der östlich-westlichen wirtschaftlichen Zusammenarbeit gegründet wurden,[30] um die Einführung von westlichem Know-how und neuere Produktionstechnologien in Ungarn zu fördern. Die Wirtschaftsvereinigung mit ausländischer Beteiligung sollte also der technischen und wirtschaftlichen Entwicklung dienen. Das ergab sich auch aus dem Erfordernis, daß die Gründung eines Gemeinschaftsunternehmens nur mit einem kapitalkräftigen, in der Geschäftsführung zuverlässigen, auf wirtschaftlichem oder technischem Gebiet über entsprechende Fachkenntnis verfügenden, anerkannten Unternehmen zulässig war.[31]

d/. Vereinigungsformen
Die möglichen Formen der Wirtschaftsvereinigungen mit ausländischer Beteiligung waren die OHG, AG, GmbH und das gemeinsame Unternehmen. Seit 1978 stand den Ausländern auch die Gründung von sog. Einlagevereinigungen zu.[32]
In gesonderten - ausschließlich für Unternehmen mit ausländischer Beteiligung anzuwendenden - Rechtsvorschriften wurden lediglich die allgemeinen Rahmenbedingungen für Gemeinschaftsunternehmen ohne gewählte Rechtsform festgelegt. Die organisatorische Ausgestaltung der Gemeinschaftsunternehmen bestimmte man nach dem allgemeinen - sich auf inländische Unternehmen beziehenden - ungarischen Gesellschaftsrecht.[33] Nach dem Erlaß der Gesetzesverordnung über Wirtschaftsvereinigungen[34] konnten die Gesellschaftsformen der AG und GmbH nur mit ausländischer Beteiligung gewählt werden. Die bereits bestehende rein ungarische AG und GmbH blieb von dieser Verordnung unberührt.

e/. Gründung
Zur Gründung eines Gemeinschaftsunternehmens waren sowohl eine vorherige Anmeldung als auch eine Genehmigung erforderlich.[35]

---

[29] Schmidt, Lajos: Civilisztikánk szerepe a külföldi beruházások ösztönzésében, S. 193.
[30] Mádl, Ferenc/Vékás, Lajos: Nemzetközi magánjog..., S. 219.
[31] § 1 Abs. 1 der Weisung 5/1979
[32] Schmidt, Lajos: Civilisztikánk szerepe a külföldi beruházások ösztönzésében, S. 192.
[33] Handelsgesetzbuch, Gesetz Nr.V/1930 und die Gesetzesverordnung 4/1978
[34] Gesetzesverordnung 4/1978
[35] § 3 Abs. 1 der Weisung 5/1979

Entschieden sich ausländische und ungarische Parteien für die Gründung einer Wirtschaftsvereinigung mit ausländischer Beteiligung, dann war der ungarischen Partei vor Beginn der diesbezüglichen Vorbereitungsverhandlungen eine Anmeldungspflicht bei dem Finanzministerium und dem Außenhandelsministerium auferlegt. Diese vorherige Anmeldung sicherte den Behörden eine Einwendungsmöglichkeit, falls die beabsichtigte Wirtschaftsvereinigung mit den Zielen der ungarischen Wirtschaftspolitik nicht zu vereinbaren war.[36]
Die Verordnung bestimmte, daß die Wirtschaftsvereinigung entweder durch einen Gesellschaftsvertrag oder durch eine Satzung entstand, wozu auch die Genehmigung des Finanzministers erforderlich war.[37] Diese Genehmigung mußte die ungarische Wirtschaftsorganisation nach Zustandekommen einer prinzipiellen Einigung während der Vorbereitungsverhandlungen einholen, um die sachliche Verhandlung über den Abschluß der endgültigen Vereinbarung fortführen zu können. Den Finanzminister unterstützte bei der Entscheidung über die Genehmigung ein Komitee aus allen betroffenen Behörden. Durch dieses Genehmigungserfordernis zeigt sich die staatliche Kontrolle bei der Gründung sowohl bzgl. der Zweckmäßigkeit und der Begründetheit als auch bzgl. der Gesetzmäßigkeit der Gründung von Wirtschaftsvereinigungen.[38] Im Prinzip konnte jede Art von Tätigkeit im Rahmen eines Gemeinschaftsunternehmens durchgeführt und dementsprechend genehmigt werden. Bei reinen Außenhandels- und Vertretungsgeschäften wurde die Genehmigung jedoch nicht erteilt, begründet damit, daß diese keine gemeinsamen Produktionsziele anstrebten.[39] Die staatliche Kontrolle bestand selbstverständlich auch während der Tätigkeit der Wirtschaftsvereinigung, z.B. durch die Öffentlichkeitsanforderungen (der Kontrollbericht mußte dem Firmenregister beigelegt werden, er war auch öffentlich zugänglich).[40] Über den Antrag auf Erteilung der Genehmigung war innerhalb von 60 Tagen eine Entscheidung zu erzielen, falls die gesetzlichen Voraussetzungen vorlagen und alle erforderlichen Unterlagen eingereicht wurden.[41] Dabei mußten auch Angaben gemacht werden, woraus sich ergab, daß die Wirtschaftsvereinigung im gegenseitigen Interesse der Mitglieder stand und die Rentabilität, das technische und wirtschaftliche Niveau Ungarns förderte. Weiterhin waren auch Bank- und Firmeninformationen über die ausländischen Partner anzugeben.[42] Die Erteilung dieser Genehmigung ließ anderweitige zur Geschäftsfähigkeit notwendige behördliche Bewilligungen, wie z.B. die Außenhandelsberechtigung, unberührt.[43]

---

[36] Investitionsführer Ungarn, S. 9.
[37] § 3 Abs. 1 der Verordnung 28/1972
[38] Mádl, Ferenc/Vékás, Lajos: Nemzetközi magánjog..., S. 219.
[39] Nagy, Gábor: A külföldi tõke szerepe és térbeli terjedése, TT 1995/1-2-, S. 55.
[40] Mádl, Ferenc/Vékás, Lajos: Nemzetközi magánjog..., S. 219.
[41] Investitionsführer Ungarn, S. 10.
[42] § 4 der Weisung 5/1979
[43] § 3 Abs. 2 der Verordnung 28/1972

f/. Die Führung der Wirtschaftsvereinigung

Zwar wurde oben festgelegt, daß die ausländische Mehrheitsbeteiligung wegen der einschränkenden Regelung eher die Ausnahme bedeutete, jedoch stand dem nicht entgegen, bei ausländischer Minderheitsbeteiligung zur Führung des Unternehmens auch den ausländischen Partner zu berechtigen, um seinem Interesse einen angemessenen Schutz zu gewähren. Das Interesse des ausländischen Partners bei der Unternehmensführung konnte z.B. durch das Erfordernis von Einstimmigkeit bzw. qualifizierter Mehrheit bei bestimmten Geschäften berücksichtigt werden.[44] Dies konnte im Gesellschaftsvertrag festgelegt werden, der im Rahmen der gesetzlichen Vorschriften von den Parteien frei gestaltet werden konnte. Hier ist zu bemerken, daß der Gesellschaftsvertrag, seine Statuten und deren Abänderungen nur mit Genehmigung des Finanzministers Gültigkeit erlangten.[45] Die laufende Geschäftsführung der Wirtschaftsvereinigung unterstand keiner Fachaufsicht.[46]

Die meisten Regelungen bzgl. der Geschäftsführung der Gemeinschaftsunternehmen waren gleich wie die Vorschriften für die inländischen Wirtschaftsvereinigungen, es sei denn, eine einzelgesetzliche Ausnahme oder eine abweichende Genehmigung des Finanzministers lag vor.[47] Für ausländische Arbeitskräfte konnten demnach unter Umständen höhere Löhne festgesetzt werden als für Arbeiter rein ungarischer Unternehmen. Vorschriften hinsichtlich der Bildung von Betriebsräten und Mitwirkung der Arbeiter bei der Direktorenwahl waren für Gemeinschaftsunternehmen unanwendbar. Die Gemeinschaftsunternehmen konnten weiterhin sowohl im Inland als auch im Ausland Kredite aufnehmen. Zur Kreditaufnahme im Ausland war die Einwilligung der Ungarischen Nationalbank erforderlich. Der ausländische Gesellschafter konnte der Wirtschaftsvereinigung ebenfalls einen Kredit gewähren. Zu dessen Gültigkeit mußten aber die diesbezüglichen Bedingungen im voraus mit einem Sichtvermerk der Ungarischen Nationalbank versehen werden.[48] Verwaltungs- und Bankfunktionen wurden ausschließlich von der Ungarischen Außenhandelsbank ausgeübt. Im Auftrag der Ungarischen Nationalbank oblag ihr die Führung von Forint-Konten und Gewährung von Darlehen der Wirtschaftsvereinigung.[49] Die Unternehmensführung oblag ausschließlich den Organen der Wirtschaftsgesellschaft.

Vorschriften der Lohnführung des Gemeinschaftsunternehmens wurden im Verhältnis zu den rein ungarischen Wirtschaftsorganisationen einerseits durch die Möglichkeit zur Bildung einer Anteilsbasis bis zu 15% des Jahreslohns gemildert, andererseits dadurch, daß die ausländischen Angestellten der Wirtschaftsvereini-

[44] Investitionsführer Ungarn, S. 10.
[45] § 3 der Verordnung 28/1972
[46] Investitionsführer Ungarn, S. 10.
[47] § 10 der Weisung 5/1979
[48] Investitionsführer Ungarn, S. 11.
[49] § 9 der Weisung 5/1979

gung 50% ihres Einkommens in ausländischer Währung durch eine Bank ins Ausland überweisen durften.[50]
Für die Tätigkeit der Wirtschaftsvereinigung mit ausländischer Beteiligung galten die gleichen Regeln wie für die rein ungarischen und branchenmäßig ähnliche Tätigkeiten ausübenden Wirtschaftsorgane, so z.B. für die Rechtsverhältnisse der Gesellschafter, die verschiedenen Vertragsverhältnisse, die Devisenwirtschaft, Valutaverrechnung, Entrichtung des Beitrags zur Sozialversicherung, Berechtigung zur Kreditaufnahme, Aufteilung des Gewinns und des Verlustes sowie die Auflösung der Wirtschaftsvereinigung.

g/. Vermögensgarantien zugunsten der ausländischen Partner
Das ausländische Vereinigungsmitglied konnte bei der Gründung zeitgleich mit dem Einleiten der Genehmigungsverfahren bzgl. des Gesellschaftsvertrages eine Bankgarantie bei der Ungarischen Nationalbank beantragen. Diese Bankgarantie erstreckte sich auf die Höhe des durch den Gesellschafter in die Vereinigung eingebrachten Vermögensanteils und bot Ersatz für Schäden, die durch staatliche Maßnahmen, welche den Anteil des ausländischen Gesellschafters berührten (wie z.B. Verstaatlichung des Anteils), verursacht wurden.[51]
Diese Möglichkeit wurde eröffnet, um ausländischen Vermutungen entgegenzuwirken, die nach der Einführung des ausländischen Kapitals staatliche Maßnahmen zu Lasten des ausländischen Vermögens befürchteten.[52]
Eine solche Bankgarantie konnte auch auf Vermögenstransfer vereinbart werden.
Mit der Verordnung des Finanzministers im Jahre 1972 wurden der Ungarischen Nationalbank bzgl. des Anteils der ausländischen Gesellschafter zweierlei Verpflichtungen auferlegt. Einerseits wurde sie verpflichtet, den Gewinnanteil und andere Bezüge des ausländischen Gesellschafters - begrenzt durch die Höhe des bei der Bank eingezahlten Betrages - in der im Vertrag bestimmten Währung ins Ausland zu überweisen. Außerdem hatte die Ungarische Nationalbank den Vermögensanteil, welcher dem ausländischen Gesellschafter bei der Auflösung der Wirtschaftsvereinigung oder bei seinem Austritt aus dem Unternehmen nach Begleichung der Verbindlichkeiten und Abzug der Steuern als Ergebnis der Abschlußbilanz zustand, zu überweisen.[53]
Bezüglich des Wirtschaftsverhältnisses Ungarn - Deutschland ist weiterhin das Investitionsförderungsabkommen vom Jahre 1986[54] zu erwähnen. Dieses Abkommen bot weitgehenden Schutz für beiderseitige Kapitalanlagen. Dadurch bestand eine uneingeschränkte Transfergarantie für alle Zahlungen bezüglich der Kapitalanlage, wie z.B. Rückführung des Kapitals, der Erträge, für Darlehenstilgungen, Liquidationserlöse und Lizenzverträge. Für Rechtsstreitigkeiten sah das

---

[50] § 6 Abs. 1, § 8 der Verordnung 28/1972
[51] § 11 Abs. 2 der Verordnung 28/1972
[52] Mádl, Ferenc/Vékás, Lajos: Nemzetközi magánjog..., S. 220.
[53] § 11 Abs. 1 und 4 der Verordnung 28/1972
[54] Vertrag vom 30.4.1986 über die Förderung und den gegenseitigen Schutz von Kapitalanlagen

Abkommen einerseits eine Staatenschiedsgerichtsbarkeit zwischen den beiden Regierungen, andererseits eine Schiedsgerichtsbarkeit zwischen dem Investor und der Regierung des Gastlandes vor. Die Entscheidung von Investorstreitigkeiten war allerdings auf Enteignungsfragen beschränkt. Für den späteren Eintritt Ungarns in die Weltbankschiedsgerichtsbarkeit sah das Abkommen vor, daß die Investorstreitigkeiten dann von diesem Schiedsgericht entschieden werden sollten.[55]

h/. Begünstigungen

Die Wirtschaftsvereinigung mit ausländischer Beteiligung war verpflichtet, Körperschaftssteuer zu zahlen.[56] Aufgrund des wirtschaftlichen Ergebnisses war dem Gemeinschaftsunternehmen keine andere vermögensbelastende staatliche Verpflichtung auferlegt.[57] Die Körperschaftssteuer betrug 40% des Jahresergebnisses,[58] konnte aber teilweise zurückerstattet werden für den Fall, daß die Vereinigung den Gewinn zwecks Erhöhung ihres in Ungarn befindlichen Vermögens verwendete. Es bestand also kein subjektives Recht auf Befreiung von der Körperschaftssteuer, sondern unter Umständen lediglich ein Anspruch auf Rückerstattung. Diese Begünstigung erfolgte auf Antrag und wurde insbesondere in der Anlaufzeit des Gemeinschaftsunternehmens gewährt. Die Höhe der Rückerstattung bestimmte der Finanzminister nach seinem Ermessen. Er war weiterhin berechtigt, im Einzelfall eine von der Verordnung abweichende günstigere Steuerhöhe festzustellen.

1986 wurden die steuerlichen Begünstigungen für die Gemeinschaftsunternehmen infolge einer Neuregelung erweitert.[59] Danach wurden neugegründete Gemeinschaftsunternehmen besonders hervorgehobener Industriesektoren - z.B. Elektronik und Elektronisierung, Fremdenverkehr, Herstellung von Medikamenten etc. - in den ersten 5 Jahren von der Körperschaftssteuer befreit. Ab dem 6. Jahr betrug die Körperschaftssteuer 20% des Nettogewinns. Bei den Gemeinschaftsunternehmen, die sich ausschließlich mit der Warenerzeugung und mit dem Bau und Betrieb eines Hotels befaßten und über ein Stammkapital von mehr als 25 Millionen Forint sowie über einen ausländischen Kapitalanteil von mehr als 30% verfügten, betrug die Körperschaftssteuer in den ersten 5 Jahren 20% des Nettogewinns, ab dem 6. Jahr 30% des Nettogewinns. Erfolgte in diesem letztgenannten Fall eine Reinvestition des ausländischen Partners von mindestens 50% des Jahresgewinns, wenigstens aber von 5 Millionen Forint, dann war eine Steuerrückerstattung von 50% des Steuerbeitrages vorgesehen. Betrug die Reinvestition 100% des Jahresgewinns, wenigstens aber 10 Millionen Forint, dann betrug die Steuerrückerstattung 75%.[60]

---

[55] Investitionsführer Ungarn, S. 14.
[56] § 7 Abs. 1 der Verordnung 28/1972
[57] § 7 a Abs. 1 der Verordnung 28/1972
[58] § 7 Abs. 3 der Verordnung 28/1972
[59] Schmidt, Lajos: Civilisztikánk szerepe a külföldi beruházások ösztönzésében, S. 192.
[60] § 10 Abs. 1-4 der Verordnung des Finanzministers Nr. 45 (XI.21.)PM vom Jahre 1984 über die Körperschaftsteuer und Körperschaftsondersteuer

i/. Auflösung der Wirtschaftsvereinigung

Die Auflösung der Gesellschaft konnte infolge eines Beschlusses der Gesellschafter, durch Eintreten eines in der Satzung angegebenen Rechtsgrundes oder auf Anordnung des Finanzministers erfolgen. Die Auflösung der Gesellschaft durch den Finanzminister hing mit den Regelungen der Wirtschaftsführung zusammen,[61] welche die verbindliche Bildung eines Risikofonds - zur Deckung des Jahresverlustes - bestimmten, deren Maßstab 10% des Stammkapitals erreichen mußte.[62] Ab 1982 konnte dieser Maßstab durch den Gesellschaftsvertrag bis zu 20% erhöht werden. Erreichte der Risikofond diesen Maßstab nicht, mußte eine 15% des Jahresgewinns entsprechende zu versteuernde Summe in diesen Fonds eingezahlt werden. Reichte der Risikofond des Gemeinschaftsunternehmens zur Deckung der eingetretenen Verluste nicht aus und regelten die Vereinigungsmitglieder den Verlust auch nicht anderweitig, konnte die Auflösung der Wirtschaftsvereinigung vom Finanzminister angeordnet werden. Dieser konnte die Auflösung auch dann anordnen, wenn die Wirtschaftsvereinigung eine von der Satzung abweichende Tätigkeit ausübte. Die Entscheidung über die Auflösung aus diesen Gründen stand im eigenen Ermessen des Finanzministers. Wurde die Wirtschaftsvereinigung demgegenüber zahlungsunfähig oder übertraf das Passive das Aktive, so war der Finanzminister de lege - d.h. ohne einen eigenen Entscheidungsspielraum - verpflichtet, das Gemeinschaftsunternehmen aufzulösen.[63] Bei Auflösung auf Anordnung wurde der Liquidator des Gemeinschaftsunternehmens vom Finanzminister, in den übrigen Fällen der Gesellschaftsauflösung von den Organen der Gesellschaft bestellt.[64]

Eine begünstigende Regelung war ferner, daß bei der Auflösung des Gemeinschaftsunternehmens dem ausländischen Gesellschafter das Recht zustand, seinen Anteil (Gewinn und Kapital) in ausländischer Währung und steuerfrei ohne weitere Genehmigung aus Ungarn auszuführen.[65]

3. Zollfreigebietsvereinigungen

Die Gemeinsame Verordnung des Finanzministers und des Außenhandelsministers über die auf Zollfreigebiete errichteten wirtschaftlichen Vereinigungen mit ausländischer Beteiligung[66] ermöglichte die Gründung von Off-shore Firmen und Zollfreigebietsvereinigungen. Die Institution der Zollfreigebietsvereinigung wurde eingeführt, um die wirtschaftspolitischen Interessen Ungarns an Auslandsinvesti-

---

[61] Investitionsführer Ungarn, S. 12.

[62] § 5 der Verordnung 28/1972

[63] § 12 Abs. 2 und 3 der Verordnung 28/1972

[64] Investitionsführer Ungarn, S. 12.

[65] § 11 Abs. 4 der Verordnung 28/1972

[66] Gemeinsame Verordnung des Finanz- und des Außenhandelsministers Nr.62(XI.16.)PM-KM vom Jahre 1982 über die auf Zollfreigebieten errichteten wirtschaftlichen Vereinigungen mit ausländischer Beteiligung (Verordnung 62/1982), siehe: Anhang III

tionen weiter zu fördern und Exportproduktionen zu erleichtern.[67] Die Zollfreigebietsvereinigung hatte nicht den Status einer selbständigen Gesellschaftsform. Sie konnte in allen Formen gegründet werden, deren rechtliche Grundlage im Körperschaftsgesetz gegeben war. Die Zollfreigebietsvereinigung besaß im Verhältnis zum Gemeinschaftsunternehmen mehrere Vorteile, die sich insbesondere daraus ergaben, daß die Zollfreigebietsvereinigung bei der Anwendung der Zoll-, Devisen- und Außenhandelsvorschriften als Ausländer,[68] d.h. als Unternehmer mit Sitz im Ausland zu betrachten war. Es handelte sich dabei um folgende Besonderheiten und Vorteile:

a. Begriffliche Voraussetzung einer Zollfreigebietsvereinigung war ihre Gründung im zollfreien Gebiet, die Zustimmung und die Genehmigung des Gesellschaftsvertrages durch den Finanzminister.[69]
b. Unter einem zollfreien Gebiet war ein im Eigentum, in der Benutzung oder Verwaltung einer inländischen juristischen Person befindliches Gebiet zu verstehen, das auf Antrag dieser Person durch das Landeskommando der Zoll- und Finanzwache im Einvernehmen mit dem Außenhandels-, Innen- und Verkehrsministerium als zollfreies Gebiet erklärt wurde. Eine geographische oder territoriale Beschränkung ergab sich aus der Verordnung nicht.
c. Die Zollfreigebietsvereinigung war berechtigt, Waren nach Ungarn zum Zwekke der Verarbeitung oder Produktion zollfrei einzuführen und Waren aus Ungarn ebenfalls zollfrei auszuführen. Der Warenumsatz mit Ungarn unterlag selbstverständlich den allgemeinen Zollvorschriften.
d. Außenhandelsgeschäfte konnte die Zollfreigebietsvereinigung frei von den sonst erforderlichen Außenhandelsgenehmigungen abwickeln. Eine Ausnahme lag lediglich bei solchen Ländern und Waren vor, bei denen hinsichtlich der Art oder Menge der aus- bzw. einzuführenden Waren ein Abkommen bestand.[70] Der Zweck der Zollfreigebietsvereinigung lag darin, Außenhandelsgeschäfte ohne spezielle Genehmigung in höherer Anzahl wahrzunehmen.
e. Die Zollfreigebietsvereinigung war an die meisten devisenrechtlichen Vorschriften nicht gebunden: Sie war berechtigt und sogar verpflichtet, ihre Geschäfte in konvertibler Währung abzuschließen. Der Finanzminister konnte jedoch eine Ausnahme genehmigen. Den Valutabestand konnte sie frei verwenden und anlegen, sowohl bei einem ungarischen als auch bei einem ausländischen Geldinstitut.[71] Sie war lediglich dazu verpflichtet, ihr Stamm- bzw. Grundkapital bei einem ungarischen Geldinstitut zu hinterlegen. Sie konnte sowohl im Inland als auch im Ausland Kredite aufnehmen und war verpflichtet, die Forintsummen, die sie zu ihrer Tätigkeit benötigte, gegen konvertible Devisen von einem ungarischen Geldinstitut zu erwerben. Zu Lasten dieses Kontos hatte sie die öffentlichen Abgaben und Entgelte für Anschaffungen und

[67] Investitionsführer Ungarn, S. 12.
[68] § 2 Abs. 2 der Verordnung 62/1982
[69] § 2 der Verordnung 62/1982
[70] § 2 Abs. 2 der Verordnung 62/1982
[71] § 3 Abs. 1 der Verordnung 62/1982

Dienstleistungen von Privatpersonen und zum Außenhandel nicht berechtigten Wirtschaftsorganisationen, die zu ihrer Errichtung und Tätigkeit erforderlich waren, zu zahlen.[72]

f. Auf Zollfreigebietsvereinigungen fanden die Rechtsvorschriften, die sich ihrer Natur nach lediglich auf Inländer bezogen, wie z.B. Einnahme-, Lohn- und Preisregulierung des Unternehmens, staatliche Kontrolle, Unternehmungsaufsicht, Investitionsordnung etc. keine Anwendung.[73] Die Löhne der Mitarbeiter konnten frei bestimmt werden. Auch eine Zusatzvergütung für ungarische Staatsbürger, deren Höhe nicht festgelegt war, konnte gezahlt werden. Rechtsvorschriften, welche die Ordnung und die Wirtschaft des Landes sicherten, wie z.B. umwelt- und gesundheitsschützende Regelungen, waren demgegenüber zu beachten.
g. Die staatliche Aufsicht beschränkte sich auf die Kontrolle der gesetzmäßigen Tätigkeit. Diese Funktion wurde vom Finanzminister ausgeübt.[74]
h. Die Zollfreigebietsvereinigung und deren Mitarbeiter unterlagen aber auch den allgemeinen Steuerverpflichtungen. Die Vergünstigungen konnten im Einzelfall mit Genehmigung des Finanzministers auf Unternehmen im zollfreien Gebiet ausgedehnt werden.
i. Hinsichtlich der Gründung, Tätigkeit und Auflösung der Zollfreigebietsvereinigung waren die Vorschriften der Verordnung des Finanzministers über Wirtschaftsvereinigungen mit ausländischer Beteiligung anzuwenden.

Gemeinschaftsunternehmen konnten auch teilweise die dargestellten Privilegien der Zollfreigebietsvereinigungen erlangen. Voraussetzung dabei war jedoch, daß das Gemeinschaftsunternehmen keine Tätigkeit wahrnahm, welche Warenbewegungen über die Staatsgrenze mit sich brachte.[75] In Betracht kam beispielsweise eine Banktätigkeit.

4. Folgerung

Den ausländischen Investoren standen zum dargestellten Zeitraum grundsätzlich zwei Wege offen: Die Gründung eines Gemeinschaftsunternehmens oder die Errichtung einer Zollfreigebietsvereinigung. Ausländische Investitionen im Bereich des Immobilienkaufs erfolgten kaum, da der Immobilienerwerb von Ausländern stark begrenzt war.[76] Immobilien durch Kauf, Schenkung oder Tausch konnten Ausländer lediglich aufgrund einer vorherigen Genehmigung des Finanzministeriums erwerben. Diese Genehmigung konnte nur in den folgenden Fällen erteilt werden:

- Der Ausländer verfügte über eine gültige Aufenthaltsgenehmigung.

---

[72] § 3 Abs. 2 der Verordnung 62/1982
[73] § 6 der Verordnung 62/1982
[74] § 7 Abs. 1 der Verordnung 62/1982
[75] § 7 der Verordnung des Finanzministers Nr. 63 (XI.16.)PM vom Jahre 1982
[76] Gesetzesverordnung des Ministerialrates Nr. 6 vom Jahre 1974 über die Regelung des Immobilienerwerbs von Ausländern

- Der Ausländer war gemäß eines internationalen Vertrages wie ein Inländer zu behandeln.
- Der Immobilienerwerb des Ausländers war mit einem sonstigen wichtigen Umstand begründet.

Diese Genehmigungspflicht erstreckte sich neben ausländischen Staatsbürgern und juristischen Personen auch auf ungarische Staatsbürger, deren ständiger Wohnsitz sich im Ausland befand, sowie auf juristische Personen, die ihren Sitz in Ungarn hatten, aber mit ausländischer Beteiligung tätig waren.

Zwischen 1972 und 1988 wurden die ersten Schritte zur Ermöglichung der Auslandsinvestitionen gemacht.

Trotz vorteilhafter Bedingungen wurden Gemeinschaftsunternehmen noch immer nicht in erheblichen Zahlen gegründet:[77] 1979 wurde die CIB (Mitteleuropäische Internationale Bank) mit 34% Teileigentum der Ungarischen Nationalbank und je 11% Eigentumsanteil von 6 internationalen Großbanken gegründet. Sie war lange Zeit die einzige Off-shore Bank in Ungarn und in der ganzen ostmitteleuropäischen Region.[78] Bis 1980 wurden insgesamt lediglich 8 Gemeinschaftsunternehmen aufgrund von Einzelgenehmigungen zugelassen.[79] 1986 nahm die Off-shore Unicbank ihre Tätigkeit auf, die größtenteils von Genossenschaften gegründet wurde. 1987 war das Gründungsjahr der Citibank Budapest mit 80% Anteil der Citicorp New York und 20% der Ungarischen Nationalbank. Sie genoß nicht einen Off-shore, sondern einen speziellrechtlichen Status, der sie zu Devisentransaktionen berechtigte und zu erheblichen Steuerbegünstigungen.[80] Ende 1987 existierten in Ungarn lediglich ca. 130 Gemeinschaftsunternehmen.[81] Bis Ende 1988 wurden 176 Unternehmen mit Auslandsbeteiligung registriert. Die Gesamtheit des investierten Kapitals betrug ca. 250 Millionen Dollar.[82] Im dargestellten Zeitraum handelte es sich in der Regel um die Gründung neuer Gemeinschaftsunternehmen im Bereich der Industrie und der Landwirtschaft, wie z.B. in der Kunststoffverarbeitung, in der Eiweißproduktion oder in der Herstellung von Isoliermaterial.[83]

Die geringe Anzahl der Gemeinschaftsunternehmen läßt sich mit der damaligen sozialistischen, gesellschaftlichen und wirtschaftlichen Gesinnung Ungarns erklären. Es bestanden zahlreiche Beschränkungen und sektorelle Bindungen der Wirtschaft;[84] grundlegende rechtliche und institutionelle Rahmenbedingungen der Marktwirtschaft und des Rechtsstaates fehlten. Für ausländische Investoren bestand eine unsichere und noch unbekannte wirtschaftliche und politische Atmosphäre. Die Eröffnung des Weges für ausländische Investitionen war ein Zwang der damaligen wirtschaftlichen Lage und diente dem Aufblühen der Wirtschaft

[77] Nagy, Gábor: A külföldi tõke szerepe és térbeli terjedése, TT 1995/1-2, S. 55.
[78] Diczházi, Bertalan: Külföldi beruházások Magyarországon, Valóság 1996/10, S. 86.
[79] Nagy, Gábor: A külföldi tõke szerepe és térbeli terjedése, TT 1995/1-2, S. 55.
[80] Diczházi, Bertalan: Külföldi beruházások Magyarországon, Valóság 1996/10, S. 86.
[81] Diczházi, Bertalan: Külföldi beruházások Magyarországon, Valóság 1996/10, S. 86.
[82] Diczházi, Bertalan: Külföldi beruházások Magyarországon, Valóság 1996/10, S. 86.
[83] Diczházi, Bertalan: Külföldi beruházások Magyarországon, Valóság 1996/10, S. 86.
[84] Diczházi, Bertalan: Külföldi beruházások Magyarországon, Valóság 1996/10, S. 86.

und der Förderung der Produktion dank neuer Techniken. Der primäre Beweggrund war nicht die Ermöglichung des freien Wettbewerbs und der freien, auf der Verantwortung und Entscheidung des Einzelnen beruhenden Marktwirtschaft. Die eigentlichen Ziele der ungarischen Regierung zeigten sich durch die starken staatlichen Kontrollen. Durch den Finanzminister übte der Staat eine weitreichende Kontrolle über die gesamte Tätigkeit der Wirtschaftsvereinigung mit ausländischer Beteiligung aus. Die staatliche Aufsicht erstreckte sich nicht nur auf die Gesetzmäßigkeit der Gründung und der Tätigkeit der Wirtschaftsvereinigungen, welches auch mit den Kriterien einer Demokratie und eines Rechtsstaates zu vereinbaren wäre, sondern auch auf die Begründetheit und Erforderlichkeit des Gemeinschaftsunternehmens. Alle wichtigen Schritte der Unternehmensentscheidung waren von einem staatlichen Genehmigungsverfahren abhängig. Dies stellt aber schon einen weitgehenden Einschnitt in die individuelle Entscheidungsfreiheit dar. Weiterhin waren natürliche Personen von der Gründung eines Unternehmens ausgeschlossen, was die Großinvestitionen - im Gegensatz zur Investition in kleinerer Betriebe - förderte. Darin könnte man einen Verstoß gegen die Gleichbehandlung von natürlichen und juristischen Personen sehen. Die Unternehmen mit Ausländerbeteiligung entstanden größtenteils mit Einzelgenehmigungen oder durch Partei- und Regierungszuwendungen.[85] Die fehlende Rechtssicherheit, die politisch motivierten Entscheidungen und die erwähnten Mängel wurden durch die bereits dargestellten Begünstigungen nicht ausreichend kompensiert. In den Vermögensgarantien hinsichtlich des Anteils der ausländischen Gesellschafter gegenüber der Verstaatlichung liegt eher eine selbstverständliche Anforderung eines sicheren wirtschaftlichen und politischen Systems als eine besonders vorteilhafte Begünstigung. Die Steuervergünstigungen in den ersten fünf Jahren brachten keine beträchtlichen Vorteile mit sich, da es sich grundsätzlich um Großinvestitionen handelte, deren Gewinn gewöhnlich erst nach 5 - 10 Jahren zu spüren war.[86]

Der Zeitraum zwischen 1972-1988 ist somit als eine Art „Vorgeschichte“ zu betrachten, sowohl bezüglich der rechtlichen Regelungen seitens Ungarns als auch hinsichtlich der Aktivität ausländischer Investoren.

---

[85] Diczházi, Bertalan: Külföldi beruházások Magyarországon, Valóság 1996/10, S. 86.

[86] Schmidt, Lajos: Civilisztikánk szerepe a külföldi beruházások ösztönzésében, S. 193.

B. SONDERBESTIMMUNGEN FÜR AUSLÄNDISCHE INVESTITIONEN IN UNGARN

I. Vorbemerkungen

Die wirtschaftlichen Schwierigkeiten der sozialistischen Wirtschaft, die hohe Auslandsverschuldung, das Drängen der internationalen Geldinstitute sowie der Druck der inländischen politischen Opposition führten dazu, daß Anfang der 80er Jahre weitere wichtige Reformschritte eingeleitet wurden.[87] Das reformkommunistische Kabinett spielte dabei eine widersprüchliche Rolle. Einerseits gab es nicht zu, daß die sozialistische Wirtschaft und das Einparteiensystem wettbewerbsunfähig und zum Zusammenbruch verurteilt war. Andererseits erließ es Gesetze, welche Privatunternehmen und Investitionen ausländischer Anleger förderten.[88] Teil des reformkommunistischen Programms war das sog. „Modell der Mischwirtschaft", indem weiterhin der staatliche Sektor die herrschende Rolle spielte. Daneben konnten sich jedoch die Privatunternehmen frei entwickeln, und das ausländische Kapital konnte als Mittel der wirtschaftlichen Entwicklung genutzt werden. Es entstand ein gemischter Eigentumssektor, in dem die verschiedenen Eigentumsformen miteinander konkurrierten.[89] Das Wirtschaftsprogramm der Oppositionsparteien war auf das Privateigentum aufgebaut. Hinsichtlich der Privatisierung galten verschiedene Vorstellungen. Im Sinne der „Mischwirtschaft" wurden zahlreiche Gesetze erlassen, um den organisatorischen Rahmen der sozialistischen Marktwirtschaft zu erschaffen.[90] Erwähnenswert bezüglich des Themas ist dabei folgendes:

- Das Gesetz über die Wirtschaftsgesellschaften,[91] welches die rechtlichen Rahmen der Gemeinschaftsunternehmen bestimmte.
- Das Gesetz über die ausländischen Investitionen in Ungarn,[92] welches - wie bereits in der Präambel deklariert wurde - der Entwicklung der internationalen Wirtschaftskooperation und der Förderung des direkten Erscheinens ausländischen aktiven Kapitals in der ungarischen Wirtschaft sowie der technischen Entwicklung Ungarns diente.
- Das Gesetz über die Umwandlung von Wirtschaftsorganisationen und Wirtschaftsgesellschaften,[93] welches die Umwandlung staatlicher Unternehmen zu

---

[87] Diczházi, Bertalan: Külföldi beruházások Magyarországon, Valóság 1996/10, S. 86.
[88] Diczházi, Bertalan: Külföldi beruházások Magyarországon, Valóság 1996/10, S. 86.
[89] Diczházi, Bertalan: Külföldi beruházások Magyarországon, Valóság 1996/10, S. 86.
[90] Diczházi, Bertalan: Külföldi beruházások Magyarországon, Valóság 1996/10, S. 86.
[91] Gesetz Nr. VI vom Jahre 1988 über die Wirtschaftsgesellschaften (WirtschaftsgesellschaftenG 1988)
[92] Gesetz Nr. XXIV vom Jahre 1988 über die Investitionen von Ausländern in Ungarn in der ursprünglicher Fassung (InvestitionsG a.F.), siehe: Anhang IV
[93] Gesetz Nr. XXIII vom Jahre 1988 über die Umwandlung von Wirtschaftsorganisationen und Wirtschaftsgesellschaften

Wirtschaftsgesellschaften und die Aufnahme von ausländischem Kapital für sie ermöglichte.[94]

II. Das Gesetz über die Wirtschaftsgesellschaften

Infolge der Reform des ungarischen Gesellschaftsrechts wurde die früher geteilte Regelung in einem für In- und Ausländer ebenso geltenden einheitlichen Gesetz zusammengefaßt.[95] Das Gesetz über die Wirtschaftsgesellschaften trat am 1. Januar 1989 in Kraft und wurde als das wesentlichste ungarische Wirtschaftsgesetz der 80er Jahre bezeichnet.[96] Die Traditionen des Gesellschaftsrechts der entwikkelten Industrieländer wurden in die speziellen Rechtsnormen Ungarns eingefaßt.[97] Der wichtigste Wesenszug des Gesetzes lag in der Anwendbarkeit sowohl für ausländische als auch für inländische Unternehmer.[98] Da dieses Gesetz bereits außer Kraft getreten ist, werden in diesem Abschnitt lediglich die Vorschriften dargestellt, welche für ausländische Investoren eine spezielle Regelung beinhalteten.

Das Gesetz über Wirtschaftsgesellschaften regelte die Gründung, die Organisation und die Auflösung der Wirtschaftsgesellschaften, die Funktionen ihrer Organe sowie Rechte, Pflichten und die Haftung der Gesellschafter.[99] Der Staat, die natürlichen Personen, die Wirtschaftsgesellschaften ohne juristische Persönlichkeit[100] und die juristischen Personen waren berechtigt, - unabhängig davon, ob sie inländisch oder ausländisch waren - zum Zwecke der Ausübung einer geschäftsmäßigen, gemeinsamen Wirtschaftstätigkeit oder zu deren Beförderung eine Wirtschaftsgesellschaft zu gründen oder einer solchen Gesellschaft als Gesellschafter beizutreten,[101] es sei denn, daß dieses Gesetz Ausnahmen vorschrieb. Vor dem Inkrafttreten des Gesetzes waren auf der ungarischen Seite lediglich Wirtschaftsorganisationen zur Teilnahme an einem Gemeinschaftsunternehmen berechtigt.

Das Gesetz bestimmte, daß unter einer natürlichen Person ein Mensch, unabhängig von seiner Staatsbürgerschaft zu verstehen ist. Ausländer waren solche natürlichen oder juristischen Personen, die nach dem Devisenrecht als Ausländer zu betrachten waren.[102] Das Gesetz über die Wirtschaftsgesellschaften definierte also den Begriff „Ausländer" nicht selbst, sondern überließ dies den devisen-

[94] Nagy, Gábor: A külföldi tõke szerepe és térbeli terjedése, TT 1995/1-2, S. 56.

[95] Komáromi, Gábor: Die Gesellschaftsformen für Ausländer in Ungarn, S. 43.

[96] Sárközy, Tamás: Ausländische Investitionen in Ungarn, S. 160.

[97] Komáromi, Gábor: Die Gesellschaftsformen für Ausländer in Ungarn, S. 43.

[98] Komáromi, Gábor: Die Gesellschaftsformen für Ausländer in Ungarn, S. 43.

[99] § 1 Abs. 1 des WirtschaftsgesellschaftenG 1988

[100] Ausländische Wirtschaftsgesellschaften, die keinen juristischen Personen waren, konnten sich bis zur Änderung des Gesetzes im Jahre 1991 an einem in Ungarn ansässigen Unternehmen nicht beteiligen.

[101] § 4 Abs. 1 des WirtschaftsgesellschaftenG 1988

[102] § 4 Abs. 4 des WirtschaftsgesellschaftenG 1988

rechtlichen Bestimmungen.[103] Eine ausländische natürliche Person war die, die ihren ständigen Wohnsitz bzw. Aufenthaltsort im Ausland hatte. Die Staatsangehörigkeit blieb dabei außer Acht. Um eine ausländische Gesellschaft oder juristische Person handelte es sich dann, wenn diese ihren Sitz im Ausland hatte. Die Frage nach der Ausländer-Eigenschaft bezog sich selbstverständlich nur auf Mitglieder der Wirtschaftsgesellschaft. Die gegründete Gesellschaft selbst galt als inländisch, da sich ihr Sitz in Ungarn befand, auch dann, wenn sie sich ausschließlich im ausländischen Eigentum befand.[104] Das Gesetz erwähnte lediglich die natürlichen Personen und die juristischen Personen, obwohl auch die Möglichkeit zur Gründung einer offenen Handelsgesellschaft und einer Kommanditgesellschaft bestand. Dies waren zwar Wirtschaftsgesellschaften, die im Firmenregister eingetragen waren, doch sie verfügten nicht über eine Rechtspersönlichkeit. Sie waren weder juristische noch natürliche Personen, wurden aber vom Gesetz der Praxis entsprechend stillschweigend umfaßt. Der Nachweis der Ausländereigenschaft erfolgte bei natürlichen Personen durch deren Anschrift, die der Gesellschaftsvertrag beinhaltete; bei den ausländischen Gesellschaften durch einen Auszug aus dem ausländischen Handelsregister oder einer sonstigen staatlichen Registrierungsurkunde,[105] deren Alter in einer Entscheidung des Obersten Gerichts wie folgt zu bestimmen war: „Nach der in Ungarn üblichen Rechtspraxis der Registergerichte kann nur ein Auszug aus dem Handelsregister, der nicht älter als drei Monate ist, zum Nachweis für das Bestehen einer ausländischen juristischen Person akzeptiert werden."[106]

Eine Wirtschaftsgesellschaft konnte nur auf eine Weise und in einer Form gegründet werden, welche in diesem Gesetz geregelt war.[107] Das bedeutete einerseits, daß die Ausübung einer Wirtschaftstätigkeit in Form einer Gesellschaft in Ungarn ausschließlich unter Anwendung der Bestimmungen des Gesetzes über die Wirtschaftsgesellschaften möglich war. Andererseits wurde damit ein Formzwang deklariert.[108] Als Wirtschaftsgesellschaft mit juristischer Persönlichkeit konnte die Vereinigung, das gemeinsame Unternehmen, die Gesellschaft mit beschränkter Haftung und die Aktiengesellschaft; als Wirtschaftsgesellschaft ohne juristische Persönlichkeit die Kommanditgesellschaft und die offene Handelsgesellschaft gewählt werden.[109] Damit bot das ungarische Gesellschaftsrecht ausländischen Investoren ein breites Angebot an möglichen Organisationsformen.[110]

Die Verordnung des Finanzministers vom Jahre 1972 erforderte zur Gründung eines Gemeinschaftsunternehmens sowohl eine Genehmigung als auch die Bestätigung des Gesellschaftsvertrages des Finanzministers. Da diese starre Regelung

---

[103] Kun, Tibor: A társasági törvény, S. 71.
[104] Sárközy, Tamás: Átalakulás, beruházásvédelem, társasági jog, S. 551.
[105] Pajor-Bytomski/Vezekényi: Die Gründung von Gesellschaften..., WGO 1992/4, S. 216.
[106] Nichtveröffentl. Entscheidung des OG aus 1991 (AZ-Legf. Bír. Ggf. II. 31484/1991sz.)
[107] § 2 Abs. 1 des WirtschaftsgesellschaftenG 1988
[108] Kun, Tibor: A társasági törvény, S. 71.
[109] § 2 Abs. 2 des WirtschaftsgesellschaftenG 1988
[110] Komáromi, Gábor: Die Gesellschaftsformen für Ausländer in Ungarn, S. 43.

die Einfuhr von ausländischem Kapital in der Praxis in erheblichem Umfang behinderte, wurden einschränkende Bestimmungen größtenteils aufgehoben. Mit dem Gesetz über die Wirtschaftsgesellschaften vom Jahre 1988 war als eine für Ausländer geltende spezielle Voraussetzung lediglich vorgeschrieben, daß diese nach ihrem Heimatrecht als Unternehmen rechtlich anerkannt oder in einem offiziellen Handelsregister - z.B. Namenskatalog der Handelskammer - aufgenommen waren.[111] Der Beweis dafür erfolgte entweder mit einem Auszug aus dem betroffenen ausländischen Firmenregister oder durch einen anderweitigen überzeugenden Nachweis.[112] Ziel dieser Vorschrift war, Angaben über ausländische Gesellschafter, die zu einem rechtsmäßig gegründeten Unternehmen erforderlich waren, zu erlangen.[113] Ein Aktionär mußte diesen Nachweis nicht erbringen, seine Verpflichtung beschränkte sich auf die mit der Aktienzeichnung übernommenen Einzahlung oder Erfüllung der Naturalleistung. Seit Anfang 1990 darf von einem Ausländer die Bestätigung dafür, daß seine Firma nach dem Recht seines Heimatlandes im Handelsregister eingetragen ist, nicht mehr verlangt werden.
Die Erlangung einer ausländischen Mehrheitsbeteiligung an der Gesellschaft, die Gründung einer mehrheitlich oder ausschließlich im ausländischen Eigentum stehenden Gesellschaft oder die Umwandlung in eine solche Gesellschaft war anfangs von einer behördlichen Genehmigung abhängig.[114] Die Genehmigung verfügte über einen Konzessionscharakter.[115] Die Gründung einer Wirtschaftsgesellschaft mit ausschließlich ausländischem Eigentum war also im Prinzip gestattet. Die Genehmigung war von Finanz- und dem Handelsminister gemeinsam zu erteilen und beinhaltete bereits eine devisenbehördliche Erlaubnis, da dies ebenfalls in der Befugnis des Finanzministers lag. Das Verfahren richtete sich nach dem Gesetz über das Verfahren der Staatsverwaltung.[116] Diese Genehmigungspflicht war mit devisenwirtschaftlichen Aspekten und mit handelspolitischen Gründen zu erklären. Der Antrag war als genehmigt anzusehen, falls dem innerhalb von 90 Tagen nicht widersprochen wurde.[117] Bei mangelnder Genehmigung waren der Gesellschaftsvertrag oder das Rechtsgeschäft hinsichtlich des Erwerbs der Mehrheitsbeteiligung unwirksam und der ursprüngliche Zustand mußte wiederhergestellt werden. Die Parteien waren in diesem Fall nicht an ihre Willenserklärungen gebunden. Die 90tägige Frist war erforderlich, um die Schwebezeit zeitlich zu begrenzen, da in dieser Zeit zwar der Vertrag noch nicht zustande kam, die Parteien aber an ihre in der Schwebezeit abgegebenen Willenserklärungen - falls die Genehmigung erteilt wurde - gebunden waren.[118] Im Gesetz wurde ausdrücklich

[111] § 7 Abs. 1 des WirtschaftsgesellschaftenG 1988
[112] Schmidt, Lajos: Civilisztikánk szerepe a külföldi beruházások ösztönzésében, S. 194.
[113] Kun, Tibor: A társasági törvény, S. 76.
[114] § 8 Abs. 1. S.1. des WirtschaftsgesellschaftenG 1988
[115] Sárközy, Tamás: Ausländische Investitionen in Ungarn, S. 19.
[116] Gesetz Nr. IV vom Jahre 1957 über die allgemeinen Regeln des Verwaltungsverfahrens (VerwaltungsverfahrensG)
[117] § 8 Abs. 1 S. 2. des WirtschaftsgesellschaftenG 1988
[118] Sárközy, Tamás: Ausländische Investitionen in Ungarn, S. 191.

festgelegt, daß in sonstigen Fällen - d.h. bei einer ausländischen Minderheitsbeteiligung - weder eine devisenbehördliche noch eine andere Genehmigung erforderlich war. Daraus war jedoch nicht der Schluß zu ziehen, daß durch andere Rechtsnormen vorgeschriebene Erlaubnisse, wie z.B. zur Ausübung bestimmter Tätigkeiten, entbehrlich gewesen wären. Diese Regelung trat am 1. Januar 1991 außer Kraft, die Gründung einer Gesellschaft mit ausländischer Mehrheitsbeteiligung war also nicht mehr genehmigungspflichtig.

Eine Aktiengesellschaft mit mehrheitlichem oder ausschließlich ausländischem Eigentum durfte an einer anderen Aktiengesellschaft in keinem Fall eine Mehrheitsbeteiligung erlangen.[119] Diese Beschränkung diente dem Schutz der ungarischen Wirtschaftsinteressen, da sonst alle ungarischen Aktiengesellschaften ohne Kontrolle unter ausländische Führung hätten gelangen können.[120] Die Beschränkung galt jedoch nur, wenn auf der einen Seite eine Aktiengesellschaft und auf der anderen Seite eine Aktiengesellschaft mit ausländischer Mehrheitsbeteiligung stand. Es war also denkbar, daß eine im ausschließlichen oder mehrheitlichen ausländischen Eigentum befindliche GmbH die Mehrheit in einer Aktiengesellschaft erlangte. Eine damit zusammenhängende, dem Interesse der Registrierung dienenden Regelung war weiterhin,[121] daß Ausländer nur eine Namensaktie einer Aktiengesellschaft erlangen durften. Bei einer Aktienübertragung oder einer Erbschaft mußten die eventuellen Inhaberaktien - innerhalb einer bestimmten Frist - zu Namensaktien umgewandelt werden.[122] Diese Umwandlungspflicht brachte notwendigerweise die Abänderung des Gesellschaftsvertrages mit sich, da zu dessen Mindestinhalt auch die Anzahl und der Nennwert der Aktien gehörten.

Das Gesetz über die Wirtschaftsgesellschaften beinhaltete eine für ausländische Investoren wichtige Garantie: Die Beteiligung von Ausländern genoß vollen Schutz und volle Sicherheit. Dieser allgemeine Grundsatz war durch bilaterale Abkommen konkretisiert.[123] Wichtigen Garantiecharakter hatte auch die Vorschrift, infolge derer der dem Ausländer zustehende Gewinnanteil sowie der ihm zustehende Anteil nach Auflösung der Gesellschaft oder bei Veräußerung des Gesellschaftsanteils in der Währung der Investition frei von devisenbehördlichen Genehmigungen ins Ausland überwiesen werden konnte, falls der Gesellschaft die Deckungssumme in Forint zur Verfügung stand.[124]

Ein Hinweis auf das Investititonsgesetz lag in der Erklärung, daß die Begünstigungen und speziellen wirtschaftlichen Bedingungen für Ausländer in einem gesonderten Gesetz geregelt sind.[125]

---

[119] § 327 des WirtschaftsgesellschaftenG 1988
[120] Kun, Tibor: A társasági törvény, S. 473.
[121] Schmidt, Lajos: Civilisztikánk szerepe a külföldi beruházások ösztönzésében, S. 195.
[122] § 240 Abs. 3 des WirtschaftsgesellschaftenG 1988
[123] Kun, Tibor: A társasági törvény, S. 80.
[124] § 9 Abs. 1 und 2 des WirtschaftsgesellschaftenG 1988
[125] § 9 Abs. 3 des WirtschaftsgesellschaftenG 1988

III. Das Gesetz über die ausländischen Investitionen

1. Wesenszüge des Gesetzes

Nach dem Inkrafttreten des Gesetzes über die Wirtschaftsgesellschaften wurde das Gesetz über ausländische Investitionen erlassen, das ebenfalls am 1. Januar 1989 in Kraft trat. In diesem Gesetz wurden die Bestimmungen und Regelungen zusammengefaßt, deren Grundsätze zwar im Gesetz über die Wirtschaftsgesellschaften wurzelten, die aber für Ausländer spezielle Regelungsbedürfnisse erforderten,[126] wie z.B. Zollfreiheit der Sacheinlage von Ausländern, freier Gewinntransfer, also Transfer der Dividende in der Währung der Investition, Funktionsbedingungen für Gesellschaften auf zollfreien Gebieten etc.
Das Investitionsgesetz beinhaltete im Vergleich zu dem Gesetz über Wirtschaftsgesellschaften weitere Gesichtspunkte. Daneben wiederholte es zahlreiche Regelungen des bereits erwähnten Gesetzes über die Wirtschaftsgesellschaften, die sowohl für Inländer als auch für Ausländer anwendbar waren und für Gemeinschaftsunternehmen eine besondere Bedeutung hatten.
Für ausländische Anleger waren neben dem Investitionsgesetz auch die Vorschriften des Gesetzes über Wirtschaftsgesellschaften von großer Bedeutung, da es alle Organisationsformen regelte, in denen die Investition erfolgen konnte.[127] Die Anwendbarkeit des Gesetzes über die Wirtschaftsgesellschaften auf die Wirtschaftsgesellschaften mit ausländischer Beteiligung war demzufolge im Investitionsgesetz ausdrücklich festgelegt.[128] Aus dieser Verfügung ergab sich aber auch die Anwendbarkeit des Zivilgesetzbuches bezüglich solcher vermögens- und personenrechtlicher Verhältnisse, die weder im Investitionsgesetz noch im Gesetz über die Wirtschaftsgesellschaften geregelt waren. Das Gesetz über die ausländischen Investitionen bildete eine Ergänzung dazu, indem es die Rechte und Pflichten zusammenfaßte, welche sich weder unmittelbar aus dem Gesellschaftsrechtsverhältnis ergaben noch im Zivilgesetzbuch geregelt waren.[129]
Für die Abweichung des Investitionsgesetzes vom Gesetz über die Wirtschaftsgesellschaften bildete die Regelung der Streiterledigung ein Beispiel:[130] Nach dem Gesetz über die Wirtschaftsgesellschaften konnte eine Rechtsstreitigkeit im Zusammenhang mit dem Gesellschaftsvertrag nur vor dem Ständigen Schiedsgericht der Ungarischen Wirtschaftskammer entschieden werden. Das Investitionsgesetz öffnete den Weg sowohl zu einem ordentlichen als auch zu einem Schiedsgericht, im Ausland und im Inland, vorausgesetzt, daß die Gesellschafter bei der Gründung eine diesbezügliche schriftliche Vereinbarung trafen.[131]

---

[126] Komáromi, Gábor: Die Gesellschaftsformen für Ausländer in Ungarn, S. 44.
[127] Komáromi, Gábor: Die Gesellschaftsformen für Ausländer in Ungarn, S. 44.
[128] § 3 InvestitionsG a.F.
[129] Komáromi, Gábor: Die Gesellschaftsformen für Ausländer in Ungarn, S. 44.
[130] Gadó, Gábor: Rechtsregelungen für Investitionen, S. 86.
[131] § 44 InvestitionsG a.F.

Das Investitionsgesetz ermöglichte also einerseits den Ausländern, unter gleichen Bedingungen wie inländische Firmen unternehmerisch tätig zu werden, andererseits berücksichtigte es auch die Gesichtspunkte, die sich aus der besonderen Rechtsstellung der Ausländer ergaben.[132]

Das ursprüngliche Ziel des Investitionsgesetzes war die Förderung von ausländischen Kapitalanlagen in Ungarn, dementsprechend waren die meisten Vorschriften entweder Garantien oder Begünstigungen.[133] Die Anzahl der einschränkenden Regelungen war sehr gering, um diesem Zweck nicht entgegenzuwirken.[134] Die Begünstigungen sicherten entweder die nationale Behandlung von Gemeinschaftsunternehmen (z.B. Möglichkeit zum bedingungslosen Immobilienerwerb) oder sie gingen darüber hinaus.[135] Die Präambel des Investitionsgesetzes bestimmte nur, daß die ausländischen Investoren ohne Benachteiligung eine nationale Behandlung genießen. Die bevorzugte Behandlung von Ausländern bezüglich der Investitionen ergab sich demgegenüber aus dem Folgenden:[136]

1988 wurde das Zivilgesetzbuch geändert,[137] demzufolge alle Wirtschaftsgesellschaften als Wirtschaftsorganisationen zu behandeln waren. Es bestand also kein Unterschied mehr zwischen den einzelnen Wirtschaftsgesellschaften. Auch das Gemeinschaftsunternehmen, d.h. die Wirtschaftsgesellschaft mit ausländischer Beteiligung wurde zur Wirtschaftsorganisation und galt als inländische juristische Person. Diese Deklaration war wichtig, da in der rechtlichen Regelung der Wirtschaft bei der Bestimmung der Rechtssubjekte schon seit längerer Zeit einheitlich der Begriff „Wirtschaftsorganisation“ verwendet wurde. Die Wirtschaftsgesellschaft mit ausländischer Beteiligung wurde somit Rechtssubjekt von Rechten und Pflichten, die sich aus der nationalen Behandlung ergaben. Diese Feststellung hätte andererseits auch dazu geführt, daß das ganze ungarische Wirtschaftsrecht jetzt für diese anwendbar war. Zwar verfügte die in Ungarn ansässige Wirtschaftsgesellschaft mit ausländischer Beteiligung über eine inländische Natur, es änderte sich jedoch nichts daran, daß es sich in diesem Fall - jedenfalls teilweise - um die Verwendung ausländischen Kapitals handelte. Die Gemeinschaftsunternehmen wurden mit der Investition von ausländischem Kapital gegründet, somit besaßen sie eine internationale Natur und erwarteten für ihre Tätigkeit eine den internationalen Maßstäben entsprechende rechtliche Rahmenbedingung.[138]

Die meisten Rechtsvorschriften - insbesondere Verordnungen im Bereich des Finanzwesens - richteten sich aber bei dem Inkrafttreten des Investitionsgesetzes noch nach den Kategorien der staatlichen Unternehmen. Sie brachten nicht nur die Stellung der professionellen Wirtschaftssubjekte im Wirtschaftsleben, sondern

---

[132] Gadó, Gábor: Rechtsregelungen für Investitionen, S. 77.
[133] Király, Miklós: A Magyar Beruházási Kódex..., JK 1990/3, S. 144.
[134] Király, Miklós: A Magyar Beruházási Kódex..., JK 1990/3, S. 144.
[135] Király, Miklós: A Magyar Beruházási Kódex..., JK 1990/3, S. 145.
[136] Király, Miklós: A Magyar Beruházási Kódex..., JK 1990/3, S. 145.
[137] § 685 c des Zivilgesetzbuches wurde mit dem Gesetz Nr. XXV vom Jahre 1988 geändert
[138] Király, Miklós: A Magyar Beruházási Kódex..., JK 1990/3, S. 148.

auch die starke wirtschaftliche Intervention des Staates zum Ausdruck.[139] Die Gesamtheit dieser Rechtsmaterie stand demzufolge dem Zweck des Investitionsgesetzes und der Förderung der ausländischen Investitionen entgegen.[140] Um dies zu verhindern, gab es die Bestimmung, nach der auf Wirtschaftsgesellschaften mit ausländischer Beteiligung die Rechtsvorschriften mit nicht zivilrechtlichem Inhalt, die zwar mit der Wirtschaftstätigkeit zusammenhingen, sich aber ausschließlich auf staatliche Wirtschaftsorganisationen (staatliche Unternehmen, staatliche Haushaltsorganisationen und sonstige staatliche Wirtschaftsorganisationen) und Genossenschaften bezogen, keine Anwendung fanden.[141] Vorausgesetzt war jedoch, daß das Gesetz nichts anderweitiges bestimmte, z.B. hinsichtlich des Konkursverfahrens, der Preisbildung, des Geldverkehrs etc. Mit dieser Regelungsweise sollte die Aufzählung jeder einzelnen Vorschrift, die sich investitionsabschreckend auswirkte, verhindert werden.[142] Sie mußte allgemein sein, um möglichst alle Vorschriften, die die Investitionsbereitschaft von Ausländern gefährdeten, zu umfassen. Diese Verallgemeinerung führte aber bezüglich der Frage, auf welche Vorschriften die Generalklausel anzuwenden war, zu einer Rechtsunsicherheit.[143] Bei einer solchen - den internationalen Kapitalbewegungen noch nicht entsprechenden - Rechtslage war die Bestrebung nach der Beschränkung der nationalen Behandlung in positiver Richtung gerechtfertigt[144] und damit eine über die nationale Behandlung hinausgehende Förderung von Ausländern im Bereich der Investitionen zu erklären. Diese Regelungsweise im Investitionsgesetz bedeutete für die ungarische Rechtsentwicklung auch eine Antriebskraft und bestimmte die Richtung der Weiterentwicklung des ganzen ungarischen Rechtssystems. Als Beispiel dazu dienten die Garantien, welche das Eigentum von Ausländern schützen. Bezüglich der potentiellen inländischen Anleger bestanden demgegenüber keine vergleichbaren Sicherungen. Sie waren demzufolge der Kapitalanlage abgeneigt, was zur Stagnation der ungarischen Wirtschaft führte. Am Beispiel der ausländischen Investoren förderten aber auch die inländischen Anleger die Deklaration, daß ihre Investitionen ebenfalls vollen Schutz und volle Sicherheit genießen.[145]

2. Anwendungsbereich

Der persönliche Geltungsbereich des Gesetzes erstreckte sich entsprechend der einschlägigen Bestimmungen des Gesetzes über die Wirtschaftsgesellschaften auf

---

[139] Király, Miklós: A Magyar Beruházási Kódex..., JK 1990/3, S. 146.
[140] Király, Miklós: A Magyar Beruházási Kódex..., JK 1990/3, S. 146.
[141] § 35 InvestitionsG a.F.
[142] Sárközy, Tamás: Átalakulás, beruházásvédelem, társasági jog, S. 603.
[143] Király, Miklós: A Magyar Beruházási Kódex..., JK 1990/3, S. 146.
[144] Király, Miklós: A Magyar Beruházási Kódex..., JK 1990/3, S. 146.
[145] Király, Miklós: A Magyar Beruházási Kódex..., JK 1990/3, S. 148.

Ausländer, d.h. auf natürliche und juristische Personen, die nach den devisenrechtlichen Vorschriften als Ausländer zu betrachten waren.[146]
Um die gegenständliche Wirkung des Gesetzes zu bestimmen, deklarierte das Investitionsgesetz selbst, was unter Investitionen von Ausländern in Ungarn im Sinne dieses Gesetzes zu verstehen war: Eine Investition von Ausländern lag im Falle einer mit ausländischer Beteiligung wirkenden Gesellschaft, einer von Ausländern gegründeten Wirtschaftsgesellschaft und bei dem Erwerb einer Beteiligung eines Ausländers an einer Wirtschaftsgesellschaft vor.[147]
Das Gesetz über ausländische Investitionen verwendete den Ausdruck „Wirtschaftsgesellschaften mit ausländischer Beteiligung." Darunter waren alle Gesellschaften zu verstehen, an denen Ausländer teilweise oder ausschließlich Eigentumsrechte besaßen.[148] Dieser Begriff war mit dem Ausdruck „Gemeinschaftsunternehmen" identisch. Das Gesetz unterschied nicht danach, ob der Ausländer bereits zum Zeitpunkt der Gründung Gesellschafter oder eine Gesellschaft war oder sich erst später durch den Erwerb von Gesellschaftsanteilen an ihr beteiligte.[149]
Zur Anwendung des Gesetzes waren insbesondere zwei Voraussetzungen gleichzeitig zu erfüllen:

- An der Gesellschaft mußte sich eine natürliche oder juristische Person beteiligen, welche laut devisenrechtlichen Vorschriften als ausländisch zu betrachten war.
- Die Gesellschaft mußte ihren Sitz in Ungarn haben.[150]

Infolge dessen fand das Gesetz keine Anwendung auf die im Ausland ansässigen Unternehmen mit einer Niederlassung oder Filiale in Ungarn und auch nicht auf die Gesellschaften, die von einer Wirtschaftsgesellschaft mit ausländischer Beteiligung gegründet wurden, bzw. mit ihrer Beteiligung tätig waren.[151] Das Recht zur Gründung einer weiteren Wirtschaftsgesellschaft stand einer Gesellschaft mit ausländischer Beteiligung selbstverständlich zu. Da aber die Gesellschaft mit ausländischer Beteiligung selbst als inländische Wirtschaftsorganisation galt, galten für sie die allgemeinen Regeln und nicht mehr die besonderen Vorschriften des Investitionsgesetzes. Gründete dementsprechend z.B. eine im Inland ansässige Gesellschaft mit beschränkter Haftung, die sich vollständig im ausländischen Besitz befand, eine Einpersonen-GmbH, dann finden die Vorschriften des Investitionsgesetzes auf die Investitionen dieser Gesellschaft keine Anwendung mehr.[152] Mit dem Investitionsgesetz wurde also die sekundäre Nutzung des ausländischen Kapitals nicht mehr gefördert.[153] Vielmehr sollte die freie Bewegung

[146] § 2 Abs. 1 des InvestitionsG a.F.
[147] § 2 Abs. 2 des InvestitionsG a.F.
[148] Gadó, Gábor: Rechtsregelungen für Investitionen, S. 77.
[149] Gadó, Gábor: Rechtsregelungen für Investitionen, S. 77.
[150] Gadó, Gábor: Rechtsregelungen für Investitionen, S. 77.
[151] Gadó, Gábor: Rechtsregelungen für Investitionen, S. 77.
[152] Gadó, Gábor: Rechtsregelungen für Investitionen, S. 78.
[153] Király, Miklós: A Magyar Beruházási Kódex..., JK 1990/3, S. 147.

des bereits angelegten Kapitals zwischen den Wirtschaftsteilnehmern gesichert werden.
Die Bestimmungen des Investitionsgesetzes fanden weiterhin nur dann eine Anwendung, wenn ein internationaler Vertrag über den Investitionsschutz nicht etwas anderes bestimmte.[154] Bilaterale oder multilaterale zwischenstaatliche Vereinbarungen (wie z.B. die Washingtoner Konvention über die Streiterledigung internationaler Investitionen, zwischenstaatliche Abkommen zur Vermeidung der Doppelbesteuerung etc.) hatten Vorrang gegenüber den nationalen Vorschriften.[155]

3. Die Gründung von Joint-Ventures

Eine Wirtschaftsgesellschaft mit ausländischer Beteiligung konnte - und mußte - in der Weise und in den Formen der Wirtschaftsgesellschaften gemäß des Gesetzes über die Wirtschaftsgesellschaften vom Jahre 1988 gegründet werden. Die Ausländer waren also berechtigt, eine Aktiengesellschaft, eine Gesellschaft mit beschränkter Haftung, eine offene Handelsgesellschaft, eine Kommanditgesellschaft, ein gemeinsames Unternehmen und eine Vereinigung zu gründen. Hingegen durften sie keine davon abweichende Gesellschaftsform wählen.[156]
Die meisten Voraussetzungen hinsichtlich der Gründung von Joint-Ventures waren sowohl im Gesetz über Wirtschaftsgesellschaften als auch im Investitionsgesetz gleichlautend bestimmt. Demzufolge galten die bereits dargestellten Bedingungen des Gesetzes über die Wirtschaftsgesellschaften mit den folgenden Ergänzungen:

a/.
An der Gründung konnten alle inländischen und ausländischen natürlichen Personen, juristischen Personen und - aufgrund der Gesetzesänderung im Jahre 1991[157] - Wirtschaftsgesellschaften ohne Rechtspersönlichkeit teilnehmen. Von wenigen gesetzlichen Ausnahmen abgesehen war fast jeder berechtigt, an einer durch das Gesetz geregelten Wirtschaftsgesellschaft als Gründer oder Mitglied teilzunehmen.[158] Dabei waren insbesondere die folgenden Beschränkungen zu beachten:
- Natürliche Personen konnten zur gleichen Zeit nur in einer Wirtschaftsgesellschaft unbeschränkt haftende Gesellschafter sein.[159]
- In einer Vereinigung und einem Gemeinen Unternehmen konnten nur juristische Personen Mitglieder sein.[160]

---

[154] § 6 des InvestitionsG a.F.
[155] Sárközy, Tamás: Átalakulás, beruházásvédelem, társasági jog, S. 556.
[156] Tóth, József/Szakács, Imre: Külföldiek részvételével mûködõ ..., S. 6.
[157] Änderungsgesetz Nr. LXV vom Jahre 1991
[158] Sárközy, Tamás: Átalakulás, beruházásvédelem, társasági jog, S. 559.
[159] § 6 Abs. 1 des WirtschaftsgesellschaftenG 1988
[160] § 6 Abs. 2 des WirtschaftsgesellschaftenG 1988

Geschäfte mit Vermögenscharakter bzw. mit Valutabewegung zwischen In- und Ausländern - z.B. Verkauf eines im ausländischen Besitz befindlichen Wagens an einen Inländer - konnten im allgemeinen jedoch lediglich mit behördlicher Genehmigung vorgenommen werden.[161]

b/.
Entsprechend der Regelungen des Gesetzes über Wirtschaftsgesellschaften mußten die Ausländer bis 1991[162] nach ihrem heimischen Recht über ein Unternehmen verfügen oder in einem Unternehmensregister eingetragen sein. Das ungarische Firmengericht mußte diese Frage nicht nach den geltenden ungarischen Rechtsnormen, sondern nach dem heimischen Recht des Betroffenen beurteilen. Denkbar war somit der Fall, daß eine ausländische Organisationsform, welche nach dem ungarischen Recht nicht existierte - wie. z.B. der Einzelunternehmer zur Zeit des Inkrafttretens des Investitionsgesetzes - als Unternehmen vom ungarischen Firmengericht anerkannt werden mußte.[163] Zweck dieser Bedingung war lediglich, sich Informationen über den ausländischen Partner zu verschaffen. Damit ist zu erklären, warum die Eintragung in einem Unternehmensregister ausreichend war. Dies bezog sich auf zahlreiche Länder - insbesondere viele ehemalige sozialistische Staaten - wo das Firmenregister kaum Bedeutung hatte und die wichtigsten potentiellen Anleger in einer für die staatlichen Unternehmen eingeführten Registrierung eingetragen waren. Andererseits wurden bestimmte Berufe (Kleinhändler, Ärzte) in Form von Einzelunternehmen ausgeübt. Sie verfügten über kein eigenes Unternehmen, konnten jedoch an einer ungarischen Wirtschaftsgesellschaft teilnehmen. Voraussetzung war lediglich, daß die Registrierung, in der sie eingetragen waren, eine wirtschaftliche Natur besaß.[164] In der Praxis verzichteten die Firmengerichte jedoch meistens wegen der Langwierigkeit auf deren Überprüfung, obwohl die Feststellung des Inhalts des ausländischen Rechts nach der Gesetzesverordnung über das internationale Privatrecht[165] von Amts wegen und gegebenenfalls durch Einholung von Rechtsgutachten vorgeschrieben war.[166] Eine Ausnahme bedeutete die Aktiengesellschaft, an welcher alle ausländischen natürlichen und juristischen Personen Aktionäre werden konnten, ohne daß sie über ein eigenes Unternehmen verfügen mußten.[167]

---

[161] Gadó, Gábor: Rechtsregelungen für Investitionen, S. 78.
[162] § 16 Abs. 2 des Änderungsgesetzes Nr. XCVIII vom Jahre 1990
[163] Sárközy, Tamás: Átalakulás, beruházásvédelem, társasági jog, S. 557.
[164] § 13 Abs. 2 des Gesetzes Nr. XCVIII vom Jahre 1990
Sárközy, Tamás: Átalakulás, beruházásvédelem, társasági jog, S. 558.
[165] § 5 Abs. 1 der Gesetzesverordnung Nr. 13 vom Jahre 1979 über das internationale Privatrecht
[166] Pajor-Bytomski/Vezekényi: Die Gründung von Gesellschaften ..., WGO 1992/4, S. 215.
[167] § 7 des InvestitionsG a.F.

c/.
Bis 1991[168] war weiterhin zur Gründung eines mehrheitlich oder ausschließlich im ausländischen Eigentum befindlichen Gemeinschaftsunternehmens, zur Umgestaltung in eine solche Wirtschaftsgesellschaft oder zum Erwerb der Mehrheit des ausländischen Anteils an der Gesellschaft eine gemeinsame Genehmigung des Finanzministers und des Handelsministers erforderlich.[169] Hinsichtlich des Prozentsatzes waren alle ausländischen Beteiligungen in ihrer Gesamtheit zu berücksichtigen. Ein Gemeinschaftsunternehmen, bei dem die ausländische Beteiligung 50% nicht überstieg, konnte unter den gleichen Voraussetzungen gegründet werden wie eine inländische Wirtschaftsgesellschaft, also ohne behördliche Genehmigung. Das gleiche galt für den Erwerb von Anteilen - gegebenenfalls von einem Inländer - an einer solchen Gesellschaft. Die Frist, innerhalb welcher ein Widerspruch erfolgen mußte, betrug 90 Tage. Der widerspruchslose Fristablauf galt als Genehmigung.[170] Das Gesuch mußte dem Finanzminister - der zusammen mit dem Handelsminister darüber entschied - in fünffacher Ausfertigung in ungarischer Sprache zusammen mit dem Gesellschaftsvertrag eingereicht werden. Zum Einreichen des Antrages war bei einer neuen Gesellschaft der ungarische Mitgründer, bei einer Gesellschaft im ausschließlich ausländischen Eigentum der ausländische Partner berechtigt. Sollte in einer bereits wirkenden Gesellschaft eine ausländische mehrheitliche oder ausschließliche Beteiligung erzielt werden, war die Gesellschaft selbst berechtigt. Der Mindestinhalt des Gesuches war das Folgende:[171]

- Die Nennung der Namen der ungarischen und der ausländischen Gesellschafter und ihrer Sitzes.
- Die Nennung der Form, des Registrierungsortes und des Sitzes der Gesellschaft, die Beschreibung des Tätigkeitskreises.
- Bei einer tätigen Gesellschaft die Angabe der Größe des zur Zeit des Einreichens des Gesuches vorhandenen Vermögens. Bei der Gründung einer neuen Gesellschaft die diesbezüglich vorgesehenen Angaben.
- Art und Weise der Aufteilung des zu versteuernden Reinerlöses.
- Erläuterung der geschäftspolitischen Ziele der Gesellschaft mit den diesbezüglichen Angaben.

Wurde das Gesuch nicht in der vorgesehenen Form oder mit dem vorgesehenen Inhalt eingereicht, konnte binnen 30 Tagen eine Mangelbeseitigung angeordnet werden.[172] Die Anordnung der Mangelbeseitigung war nur einmal möglich. Der erneut mangelhaft eingereichte Antrag mußte abgelehnt werden.[173] Der ablehnende Beschluß war zu begründen.

[168] Änderungsgesetz Nr. CXVIII vom Jahre 1990
[169] § 9 Abs. 2 des InvestitionsG a.F.
[170] § 9 Abs. 3 des InvestitionsG a.F.
[171] § 10 Abs. 2 des InvestitionsG a.F.
[172] § 11 Abs. 2 des InvestitionsG a.F.
[173] Sárközy, Tamás: Átalakulás, beruházásvédelem, társasági jog, S. 565.

Wurde eine Bank oder ein Finanzinstitut mit ausländischer Beteiligung gegründet, war neben den oben dargestellten Voraussetzungen auch die Zustimmung des Ministerrates einzuholen.[174]

d/.

Weiterhin war die Eintragung ins Firmenregister erforderlich. Die Eintragung erfolgte durch die Firmengerichte als Registergerichte, die neben den Komitatsgerichten und dem Hauptstädtischen Gericht angesiedelt waren.[175] Das Registrierverfahren war in einer für alle Gesellschaften einheitlichen Rechtsnorm bestimmt.[176] Die rechtliche Anerkennung von Wirtschaftsgesellschaften mit ausländischer Beteiligung durfte nicht aus Zweckmäßigkeitsgründen, geschäftlichen oder politischen Aspekten zurückgewiesen werden.[177] Die Organe der Staatsverwaltung waren nicht zur Ausübung von Aufsichtsrechten befugt.[178] Vom Firmengericht durfte lediglich eine Gesetzesaufsicht ausgeübt werden.[179] Die Eintragung der Gesellschaft ins Handelsregister konnte dementsprechend vom Firmengericht nur abgelehnt werden, wenn der Gesellschaftsvertrag oder die Satzung im Widerspruch zu den geltenden Rechtsnormen stand.[180] Das Firmengericht konnte weiterhin prüfen, ob die Tätigkeit der Gesellschaft den Gesetzen entspricht und ob die Beschlüsse der Gesellschaftsorgane im Einklang mit den Gesetzen und mit dem Gesellschaftsvertrag stehen.[181] Mit dieser Regelung war gesichert, daß der Staat die gesetzmäßige Tätigkeit der Gemeinschaftsunternehmen kontrollierte, ein sonstiges Einschreiten in die Bewirtschaftung war aber ausgeschlossen.[182] Die Eintragung verfügte über eine konstitutive Natur, jedoch mit einem auf die Gründung rückwirkenden Charakter.[183] Die Gesellschaft konnte somit ihre Tätigkeit bereits vor der Eintragung in das Firmenregister aufnehmen.[184]

e/.

Bezüglich der Aktien befand sich im Gesetz eine dem Gesetz über die Wirtschaftsgesellschaften ebenfalls gleichlautende Regelung: Ausländer konnten nur Namensaktien erwerben. Bei der Übertragung einer Inhaberaktie auf einen Ausländer oder bei geerbten Inhaberaktien mußten diese in Namensaktien umgewandelt werden.[185] Dazu ist noch zu ergänzen, daß die Umwandlung von Inhaberak-

---

[174] Sárközy, Tamás: Ausländische Investitionen in Ungarn, S. 191.

[175] Pajor-Bytomski/Vezekényi: Die Gründung von Gesellschaften ..., WGO 1992/4, S. 217.

[176] Gesetzesverordnung Nr. 23 vom Jahre 1989 über die gerichtliche Firmenregistrierung und Gesetzesaufsicht

[177] Gadó, Gábor: Rechtsregelungen für Investitionen, S. 78.

[178] Sárközy, Tamás: Ausländische Investitionen in Ungarn, S. 192.

[179] § 5 des InvestitionsG a.F.

[180] Gadó, Gábor: Rechtsregelungen für Investitionen, S. 78.

[181] Tóth, József/Szakács, Imre: Külföldiek részvételével mûködõ ..., S. 6.

[182] Tóth, József/Szakács, Imre: Külföldiek részvételével mûködõ ..., S. 7.

[183] Schmidt, Lajos: Civilisztikánk szerepe a külföldi beruházások ösztönzésében, S. 195.

[184] Schmidt, Lajos: Civilisztikánk szerepe a külföldi beruházások ösztönzésében, S. 195.

[185] § 13 Abs. 2 des InvestitionsG a.F.

tien in Namensaktien in ausschließlicher Zuständigkeit des höchsten Gesellschaftsorgans der Aktiengesellschaft, d.h. der Hauptversammlung lag. Die Entscheidung darüber erforderte eine ¾ Mehrheit der Aktionäre.[186] Bis zur Umwandlung der Inhaberaktien konnte der ausländische Gesellschafter seine Aktionärsrechte nicht ausüben.

f/.
Eine Wirtschaftsgesellschaft mit ausländischer Beteiligung konnte zur Ausübung aller Wirtschaftstätigkeiten gegründet werden, es sei denn, daß ein Gesetz dies ausschloß oder beschränkte.[187] Mit dieser Bestimmung sollte dem Staat die Möglichkeit gesichert werden, in bestimmten Bereichen die Teilnahme von Ausländern zu beschränken oder auszuschließen.[188] Eine Beschränkung lag vor, wenn ein Gesetz, eine Gesetzesverordnung oder eine Verordnung des Ministerialrates die Ausübung bestimmter Tätigkeiten nur durch den Staat oder durch staatliche Unternehmen zuließ. Die Wirtschaftsgesellschaft konnte solche Tätigkeiten lediglich dann wahrnehmen, wenn mindestens ein Gesellschafter dazu berechtigt war. Der Maßstab der Berechtigung spielte dabei keine Rolle. Diese Verfügung - die auch für Wirtschaftsgesellschaften ohne ausländische Beteiligung galt - ermöglichte, daß bestimmte Tätigkeiten in Form einer Wirtschaftsgesellschaft nur ausgeübt wurden, wenn mindestens einer der Gesellschafter vom Staat dazu bestimmt oder berechtigt war. In sonstigen Fällen konnte die Beschränkung oder der Ausschluß nur in einem Gesetz - nicht aber in einer niedrigeren Rechtsnorm - vorgeschrieben werden.[189] Es ist zu beachten, daß für bestimmte besondere Tätigkeiten (z.B. bei Banken und Versicherungen)[190] oder für besondere Formen der Gesellschaft (z.B. Gesellschaft auf zollfreien Gebieten) spezielle Genehmigungen vorgeschrieben waren. Diese waren selbstverständlich einzuholen.

g/.
Entsprechend der Regelungen für Inländer konnte auch ein Ausländer entweder durch das Einbringen einer Geldeinlage oder durch das Einbringen von Sacheinlagen Gesellschafter einer Wirtschaftsgesellschaft werden.[191] Für Ausländer enthielt das Gesetz jedoch abweichende Regelungen, indem z.B. der Ausländer grundsätzlich verpflichtet war, seine Geldeinlage in konvertierbarer Währung zu bezahlen.[192] Eine Ausnahme von dieser Verpflichtung bestand seit 1. 1. 1991:[193] Der Ausländer konnte seine Geldeinlage dann in Forint einbringen, indem er auf den Transfer der an ihn gezahlten Dividende verzichtete und diese entweder zur

[186] § 278 c iVm § 282 des WirtschaftsgesellschaftenG 1988
[187] § 9 Abs. 1 des InvestitionsG a.F.
[188] Sárközy, Tamás: Átalakulás, beruházásvédelem, társasági jog, S. 560.
[189] Sárközy, Tamás: Átalakulás, beruházásvédelem, társasági jog, S. 561.
[190] Pajor-Bytomski/Vezekényi: Die Gründung von Gesellschaften ..., WGO 1992/4, S. 217.
[191] Gadó, Gábor: Rechtsregelungen für Investitionen, S. 79.
[192] § 12 Abs. 1 des InvestitionsG a.F.
[193] Änderungsgesetz Nr. CXVIII vom Jahre 1990

Kapitalaufstockung der Gesellschaft, an der er beteiligt war, verwendete oder indem er in eine neu zu gründende Gesellschaft investierte. Eine ähnliche Begünstigung galt für den Fall, daß der Ausländer den Forintbetrag, den er für den Verkauf von Gesellschaftsanteilen - welche seinen Teilbesitz an einer Gesellschaft verkörperten - erlangte, für die Gründung einer Gesellschaft mit Sitz in Ungarn verwendete.[194]

Bezüglich der Sacheinlage bestanden keine Sonderregelungen.[195] Der Wert der Sacheinlage mußte mit Rücksicht auf den ungarischen Verkaufs- und Nutzungswert für die Gesellschaft[196] im Gesellschaftsvertrag bestimmt und in Forint registriert werden. Als Sacheinlage konnte jede über Vermögenswert verfügende (d.h. man kann ihren Wert in Geld beziffern), verkehrsfähige (d.h. man kann an ihr vertraglich Eigentum erwerben) Sache, jedes geistiges Eigentum und jedes Recht an Vermögenswerten in die Gesellschaft eingebracht werden. Dementsprechend kamen als Sacheinlage Immobilien, Mobilien, Urheberrechte, Know-how, Namensführungsrechte, Geschäftsanteile etc. in Betracht.[197] Es machte grundsätzlich keinen Unterschied, ob die Sacheinlage von einem In- oder Ausländer in die Gesellschaft eingebracht wurde.[198] Wurde die Sacheinlage jedoch vom Ausland her eingeführt, war die Person, die diese Sacheinlage in die Gesellschaft einbringt, sowohl bezüglich der Verzollung als auch hinsichtlich der Versteuerung von Bedeutung,[199] da lediglich solche Produktionsmittel nach Ungarn zollfrei eingeführt werden durften, welche von dem ausländischen Gesellschafter als Sacheinlage in die Gesellschaft eingeführt wurden.[200] Der inländische Gesellschafter hatte kein Anrecht auf Zollfreiheit, wenn er seine Sacheinlage mit Hilfe der Einfuhr von ausländischen Produkten vornehmen wollte.[201] Unter Produktionsmitteln waren die Maschinen, Anlagen, Ausrüstungsgegenstände oder Fahrzeuge zu verstehen, die zur Herstellung und zum Transport von Waren oder zur Ausführung von geschäftsmäßig durch die Gesellschaft gewährten Dienstleistungen direkt erforderlich waren.[202] Veräußerte die Gesellschaft die Produktionsmittel, überließ diese der Fremdnutzung oder vermietete sie diese innerhalb von drei Jahren ab Bereitstellung, war eine nachträgliche Zollgebühr zu entrichten.[203]

---

[194] Gadó Gábor: Rechtsregelungen für Investitionen, S. 79.
[195] Gadó Gábor: Rechtsregelungen für Investitionen, S. 79.
[196] Sárközy, Tamás: Átalakulás, beruházásvédelem, társasági jog, S. 596.
[197] Pajor-Bytomski/Vezekényi: Die Gründung von Gesellschaften, WGO 1992/4, S. 226.
[198] Gadó, Gábor: Rechtsregelungen für Investitionen, S. 79.
[199] Gadó, Gábor: Rechtsregelungen für Investitionen, S. 79.
[200] § 18 des InvestitionsG a.F.
[201] Gadó, Gábor: Rechtsregelungen für Investitionen, S. 79.
[202] § 9 der gemeinsamen Verordnung Nr. 17 ((IV.1.)PM-KeM des Finanz- und Handelsministers vom Jahre 1989
[203] Gadó, Gábor: Rechtsregelungen für Investitionen, S. 80.

4. Die Bedingungen für die Tätigkeit eines Gemeinschaftsunternehmens

Die Wirtschaftsführung des Gemeinschaftsunternehmens wurde von den damaligen sondergesetzlichen Bindungen befreit und war grundsätzlich nur durch die sich auf alle ungarische juristische bzw. natürliche Personen beziehende Gesetze beschränkt.[204]

Die Wirtschaftsgesellschaften mit ausländischer Beteiligung galten als inländische Wirtschaftsorganisationen. Um das Prinzip der nationalen Behandlung zu gewährleisten, bestimmte sich ihre Tätigkeit nach den allgemeinen Regeln, welche auch für inländische Unternehmen verbindlich waren.[205] Im Investitionsgesetz waren auch die wichtigsten Vorschriften des ungarischen Wirtschaftsrechts, die für Wirtschaftsgesellschaften mit ausländischer Beteiligung eine besondere Rolle spielten, ausdrücklich aufgezählt,[206] wie z.B. hinsichtlich der Preisbildung, des Qualitätsschutzes von Produkten und Dienstleistungen, der Rechnungsführung, der Bilanzaufstellung, der Rechtsnormen, die den Warenverkehr und die Marktaufsicht betrafen, der Außenhandels-, Großhandels- und Einzelhandelstätigkeit, des Konkursverfahrens sowie des Kartellrechts.[207] Das Prinzip der nationalen Behandlung brachte für die ausländischen Investoren sowohl Vor- als auch Nachteile mit sich. Eine günstige Folge dieses Grundsatzes war, daß damit den ausländischen Anlegern auch Rechte eröffnet wurden, die einem Ausländer sonst direkt nicht zustanden.[208] Als Beispiel dient die Möglichkeit des Investitionsgesetzes, nach der Gesellschaften mit ausländischer Beteiligung Immobilien zur Ausführung ihrer Tätigkeit ohne devisenbehördliche Genehmigung erwerben konnten.[209] Sie durften ferner ihre Vermögensgegenstände im Rahmen der ungarischen Rechtsvorschriften und des Gesellschaftsvertrages frei bewirtschaften.[210] Die Möglichkeit demgegenüber, daß eine im Ausland ansässige Firma Eigentum in Ungarn erwirbt, wurde jedoch weiterhin stark begrenzt. Als nachteilige Folgen kamen Verfügungen, die sich aus der fehlenden Konvertierbarkeit des Forint ergaben, in Betracht: Die allgemeinen Devisenvorschriften galten auch für ausländische Kreditaufnahmen von in Ungarn ansässigen Unternehmen, welche sich ausschließlich im ausländischen Besitz befanden. Die Kreditaufnahme war auch dann an eine behördliche Genehmigung gebunden, wenn die Gesellschaft von ihrem eigenen ausländischen Gesellschafter nachträglich einen Kredit erlangen wollte.[211]

Neben dem Grundsatz der nationalen Behandlung galten für die Gesellschaften mit ausländischer Beteiligung bezüglich ihrer Tätigkeit einige Sondernormen:

---

[204] Schmidt, Lajos: Civilisztikánk szerepe a külföldi beruházások ösztönzésében, S. 195.
[205] Gadó, Gábor: Rechtsregelungen für Investitionen, S. 80.
[206] Gadó, Gábor: Rechtsregelungen für Investitionen, S. 80.
[207] § 20 Abs. 2, §§ 21-25 des InvestitionsG a.F.
[208] Gadó, Gábor: Rechtsregelungen für Investitionen, S. 80.
[209] § 19 a des InvestitionsG a.F.
[210] § 19 b des InvestitionsG a.F.
[211] Gadó, Gábor: Rechtsregelungen für Investitionen, S. 81.

Bei einer Wirtschaftsgesellschaft mit ausländischer Beteiligung galten die - größtenteils steuerbelastenden und administrativen - Regeln bezüglich der Lohnregelung sowie das System der materiellen Beteiligung der leitenden Beschäftigten,[212] wenn die Ausländerbeteiligung an der Gesellschaft nur einen nominellen Wert hatte und dieser Anteil am Gesellschaftskapital unter 20% oder 5 Millionen Forint lag.[213] Diese Bestimmung war wichtig, da bei Inkrafttreten des Investitionsgesetzes zahlreiche Beschränkungen hinsichtlich der von den Wirtschaftsorganisationen zu zahlenden Löhne bestanden.[214] Eine solche Regelung war z.B. die folgende: Bei Wirtschaftsorganisationen war die Lohnzuwachsrate im Falle einer über das festgelegte Maß hinausgehenden Lohnerhöhung als ein Faktor zu berücksichtigen, durch welchen die Bemessungsgrundlage für die Unternehmensgewinnsteuer angehoben wurde.[215]

Eine Wirtschaftsgesellschaft mit ausländischer Beteiligung mußte grundsätzlich ihre Bücher wie ein inländischer Unternehmer in Forint führen. Sie mußte ihr Vermögen in Forint ausweisen und registrieren.[216] Der gesamte Geldverkehr wurde nach den allgemeinen Regeln abgewickelt,[217] es sei denn, es handelte sich um eine Zollfreigebietsgesellschaft. Als Sondernorm galt jedoch, daß die Gesellschaft die in konvertierbarer Währung eingebrachte Geldeinlage von dem ausländischen Gesellschafter auf einem eigenen Konto in der Währung deponieren konnte, in der die Einzahlung vorgenommen wurde. In diesem Fall war zur Eröffnung eines Devisenkontos keine gesonderte behördliche Genehmigung erforderlich. Die so separierte Valuta konnte zur Anschaffung von Produktionsmitteln, Ersatzteilen und Gegenständen, die zur Tätigkeit der Gesellschaft nötig waren, sowie für einen dauerhaften Gebrauch ebenso verwendet werden wie zur Begleichung von Kosten, welche im Laufe der Tätigkeit der Gesellschaft in konvertierbarer Währung entstanden.[218] Die Wirtschaftsgesellschaft war jedoch nicht verpflichtet, ihren in Forint fällig werdenden Zahlungsverpflichtungen, wie z.B. Bezahlung einer Leistung, die von einer inländischen Firma erbracht wurde, in konvertierbarer Währung nachzukommen.[219] Die Produktionsmittel, die zu Lasten dieses Kontos angeschafft wurden, durften zollfrei eingeführt werden.

Für den arbeitsrechtlichen Stand des Arbeitgebers galten das Gesetzbuch der Arbeit,[220] der Gesellschaftsvertrag und der Arbeitsvertrag. Die Haftung richtete sich ausschließlich nach dem Gesetzbuch der Arbeit und dem Gesetz über die Wirtschaftsgesellschaften. Demzufolge haftete der Arbeitnehmer - sowohl ungarisch als auch ausländisch - nach den arbeitsrechtlichen Regeln für Schäden, die er in-

---

[212] Sárközy, Tamás: Ausländische Investitionen in Ungarn, S. 224.
[213] § 29 des InvestitionsG a.F.
[214] Sárközy, Tamás: Átalakulás, beruházásvédelem, társasági jog, S. 595.
[215] Gadó, Gábor: Rechtsregelungen für Investitionen, S. 81.
[216] § 30 des InvestitionsG a.F.
[217] Gadó, Gábor: Rechtsregelungen für Investitionen, S. 82.
[218] § 31 Abs. 3 des InvestitionsG a.F.
[219] Gadó, Gábor: Rechtsregelungen für Investitionen, S. 82.
[220] Gesetz Nr. II vom Jahre 1967 (Gesetzbuch der Arbeit 1967)

folge einer Pflichtverletzung aus dem Arbeitsverhältnis dem Arbeitgeber oder einem Dritten verursacht hatte. Wurde ein Dritter geschädigt, mußte die Gesellschaft diesem gegenüber den vollen Schaden ersetzen.[221] Der Erstattungsanspruch des Arbeitgebers gegenüber dem Arbeitnehmer richtete sich demnach nach dem Arbeitsrecht.[222] Der Hinweis auf das Gesetz über die Wirtschaftsgesellschaften war für die führenden Amtsträger der Gesellschaft und für die Mitglieder des Aufsichtsrates von Bedeutung. Sie erfüllten ihre Aufgaben entweder im Rahmen eines Arbeitsverhältnisses oder aufgrund eines Auftrages. Um zu vermeiden, daß die Haftung solcher Personen abhängig von der Rechtsnatur des Arbeitsverhältnisses entweder nach dem Arbeitsrecht oder nach dem Zivilrecht festgestellt wird, war die Haftung der führenden Amtsträger bzw. der Mitglieder des Aufsichtsrates einheitlich nach den Bestimmungen des Zivilgesetzbuches zu beurteilen, auch wenn sie in einem Arbeitsverhältnis mit der Gesellschaft standen.[223] Angestellte einer Wirtschaftsgesellschaft mit ausländischer Beteiligung konnten sowohl ungarische als auch ausländische Staatsbürger sein.[224] Im letzteren Fall war das Arbeitsverhältnis so zu betrachten, als läge ein Arbeitsverhältnis zwischen einem ausländischen Arbeitnehmer und einem ungarischen Arbeitgeber vor. Demzufolge galten neben den allgemeinen arbeitsrechtlichen Vorschriften auch die Regelungen über die Arbeitsaufnahme von Ausländern in Ungarn. Zur Arbeitsaufnahme eines ausländischen Arbeitnehmers war grundsätzlich eine Aufenthaltsgenehmigung und eine Arbeitserlaubnis erforderlich. Mit derem Besitz konnte ein ausländischer Arbeitnehmer den Arbeitsvertrag unter gleichen Voraussetzungen wie ein ungarischer Staatsbürger abschließen.[225]

Bei einer inländischen Wirtschaftsorganisation war der Arbeitgeber verpflichtet, Abgaben für die Sozialversicherung nach den Löhnen, die an die Beschäftigten bezahlt wurden, zu entrichten.[226] Deren Höhe betrug 43%. Jeder Arbeitnehmer mußte daneben von seinem unversteuerten Lohn einen Rentenbeitrag leisten, dessen Höhe 10% betrug.[227] Auch die Arbeitnehmer eines Gemeinschaftsunternehmens waren verpflichtet, einen ihrem ausgezahlten Lohn entsprechenden Beitrag in gleicher Höhe wie die Arbeitnehmer einer inländischen Gesellschaft zu zahlen. Bei ausländischen Arbeitnehmern, die von einer im Geltungsbereich des Investitionsgesetzes fallenden Wirtschaftsgesellschaft beschäftigt wurden, galt aber die Verpflichtung der Arbeitgeber zur Zahlung des Sozialversicherungsbeitrages lediglich dann, wenn der Beschäftigte mit ausländischer Staatsbürgerschaft die kostenlose Gesundheitsversorgung und Sozialversicherungsdienstleistungen in Anspruch nehmen wollte.[228] Dazu mußte sich der Arbeitnehmer vor Beginn des Ar-

---

[221] § 348 c des Zivilgesetzbuches
[222] Sárközy, Tamás: Átalakulás, beruházásvédelem, társasági jog, S. 593.
[223] Sárközy, Tamás: Átalakulás, beruházásvédelem, társasági jog, S. 594.
[224] § 27 des InvestitionsG a.F.
[225] Sárközy, Tamás: Ausländische Investitionen in Ungarn, S. 224.
[226] Gadó, Gábor: Rechtsregelungen für Investitionen, S. 83.
[227] Gesetz Nr. II vom Jahre 1975 über die Sozialversicherung
[228] § 26 Abs. 2 des InvestitionsG a.F.

beitsverhältnisses darüber äußern, damit der Arbeitgeber dementsprechend vorgehen konnte.[229] Für die Rentenbeiträge galten entsprechende Regelungen.

5. Garantien

Hinsichtlich der Investitionen von Auslandskapital sind insbesondere diejenigen Garantien und Sicherheiten bedeutsam, die vom Staat, an den die Investitionen gerichtet sind, gewährleistet werden.[230] Solche Garantien lassen sich in zwei zusammenhängende aber voneinander gut trennbare Gruppen einteilen:
Für den Anleger ist einerseits eine Garantie gegen Verstaatlichungs-, Enteignungs- und ähnlicher juristischer Maßnahmen, welche sein Eigentum beeinträchtigen, erforderlich. Daneben können auch solche Begünstigungen als Garantie betrachtet werden, mit denen der Staat die Auslandsinvestitionen fördert.
Sowohl das Gesetz über Wirtschaftsgesellschaften als auch das Investitionsgesetz beinhaltete Beispiele für beide Gruppen,[231] die in diesem Abschnitt - mit Ausnahme der Steuerbegünstigungen - dargestellt werden.
Die Investitionen von Ausländern genoßen vollen Schutz und volle Sicherheit.[232]
Die Investitionen von Ausländern in Ungarn erfolgten - wie schon oben dargestellt wurde - nicht erst seit dem Inkrafttreten des Investitionsgesetzes. Bereits in den 80er Jahren entstanden zahlreiche gemischte Unternehmen, d.h. Unternehmen mit ausländischer und einheimischer Kapitalbeteiligung.[233] Es fehlte jedoch an einem allgemeinen, institutionellen Investitionsschutz. Durch bilaterale Abkommen wurden lediglich im Verhältnis zwischen einzelner Länder investitionsschützende Vereinbarungen getroffen, die auch nach dem Erlaß des Investitionsgesetzes unverändert in Kraft blieben. [234]
Das Gesetz regelte Reparationsleistungen bei Maßnahmen der Staatsverwaltung, die das ausländische Eigentum direkt betrafen.[235] Die wichtigste Aussage dieser Bestimmung war, daß die Investition von Ausländern vollen Schutz und volle Sicherheit genießt. Aus dieser Bestimmung folgte jedoch nicht, daß alle Maßnahmen, welche das Eigentum von Ausländern betrafen, ausgeschlossen wären.[236] Solche Maßnahmen waren in bestimmten Fällen unvermeidbar. Deswegen bedeutete der konkrete Schutz für die Investitionen von Ausländern nicht die allgemeine Deklaration „die Investitionen von Ausländern genießen vollen Schutz und volle Sicherheit", sondern das, was aus der ganzen Vorschrift herzuleiten war:[237]

[229] Sárközy, Tamás: Ausländische Investitionen in Ungarn, S. 228.
[230] Sárközy, Tamás: Átalakulás, beruházásvédelem, társasági jog, S. 547.
[231] Sárközy, Tamás: Átalakulás, beruházásvédelem, társasági jog, S. 547.
[232] § 1 Abs. 1 des InvestitionsG a.F.
[233] Sárközy, Tamás: Átalakulás, beruházásvédelem, társasági jog, S. 548.
[234] Sárközy, Tamás: Átalakulás, beruházásvédelem, társasági jog, S. 548.
[235] § 1 Abs. 2-4 des InvestitionsG a.F.
[236] Gadó, Gábor: Rechtsregelungen für Investitionen, S. 85.
[237] Sárközy, Tamás: Átalakulás, beruházásvédelem, társasági jog, S. 548.

Die Beeinträchtigung des Eigentums war ausschließlich in den durch das Gesetz bestimmten Fällen und innerhalb des gesetzlichen Rahmens möglich und der entstandene Schaden zum tatsächlichen Wert war unverzüglich in der Anlagewährung zu entschädigen.

Die Generalklausel wurde im Investitionsgesetz inhaltlich konkretisiert: Der ausländische Investor war für Schäden, die infolge eventueller Verstaatlichungs-, Enteignungs- oder ähnlicher juristischer Maßnahmen in seinem Eigentum entstanden, im tatsächlichen Wert unverzüglich zu entschädigen.[238] Die Entschädigung umfaßte nicht nur die klassischen Fälle, also die Verstaatlichung und die Enteignung, sie erstreckte sich vielmehr auf alle Maßnahmen mit ähnlicher rechtlicher Wirkung, die das Eigentum ausländischer Anleger betrafen.[239] Diese allgemeine Formulierung diente einem vollkommenen Schutz und erforderte unverzügliche und völlige Entschädigung. Unter dem tatsächlichen Wert war der marktübliche Wert zu verstehen.[240] Die Entschädigung war eine Staatsaufgabe.[241] Der Staat sorgte für die Entschädigung durch das Verwaltungsorgan, das die gegebene Maßnahme mit derartigen Folgen erließ.[242]

Wurde durch das Verwaltungsorgan eine Rechtsnorm verletzt, so konnte die Überprüfung des Verwaltungsakts über die Entschädigung beim Gericht beantragt werden,[243] unabhängig davon, durch welches Organ und in welchem Streitgegenstand der Verwaltungsakt erlassen wurde. Alleinige Voraussetzung dazu war die Betroffenheit des Eigentums eines ausländischen Investors. Diese Regelung durchbrach die engen Grenzen der Überprüfungsmöglichkeit von Verwaltungsakten vor Gericht, aber nur im Interesse der Investitionen von Ausländern.[244] Die engen Grenzen der Überprüfungsmöglichkeit ergaben sich daraus, daß nach den beim Inkrafttreten des Investitionsgesetzes geltenden ungarischen Rechtsvorschriften[245] die Überprüfung von Verwaltungsakten kein allgemeines Recht, sondern nur in den im Gesetz ausdrücklich aufgezählten Fällen gestattet war.[246] Erst infolge einer Entscheidung des Verfassungsgerichts vom Dezember 1990 konnte gegen alle Bescheide von Staatsverwaltungsorganen auf richterlichem Wege vorgegangen werden.[247] Das Investitionsgesetz beinhaltete auch eine abweichende Regelung von der Gesetzesverordnung über die Enteignung.[248] Nach dieser Verordnung war die Überprüfung gegen die Gegenpartei, nach dem hier behandelten Gesetz jedoch gegen das Organ, das den Beschluß faßte, zu richten.[249] Das Inve-

---

[238] § 1 Abs. 2 des InvestitionsG a.F.

[239] Sárközy, Tamás: Átalakulás, beruházásvédelem, társasági jog, S. 548.

[240] Sárközy, Tamás: Átalakulás, beruházásvédelem, társasági jog, S. 549.

[241] § 1 Abs. 3 Satz 1 des InvestitionsG a.F.

[242] Gadó, Gábor: Rechtsregelungen für Investitionen, S. 85.

[243] § 1 Abs. 3 Satz 2 des InvestitionsG a.F.

[244] Sárközy, Tamás: Átalakulás, beruházásvédelem, társasági jog, S. 549.

[245] § 12 des Gesetzes Nr. IV vom Jahre 1957 über das Verwaltungsverfahren

[246] Sárközy, Tamás: Átalakulás, beruházásvédelem, társasági jog, S. 549.

[247] Entscheidung des Verfassungsgerichts Nr. 32 (XII.22.) vom Jahre 1990

[248] Gesetzesverordnung Nr. 22 vom Jahre 1976 über die Enteignung

[249] Sárközy, Tamás: Átalakulás, beruházásvédelem, társasági jog, S. 549.

stitionsgesetz ermöglichte den gerichtlichen Weg lediglich bei Verletzung einer Rechtsnorm und schrieb die Verpflichtung zur Entschädigung im tatsächlichen Wert vor.[250] Dabei handelte es sich bloß um eine scheinbare Einschränkung,[251] weil ein Beschluß nicht nur dann eine Rechtsnorm verletzte, wenn es an einem Rechtsgrund mangelte oder sein Rechtsgrund fehlerhaft war, sondern auch dann, wenn der Wert der Entschädigung nicht dem tatsächlichen Wert entsprechend festgestellt wurde.[252]

Das Investitionsgesetz deklarierte im Einklang mit den anderen Vorschriften des Gesetzes,[253] daß die Entschädigungssumme dem Berechtigten in der Währung der getätigten Investition auszuzahlen war. Die Währung der getätigten Investition bestimmte sich danach, wie das Mitglied seinen Geldbeitrag entrichtete. Dabei war die Vorschrift zu berücksichtigen, wonach mangels einer abweichenden Bestimmung eines internationalen Vertrages der Ausländer seinen eigenen Geldbeitrag in konvertierbarer Valuta zu entrichten hatte.[254] Bei der nicht aus einem Geldbeitrag bestehenden Einlage galt als Währung der Investition die Währung nach dem Sitz des Ausländers.[255] Es war zwar im Gesetz nicht ausdrücklich erwähnt, aber es war selbstverständlich, daß die erwähnten Beiträge, genauso wie der Gewinn und die dem Ausländer zustehenden sonstigen Summen ohne devisenbehördliche Genehmigung frei überwiesen werden konnten.[256]

Das Investitionsgesetz schützte also das Eigentum ausländischer Investoren. Aus der Tatsache, daß dieses Eigentum meist einen Gesellschaftsanteil, d.h. einen bestimmten Teil des Eigentums an der Gesellschaft bedeutete, ergab sich, daß der Berechtigte des Entschädigungsanspruchs unmittelbar die Gesellschaft mit ausländischer Beteiligung war. Der durch die Verstaatlichungs- bzw. Enteignungsmaßnahme verursachte Schaden betrifft nämlich unmittelbar die Gesellschaft. Die Entschädigungssumme erhielt zunächst auch diese; dem ausländischen Gesellschafter stand dann je nach seinem Gesellschaftsanteil eine bestimmte Teilsumme zu. Überließ der ausländische Gesellschafter lediglich die Nutzung bestimmter Sachen der Gesellschaft, wurde er unmittelbar von der Maßnahme getroffen und erhielt direkt die Entschädigungssumme.[257]

Weitere wichtige Garantien: Der ausländische Gesellschafter konnte den Ertrag seiner in konvertibler Währung eingebrachten Geldeinlage uneingeschränkt aus dem Land ausführen. Damit zusammenhängend legte das Gesetz fest, daß der ausländische Gesellschafter eines Gemeinschaftsunternehmens ohne devisenbehördliche Genehmigung berechtigt war,

- den ihm zustehenden Anteil am Gewinn der Gesellschaft,

---

[250] § 1 Abs. 3 und 2 des InvestitionsG a.F.
[251] Sárközy, Tamás: Átalakulás, beruházásvédelem, társasági jog, S. 549.
[252] Sárközy, Tamás: Átalakulás, beruházásvédelem, társasági jog, S. 549.
[253] § 1 Abs. 4 iVm § 12 Abs. 1, §§ 30, 32 des InvestitionsG a.F.
[254] § 12 Abs. 1 des InvestitionsG a.F.
[255] Sárközy, Tamás: Átalakulás, beruházásvédelem, társasági jog, S. 550.
[256] Sárközy, Tamás: Átalakulás, beruházásvédelem, társasági jog, S. 550.
[257] Sárközy, Tamás: Átalakulás, beruházásvédelem, társasági jog, S. 550.

- die an ihn infolge einer Stamm- oder Grundkapitalsenkung zurückerstattete Geldeinlage,
- den anteiligen Vermögensrest bei der Auflösung der Gesellschaft sowie
- den für die Veräußerung seines Anteils erhaltenen Betrag

zum jeweils offiziellen Kurs der Ungarischen Nationalbank in die Anlagewährung umzutauschen und ins Ausland zu transferieren.[258] Ziel dieser Bestimmungen war es, die Überweisung der dem ausländischen Gesellschafter zustehenden Summen frei von behördlichen Genehmigungen zu ermöglichen. Könnte dies nicht frei durchgeführt werden, würden sich die Ausländer von Investitionen in Ungarn fernhalten, da sie den Transfer des Gewinns und anderer ihnen zustehenden Gesellschaftsanteilen nicht als gesichert sehen würden. Unter Anlagewährung war bei einer Geldeinlage die Währung zu verstehen, in welcher der Gesellschafter seine Geldeinlage leistete und die Bank den Nachweis über die Erfüllung der Einzahlung ausstellte. Bei einer Sacheinlage handelte es sich um die Währung, die nach dem Sitz des ausländischen Gesellschafters zu bestimmen war. Diese Möglichkeit bestand, wenn die Gesellschaft die entsprechende Deckungssumme besaß. Das bedeutete nicht, daß der Gesellschaft die Deckungssumme in der ausländischen Währung zur Verfügung stehen mußte.[259] Die Gesellschaft mit ausländischer Beteiligung galt als ungarische Wirtschaftsorganisation und in den überwiegenden Fällen besaß diese Forintkonten. Die Deckungssumme konnte also sowohl in Forint als auch in ausländischer Währung vorliegen. Der ausländische Gesellschafter mußte weiterhin einen Auftrag zur Überweisung geben. Eine einschränkende Voraussetzung des freien Transfers war lediglich, daß die dem ausländischen Gesellschafter auferlegten Verpflichtungen vorher zu erfüllen waren.[260] Verpflichtungen im Sinne dieser Vorschrift waren lediglich solche, welche zwischen ausländischem Gesellschafter und der Gesellschaft bestanden und sich aus dem Rechtsverhältnis aufgrund des Gesellschaftsvertrages ergaben. Eine Aufrechnung der Forderungen eines Dritten gegenüber dem Gesellschafter war hier nicht möglich.[261]

Garantiecharakter hatten auch bestimmte Vorschriften bezüglich der führenden Amtsträger der Gesellschaft, der Mitglieder des Aufsichtsrates und der ausländischen Angestellten. Einerseits deklarierte das Investitionsgesetz ausdrücklich, daß diese Personen auch Ausländer sein konnten.[262] Damit war festgestellt, daß führende Amtsträger der Gesellschaft, die Mitglieder des Aufsichtsrates und die Angestellten der Gesellschaft sowohl Inländer als auch Ausländer sein konnten.[263] In welchem Rechtsverhältnis - insbesondere im arbeitsrechtlichen Verhältnis oder im Auftragsverhältnis - diese Personen zur Gesellschaft standen, war da-

---

[258] § 31 Abs. 2 und § 32 Abs. 1 des InvestitionsG a.F.
[259] Sárközy, Tamás: Átalakulás, beruházásvédelem, társasági jog, S. 602.
[260] § 32 Abs. 2 des InvestitionsG a.F.
[261] Sárközy, Tamás: Átalakulás, beruházásvédelem, társasági jog, S. 608.
[262] § 27 des InvestitionsG a.F.
[263] Sárközy, Tamás: Átalakulás, beruházásvédelem, társasági jog, S. 591.

bei irrelevant.[264] Andererseits waren diese Personen - natürlich falls sie Ausländer waren - berechtigt, 50% ihres von der Gesellschaft erhaltenen und versteuerten Einkommens - in der Währung des Landes, in dem sie ihren ständigen Wohnsitz haben - ins Ausland zu transferieren.[265]
Das Investitionsgesetz beinhaltete auch die Möglichkeit zu einer Bankgarantie.[266] Die Bankgarantie war eine entgeltliche Vereinbarung zwischen der Gesellschaft und der Bank, in der die Bank sich verpflichtete, für die sich aus dem Gesellschaftsverhältnis ergebenden Verpflichtungen der Gesellschaft - falls die Gesellschaft dies aus irgendeinem Grund nicht erfüllte - gegenüber dem ausländischen Gesellschafter aufzukommen.[267]

6. Steuerbegünstigungen

Der Wirtschaftsgesellschaft mit ausländischer Beteiligung - genauso wie andere Wirtschaftsgesellschaften - war die Pflicht zur Zahlung der Unternehmensgewinnsteuer auferlegt, nach dem positiven Ergebnis, welches sie im gegebenen Jahr im Zuge ihrer Tätigkeit erreichte. Diese Steuer betrug grundsätzlich 40%. Bei einem Gewinn von über 3 Millionen Forint betrug die Gewinnsteuer 50%.[268] Eine Sonderbestimmung für Wirtschaftsgesellschaften mit ausländischer Beteiligung war in der folgenden Aussage zu sehen: Der Gewinn eines Gemeinschaftsunternehmens durfte durch weitere Zahlungsverpflichtungen zugunsten des Staatshaushaltes nicht belastet werden.[269] Dies schloß jedoch öffentliche Zahlungsverpflichtungen, die sich nicht unmittelbar aus dem positiven Ergebnis der Gesellschaft ergaben oder die nicht zugunsten des Staatshaushaltes erfolgten, nicht aus.[270] Diese Regelung bestand bereits vor 1988.
Zur Zahlung der allgemeinen Umsatzsteuer war die Gesellschaft mit ausländischer Beteiligung in der gleichen Weise wie alle andere Unternehmen verpflichtet. Die Höhe der allgemeinen Umsatzsteuer betrug 25, 15, bzw. 0 % der Steuergrundlage.[271]
Die Angestellten und Amtsträger der Gesellschaft - ebenfalls die der rein inländischen Gesellschaften - waren verpflichtet, eine persönliche Einkommensteuer zu zahlen, deren Höhe zwischen 17 und 56 % lag.[272]
Das Investitionsgesetz deklarierte, daß Steuerbegünstigungen, die anderen inländischen Gesellschaften zustanden, auch für die Wirtschaftsgesellschaften mit ausländischer Beteiligung gelten sollten.[273] Dies bezog sich auch auf zukünftig

[264] Sárközy, Tamás: Átalakulás, beruházásvédelem, társasági jog, S. 590.
[265] § 33 des InvestitionsG a.F.
[266] § 36 des InvestitionsG a.F.
[267] Sárközy, Tamás: Átalakulás, beruházásvédelem, társasági jog, S. 609.
[268] Gesetz Nr. IX vom Jahre 1988 über die Unternehmensgewinnsteuer
[269] § 14 Abs. 1 Satz 2 des InvestitionsG a.F.
[270] Gadó, Gábor: Rechtsregelungen für Investitionen, S. 82.
[271] Gesetz Nr. XL vom Jahre 1989 über die allgemeine Umsatzsteuer
[272] Gesetz Nr. XLV vom Jahre 1989 über die persönliche Einkommensteuer
[273] § 15 Abs. 1 des InvestitionsG a.F.

erlassene Rechtsnormen. Die Steuerbegünstigung stand der Gesellschaft mit ausländischer Beteiligung auch zu, wenn als Berechtigte nicht alle, sondern nur bestimmte Wirtschaftsorganisationen bezeichnet waren, es sei denn, daß diese im Gesetz ausdrücklich ausgeschlossen waren.[274] Es ist zu beachten, daß die Steuerbegünstigung aufgrund verschiedener Rechtsgrundlagen auch gemeinsam der Gesellschaft zustand. Die gesamte Höhe der Steuerbegünstigung war jedoch auf die Gesamtsumme der berechneten Steuer begrenzt und konnte nicht auf das Folgejahr übertragen werden.[275] Das Investitionsgesetz führte daneben bedeutsame Steuerbegünstigungen ein. Die Steuerbegünstigungen spielten für die Förderung von ausländischen Investitionen eine sehr erhebliche Rolle. Die bloßen Garantien reichen nämlich nicht immer aus, um Ausländer zum Verlassen der heimischen, bekannten Verhältnisse zu veranlassen, um in einer fremden Region Kapital zu investieren. Eine große Antriebskraft hat dabei die Rentabilität der Investition, deren wichtigste Elemente die im voraus kalkulierbaren Steuerbegünstigungen sind.[276] Das Investitionsgesetz bot die folgenden Steuerbegünstigungen, die grundsätzlich mit dem Umfang der ausländischen Beteiligung oder mit der Tätigkeit der Gesellschaft zusammenhingen:[277]

a/.
Es bestand eine 20%ige Steuerbegünstigung für Gemeinschaftsunternehmen, bei denen die ausländische Beteiligung 5 Millionen Forint oder einen Anteil von 20% erreichte.[278] Die Gewinnsteuer wurde in diesem Fall von 50% auf 40% gesenkt. Von den Alternativvoraussetzungen mußte nur eine für die Gesellschaft günstigere erfüllt werden. Die ausländische Beteiligung war in ihrer Gesamtheit zu berücksichtigen, die einzelnen Beteiligungen jedes Gesellschafters zählten nicht.[279]

b/.
Eine zusätzliche Begünstigung zur Förderung der Einfuhr von Produktionskapital[280] bestand, wenn das Gründungsvermögen 25 Millionen Forint und die ausländische Kapitalbeteiligung 30% erreichte, sowie dann, wenn der Erlös der Gesellschaft über mehr als die Hälfte der Summe aus Produktions- oder Instandhaltungskosten eines selbst erbauten Hotel herzuleiten war.[281] Die Höhe der Ermäßigung betrug in den ersten 5 Jahren 60%, ab dem 6. Jahr 40%. Das Gesetz verfügte nicht über eine zeitliche Begrenzung der 40%igen Steuerbegünstigung. Erst später ersetzte die zweite Gesetzesänderung diesen Mangel.[282] Bei dieser Begün-

[274] Sárközy, Tamás: Átalakulás, beruházásvédelem, társasági jog, S. 574.
[275] Sárközy, Tamás: Átalakulás, beruházásvédelem, társasági jog, S. 578.
[276] Sárközy, Tamás: Átalakulás, beruházásvédelem, társasági jog, S. 572.
[277] Sárközy, Tamás: Átalakulás, beruházásvédelem, társasági jog, S. 574.
[278] § 15 Abs. 2 a) des InvestitionsG a.F.
[279] Sárközy, Tamás: Átalakulás, beruházásvédelem, társasági jog, S. 574.
[280] Schmidt, Lajos: Civilisztikánk szerepe a külföldi beruházások ösztönzésében, S. 195.
[281] § 15 Abs. 2 b) des InvestitionsG a.F.
[282] Schmidt, Lajos: Civilisztikánk szerepe a külföldi beruházások ösztönzésében, S. 198.

stigung handelte es sich um Bedingungen, die zusammen vorliegen mußten.[283] Die zeitlichen Grenzen waren nicht nach der Gründung der Gesellschaft, sondern nach dem Verwertungsbeginn der Produktion bzw. der Dienstleistung zu berechnen. Das bedeutete am Beispiel eines Hotelbaus, daß die Steuerbegünstigung erst ab Inbetriebnahme des Hotels in Anspruch genommen werden konnte. Die Steuerbegünstigung stand nicht der das Hotel errichtenden Gesellschaft zu, wenn diese es vermietete.[284]

c/.
Das Gesetz stellte eine Liste mit Tätigkeitsbereichen auf, die für die wirtschaftliche Entwicklung wichtig waren. Solche Tätigkeiten waren z.B. Elektronik und Elektronisierung, Produktion von Fahrzeugersatzteilen, Produktion von Werkzeugmaschinen, Medikamentenproduktion, Fernmeldewesen, einzelne Bereiche des Fremdenverkehrs usw. Die Gemeinschaftsunternehmen, die zur Ausübung solcher Tätigkeiten gegründet wurden und die die Voraussetzungen des Punktes b) erfüllten, erlangten eine weitere zusätzliche Steuerbegünstigung.[285] Diese betrug in den ersten 5 Jahren 100%, ab dem 6. Jahr - infolge der Gesetzesänderung bis Ende des 10. Jahres[286] - 60%.

d/.
Lagen die Voraussetzungen der Punkte b) und c) vor und verwendete der ausländische Gesellschafter die ihm zustehende Dividende teilweise oder völlig zur Erhöhung des Gründungsvermögens, so bestand für die Gesellschaft eine Steuervergünstigung in gleicher Höhe, wie die Steuer, die auf diese Summe berechnet wurde und in der Form, wie sie als Steuerrückerstattung in Anspruch genommen werden konnte.[287] Diese Regelung diente der Interessenförderung ausländischer Investoren, um den dem Gesellschafter zustehenden Gewinnanteil erneut in die Gesellschaft zu investieren und nicht aus Ungarn auszuführen.[288] Voraussetzung war aber, daß der reine Gewinn der Gesellschaft mindestens die Gesamtsumme der Erhöhung des Gründungsvermögens und der damit verbundenen Steuerbegünstigungen erreichte.

e/.
100% der im gegebenen Jahr entstandenen und vorher berechneten allgemeinen Umsatzsteuer konnten im Falle einer von der Gesellschaft vorgenommenen Investition zurückgehalten werden.[289] Im Gegensatz zu den vorherigen Steuerbegünstigungen sollte hier nicht das Interesse des Gesellschafters, sondern das der Ge-

---

283 Tóth, József/Szakács, Imre: Külföldiek részvételével müködõ ..., S. 38.
284 Sárközy, Tamás: Átalakulás, beruházásvédelem, társasági jog, S. 575.
285 § 15 Abs. 2 c) des InvestitionsG a.F.
286 Gesetz Nr. LXXXVI vom Jahre 1991über die Körperschaftsteuer
287 § 16 Abs. 1 des InvestitionsG a.F.
288 Sárközy, Tamás: Átalakulás, beruházásvédelem, társasági jog, S. 577.
289 § 17 des InvestitionsG a.F.

sellschaft selbst an einer erneuten Investition gefördert werden.[290] Hier handelte es sich um eine Umsatzsteuer, die ohne das Vorliegen der Voraussetzungen zur Unternehmensgewinnsteuer der Gesellschaft zustand.

f/.
Das Gesetz ermöglichte aufgrund von Regierungsvorschriften auch die Erteilung von weiteren oder langfristigeren Einzelbegünstigungen, falls die Voraussetzungen des Punkts a) vorlagen und die Gesellschaft eine besonders wichtige Tätigkeit oder die Tätigkeit eines Geldinstitutes ausübte.[291] 1990 wurden tatsächlich Einzelbegünstigungen gegeben. Das GM/Raba Gemeinschaftsunternehmen und die Ford Motor Company erhielten einzelne Steuervorteile.[292]
Die Regierung machte die Gewähr der Steuerbegünstigungen in den zweiten 5 Jahren der Großinvestitionen meist davon abhängig, ob die ersparte Steuer in das Gemeinschaftsunternehmen zurückgeführt wurde.[293]
Bei den Steuerbegünstigungen bedeutete ein erheblicher Schritt gegenüber der Lage vor 1988, daß das Gesetz ein Einbehaltungsrecht statt des früheren Anspruchs auf Rückerstattung gestattete.[294] Dies bedeutete für den Begünstigten beachtenswerte Zinsvorteile.[295]
Das Investitionsgesetz bot daneben - wie bereits erwähnt wurde - auch Zollbegünstigungen, z.B. die Produktionsmittel, die vom ausländischen Gesellschafter als Sacheinlage der Gesellschaft zur Verfügung gestellt wurden, waren zollfrei.[296] Ob solche Produktionsmittel in der Nutzung oder im Eigentum der Gesellschaft standen, spielte dabei keine Rolle.

7. Die Gesellschaft auf zollfreiem Gebiet

Eine Zollfreigebietsvereinigung wurde erst - wie bereits dargestellt wurde - 1982 eingeführt. Die gemeinsame Verordnung des Finanz- und Handelsministers, welche die Zollfreigebietsvereinigung errichtete,[297] wurde weder durch das Gesetz über die Wirtschaftsgesellschaften noch durch das Investitionsgesetz außer Kraft gesetzt. Mit der umfassenden Regelung des gesamten Fragenbereichs im Investitionsgesetz und infolge der detaillierten Neuregelung des Zollrechts verloren die Vorschriften der Verordnung jedoch ihre Gültigkeit.[298]
Die Institution der Gesellschaft auf zollfreiem Gebiet förderte die Gründung solcher Gesellschaften noch wirkungsvoller als die der Wirtschaftsgesellschaften mit

[290] Sárközy, Tamás: Átalakulás, beruházásvédelem, társasági jog, S. 578.
[291] § 15 Abs. 4 des InvestitionsG a.F.
[292] Schmidt, Lajos: Civilisztikánk szerepe a külföldi beruházások ösztönzésében, S. 196.
[293] Schmidt, Lajos: Civilisztikánk szerepe a külföldi beruházások ösztönzésében, S. 198.
[294] § 15 Abs. 3 des InvestitionsG a.F.
[295] Schmidt, Lajos: Civilisztikánk szerepe a külföldi beruházások ösztönzésében, S. 197.
[296] § 18 des InvestitionsG a.F.
[297] Verordnung 62/1982
[298] Sárközy, Tamás: Ausländische Investitionen in Ungarn, S. 234.

ausländischer Beteiligung.[299] In bestimmten Bereichen der Produktion - insbesondere, wenn diese auf Export gerichtet waren - war die Gründung von Gesellschaften auf zollfreiem Gebiet besonders vorteilhaft,[300] was den ausländischen Kapitalanlegern neue, günstige Möglichkeiten eröffnete.[301]
Ein Ausländer war berechtigt, eine Gesellschaft auf einem zollfreien Gebiet zu gründen, an einer solchen Gründung teilzunehmen oder an einer solchen Gesellschaft einen Gesellschaftsanteil zu erwerben.[302] Die Gründung von zollfreien Gesellschaften konnte in den durch das Gesetz über die Wirtschaftsgesellschaften aufgezählten Organisationsformen erfolgen. Eine Ausnahme bedeutete die Vereinigung, die auf einem zollfreien Gebiet nicht gegründet werden konnte,[303] weil sie grundsätzlich der Koordination von juristischen Personen und nicht der Ausübung einer selbständigen, gewinnorientierten Tätigkeit diente. Die Begünstigungen der Gesellschaften auf zollfreiem Gebiet dienten demgegenüber der Förderung der Produktions- und Handelstätigkeit.[304] Die Vereinigung wurde zu anderen Zwekken erschaffen und war als solche für die Zwecke einer Gesellschaft auf zollfreiem Gebiet nicht geeignet.[305]
Die Gesellschaft auf zollfreiem Gebiet bedeutete also nicht eine weitere Gesellschaftsform.[306] Sie war vielmehr eine solche Gesellschaft, die in den vom Gesetz über die Wirtschaftsgesellschaften geregelten Formen, wie die GmbH, AG, offene Handelsgesellschaft, Kommanditgesellschaft und als gemeinsames Unternehmen gegründet werden konnte.
Für die Gründung oder für den Anteilerwerb an einer Gesellschaft auf zollfreiem Gebiet galten dementsprechend grundsätzlich die gleichen Regelungen wie für die Wirtschaftsgesellschaften mit ausländischer Beteiligung, jedoch mit den folgenden Besonderheiten:
Zur Gründung einer Gesellschaft auf einem zollfreien Gebiet war die Eintragung ins Firmenregister erforderlich. Dem Gesuch mußte aber ein zusätzlicher Beschluß des Finanzministeriums beigelegt werden, in dem das Grundstück, auf dem die Gesellschaft ihre Tätigkeit ausübt, zum zollfreien Gebiet erklärt wurde.[307] Es bestanden keine gesetzlichen Bedingungen, bei deren Vorliegen die Genehmigung automatisch erteilt werden müßte.[308] Es lag also im freien Ermessen. Die Erklärung zum zollfreien Gebiet erfolgte tatsächlich durch das Landeskommando der Zoll- und Finanzwache, im Einvernehmen des Innen-, Handels- und Verkehrsministers. Beim Beschluß des Finanzministers handelte es sich um dessen formelle Bestätigung. Im Gesuch mußte angegeben werden, für welche Arten

[299] Tóth, József/Szakács, Imre: Külföldiek részvételével működő..., S. 9.
[300] Sárközy, Tamás: Átalakulás, beruházásvédelem, társasági jog, S. 611.
[301] Sárközy, Tamás: Ausländische Investitionen in Ungarn, S. 233.
[302] § 37 Abs. 1 Satz 1 des InvestitionsG a.F.
[303] § 37 Abs. 1 Satz 2 des InvestitionsG a.F.
[304] Tóth, József/Szakács, Imre: Külföldiek részvételével működő..., S. 9.
[305] Sárközy, Tamás: Ausländische Investitionen in Ungarn, S. 235.
[306] Sárközy, Tamás: Ausländische Investitionen in Ungarn, S. 235.
[307] § 40 des InvestitionsG a.F.
[308] Sárközy, Tamás: Ausländische Investitionen in Ungarn, S. 239.

von zollfreien Gebieten die Genehmigung zur Errichtung erteilt werden soll. Dabei konnte es sich entweder um eine Handelstätigkeit oder um Industrie, d.h. um die Ausübung einer industriellen Tätigkeit (Bearbeitung, Verarbeitung, Montage, Verpackung etc.) oder um das Erschaffen eines Betriebes handeln.[309] Die Handelstätigkeit auf einem zollfreien Gebiet durfte sich nur auf die Lagerung und deren Ergänzungstätigkeit, wie z.B. Adjustierung der gelagerten Ware, deren Klassifizierung, Umordnung und Auffüllung,[310] erstrecken. Im Gesuch waren weiterhin die Adresse, die Standortnummer und die Grundfläche des zu errichtenden zollfreien Gebietes zu bezeichnen. Ein Nachweis über das Eigentumsrecht, das Managementrecht oder das Nutzungsrecht des betreffenden Gebietes mußte vorgelegt werden. Das zollfreie Gebiet konnte nach entsprechender Erklärung in allen Teilen Ungarns liegen, wenn dies rechtlich und physikalisch eindeutig von den üblichen Gebieten Ungarns abgegrenzt war.[311] Die technische Abgrenzung des zollfreien Gebiets, die Bedingungen der Errichtung von Anlagen auf solchen Gebieten und die Ausführung der Tätigkeit sowie die Regeln des Personen- und Warenverkehrs richteten sich nach den Vorschriften des Zollrechts.[312]
Eine wichtige Abweichung von den allgemeinen Regeln des Investitionsgesetzes lag bei der Gründung einer Gesellschaft auf zollfreiem Gebiet durch eine Gesellschaft mit ausschließlicher oder teilweise ausländischer Beteiligung vor. Nach den allgemeinen Regeln war das Investitionsgesetz für den Fall nicht mehr anwendbar, wenn ein Gemeinschaftsunternehmen an der Gründung einer anderen Wirtschaftsgesellschaft teilnahm, eine solche selber gründete oder einen Anteil an einer bereits wirkenden Wirtschaftsgesellschaft erlangte. Die Gründung oder der Anteilerwerb einer bzw. an einer Gesellschaft auf zollfreiem Gebiet bildete eine Ausnahme, bei der für solche Gesellschaften die entsprechenden Vorschriften des Investitionsgesetzes auch in solchen Fällen galten.[313]
Aus devisen- und zollrechtlichen Aspekten galt das zollfreie Gebiet als Ausland, die Gesellschaft auf einem zollfreien Gebiet als ausländische Gesellschaft.[314] Die Warenbewegung von einem zollfreien Gebiet zu anderen ungarischen Gebieten und umgekehrt war aus Zollaspekten wie eine Warenbewegung über die Landesgrenze hinaus zu beurteilen.[315] Für die Verzollung galten in diesen Fällen die allgemeinen Regeln des ungarischen Zollrechts.[316] Zollfrei konnten demgegenüber vom Ausland Waren, Produktions- und Grundmittel eingeführt werden, die zum Zwecke der auszuübenden Tätigkeit der Gesellschaft oder für den auf dem zollfreien Gebiet errichteten Betrieb notwendig waren. Das gleiche galt für den Personenverkehr mit der Ausnahme der Vorschriften für die aus Ungarn ohne Ge-

[309] Sárközy, Tamás: Ausländische Investitionen in Ungarn, S. 240.
[310] Sárközy, Tamás: Ausländische Investitionen in Ungarn, S. 242.
[311] Tóth, József/Szakács, Imre: Külföldiek részvételével működő..., S. 9.
[312] Tóth, József/Szakács, Imre: Külföldiek részvételével mûködõ ..., S. 8.
[313] Sárközy, Tamás: Ausländische Investitionen in Ungarn. S. 241.
[314] § 38 Satz 1 des InvestitionsG a.F.
[315] Tóth, József /Szakács, Imre: Külföldiek részvételével működő..., S. 9.
[316] Sárközy, Tamás: Ausländische Investitionen in Ungarn, S. 243.

nehmigung ausführbaren bzw. einführbaren Forintbeträge und der Verfügungen für den Zolltarif für Reisende.[317] Das Gesetz erwähnte - infolge der Betrachtung, daß die Gesellschaft auf einem zollfreien Gebiet ausländisch war - ausdrücklich die Unanwendbarkeit der Preisregelung und der staatlichen Kontrolle.[318] Anzuwenden waren demgegenüber manche Vorschriften zur Regelung des Außenhandels, wie z.B. die für einzelne Relationen festgelegten Export- und Importvorschriften oder verpflichtende Bestimmungen der internationalen Verträge.[319] In sonstigen Fällen galt die Gesellschaft auf einem zollfreien Gebiet hinsichtlich der Außenhandelstätigkeit als Ausländer, sie konnte also mit ihren ausländischen Partnern ohne Genehmigung des Handelsministers Außenhandelstätigkeiten ausüben.

Das zollfreie Gebiet stand unter Kontrolle der regional zuständigen Zollbehörde. Aus dem zollfreien Gebiet durften Waren nur mit Genehmigung des Betreibers, also der Gesellschaft und unter Kontrolle der Zollbehörde ausgeliefert werden. Die Zollbehörde war zur jährlichen Kontrolle der auf dem zollfreien Gebiet gelagerten Ware verpflichtet.[320]

Die Gesellschaft auf zollfreiem Gebiet führte ihre Bücher in konvertierbarer Währung und schloß ihre Geschäfte in konvertierbarer Währung ab, es sei denn, daß der Finanzminister dies im Einzelfall in Forintbeträgen anordnete.[321] Die Gesellschafter konnten diese Währung selbst auswählen, mußten dies aber im Gesellschaftsvertrag bzw. in der Satzung der Gesellschaft festlegen. Die Gesellschaft war berechtigt, Kredite sowohl im Inland als auch im Ausland aufzunehmen und über ihre in konvertierbarer Währung angelegten Forderungen frei von devisenrechtlicher Genehmigung verfügen. Sie konnte ihre Valuta- und Devisenbestände sowohl bei einem inländischen als auch bei einem ausländischen Geldinstitut deponieren.[322] Sie war lediglich dazu verpflichtet, eine der Höhe des Stamm- bzw. des Grundkapitals entsprechende Summe bei einem ungarischen Geldinstitut zu hinterlegen.

Der Gesellschaft auf zollfreiem Gebiet waren folgende Pflichten auferlegt: Sie mußte die zu ihrer Gründung und Tätigkeit nötigen Forintsummen gegen konvertierbare Währung bei einem ungarischen Geldinstitut kaufen - zu einem von der Ungarischen Nationalbank festgelegten Kurs - und diese Forintsummen auf ein, bei einem ungarischen Geldinstitut eröffneten Konto deponieren. Zu Lasten dieses Kontos waren die öffentlichen Lasten, Angestelltenlöhne, Miet- und Kommunalkosten sowie die Gegenwerte für Anschaffungen und Dienstleistungen von natürlichen Personen und von Wirtschaftsorganisationen, die nicht zum Außenhandel berechtigt sind, auszugleichen.[323]

---

[317] Sárközy, Tamás: Ausländische Investitionen in Ungarn, S. 237.
[318] § 38 Satz 2 des InvestitionsG a.F.
[319] § 39 Abs. 1 des InvestitionsG a.F.
[320] Sárközy, Tamás: Ausländische Investitionen in Ungarn, S. 242.
[321] § 41 Abs. 1, 2 des InvestitionsG a.F.
[322] § 41 Abs. 4 des InvestitionsG a.F.
[323] § 42 Abs. 1, 2 des InvestitionsG a.F.

Eine Begünstigung für alle Gesellschaften mit ausländischer Beteiligung bestand darin, daß die genannten besonderen Vorteile der Gesellschaften auf zollfreien Gebieten aufgrund einer Genehmigung des Finanzministers auch auf diese - teilweise oder ganz - erstreckt werden konnten, vorausgesetzt, daß sie keine Tätigkeit ausübten, welche den Grenzübergang von Waren bewirkte.[324] Die Entscheidung darüber stand im freien Ermessen des Finanzministers und konnte insbesondere bei Banken und Geldinstituten erforderlich sein.
Für die Gesellschaft auf zollfreiem Gebiet galt eine mehrstufige Regelungsweise.[325] Das bedeutete z.B. bei der Gründung und Tätigkeit einer GmbH auf zollfreiem Gebiet einerseits die Anwendung der speziellen Rechtsregeln des Gesetzes über die Wirtschaftsgesellschaften hinsichtlich der Gesellschaft mit beschränkter Haftung und der allgemeinen Bestimmungen dieses Gesetzes, andererseits die Berücksichtigung der allgemeinen Regeln des Investitionsgesetzes und die besonderen Normen dieses Gesetzes über die Gesellschaften auf zollfreiem Gebiet.[326]

IV. Immobilienerwerb durch Ausländer

Da ausländische Investitionen auch durch Kauf von Immobilien erfolgen können und hinsichtlich des Immobilienerwerbs durch Ausländer im hier behandelten Zeitraum Sondernormen bestanden, werden die diesbezüglichen Regelungen dargestellt.

1. Die Regelungen in den Verordnungen

Ab 1987 wurde zwar der Immobilienerwerb von Ausländern - im Bodengesetz[327] und aufgrund dessen Ermächtigung in einer Verordnung des Finanzministers[328] - neu geregelt, dies brachte aber keine wesentliche Änderungen mit sich. Der Immobilienerwerb von Ausländern durch Kauf, Schenkung und Tausch war weiterhin von der vorherigen Genehmigung des Finanzministers abhängig.[329] Das Gesuch auf Genehmigung mußte bei der Geldinstitutszentrale eingereicht werden.[330] Die Fälle, in denen die Genehmigung erteilt werden konnte, waren jedoch in der Neuregelung präzisiert und erweitert:

- Entsprechend der früheren Regelungen konnte der Immobilienerwerb genehmigt werden, wenn der Ausländer über eine gültige Aufenthaltsgenehmigung

---

[324] § 43 des InvestitionsG a.F.
[325] Tóth, József/Szakács, Imre: Külföldiek részvételével mûködõ..., S. 9.
[326] Sárközy, Tamás: Ausländische Investitionen in Ungarn, S. 236.
[327] Gesetz Nr. I vom Jahre 1987 über die Regelung des Grundbesitzes und der Bodennutzung (Bodengesetz 1987)
[328] Verordnung des Finanzministers Nr. 37 (IX.5.)PM vom Jahre 1988 über den Immobilienerwerb von Ausländern (Verordnung 37/1988)
[329] § 38 Abs. 1 des Bodengesetzes 1987
[330] § 3 der Verordnung 37/1988

verfügte oder wenn er gemäß eines internationalen Vertrages wie ein Inländer zu behandeln war. Daneben genügte seit 1987 auch das Vorliegen eine der folgenden Bedingungen:

- Die Immobilien des Ausländers wurden enteignet;
- der Ausländer tauschte seine Immobilie mit einem anderen;
- der Immobilienerwerb war mit dem politischen, wirtschaftlichen oder kulturellen Interesse Ungarns begründet.
- Eine spezielle Bestimmung für Gemeinschaftsunternehmen in der Verordnung des Finanzministers lag darin, daß ihr Immobilienerwerb auch dann genehmigt werden konnte, wenn die Immobilie für ihre Tätigkeit notwendig war.[331]

Gegen dieses letzte Kriterium sind zweierlei Bedenken zu erheben: Einerseits galten die besonderen Rechtsvorschriften bezüglich des Immobilienerwerbs von Ausländern gemäß dieser Verordnung auch für Gemeinschaftsunternehmen, obwohl diese - wie schon oben dargestellt wurde - grundsätzlich als inländische Wirtschaftsorganisationen zu betrachten waren. Andererseits bestimmte das Bodengesetz, daß der Immobilienerwerb von ausländischen, natürlichen und juristischen Personen eine Genehmigung erforderte, der Immobilienerwerb von Wirtschaftsgesellschaften mit ausländischer Beteiligung dagegen nicht.[332] Daneben war der Finanzminister im Bodengesetz ermächtigt, die Vollstreckung des Gesetzes in einer Verordnung gesondert zu regeln.[333] Mit dem Genehmigungserfordernis zum Immobilienerwerb auch gegenüber Wirtschaftsgesellschaften mit ausländischer Beteiligung durch die Verordnung wurde die persönliche Wirkung des Bodengesetzes erweitert und nicht nur die Vollstreckung geregelt. Dabei fehlte es an einer gesetzlichen Ermächtigung des Finanzministers. Es ist nochmals zu betonen, daß die in Ungarn ansässigen juristischen Personen mit ausländischer Beteiligung nach der Verordnung lediglich dann Immobilien erwerben konnten, wenn diese für ihre Tätigkeit erforderlich waren und auch nur, wenn dies vom Finanzministerium vorher genehmigt wurde. Seit dem 1. Januar 1990 wurde mit der Verordnung des Ministerialrates über den Immobilienerwerb von Ausländern[334] bezüglich des Immobilienerwerbs von Gesellschaften mit ausländischer Beteiligung die Voraussetzung „ zu ihrer Tätigkeit erforderlich“ gestrichen, ihr Immobilienerwerb war jedoch auch gemäß dieser Verordnung nach wie vor genehmigungspflichtig. Seit dem 1. Januar 1990 stand die Entscheidung über die Genehmigung der Geldinstitutszentrale zu.[335]

---

[331] § 2 Abs. 1 der Verordnung 37/1988

[332] vgl. § 38 Abs. 1 des Bodengesetzes 1987

[333] § 70 Abs. 5 des Bodengesetzes 1987

[334] Verordnung des Ministerialrates Nr. 145 (XII.27.)MT vom Jahre 1989 über den Immobilienerwerb von Ausländern in Ungarn (Verordnung 145/1989)

[335] § 3 Abs. 1 der Verordnung 145/1989

2. Immobilienerwerb nach dem Investitionsgesetz

Vor der Darstellung der Bestimmungen des Investitionsgesetzes über den Immobilienerwerb ist zu erwähnen, daß man in Ungarn zwischen zwei Typen der Immobilien unterscheidet: Einerseits die für landwirtschaftliche Zwecke geeigneten Böden und die dazugehörigen Aufbauten, andererseits die der Errichtung von Bauten dienender Grundstücke, bzw. die sich darauf befindlichen Aufbauten, wie z.B. Wohnungen, Lagerbauten, Büroräume etc. Bei der Wirtschaftsgesellschaft mit ausländischer Beteiligung steht der Erwerb des zweiten Typs, d.h. die nicht landwirtschaftlich genutzte Immobilie im Vordergrund. Der Erwerb von landwirtschaftlichen Immobilien durch Gemeinschaftsunternehmen war aber - jedenfalls beim Inkrafttreten des Gesetzes - ebenfalls gestattet.[336]
Für den Immobilienerwerb von Gemeinschaftsunternehmen waren neben dem Investitionsgesetz noch das Bodengesetz, das Bürgerliche Gesetzbuch und die Gesetzesverordnung über die Devisenwirtschaft[337] von besonderer Bedeutung.[338]
Das Investitionsgesetz deklariert, daß die Wirtschaftsgesellschaften mit ausländischer Beteiligung zur Ausübung ihrer wirtschaftlichen Tätigkeit frei von behördlichen Genehmigungen Immobilien erwerben können.[339] Seit dem 1. Januar 1989 wurde auch das Devisenrecht dementsprechend modifiziert:[340] Gemeinschaftsunternehmen konnten ohne devisenbehördliche Genehmigung alle Immobilien erwerben und solche Gebäude errichten, welche zu ihrer im Gesellschaftsvertrag bestimmten Wirtschaftstätigkeit notwendig waren. Da das Gesetz über Wirtschaftsgesellschaften diesbezüglich nicht zwischen den einzelnen Gesellschaftsformen unterscheidet, besteht diese Möglichkeit für alle Wirtschaftsgesellschaften, an denen Ausländer beteiligt sind, also auch für Wirtschaftsgesellschaften ohne Rechtspersönlichkeit.[341] Die Vorschriften des freien Erwerbs erstrecken sich neben dem Eigentumsrecht auch auf eigentumsähnliche Rechte, wie z.B. das Mietrecht oder die Hypothek der Immobilie. Die Erwerbsmöglichkeiten von Immobilien durch Gesellschaften mit ausländischer Beteiligung wurden also mit der Neuregelung grundlegend geändert, da dies früher nur aufgrund einer Genehmigung der Devisenbehörde und nur im engen Rahmen möglich war.[342] Der erleichterte Immobilienerwerb wurde ein subjektives Recht der Gesellschaft[343] und diente der Förderung von ausländischen Investitionen. Die Möglichkeit zum freien Immobilienerwerb sicherte die ungestörte Wirtschaftstätigkeit der Gesellschaft und ermöglichte, daß sie ihr Eigentum veräußert, nutzbar macht (z.B. durch Vermieten) oder belastet (z.B. durch Hypothek) und dadurch ihre Kreditfähigkeit er-

---

[336] Sárközy, Tamás: Ausländische Investitionen in Ungarn, S. 214.
[337] Gesetzesverordnung Nr. 1 vom Jahre 1974 über die Devisenwirtschaft
[338] Sárközy, Tamás: Ausländische Investitionen in Ungarn, S. 213.
[339] § 19 a) des InvestitionsG a.F.
[340] § 2 der Verordnung Nr. 79 (XII.31.)PM des Finanzministers vom Jahre 1988
[341] Sárközy, Tamás: Átalakulás, beruházásvédelem, társasági jog, S. 581.
[342] Sárközy, Tamás: Ausländische Investitionen in Ungarn, S. 212.
[343] Sárközy, Tamás: Ausländische Investitionen in Ungarn, S. 215.

höht.[344] Die Möglichkeit im Investitionsgesetz zum freien Immobilienerwerb durch Gemeinschaftsunternehmen ergab sich aus dem Prinzip der nationalen Behandlung. Da solche Gesellschaften als inländische Unternehmen anzusehen waren, mußten für sie bezüglich des Immobilienerwerbs auch die gleichen Rechte gelten. Die Beschränkung des freien Erwerbs auf solche Immobilien, die zur im Gesellschaftsvertrag festgelegten Wirtschaftstätigkeit notwendig waren, diente der Verhinderung des Aufkaufs von Immobilien zu spekulativen Zwecken.[345] Zur Wirtschaftstätigkeit notwendig war auch eine Immobilie, welche zur Unterbringung der Gesellschaft bestimmt war.[346] Die Möglichkeit des Investitionsgesetzes zum freien Immobilienerwerb stand nur einem in Ungarn ansässigen Unternehmen zu. Demzufolge konnte eine Wirtschaftsgesellschaft mit ausländischer Beteiligung nur auf die folgenden Weisen Immobilien ohne besondere Genehmigung erwerben:

- Die Immobilie wurde bei der Gründung vom ungarischen Partner als Sacheinlage der Gesellschaft zur Verfügung gestellt oder der Gesellschaft als Eigentum übergeben.
- Die Gesellschaft kaufte oder erwarb selbst die Immobilie nach der Gründung.[347]

Demgegenüber stand dem ausländischen Partner vor der Gesellschaftsgründung das Recht zum Immobilienerwerb ohne behördliche Genehmigung auch dann nicht zu, wenn dies garantiert der Tätigkeit des später zu gründenden Unternehmens dienen sollte. Beschäftigte sich ein Unternehmen ausschließlich mit dem An- und Verkauf von Immobilien - der Erwerb von Immobilien erfolgte lediglich wegen Weiterverwertung aus kommerziellen Gründen -, dann war auf jeden Fall eine gesonderte Genehmigung einzuholen.[348]

3. Widerspruch zwischen den Verordnungen und dem Investitionsgesetz

Gemäß der Vorschriften der aufgrund des Bodengesetzes erlassenen und dargestellten Verordnungen konnten Wirtschaftsgesellschaften mit ausländischer Beteiligung - sowie Ausländer - nur mit einer vorherigen behördlichen Genehmigung Immobilien erwerben. Das Investitionsgesetz deklarierte demgegenüber den freien Erwerb der Gemeinschaftsunternehmen von solchen Immobilien, die für ihre Tätigkeit notwendig waren. Fraglich war demzufolge das Verhältnis zwischen diesen Vorschriften.[349] Nach der Meinung des damaligen Ministers für Landwirtschaft und Ernährungswesen bestand zwischen dem Investitionsgesetz und dem Bodengesetz kein Widerspruch. Das Investitionsgesetz regelt lediglich die prinzipielle Möglichkeit zum Immobilienerwerb von Gesellschaften mit aus-

---

[344] Sárközy, Tamás: Átalakulás, beruházásvédelem, társasági jog, S. 581.
[345] Sárközy, Tamás: Átalakulás, beruházásvédelem, társasági jog, S. 581.
[346] Sárközy, Tamás: Ausländische Investitionen in Ungarn, S. 215.
[347] Sárközy, Tamás: Ausländische Investitionen in Ungarn, S. 216.
[348] Sárközy, Tamás: Ausländische Investitionen in Ungarn, S. 216.
[349] Entscheidung des Verfassungsgerichts Nr. 12 (V.23.) vom Jahre 1990

ländischer Beteiligung. Im Bodengesetz sind demgegenüber dessen Verfahrensbedingungen geregelt. Die beiden Gesetze stehen in keinem Widerspruch zueinander, da das Investitionsgesetz keine abweichende Bestimmung zum Bodengesetz darstellt. Nach der Gegenauffassung des Verfassungsgerichts ist § 19 a) des Investitionsgesetzes im Verhältnis zum § 38 des Bodengesetzes lex posterior und lex specialis. Daraus folgt, daß Wirtschaftsgesellschaften mit ausländischer Beteiligung Immobilien, die zu ihrer Tätigkeit erforderlich sind, ohne die Genehmigung des § 38 des Bodengesetzes erwerben können. Bezüglich der Geltung der Verordnung über den Immobilienerwerb von Ausländern auch für Gemeinschaftsunternehmen führt das Verfassungsgericht das Folgende aus: Nach der Verfassung[350] darf eine Verordnung des Ministerialrates nicht mit einem Gesetz im Widerspruch stehen. Daraus ist der folgende Schluß zu ziehen: Wenn das Bodengesetz die Genehmigungspflicht lediglich für ausländische natürliche und juristische Personen vorschreibt, dann ist eine Verordnung, welche über diesen Geltungsbereich ohne Ermächtigung hinausgeht, verfassungswidrig. Dementsprechend wurde die Verordnung vom Jahre 1989 über den Immobilienerwerb von Ausländern mit der Wirkung vom 30. September 1990 außer Kraft gesetzt und der Immobilienerwerb von Ausländern neu geregelt.
Nach der Regierungsverordnung vom Jahre 1991[351] erforderte der Immobilienerwerb von ausländischen juristischen und natürlichen Personen eine Genehmigung des Finanzministeriums.[352] Das Gesuch auf die Genehmigung konnte bei der Devisenbehörde, beim Finanzministerium oder beim Bürgermeisteramt eingereicht werden.[353] Wirtschaftsgesellschaften mit ausländischer Beteiligung unterlagen also nicht mehr dem Geltungsbereich der Verordnung. Sie konnten zu ihrer Tätigkeit Immobilien entsprechend dem Investitionsgesetz frei von einer Genehmigung erwerben.
Die Fälle, in denen die Genehmigung für ausländische natürliche und juristische Personen erteilt werden konnte, waren:

- Der Immobilienerwerb staatliche, wirtschaftliche, kulturelle oder sonstige gesellschaftliche Zwecke nicht verletzte,
- die Immobilie des Ausländers enteignet wurde oder
- der Ausländer seine Immobilie gegen eine andere tauschte.[354]

Die Genehmigung wurde wiederum - im Einklang mit dem Bodengesetz - vom Finanzminister erteilt. Dies war auch eine Folge der erwähnten Entscheidung des Verfassungsgerichts, nach der die verfassungswidrige Verordnung vom Jahre 1989 die Zuständigkeit der Geldinstitutszentrale ebenfalls willkürlich feststellte.

---

[350] § 35 Abs. 2 des Gesetzes Nr. XX vom Jahre 1949 (Verfassung der Republik Ungarn), siehe: WOS-Dokument, Nr.I.1.
[351] Regierungsverordnung Nr. 171(XII.27) vom Jahre 1991 über den Immobilienerwerb von Ausländern (Verordnung 171/1991)
[352] § 1 Abs. 1 der Verordnung 171/1991
[353] § 2 Abs. 1 der Verordnung 171/1991
[354] § 1 Abs. 1 der Verordnung 171/1991

V. Die Handelsvertretung

1. Begriff und Bedeutung

Neben der Gründung und dem Kauf von Gesellschaften konnte eine ausländische Investition auch durch die Errichtung einer Handelsvertretung in Ungarn erfolgen. Die Institution der Handelsvertretung wurde 1989 eingeführt,[355] um die Investitionen von Ausländern und die Einführung des ausländischen Kapitals weiter zu fördern.[356] Die Errichtung einer Handelsvertretung in Ungarn ermöglichte gleichzeitig dem ausländischen Unternehmer die Anpassung an die ungarischen Wirtschaftsverhältnisse, die ständige Präsenz am ungarischen Markt und den Aufbau regelmäßiger Geschäftsverbindungen mit ungarischen Partnern.[357]
Die Definition der Handelsvertretung war gesetzlich nicht bestimmt. Das Wesen eines solchen Rechtsverhältnisses konnte jedoch so bestimmt werden, daß der Vertreter sich im Rahmen eines Dauerschuldverhältnisses verpflichtet, im Interesse der „Auftraggeber"[358] Außenhandelsverträge zu vermitteln.[359] Die Handelsvertretung war keine juristische Person und galt auch nicht als eine mit allen Rechten ausgestattete ungarische Wirtschaftsorganisation.[360] Die Bestimmungen des Investitionsgesetzes waren auf direkte Handelsvertretungen nicht anwendbar.

2. Errichtung der Handelsvertretung

Um in Ungarn eine Handelsvertretungstätigkeit auszuüben, war in der Regel die Errichtung einer Handelsvertretung, deren Registrierung beim Industrie- und Handelsministerium und die Eintragung in das Firmenregister erforderlich. Eine Bereitstellung an Mindestkapital war nicht vorgeschrieben.[361] Zur Errichtung einer Handelsvertretung bestanden zwei Möglichkeiten: Entweder beauftragte der Ausländer eine inländische Wirtschaftsorganisation[362] mit der Vertretung oder er eröffnete selbst in Ungarn eine direkte Vertretung. Als Ausländer in diesem Sinne galten nur ausländische Personen, die nach ihrem heimischen Recht über ein Unternehmen verfügten oder in einem Firmenregister eingetragen waren.[363]

---

[355] Verordnung Nr. 3 (II.26.)KeM des Handelsministers vom Jahre 1989 über die Handelsvertretung, sowie Informations- und Servicebüros von Ausländern (Verordnung 3/1989)
[356] Galik, Gábor/Kardos, Zsuzsanna: A kereskedelmi képviselet, MJ 1996/9, S. 547.
[357] Gadó, Gábor: Rechtsregelungen für Investitionen, S. 76.
[358] Der Auftrag ist hier nach dem allgemeinen Sprachgebrauch zu verstehen und nicht als eine unentgeltliche Geschäftsbesorgung im Sinne des § 662 BGB.
In der ungarischen Rechtsterminologie ist unter „Auftrag" eine entgeltliche Geschäftsbesorgung zu verstehen, es sei denn, die Parteien vereinbaren ausdrücklich die Unentgeltlichkeit.
[359] Galik, Gábor/Kardos, Zsuzsanna: A kereskedelmi képviselet, MJ 1996/9, S. 547.
[360] Gadó, Gábor: Rechtsregelungen für Investitionen, S. 76.
[361] Gadó, Gábor: Rechtsregelungen für Investitionen, S. 76.
[362] Verordnung Nr. 31 (XII.29.)KeM des Handelsministers vom Jahre 1987 über die Regelung der Ausübung von Außenhandelstätigkeit
[363] § 3 Abs. 1 der Verordnung 3/1989

Das Verfahren der Eintragung und Registrierung hatte folgenden Ablauf:
Die Handelsvertretung war aufgrund eines Gesuchs des ausländischen Unternehmens, welches die Vertretung errichten wollte, zunächst von dem Industrie- und Handelsministerium einzutragen und zu registrieren. Das Gesuch auf die Eintragung mußte das Folgende beinhalten:

- Name, Rechtsform, Sitz, sowie Eintragungsdatum und Eintragungsort des ausländischen Unternehmens;
- das nominelle und das tatsächlich eingezahlte Grundkapital des ausländischen Unternehmens;
- Tätigkeitskreis des ausländischen Unternehmens sowie
- die Benennung aller beteiligten Firmen, bzw. Firmengruppen, wenn die Handelsvertretung durch die Beteiligung mehrerer ausländischer Unternehmen errichtet werden sollte.[364]

Die erforderlichen Angaben mußten mit einer beglaubigten Urkunde nachgewiesen werden. Dies erfolgte in der Praxis meist durch die beglaubigte Gründungsurkunde des Unternehmens oder durch einen Auszug aus dem Firmenregister.[365]
Das Industrie- und Handelsministerium war berechtigt, aus den im Gesetz ausdrücklich geregelten Gründen die Eintragung zu verweigern. Die Erteilung der Genehmigung lag also nicht im völligen Ermessen des Ministeriums, da die Erteilungsverweigerung nur beim Vorliegen der gesetzlichen Gründe gestattet war. Ein Verweigerungsgrund lag vor, wenn:

- die Tätigkeit des ausländischen Unternehmens gegen die öffentliche Ordnung verstieß;
- die Tätigkeit der ausländischen Firma im Gegensatz zu den internationalen Bräuchen stand;
- die Tätigkeit des ausländischen Unternehmens gegen die Verpflichtungen Ungarns, die durch internationale Verträge übernommen wurden, verstieß oder diese gefährdete;
- das Land, in dem sich der Sitz des ausländischen Unternehmens befand, ähnliche Tätigkeiten ungarischer Firmen einschränkte oder verhinderte (also keine Gegenseitigkeit bestand);
- es an Angaben mangelte, welche aufgrund einer Rechtsnorm zu verlangen waren.[366]

Nahm das Ministerium die Eintragung wahr, dann waren die Ungarische Wirtschaftskammer, das Firmengericht und das Kontrollamt für Steuer und Finanzen darüber zu benachrichtigen, mit der Angabe des Kreises, der Dauer und der Bedingungen der Tätigkeit. In der Praxis erfolgte jedoch die Benachrichtigung des Firmengerichts durch die Partei. Dazu mußten alle Angaben, die für das Firmenregister erforderlich waren (z.B. Sitz der Vertretung), bereits im Verfahren dem Ministerium vorgelegt werden, obwohl dazu keine im Gesetz geregelte Möglich-

---

[364] § 4 Abs. 1 der Verordnung 3/1989
[365] Galik, Gábor/Kardos, Zsuzsanna: A kereskedelmi képviselet, MJ 1996/9, S. 547.
[366] § 5 Abs. 2 der Verordnung 3/1989

keit bestand.[367] Der Antrag auf Eintragung in das Firmenregister erfolgte auf einem der gewählten Firmenform und der Vertretung entsprechenden Formular, das spezielle formelle Erfordernisse beinhalten mußte, wie z.B. Name und Sitz des ausländischen Unternehmens oder die Bezeichnung des Organs, welches die Tätigkeit der Vertretung bewilligte. Zum Antrag waren weiterhin der Beschluß des Ministeriums und das Firmenregister des ausländischen Unternehmens beizufügen.

Änderten sich die registrierten Angaben im Laufe der Tätigkeit der Handelsvertretung, war sie verpflichtet, diese innerhalb von 30 Tagen sowohl dem Ministerium als auch dem Firmengericht mitzuteilen.

Zur Ausübung einer Handelsvertretungstätigkeit eines Ausländers mußte also grundsätzlich eine Handelsvertretung nach den dargestellten Regeln errichtet werden, es sei denn, daß der Ausländer sich nur vorübergehend in Ungarn aufhielt.[368] Ein vorübergehender Aufenthalt war beim gemeinsamen Vorliegen zweier Bedingungen zu bejahen:

- Der fortlaufende Aufenthalt des Ausländers überschritt drei Monate nicht oder sein Aufenthalt betrug in einem Jahr insgesamt nicht mehr als sechs Monate.
- Der Aufenthalt mehrerer Angestellter desselben Ausländers betrug in einem Jahr in aufeinanderfolgenden Zeiträumen nicht mehr als insgesamt sechs Monate.[369]

Es ist zu bemerken, daß bei der Vorlage einer Tatsache, die darauf hinwies, daß der Ausländer seine Tätigkeit dauerhaft ausübte (z.B. Miete von Räumlichkeiten und deren Bezeichnung als Vertretung), die Vorläufigkeit unabhängig von der Dauer der Tätigkeit bereits ausgeschlossen war.[370]

Bei einem vorübergehenden Aufenthalt war zur Ausübung einer Handelsvertretungstätigkeit das Verfahren vor dem Industrie- und Handelsministerium nicht erforderlich. Lediglich das Verfahren vor dem Firmengericht mußte durchgeführt werden.

3. Die Tätigkeit der Handelsvertretung

Die Handelsvertretung war berechtigt, folgende Aufgaben wahrzunehmen:

- Abschluß und Vermittlung von Verträgen zwischen dem zu vertretenden ausländischen Unternehmen und der zum Außenhandel berechtigten ungarischen Parteien, die nach dem ungarischen Recht als Außenhandelsverträge anzusehen waren. Die Handelsvertretung war nicht berechtigt, inländische Handelstätigkeiten auszuüben, da dazu die Gründung einer Wirtschaftsgesellschaft in Ungarn notwendig war.[371]
- Vorbereitung von Außenhandelsgeschäften.

---

[367] Galik, Gábor/Kardos, Zsuzsanna: A kereskedelmi képviselet, MJ 1996/9, S. 548.
[368] Galik, Gábor/Kardos, Zsuzsanna: A kereskedelmi képviselet, MJ 1996/9, S. 548.
[369] § 12 der Verordnung 3/1989
[370] Galik, Gábor/Kardos, Zsuzsanna: A kereskedelmi képviselet, MJ 1996/9, S. 548.
[371] Galik, Gábor/Kardos, Zsuzsanna: A kereskedelmi képviselet, MJ 1996/9, S. 548.

- Bewahrung des Kommissionslagers des zu vertretenden Unternehmens.
- Im Rahmen der Erfüllung von Vereinbarungen Ausübung von Service- und Kundendienstaufgaben.
- Betreibung von Werbung und Information hinsichtlich der Waren, die von dem ausländischen Unternehmen vertrieben wurden.
- Organisation bezüglich der Teilnahme des zu vertretenden Unternehmens an Ausstellungen, Messen und Fachseminaren.[372]

Im Laufe ihrer Tätigkeit waren der Handelsvertretung auch verschiedene Pflichten auferlegt, wie z.B.:

- Fortlaufende Information des zu vertretenden Unternehmens über die Marktverhältnisse;
- die höchste Sorgfalt bei Auswahl von Kunden und Käufer;
- Aufruf zur Antragstellung entsprechend der Geschäftsbedingungen und Weisungen des ausländischen Unternehmens;
- Bei der Abwicklung der Außenhandelsverträge im Interesse und nach den Weisungen des ausländischen Unternehmens zu wirken;
- die Geschäftsgeheimnisse des zu vertretenden Unternehmens zu bewahren etc.[373]

Die gesetzmäßige Tätigkeit der Handelsvertretung überwachte in erster Linie das Industrie- und Handelsministerium. Das Ministerium war bei einem Gesetzesverstoß jedoch nicht berechtigt, selber zu handeln. Seine Gesetzesaufsicht erstreckte sich lediglich darauf, das zuständige Organ auf den Gesetzesverstoß hinzuweisen. Die Gesetzesaufsicht des Firmengerichts lag allein darin, bei Veränderungen der Angaben die gegebenen Maßnahmen zur Berichtigung wahrzunehmen.[374]

4. Die Steuerverpflichtung

Der Steuerverpflichtung unterlag auch eine juristische Person, eine Gesellschaft ohne Rechtspersönlichkeit oder eine sonstige Organisation mit Sitz im Ausland, wenn diese in Ungarn eine Unternehmenstätigkeit ausübte und wenn sie in Ungarn eine Niederlassung hatte.[375] Unter einer Niederlassung war der Ort, an dem der Unternehmer seine fortlaufende Geschäfts-, Dienstleistungs- oder Produktionstätigkeit ausübte oder der Ort, an dem eine steuerpflichtige Tätigkeit ausgeübt wurde, zu verstehen.[376] Demzufolge war auch die ständige Geschäftsstelle, an der die Gesellschaft teilweise oder völlig eine Unternehmenstätigkeit wahrnahm - d.h. auch die Handelsvertretung - als Niederlassung zu betrachten und steuerpflichtig. Ein bloßes Informations- und Servicebüro war demgegenüber zur Zahlung der Körperschaftssteuer nicht verpflichtet, da es auch keine Handelstätigkeit ausüb-

---

[372] § 7 der Verordnung 3/1989
[373] Galik, Gábor/Kardos, Zsuzsanna: A kereskedelmi képviselet, MJ 1996/9, S. 548.
[374] Galik, Gábor/Kardos, Zsuzsanna: A kereskedelmi képviselet, MJ 1996/9, S. 549.
[375] § 2 des Gesetzes Nr. LXXXVI vom Jahre 1991 über die Körperschaftsteuer
[376] § 97 i) des Gesetzes Nr. XCI vom Jahre 1990 über die Besteuerungsordnung

te.[377] Die Körperschaftssteuer mußte gemäß der Einnahme der Handelsvertretung von dem ausländischen Unternehmen gezahlt werden.
Da die Handelsvertretung keine auf dauerhafte Einnahme gerichtete Wirtschaftstätigkeit ausübte, unterlag sie der Geltung des Gesetzes über die allgemeine Umsatzsteuer[378] lediglich im Hinblick auf die Steuerrückerstattung.
Sowohl die ungarischen als auch die ausländischen Angestellten bzw. die Mitarbeiter der Handelsvertretung waren verpflichtet, die Einkommenssteuer nach den allgemeinen Regeln[379] zu entrichten, da ihr Einkommen aus einer inländischen Arbeitstätigkeit stammte.

5. Auflösung

Die Handelsvertretung konnte von Amts wegen oder auf Antrag aufgelöst werden.[380] Eine Auflösung von Amts wegen fand statt, wenn Umstände auftraten, die bereits der Eintragung entgegenstanden hätten. Es handelte sich hier also um Fälle, in denen die Eintragung verweigert werden konnte. Daneben wurde die Handelsvertretung auch dann von Amts wegen aufgelöst, wenn sie eine nicht genehmigte Tätigkeit, z.B. eine Wirtschaftstätigkeit ausübte. Weiterhin konnte die Handelsvertretung auf Antrag des Vertretungsleiters aufgelöst werden. Die Vertretung wurde mit der Löschung aus dem Handelsregister rückwirkend auf das Löschungsdatum aus dem Ministeriumsregister gestrichen. Da die Handelsvertretung keine juristische Person war, wurden die ihr gegenüber bestandene Forderungen gegenüber dem ausländischen Unternehmen geltend gemacht. Da sie keine juristische Person war, unterlag die Handelsvertretung auch keinem Insolvenzverfahren.[381]

6. Service- und Informationsbüros

Neben der Handelsvertretung waren Ausländer auch berechtigt, in Ungarn Service- und Informationsbüros zu eröffnen. Ihre Eintragung durfte nur verweigert werden, wenn die Tätigkeit des Ausländers gegen die ungarische öffentliche Ordnung verstieß oder wenn sie die Verpflichtungen Ungarns in internationalen Verträgen gefährdete oder verletzte. Die Befugnisse der Service- und Informationsbüros waren enger als die der Handelsvertretungen. Das Service- und Informationsbüro war zur Handelstätigkeit und zur Benutzung der Bezeichnung „Handelsvertretung“ nicht berechtigt.[382] Ihre Tätigkeit beschränkte sich auf Information, Propaganda, Qualitätskontrolle und Fachberatung. Sie war berechtigt und verpflichtet, die Servicetätigkeit unentgeltlich und innerhalb der Garantiezeit wahr-

[377] Galik, Gábor/Kardos, Zsuzsanna: A kereskedelmi képviselet, MJ 1996/9, S. 550.
[378] Gesetz Nr. LXXIV vom Jahre 1992 über die allgemeine Umsatzsteuer
[379] Gesetz Nr. XC vom Jahre 1991 über die Einkommensteuer von Privatpersonen
[380] Galik, Gábor/Kardos, Zsuzsanna: A kereskedelmi képviselet, MJ 1996/9, S. 550.
[381] Galik, Gábor/Kardos, Zsuzsanna: A kereskedelmi képviselet, MJ 1996/9, S. 549.
[382] § 8 der Verordnung 3/1989

zunehmen. Die Servicetätigkeit lag entweder im Umtausch oder in der Reparatur von Produkten, welche von dem ausländischen Unternehmen hergestellt wurden. Die Informations- und Servicebüros konnten jederzeit nach den entsprechenden Regeln zur Handelsvertretung umgestaltet werden.

VI. Exkurs: Privatisierung

Hinsichtlich der Privatisierung bestanden für Ausländer keine Sonderregelungen. Die Privatisierung bedeutete auch keine besondere Investitionsform, da dies im Grunde genommen einen Unternehmenskauf oder den Erwerb von Geschäftsanteilen an einem Unternehmen darstellt. Da aber ausländische Investoren in den 80er Jahren von der Privatisierung in erheblichem Maße profitierten, scheint es angemessen, auch darüber einige Worte zu verlieren. In Ungarn wurden seit Ende der 80er Jahre Privatisatisierungen durchgeführt.[383] Die Privatisierung bildet den Gegensatz zur Verstaatlichung und bedeutet den Abbau des staatlichen Eigentums und den Ausbau einer privaten Unternehmensschicht. Die Privatisierung bildete das Kernstück der ungarischen Wirtschaftsreform und hatte das gleiche Ziel wie das Investitionsgesetz: Den privatisierten Unternehmen mit Hilfe von inländischem und ausländischem Anleger Kapital und Know-how zu verhelfen.[384] Daneben sollte die Privatisierung neue Impulse für den Kapitalmarkt setzen und in Ungarn eine breite mittelständische Gesellschaftsschicht von Unternehmen schaffen. Anfangs erfolgte die Privatisierung unkontrolliert, d.h. nicht vom Staat zentral geführt. Das zu verwertende Vermögen betrug ca. 2000-2500 Milliarden Forint. Aus Mangel an inländischem Kapital erlangten also viele ausländische Investoren eine Beteiligung an privatisierten ungarischen Unternehmen. Um die Privatisierung zu kontrollieren, wurde 1990 die ungarische Treuhandanstalt, die sog. „Staatliche Vermögensagentur“ gegründet und es wurde ein Gesetz gegen Privatisierungsmißbräuche erlassen. 1992 wurden weitere Privatisierungsgesetze erschaffen[385] und die staatliche Vermögensverwaltung-Aktiengesellschaft, die sog. „Staatsholding-AG“ gegründet. Die Aufgabe der Staatlichen Vermögensagentur umfaßte die Vorbereitung und Durchführung der Privatisierung von Unternehmen, welche vollständig zu privatisieren waren. Die Staatsholding-AG übte dagegen die Eigentumsrechte des Staates an solchen Unternehmen aus, an denen die staatliche Beteiligung langfristig vorgesehen war.[386] Dabei handelte es sich um Unternehmen mit besonderer strategischer oder volkswirtschaftlicher Bedeutung. 1993

---

[383] Bokodi, Béla/Palos, Monika: Privatisierung..., RIW 1993/6, S. 467.
[384] Bokodi, Béla/Palos, Monika: Privatisierung..., RIW 1993/6, S. 468.
[385] Gesetz Nr. LIII/1992 über die Verwaltung und Nutzung des dauerhaft im Staatseigentum verbleibenden Unternehmensvermögens; Gesetz Nr. LIV/1992 über die Verwaltung, Nutzung und Bewahrung des zeitweilig im Staatseigentum verbleibenden Vermögens; Gesetz Nr. LV vom Jahre 1992 zur Änderung der Rechtsnormen über das Unternehmensvermögen des Staates
[386] Bokodi, Béla/Palos, Monika: Privatisierung..., RIW 1993/6, S. 469.

waren es ca. 160 Unternehmen,[387] die auf Verordnungswege bekanntgemacht wurden.

Die Privatisierung erfolgte in mehreren Formen. Anfangs erfolgte die Veräußerung der staatlichen Unternehmen auf dem Wege des Wettbewerbs und gegen Bargeld. Dazu wurden die zu privatisierenden Unternehmen entweder durch die Staatliche Vermögensagentur oder durch Berater verwaltet, um ihre Finanz- und Ertragslage zu stabilisieren, damit sie privatisationsfähig wurden. Danach konnten die Unternehmen in privatrechtliche Rechtsformen umgewandelt werden, in den meisten Fällen in eine GmbH oder AG. Die Eigentümerbefugnisse hinsichtlich der betroffenen Unternehmen übte die Staatliche Vermögensagentur oder die Staatsholding AG aus. Die Veräußerung erfolgte in der Regel durch offene, gelegentlich auch durch geschlossene Ausschreibungen. Den Zuschlag erhielt derjenige in- oder ausländische Investor, der das günstigste Angebot stellte.[388] Es ist offensichtlich, daß in den meisten Fällen Ausländer (deutsche, österreichische oder amerikanische Investoren) an den Ausschreibungen teilnahmen, da es an ungarischem Kapital fehlte und die ausländischen Anleger durch die Privatisierung im Vergleich zu ihren heimischen Verhältnissen sehr günstig Unternehmen bzw. Geschäftsanteile erwerben konnten. Der Privatisierungskauf besaß daneben gegenüber der Gründung eines neuen Unternehmens den Vorteil, daß die bereits erworbenen Marktanteile und Geschäftsbeziehungen genutzt werden konnten.[389] Infolge der Privatisierung wurde erhebliches ausländisches Kapital nach Ungarn eingeführt. Insbesondere Unternehmen im Bereich der Lebensmittel-, Genußmittel- und Konsumartikelindustrie sowie Druckereien gelangten in ausländische Hände.[390] Um den Privatisierungsvorgang zu beschleunigen, wurde im Oktober 1991 ein sog. Selbstprivatisierungsprogramm eingeführt, um die Kleinunternehmen mit einem Unternehmenswert bis zu 300 Millionen Forint und einer Beschäftigungsanzahl bis zu 300 Arbeitnehmern mit Hilfe von Beratungsfirmen zu privatisieren. Im Juni 1992 wurden die mittleren Unternehmen mit einem Unternehmenswert bis zu 1 Milliarde Forint und bis zu 1000 Beschäftigten „selbst" privatisiert. Die Staatliche Vermögensagentur übte bei dem Selbstprivatisierungsprogramm lediglich eine Kontrollfunktion aus.

1992 wurden weitere Privatisierungsformen eingeführt, um den inländischen Anteil an der Privatisierung gegenüber den ausländischen Investoren zu fördern: An ausgesuchten Unternehmen (z.B. am Fremdenverkehrsunternehmen IBUSZ, an der Inter-Europäischen Bank, an der Duna-Bank[391] etc.) konnten Anteile gegen Entschädigungsgutscheine erworben werden. Es bestand die Möglichkeit zu einer Leasing-Privatisierung, wobei die Leasinggebühren aus dem laufenden Gewinn des Unternehmens bezahlt werden konnten. Nach Ablauf der vereinbarten Leasing-Dauer zwischen fünf und zehn Jahren war der Anteilerwerb voll beendet.

[387] Bokodi, Béla/Palos, Monika: Privatisierung..., RIW 1993/6, S. 469.
[388] Bokodi, Béla/Palos, Monika: Privatisierung..., RIW 1993/6, S. 469.
[389] Bokodi, Béla/Palos, Monika: Privatisierung..., RIW 1993/6, S. 467.
[390] Diczházi, Bertalan: Külföldi beruházások Magyarországon, Valóság 1996/10, S. 88.
[391] red. Ungarische Privatisierungsgesetzgebung, WIRO 1992/7, S. 235.

Der Abschluß eines Leasingvertrages war nur mit Unternehmen im Buchwert von weniger als 500 Millionen Forint gestattet. [392]Ab 1992 bestand für Mitarbeiter die Möglichkeit, durch begünstigte Kredite Anteile der zu privatisierenden Unternehmen zu erwerben, bei denen sie beschäftigt waren.[393] Eine weitere Privatisierungsform war die Umwandlung von Forderungen der Großgläubiger in Gesellschaftsanteile.[394] 1995 wurde ein neues Privatisierungsgesetz erlassen,[395] um die Privatisierung weiter zu beschleunigen und die inländischen Investoren insbesondere im Bereich der Mittelbetriebe weiter zu motivieren. Der Kreis des dauerhaften staatlichen Eigentums wurde erweitert und bei der Verwertung von Klein- und Mittelbetrieben wurden heimische Anleger bevorzugt.[396] Im Bereich der Großbetriebe und Banken - da diese Bereiche das meiste Kapital benötigten - herrschte jedoch nach wie vor eine starke ausländische Beteiligung. So gerieten unter anderem die Strom- und Gasdienstleistung sowie drei Kraftwerke 1995 in ausländische Hände.[397] Das neue Gesetz erzielte daneben den schnelleren Verkauf von Unternehmen, reduzierte das bürokratische Verfahren und führte neue Privatisierungstechniken ein.[398] Der Grundsatz, daß der Meistbieter den Zuschlag erhält, sollte nach dem Gesetz keine unbedingte Geltung bekommen. Es müßten vielmehr auch andere Aspekte, insbesondere die der Beschäftigungspolitik berücksichtigt werden. In der Praxis wurden jedoch die meistbietenden und in bar zahlenden Anleger bevorzugt. Schwerpunktmäßig sollte die Privatisierung infolge der Erhöhung des Grundkapitals erfolgen.[399] Die Staatliche Vermögensagentur und die Staatsholding-AG wurde weiterhin zu einer Staatlichen Vermögensverwertungs-AG vereinigt. Sie sollte die Wirtschaftspolitik der Regierung umsetzen. Ihre Aufgabe erstreckte sich nicht mehr auf die Verwaltung staatlicher Unternehmen, sondern umfaßte die Privatisierung von Großunternehmen sowie die Gründung und Betreuung von Investmentsfonds- bzw. Gesellschaften.[400]

VII. Zusammenfassung

Mit den dargestellten neuen Gesetzen aus dem Jahre 1989 wurde das bisherige komplizierte und langwierige Genehmigungssystem seitens der Devisenbehörde bei der Gründung von Gemeinschaftsunternehmen abgebaut.[401] Es wird deutlich,

---

[392] red. Ungarische Privatisierungsgesetzgebung, WIRO 1992/7, S. 235.
[393] Gesetz Nr. XLIV vom Jahre 1992 über das Teilhaberprogramm für Arbeitnehmer
[394] Bokodi, Béla /Palos, Monika: Privatisierung..., RIW 1993/6, S. 469.
[395] Gesetz Nr. XXXIX/1995 über die Verwertung des staatlichen Unternehmensvermögens
[396] Diczházi, Bertalan: Külföldi beruházások Magyarországon, Valóság 1996/10, S. 89.
[397] Diczházi, Bertalan: Külföldi beruházások Magyarországon, Valóság 1996/10, S. 90.
[398] Boric‘, Tomislav: Entwurf zu einem ungarischen Privatisationsgesetz, WRO 1995/4, S. 150.
[399] Boric‘, Tomislav: Entwurf zu einem ungarischen Privatisationsgesetz, WRO 1995/4, S. 150.
[400] Boric‘, Tomislav: Entwurf zu einem ungarischen Privatisationsgesetz, WRO 1995/4, S. 150.
[401] Sárközy, Tamás: Ausländische Investitionen in Ungarn, S. 186.

daß die Wirtschaftsgesellschaften mit ausländischer Beteiligung nur dann erfolgreich tätig werden können, ihre Tätigkeit nur dann realistisch bewertet werden kann und sie nur dann organisch in die ungarische Wirtschaft eingegliedert werden können, wenn sie durch starre rechtliche Vorschriften von den sonstigen Teilnehmern der Wirtschaft nicht künstlich isoliert werden. Für die Gesellschaften mit ausländischer Beteiligung müssen die gleichen Vorschriften gelten und sie müssen ihre Tätigkeit unter den gleichen Voraussetzungen ausüben können wie die anderen Wirtschaftsorganisationen. Die liberale gesetzliche Regelung ermöglichte die Teilnahme des ausländischen Kapitals in einem deutlichen Umfang an den ungarischen Wirtschaftsvorgängen und förderte ihre Modernisierung.[402] Die Regierung war bereit, wegen dieser erhofften Modernisierung auf erhebliche Einnahmen zu verzichten.[403] In den Jahren von 1988 bis 1990 - da es wegen mangelnder finanzieller Mittel an ungarischer Nachfrage fehlte - erlangten größtenteils Ausländer Beteiligungen an inländischen Unternehmen.[404] 1989 begann eine dynamische Kapitalströmung nach Ungarn. Eine Folge des Erlasses der dargestellten Gesetze war auch die organisatorische Umstrukturierung zahlreicher ungarischer Unternehmen.[405] Die bereits wirkenden ungarischen Unternehmen bevorzugten ausländische Beteiligungen, um mit der Umwandlung zu Gemeinschaftsunternehmen Kapital und neue Technologie in die Unternehmen einzuführen. Die Anzahl der Wirtschaftsgesellschaften mit ausländischer Beteiligung erhöhte sich drastisch. Sie erschienen auch in solchen Wirtschaftsbereichen, wo sie früher nicht vertreten war. Daneben wurden in erheblicher Anzahl Gesellschaften auf zollfreien Gebieten gegründet. Die Zielsetzung des Investitionsgesetzes, mit ausländischem Kapital die Modernisierung der Wirtschaft zu fördern, war somit erreicht. Ende 1989 bestanden fast 1600 Gemeinschaftsunternehmen, worin ein erheblicher Anstieg zu früheren Verhältnissen zu sehen ist.[406] 1989 bedeutete den „Wendepunkt" bei der Einfuhr des ausländischen Kapitals in Ungarn. 1990 und 1991 sind als „Sprungjahre" zu bezeichnen, da von Jahr zu Jahr erheblich mehr Joint-Ventures gegründet wurden. Zwischen 1989 und 1991 erhöhte sich die Anzahl der inländischen Unternehmen auf das 3fache, die der Gemeinschaftsunternehmen auf das 7fache.[407] Daneben wurden auch in erheblicher Zahl Handelsvertretungen errichtet. 1996 gab es ca. 3000 Handelsvertretungen. In erster Linie errichteten deutsche, österreichische, amerikanische und ukrainische Firmen Handelsvertretungen in Ungarn, daneben auch Firmen aus den damaligen sozialistischen Staaten oder aus den Bahamas.[408]

[402] Nagy, Gábor: A külföldi tőke szerepe és térbeli terjedése, TT 1995/1-2, S. 56.
[403] Nagy, Gábor: A külföldi tőke szerepe és térbeli terjedése, TT 1995/1-2, S. 56.
[404] Diczházi, Bertalan: Külföldi beruházások Magyarországon, Valóság 1996/10, S. 87.
[405] Tóth, József /Szakács, Imre: Külföldiek részvételével mûködő..., S. 5.
[406] Nagy, Gábor: A külföldi tõke szerepe és térbeli terjedése, TT 1995/1-2, S. 56.
[407] Nagy, Gábor: A külföldi tõke szerepe és térbeli terjedése, TT 1995/1-2, S. 56.
[408] Galik, Gábor/Kardos, Zsuzsanna: A kereskedelmi képviselet, MJ 1996/9, S. 547.

C. NEUERE TENDENZEN BEI DER BEHANDLUNG AUSLÄNDISCHER INVESTITONEN IN UNGARN

I. Warum nimmt die Gleichbehandlung von Ausländern immer mehr zu?

Am Anfang dieser Arbeit wurde darauf hingewiesen, daß Ungarn den baldigen Beitritt in die Europäische Union beabsichtigt. Eine der wichtigsten „Säulen der Integration"[409] ist die Harmonisierung des ungarischen Rechtssystems an das Gemeinschaftsrecht. Der erste Schritt dieser Rechtsharmonisierung erfolgte infolge eines Regierungsbeschlusses[410] bereits Ende der 80er Jahre. Nach diesem Beschluß mußten bei Gesetzesentwürfen und Gesetzesänderungen neben der Sicherung inländischer Interessen auch das Europarecht und die rechtlichen Lösungen der EG berücksichtigt werden.[411] In diesem Sinne schloß Ungarn bereits 1988 mit der EG ein allgemeines Kooperationsabkommen ab.[412] Das Harmonisierungsverfahren wurde mit einem weiteren Regierungsbeschluß fortgesetzt, nach dem bei Erstellung von Gesetzentwürfen zu prüfen ist, ob die Gemeinschaft über entsprechende Regelungen verfügt, die bei Bestehen nach Möglichkeit in das ungarische Recht umzusetzen sind. Die Anpassung der rechtlichen Regelungen Ungarns an das Gemeinschaftsrecht wurde durch das Assoziierungsabkommen[413] und das Handelsabkommen[414] weiter intensiviert. Durch das Assoziierungsabkommen erlangte Ungarn den offiziellen Status eines Assoziierungspartners der Gemeinschaft. Das Abkommen fördert die wirtschaftliche Integration Ungarns in die Gemeinschaft und die durch Ungarn angestrebte Mitgliedschaft in der EU. Es stellte die wirtschaftliche und politische Beziehung Ungarns zur Europäischen Union auf eine neue Grundlage.[415] Ein automatischer Beitritt Ungarns in die Europäische Union nach Ablauf des Übergangszeitraums[416] ist jedoch nicht vorgesehen. Die Erwähnung des Assoziierungsabkommens bei den Regelungen ausländischer Investitionen ist wichtig, da es für ausländische Anleger, die aus der Europäischen Union stammen, günstige Auswirkungen hat: Es sieht einen stufenweisen Abbau des Zolls und der zollähnlichen Abgaben sowie der mengenmäßigen Beschränkungen vor, um eine Freihandelszone, einen freien Warenaustausch

---

[409] Gobert, Arne: Europäische Rechtsangleichung in Ungarn, S. 2.

[410] Ungarischer Regierungsbeschluß Nr. 2023/1988 über die einheimischen Aufgaben in bezug auf den für das Jahr 1992 geplanten einheitlichen Binnenmarkt der EG

[411] Gobert, Arne: Europäische Rechtsangleichung in Ungarn, S. 5.

[412] EG Kooperationsabkommen zw. der EWG und Ungarn vom 26. September 1988 über den Handel und die handelspolitische und wirtschaftliche Zusammenarbeit

[413] Europa Abkommen zur Gründung einer Assoziation zw. der EG und ihren Mitgliedstaaten einerseits und der Republik Ungarn andererseits vom 16. Dezember 1991 (seit dem 1. Februar 1994 in Kraft)

[414] Interimsabkommen über Handel und Handelsfragen zw. EG und Ungarn vom 16. Dez. 1991

[415] Gobert, Arne: Europäische Rechtsangleichung in Ungarn, S. 12.

[416] Zur Verwirklichung der Bestimmungen des Abkommens ist ein Übergangszeitraum von 10 Jahren, unterteilt in zwei Zeitzonen vorgesehen.

zu schaffen.[417] Es erfordert eine Gewerbefreiheit, das Recht zum privaten Eigentumserwerb, uneingeschränkte Niederlassungsfreiheit, Währungskonvertibilität, freie Wanderung der Arbeitnehmer sowie Rechtsharmonisierung.
Die Rechtsharmonisierung hat für ausländische Investoren - insbesondere aus der Europäischen Union - auch deswegen eine erhebliche Bedeutung, da die Rechtsregelungen in Ungarn und im Heimatland im Grunde genommen auf den gleichen Prinzipien, d.h. auf den allgemeinen Grundsätzen und Vorgaben des Gemeinschaftsrechts beruhen werden. Zur Rechtsharmonisierung gehört auch die Geltung der Rechtsgrundsätze der Gemeinschaft wie z.B. die Erfordernis der Inländergleichbehandlung. Mit dem Grundsatz der Inländergleichbehandlung soll in erster Linie die Benachteiligung von Ausländern im gegebenen Land verhindert werden. Um ausländisches Kapital zu fördern, wurden in Ungarn in den 80er Jahren ausländische Anleger eher gefördert als benachteiligt. Der Gleichbehandlungsgrundsatz schützt aber auch die inländischen Investoren. Ihre Benachteiligung führt ebenfalls zu einem Verstoß gegen die allgemeinen Prinzipien des Gemeinschaftsrechts. Der Abbau der Sonderbegünstigungen für ausländische Anleger ist somit auch ein Erfordernis des Gleichbehandlungsgrundsatzes. Investitionen können auch durch Begünstigungen, die für In- und Ausländer gleichermaßen gelten, gefördert werden.
Die Frage, warum die Gleichbehandlung ausländischer Investoren immer wichtiger wird, läßt sich also auch mit der Assoziierung Ungarns in die Europäische Union erklären. Aus den Anforderungen Ungarns zum Beitritt ergibt sich, daß ausländische Investoren in Ungarn einen immer größeren Spielraum erlangen, damit sie in Ungarn unter den gleichen Voraussetzungen wie Inländer zur Ausübung einer Wirtschaftstätigkeit berechtigt sind.
Eine Rechtsharmonisierung ist jedoch nicht in allen Bereichen zwingend erforderlich. Hinsichtlich der ausländischen Investoren ist der Grundstückerwerb zu erwähnen. Die inhaltliche Ausgestaltung der Eigentumsordnung bleibt den Mitgliedsstaaten überlassen. Bezüglich des Grundstückserwerbs bestehen keine Vorgaben, es sei denn, daß es sich um den Erwerb von Betriebsstätten handelt, wo keine Diskriminierung von In- und Ausländern zulässig ist. Ein freier Grundstückserwerb zu landwirtschaftlichen Zwecken oder für private Bauzwecke ist dagegen kein Erfordernis. Der Erwerb von solchen Grundstücken durch Ausländer kann also beschränkt werden. Von der freien Gestaltungsmöglichkeit der Eigentumsordnung hat Ungarn - infolge der Rechtsanpassung - bei den Regelungen des Immobilienerwerbs durch Ausländer Gebrauch gemacht.
Im Folgenden wird dargestellt, wie in- und ausländische Investoren infolge des Abbaus von Sondernormen gleichgestellt wurden und, wie die Wirtschaftstätigkeit von Ausländern in Ungarn erheblich erleichtert und in breiten Formen ermöglicht wurde.

---

[417] Gobert, Arne: Europäische Rechtsangleichung in Ungarn, S. 35.

II. Abbau der Sondernormen des Investitionsgesetzes

Im vorigen Kapitel wurde das Investitionsgesetz - in seiner ursprünglichen Form - detailliert dargestellt, um die privilegierte Situation der ausländischen Investoren gegenüber den inländischen Anlegern zu beschreiben. Im Folgenden wird lediglich auf die geänderten Vorschriften des Investitionsgesetzes vergleichsweise hingewiesen. Damit soll einerseits die Tendenz der Minderung von Sonderbegünstigungen, andererseits die heute geltende Rechtslage veranschaulicht werden.

1. Anwendungsbereich

Der persönliche Geltungsbereich des Gesetzes erstreckt sich unverändert auf Devisenausländer.[418] Die gegenständliche Wirkung des Gesetzes wurde aber - der europäischen Rechtsharmonisation dienend - mit Wirkung vom 1. Februar 1999[419] erheblich erweitert.

Nach ursprünglicher Auffassung des Gesetzes waren unter Investitionen von Ausländern in Ungarn lediglich Wirtschaftsgesellschaften, die mit ausländischer Beteiligung wirkten oder von Ausländern gegründet wurden sowie der Anteilerwerb eines Ausländers an einer Wirtschaftsgesellschaft, zu verstehen. Gegenwärtig ist unter Investition - auf die das Gesetz anwendbar ist - nicht die Gesellschaft selbst zu verstehen, sondern das im Gesetz bestimmte Vermögen. Investitionen von Ausländern in Ungarn sind dementsprechend:

- Der dem Ausländer aufgrund seines Gesellschaftsverhältnisses zustehende Anteil aus dem Vermögen einer in Ungarn ansässigen Wirtschaftsgesellschaft, Vereinigung, Genossenschaft oder gemeinnützigen Gesellschaft. Ausländische Investitionen können also nicht nur in Bezug auf Wirtschaftsgesellschaften, sondern auch in anderen Formen erfolgen.
- Das Vermögen einer Handelsvertretung oder einer Zweigniederlassung eines im Ausland ansässigen Unternehmens. Hier ist zu bemerken, daß bis zum 1. Februar 1999 das Investitionsgesetz auf Handelsvertretungen keine Anwendung fand.
- Das Vermögen des selbständigen Unternehmens eines devisenausländischen Staatsbürgers.[420]

Das Gesetz deklariert, daß Ausländer in Ungarn lediglich im Falle einer Wirtschaftsniederlassung eine geschäftsmäßige, wirtschaftliche Erwerbstätigkeit ausüben dürfen, es sei denn, daß es sich um die folgende Tätigkeiten handelt: Lehren an einem Hochschulinstitut, Berufssportler, Vortragskünstler, Sachverständiger, Bau-, Montage- oder Geschäftsführungstätigkeit im Zusammenhang mit der Erfüllung von Außenhandelsverträgen sowie sonstige geschäftsmäßige Wirtschaftstätigkeiten, deren Ausübung durch Gesetz oder Regierungsverordnungen

[418] § 2 a des InvestitionsG in der heute geltenden Fassung (n.F.), siehe: Anhang V
[419] vgl.: § 2 Abs. 2 des Gesetzes Nr. LXXII vom Jahre 1998 über die Wirtschaftsniederlassung von Ausländern als selbständiger Unternehmer (WirtschaftsniederlassungsG)
[420] § 2 b des InvestitionsG n.F.

auch ohne Wirtschaftsniederlassung möglich ist.[421] Unter Wirtschaftsniederlassung ist eine Wirtschaftsgesellschaft, Vereinigung, Genossenschaft, eine gemeinnützige Gesellschaft, an denen der Ausländer einen Anteil besitzt, die Zweigniederlassung und Handelsvertretung eines im Ausland ansässigen Unternehmens sowie das selbständige Unternehmen eines ausländischen Staatsbürgers zu verstehen.[422] Alle diese Formen der Wirtschaftsniederlassungen gehören zum Anwendungsbereich des Gesetzes.

Zur Anwendung des Gesetzes muß also an der Gesellschaft eine natürliche oder juristische Person beteiligt sein, welche laut devisenrechtlicher Vorschrift als ausländisch zu betrachten ist. Der Sitz des Unternehmens muß sich jedenfalls nicht mehr in Ungarn befinden, da die Niederlassung oder Handelsvertretung eines im Ausland ansässigen Unternehmens ebenfalls zum Geltungsbereich des Gesetzes gehört.

2. Die Gründung von Gesellschaften mit ausländischer Beteiligung

Die Gründung von Gesellschaften mit ausländischer Beteiligung bestimmt sich nach den allgemeinen Regeln des ungarischen Rechts, es bestehen diesbezüglich keine Sonderregelungen. Dies bedeutet für die Ausländer einige Vorteile:

- Zur Gründung einer Gesellschaft mit ausländischer Beteiligung oder zum Anteilerwerb an einer solchen Gesellschaft ist keine devisenrechtliche Genehmigung erforderlich, auch dann nicht, wenn die Gesellschaft im ausschließlich ausländischen Eigentum steht.[423]
- Ausländer, die in Ungarn eine Gesellschaft gründen, sind nicht mehr verpflichtet, ihre Geldbeiträge in konvertierbarer Währung zu entrichten.[424]
- An einer Aktiengesellschaft dürfen Ausländer sowohl Namens- als auch Inhaberaktien erwerben. Die Pflicht zur Umwandlung von Inhaberaktien in Namensaktien besteht seit Juni 1998 nicht mehr.[425]

Dagegen brachte der Abbau von Sonderregeln auch Nachteile mit sich, z.B. Die allgemeinen Zollregelungen sind auch auf die bei der Unternehmensgründung in Ungarn eingebrachten Sacheinlagen anzuwenden. Die Produktionsmittel, die von dem ausländischen Gesellschafter in die Gesellschaft als Sacheinlage eingebracht werden, genießen keine Zollfreiheit mehr.[426] Damit soll verhindert werden, daß diese Gegenstände nach Gründung der Gesellschaft zurück ins Herkunftsland ausgeführt werden.[427] Es ist zu bemerken, daß nach Eintritt Ungarns in die Euro-

[421] § 3 des InvestitionsG n.F.
[422] § 2 c des InvestitionsG n.F.
[423] § 9 Abs. 2 des InvestitionsG n.F.
[424] § 45 Abs. 4 des Gesetzes Nr. XCV vom Jahre 1995 über die Devisen (DevisenG), siehe: WOS-Dokument, Nr.VIII.3.a.
[425] § 320 d) des Gesetzes Nr. CXLIV vom Jahre 1997 über die Wirtschaftsgesellschaften (WirtschaftsgesellschaftenG), siehe: WOS-Dokument, Nr. III.3.a.
[426] § 211 Abs. 1 des Gesetzes Nr. C vom Jahre 1995 über das Zollrecht, das Zollverfahren und die Zollverwaltung (ZollG), siehe: WOS-Dokument, Nr. VIII.4.b.
[427] Gobert, Arne: Aktuelles Steuerrecht..., WRO 1995/8, S. 290.

päische Union im Verhältnis zu den Mitgliedstaaten keine Zollpflicht bestehen wird.

3. Bedingungen für die Tätigkeit der Gesellschaft mit ausländischer Beteiligung

Die Tätigkeit der Gesellschaften mit ausländischer Beteiligung bestimmt sich ebenfalls nach den allgemeinen Regeln. Das Investitionsgesetz beinhaltet nach wie vor die wichtigsten Vorschriften des ungarischen Wirtschaftsrechts, welche für Gesellschaften mit ausländischer Beteiligung eine hervorgehobene Rolle spielen.[428] Diese ausdrückliche Aufzählung stärkt auch das Bewußtsein der Gleichbehandlung von in- und ausländischen Investoren. Das Investitionsgesetz bestimmt im Einklang mit dem Bodengesetz,[429] daß die Gesellschaft kein Eigentum an Ackerland und an Naturschutzgebiet erwerben kann. Sie ist aber berechtigt, sonstige Immobilien zur Ausführung ihrer Tätigkeit frei von devisenbehördlicher Genehmigung zu erwerben.[430]
Die begünstigende Regelung, daß die Gesellschaft mit ausländischer Beteiligung wie andere inländische Gesellschaften berechtigt ist, ihren Geldverkehr, sowie ihre Valuta- und Devisentransaktionen zu regeln und Kredite aufzunehmen, bleibt bestehen, weil sie eine inländische Wirtschaftsorganisation ist.
Bezüglich der Sozialversicherung bestehen immer noch Sonderbestimmungen, die aber nicht mehr im Investitionsgesetz geregelt sind. Die ausländischen Angestellten einer Gesellschaft mit ausländischer Beteiligung, einer Handelsvertretung oder Zweigniederlassung eines im Ausland ansässigen Unternehmens sind nicht sozialversichert, so ist der Arbeitgeber auch nicht verpflichtet, für diese Personen Sozialversicherungsbeiträge zu zahlen.[431] Daneben gilt für alle Ausländer und auch für die Gesellschaften mit ausländischer Beteiligung die Zahlungsverpflichtung des Gesundheitsbeitrages für alle Arbeitnehmer. Dessen Höhe beträgt bei ausländischen Arbeitnehmern monatlich 3600 Forint.[432]

4. Garantien

Entsprechend der Ausbreitung des Anwendungsbereiches ist im Gesetz deklariert, daß neben den Investitionen von Ausländern auch die Wirtschaftsniederlassung dessen vollen Schutz und volle Sicherheit genießt.[433] Dies hat aber lediglich eine prinzipielle Bedeutung.

---

[428] §§ 20-25 des InvestitionsG n.F.
[429] § 7 Abs. 1 des Gesetzes Nr. LV vom Jahre 1994 über den Produktivboden (BodenG), siehe: WOS-Dokument, Nr. II.2.a.
[430] § 19 a des InvestitionsG n.F.
[431] § 11 des Gesetzes Nr. LXXX vom Jahre 1997 über die Sozialversicherung
[432] § 6 des Gesetzes Nr. LXVI vom Jahre 1998 über den Gesundheitsbeitrag
[433] § 1 Abs. 1 des InvestitionsG n.F.

Sonstige Bestimmungen, insbesondere bezüglich des freien Geldtransfers wurden aufgehoben und unterliegen seither dem allgemeinen Devisenrecht. Eine bedeutende Einschränkung liegt seit Februar 1996 darin, daß der ausländische Gesellschafter nicht mehr berechtigt ist,

- den ihm zustehenden Anteil am Gewinn der Gesellschaft,
- den anteiligen Vermögensrest bei der Auflösung der Gesellschaft sowie
- den für die Veräußerung seines Anteils erhaltenen Antrag in ausländischer Währung ins Ausland zu transferieren. Solche Auszahlungen sind nur in Forint möglich.[434]

Dies wird etwas dadurch kompensiert, daß die ausländischen Gesellschafter nicht mehr verpflichtet sind, ihre Geldbeiträge in konvertierbarer Währung zu entrichten. Der Vermögenstransfer der Gesellschaft richtet sich also auch nach dem Devisenrecht, es bestehen keine Sondernormen für Gemeinschaftsunternehmen.

III. Abbau der Steuerbegünstigungen

Seit dem 1. Januar 1992 sind die Steuerbegünstigungen für Gesellschaften mit ausländischer Beteiligung nicht mehr im Investitionsgesetz, sondern in einer gesonderten Vorschrift des Gesetzes über die Körperschaftssteuer geregelt.[435] Im Investitionsgesetz ist lediglich bestimmt, daß die Gesellschaft mit ausländischer Beteiligung zu allen Steuerbegünstigungen, welche den sonstigen inländischen Gesellschaften zustehen, berechtigt ist.[436] Die Neuregelung brachte eine Minderung der Begünstigungen mit sich. Manche Bestimmungen hinsichtlich der Steuerverpflichtung von Gemeinschaftsunternehmen wurden präzisiert, die Voraussetzungen zur Inanspruchnahme der Begünstigungen wurden verschärft und der mögliche Zeitraum zur Begünstigungsberechtigung wurde gekürzt.[437] Eine sich auf alle Wirtschaftsgesellschaften erstreckende günstige Änderung war aber die Senkung der Körperschaftssteuer von 40% auf 36%.

Die Steuerbegünstigungen wurden 1991 wie folgt geändert:[438]

1.

Die 20%ige Steuerbegünstigung für Gesellschaften mit ausländischer Beteiligung - falls die ausländische Beteiligung 5 Millionen Forint oder einen Anteil von 20 % erreichte - besteht nicht mehr.

2.

Bei der 60%igen bzw. ab dem 6. Jahr 40%igen Steuerbegünstigung - falls der Erlös der Gesellschaft über mehr als die Hälfte der Summe aus Produktions- oder Instandhaltungskosten eines z.B. selbst erbauten Hotels herzuleiten war - wurde das erforderliche Gründungsvermögen von 25 auf 50 Millionen Forint erhöht. Die

---

[434] § 83 iVm 60 a, b und d des DevisenG

[435] § 12 des Gesetzes Nr. LXXXVI vom Jahre 1991 über die Körperschaftsteuer

[436] § 14 Abs. 2 des InvestitionsG n.F.

[437] Nagy, Gábor: A külföldi tőke szerepe és térbeli terjedése, TT 1995/1-2, S. 56.

[438] § 9 des Gesetzes Nr. LXXXVI vom Jahre 1991 über die Körperschaftsteuer

andere Voraussetzung, die 30%ige ausländische Beteiligung blieb unverändert bestehen.

3.

Unverändert blieb auch die Bestimmung, wonach Gemeinschaftsunternehmen, die zur Ausübung von Tätigkeiten, die für die wirtschaftliche Entwicklung wichtig waren, gegründet wurden und die Voraussetzungen des Punktes 2) erfüllten (d.h. mind. 50 Millionen Forint Gründungsvermögen, 30% ausländische Beteiligung, sowie Stamm des Erlöses aus Produktion über mehr als die Hälfte der Summe), in den ersten 5 Jahren 100 %, ab dem 6. Jahr - bis Ende des 10. Jahres - 60 % Steuerbegünstigung erhielten. In diesen Fällen ergaben sich null bzw. 16%ige effektive Steuersätze.[439] Für die Wirtschaft besonders wichtige Tätigkeiten waren z.B. Telekommunikation, Maschinenbau, Fremdenverkehr, Umweltschutz etc.

4.

Die Begünstigung für die Gesellschaft, wenn die Voraussetzungen der Punkte 2) und 3) vorlagen und der ausländische Gesellschafter die ihm zustehende Dividende teilweise oder völlig zur Erhöhung des Gründungsvermögens verwendete, blieb bestehen. Es wurde sogar die einschränkende Voraussetzung, wonach der reine Gewinn die Gesamtsumme des Gründungsvermögens und der dazugehörenden Steuerbegünstigungen erreichen mußte, aufgehoben.

Es wurde bestimmt, daß die Begünstigungen ab dem 6. Jahr auf 40% bzw. auf 60% steigen und für weitere 5 Jahren gelten. Weiterhin wurde klargestellt, daß die Einzelbegünstigungen aufgrund von Regierungsverordnungen über die allgemeinen Begünstigungen hinausgehen können. Der zu Begünstigende konnte auch auf die Steuerbegünstigungen verzichten, um neuere, vorteilhaftere Begünstigungen oder Subventionen zu erhalten.

1993 wurde das Gesetz geändert.[440] Eine Steuerbegünstigung aufgrund einer Regierungsverordnung bei Investitionen, deren Gründungsvermögen mindestens 100 Millionen Forint betrug, gegeben werden. Voraussetzung war daneben, daß die Gesellschafter die ihnen zustehende Dividende ganz oder teilweise zur Erhöhung des Gründungsvermögens verwendeten und das so erhöhte Gründungsvermögen innerhalb von 5 Jahren nicht vermindert wird. Eine weitere Steuerbegünstigung durfte die Regierung im Einzelfall gestatten, wenn die folgenden Voraussetzungen gemeinsam vorlagen:

- das Gründungsvermögen betrug mind. 500 Millionen Forint;
- der Investitionswert erstreckte sich mindestens auf 200 Millionen Forint;
- mehr als die Hälfte des Gesellschaftseinkommens stammte aus der Produktion von umweltfreundlichen Produkten oder aus Verwertung von Waren, die mit moderner Technologie oder unter Verwendung von wissenschaftlichen Forschungen hergestellt wurden;
- die Investition trug zur Erhöhung des Exportgewinns der Gesellschaft oder zur Errichtung neuer Arbeitsplätze bei.

---

[439] red. Steuervergünstigungen für Ungarn-Investoren laufen aus, WIRO 1993/9, S. 319.

[440] Gesetz Nr. LIII vom Jahre 1993 über die Änderung des Gesetzes Nr. VI/1988 über Wirtschaftsgesellschaften und des Gesetzes Nr. LXXXVI/1991 über Körperschaftsteuer

Die Steuerbegünstigungen aufgrund von Regierungsverordnungen und durch Einzelfallgenehmigungen bestanden sowohl für in- als auch für ausländische Unternehmen. Sie durften max. für 10 Jahre - für die ersten 5 Jahre bis 100%, für weitere fünf Jahre bis 60% - gegeben werden.[441]
Die Steuerbegünstigungen für ausländische Investoren waren ab 1994 für die Zukunft vollständig abgebaut; die zuvor gewährten Steuerbegünstigungen sollten ab 1995 nur gekürzt in Anspruch genommen werden dürfen.[442] Diese Regelung wurde vom Verfassungsgericht im Mai 1996 wegen Verstoßes gegen die Grundsätze der Rechtssicherheit und des Vertrauensschutzes für verfassungswidrig erklärt und aufgehoben.[443] Demzufolge genießen die früher gewährleisteten „Ausländerprivilegien" Bestandschutz, sie laufen aber 2003 aus.[444] Gesellschaften mit ausländischer Beteiligung können aber gleichermaßen wie rein ungarische Gesellschaften die allgemeinen Stuerbegünstigungen bei der Gesellschaftsteuer in Anspruch nehmen, die für bestimmte, erfolgsqualifizierte Investitionen (z.B. Steigerung der Exporterlöse) und für Investitionen in von der Arbeitslosigkeit besonders hart getroffenen Regionen und Unternehmenszonen bis 2002 zugesichert sind.[445]

IV. Die Gesellschaft auf zollfreiem Gebiet

Die Vorschriften bezüglich der Gesellschaften auf zollfreiem Gebiet befinden sich heute neben dem Investitions- auch im Devisengesetz. Für solche Gesellschaften gelten neben den allgemeinen Devisenvorschriften auch die in einem gesonderten Kapitel des Devisengesetzes geregelten Spezialnormen.[446] Die wichtigste Änderung der Regelungen für Gesellschaften auf zollfreiem Gebiet liegt ebenfalls im Abbau der Begünstigungen, insbesondere aus devisenrechtlicher Hinsicht.
Es ist nach wie vor festgelegt, daß eine Gesellschaft ihre Bücher in konvertierbarer Währung führt. Der Finanzminister kann jedoch die Führung einzelner Konten in Forint vorschreiben.[447] Für die Kreditgewährung und die Kreditaufnahme der Gesellschaft auf zollfreim Gebiet gelten die allgemeinen devisenrechtlichen Vorschriften,[448] d.h. der Gesellschaft stehen die Privilegien, Kredite frei sowohl im Inland als auch im Ausland aufzunehmen sowie über ihre in konvertierbarer Währung angelegten Forderungen frei verfügen zu können, nicht mehr zu.
Bis zum 1. Januar 1996 war die Gesellschaft lediglich dazu verpflichtet, ihre Valuta- und Devisenbestände bis zur Höhe des Gründungsvermögens bei einem beliebigen inländischen Geldinstitut zu hinterlegen. Die darüber hinausgehenden

---

[441] § 14 A des Gesetzes Nr. LXXXVI vom Jahre 1991 nach der Änderung von 1993
[442] Brunner, Georg: Wirtschaftsrecht der osteuropäischen Staaten, S. 78.
[443] Entscheidung des Verfassungsgerichts Nr. 16/1996 (V.3.) AB
[444] Brunner, Georg: Wirtschaftsrecht der osteuropäischen Staaten, S. 78.
[445] §§ 21, 22 des Gesetzes Nr. LXXXI vom Jahre 1996 über die Gesellschaftsteuer und die Dividendensteuer, siehe: WOS-Dokument, Nr.8.5.a.
[446] § 71 DevisenG
[447] § 41 Abs. 1 und 2 des InvestitionsG n.F.
[448] § 39 Abs. 1, § 41 Abs. 1 des DevisenG

Devisen- und Valutabestände durfte sie sowohl bei inländischen als auch bei ausländischen Geldinstituten anlegen. Zur Zeit muß sie die dem Gründungsvermögen entsprechenden Valuta- und Devisenbestände bei einem dazu ermächtigten inländischen Geldinstitut, die darüber hinausgehenden Bestände ausschließlich bei einem inländischen Geldinstitut hinterlegen.[449] Die Devisen- und Valutabestände der Gesellschaft auf zollfreiem Gebiet dürfen also nicht mehr bei einem ausländischen Geldinstitut eingezahlt werden.

Die Vorschrift, nach der die Gesellschaft auf zollfreiem Gebiet die zu ihrer Gründung und Tätigkeit notwendige Forintsumme gegen konvertierbare Währung bei einem dazu ermächtigten ungarischen Geldinstitut kauft und diese Forintsumme auf einem, bei einem ungarischen Geldinstitut eröffneten Konto hinterlegt, bleibt unverändert bestehen.[450] Zu Lasten dieses Kontos sind nach wie vor die öffentlichen Lasten, die Löhne der Angestellten sowie der Gegenwert der Vermögenswerte, die nicht im Außenhandelsverkehr beschafft werden, zu begleichen.

Es erfolgten auch Zuständigkeitsänderungen. Seit dem 1. Januar 1997 erklärt sowohl tatsächlich als auch formell die Zentrale Zollorganisation das Grundstück, auf dem die Gesellschaft ihre Tätigkeit ausübt, zum zollfreien Gebiet. Deren Bestätigung vom Finanzminister ist nicht mehr vorgeschrieben. Innerhalb von 8 Tagen nach Eintritt der Rechtskraft des Beschlusses muß die Gesellschaft die Erklärung zum zollfreien Gebiet der Devisenbehörde zwecks Registrierung anmelden. Dementsprechend ist zur Eintragung der Gesellschaft auf zollfreiem Gebiet ins Handelsregister der Beschluß der Zentralen Zollorganisation - und nicht mehr des Finanzministeriums - beizulegen.[451]

Die Begünstigung der Gesellschaften mit ausländischer Beteiligung, nach der die besonderen Vorteile der Gesellschaften auf zollfreiem Gebiet auch auf diese erstreckt werden konnten, wurde durch das Devisengesetz erheblich eingeschränkt. Sie wurden mit der Wirkung vom 31. Dezember 1996 mit zwei Ausnahmen aufgehoben. Diese Ausnahmen bestehen in den folgenden sehr eingeschränkten Fällen:[452]

- Es blieben die Begünstigungen, welche von der Regierung bis zum 31. Dezember 1996 aus nationalökonomischen Interessen genehmigt oder verlängert und vom Finanzministerium in „Pénzügyi Közlöny"[453] bekanntgemacht wurden, bestehen.
- Es lagen die folgenden Bedingungen gemeinsam vor und dieses wurde innerhalb von dreißig Tagen nach Inkrafttreten des Devisengesetzes[454] der Devisenbehörde angemeldet: Es handelt sich um eine, in Ungarn ansässige und eingetragene, völlig im ausländischen Eigentum stehende AG oder GmbH, die bereits über diese Begünstigungen verfügte und ausschließlich mit Drittländern

[449] § 71 Abs. 3 des DevisenG
[450] § 71 Abs. 1 des DevisenG
[451] § 40 Abs. 1, 2 des InvestitionsG n.F.
[452] § 85 des DevisenG
[453] Pénzügyi Közlöny = Amtsblatt des Finanzministeriums
[454] das Devisengesetz trat am 1. Januar 1996 in Kraft

eine Handelstätigkeit und auf das Ausland gerichtete Dienstleistungstätigkeit ausübt, seine Bankkonten in Ungarn führt, die Mehrheit ihrer Angestellten besteht aus ungarischen natürlichen Personen, sowie weder die Gesellschaft noch die Gesellschafter an einer anderen Gesellschaft eine Beteiligung haben.

Werden die Begünstigungen genehmigt, dann gilt eine solche Gesellschaft mit ausländischer Beteiligung als Devisenausländer.

Im Gegensatz zum Devisenrecht kennt das ungarische Zollgesetz von 1995[455] die Gesellschaft auf zollfreiem Gebiet als privilegierte Gesellschaft mit ausländischer Beteiligung nicht. Das Zollgesetz regelt lediglich die Lagerung und Veredelung auf einem Zollfreigebiet. Die Errichtung eines zollfreien Gebietes benötigt die Genehmigung der Zentralen Zollorganisation.[456] Die Erklärung zum zollfreien Gebiet erfolgt auf Antrag eines inländischen Unternehmens, wenn sich das Gebiet auf mindestens 2000 Quadratmeter erstreckt, sich im Eigentum oder in Benutzung der Antragsteller liegt, nur für die angegebene Grundtätigkeit benutzt wird und eine Zollsicherung geleistet wurde.[457] Zollfreigebiete sind besonders für Betriebe, die ausländische Rohstoffe für den Export verarbeiten, vorteilhaft. Im Interesse der Volkswirtschaft können Zollfreigebiete darüber hinaus zwecks zollfreier Unterbringung der Produkte auf dem Binnenmarkt genehmigt werden.[458]

V. Immobilienerwerb von Ausländern

Die infolge des politischen und wirtschaftlichen Systemwechsels erfolgte Privatisierung und Auflösung zahlreicher Genossenschaften führte dazu, daß man in Ungarn Anfang der 90er Jahre sehr günstig Immobilien erwerben konnte. Um zu verhindern, daß das für Ungarn wichtige Ackerland zerteilt und ausländisches Eigentum wurde sowie um zu fördern, daß die Landwirtschaft durch ungarische Privateigentümer beherrscht und in Ungarn wettbewerbsfähige, privat wirtschaftende Familienbetriebe der einheimischen Bevölkerung aufgebaut[459] werden, wurden die Möglichkeiten der Ausländer zum Immobilienerwerb nach wie vor begrenzt. Es wurde schon darauf hingewiesen, daß man in Ungarn zwischen zwei Typen von Immobilien unterscheidet. Die Unterscheidung spielt gerade beim Immobilienerwerb von Ausländern eine große Rolle.

1. Immobilien für landwirtschaftliche Zwecke

Sowohl das Bodengesetz[460] als auch das Investitionsgesetz[461] deklariert, daß ausländische natürliche und juristische Personen sowie inländische juristische

---

455 §§ 90 - 94 des ZollG
456 § 90 Abs. 2 des ZollG
457 § 90 Abs. 4 des ZollG
458 Brunner, Georg: Wirtschaftsrecht der osteuropäischen Staaten, S. 74.
459 Spuller, Gábor: Investitionsmöglichkeiten..., WIRO 1995/2, S. 74.
460 § 7 Abs. 1 des BodenG
461 § 19 Abs. 1 des InvestitionsG n.F.

Personen kein Eigentum an Ackerland und an Naturschutzgebieten erwerben können. Unter einer ausländischen natürlichen Person ist ein ausländischer Staatsbürger, unter einer ausländischen juristischen Person ist eine im Ausland ansässige juristische Person oder eine im Ausland ansässige Gesellschaft ohne Rechtspersönlichkeit zu verstehen.[462] Ackerland ist eine Landparzelle im Außenbezirk einer Siedlung, die im Grundbuch im Anbauzweig Acker, Weingarten, Obstgarten, Garten, Rasen, Ried, Wald oder als Fischteich eingetragen ist.[463]
Beim Erwerbsverbot bestehen jedoch folgende Ausnahmen:[464]

- Ausländer dürfen Eigentum an einem Gehöft mit einer Fläche von bis zu 6000 Quadratmetern erwerben. Es gelten dabei die Erwerbsregelungen für Immobilien, die kein Ackerland sind.
- Wenn der Ausländer bereits vor Inkrafttreten des Bodengesetzes Ackerland besaß, darf er dieses gegen ein anderes, aber nicht gegen ein größeres Stück Ackerland tauschen.
- Wenn der Ausländer bereits vor Inkrafttreten des Bodengesetzes Ackerland besaß und dieses enteignet wird, darf er für die Entschädigungssumme anderes Ackerland erwerben.
- Wenn infolge der Aufhebung des Gesamteigentums an einem beim Inkrafttreten des Bodengesetzes bestandenen Ackerland der entsprechende Anteil des Ackerlandes Eigentum des Ausländers wurde.
- Von den inländischen juristischen Personen bildet der Ungarische Staat, die Selbstverwaltung, Stiftung des öffentlichen Rechts und die Gesellschaft der Wald- und Weidegemeinschaft eine Ausnahme. Diese Personen dürfen also Eigentum an Ackerland und an Naturschutzgebieten erwerben.

Auch die Pacht eines Ackerlandes ist sowohl für in- als auch für ausländische Investoren nur beschränkt möglich. Die Dauer der Pacht darf sich max. auf zehn Jahre erstrecken,[465] die gepachtete Fläche ist auf eine Größe von 300 ha oder auf einen Wert von 6000 Goldkronen beschränkt. Da Investitionen der Pächter zu den Sondernutzungen gehören, sind bestimmte Vorgaben einzuhalten:[466] Grundsätzlich dürfen lediglich Böden minderer Qualität in Anspruch genommen werden, für den Flächenverbrauch muß eine Ausgleichsabgabe geleistet werden, die Bodenqualität des Grundstücks ist zu erhalten, nach Einstellung der Sondernutzung muß der ursprüngliche Zustand wiederhergestellt werden etc. Darin besteht ein nicht unbeträchtlicher Auflagenkatalog, den jeder Anleger in Ungarn zu beachten hat.[467]

---

[462] § 3 c, d des BodenG
[463] § 3 a des BodenG
[464] § 8 iVm § 5 Abs. 3-5 des BodenG
[465] § 13 Abs. 2 des BodenG
[466] Spuller, Gábor: Investitionsmöglichkeiten..., WIRO 1995/2, S. 74.
[467] Spuller, Gábor: Investitionsmöglichkeiten..., WIRO 1995/2, S. 74.

2. Sonstige Immobilien

Grundstücke, die nicht als Ackerland oder Naturschutzgebiet gelten, zusammen mit den sich darauf befindlichen Gebäuden, Gebäude oder Bauten, die eigentumsrechtlich getrennt vom Grundstück sind oder die als selbständige Immobilie registrierte Wohnung und der Raum, der nicht als Wohnung dient sowie ein Gehöft dürfen unter den folgenden Voraussetzungen auch von Ausländern erworben werden:
Zum Eigentumserwerb an solchen Immobilien muß eine Genehmigung vom Leiter des Verwaltungsamtes vorliegen. Die Verwaltungsämter befinden sich in der Hauptstadt und in den Komitatssitzen. Ihre Zuständigkeit bestimmt sich nach der Lage der betroffenen Immobilie.[468] Der Leiter des Verwaltungsamtes kann die Genehmigung erteilen, wenn der Immobilienerwerb nicht gegen Interessen der Selbstverwaltung oder sonstige öffentliche Interessen verstößt. Die Entscheidung, ob eine Verletzung dieser Interessen vorliegt, trifft der Bürgermeister der Selbstverwaltung der je nach Immobilienlage zuständigen Gemeinde.[469] Der Bürgermeister vergleicht den in Steuer- und Wertbescheinigung angegebenen Wert der Immobilie mit dem im Kaufvertrag genannten Kaufpreis. Wenn die beiden Werte übereinstimmen oder der im Kaufvertrag angegebene Preis höher liegt als der in der Steuer- und Wertbescheinigung angegebene Wert, dann erklärt der Bürgermeister, daß der Immobilienerwerb durch den Ausländer die Interessen der Selbstverwaltung nicht verletzt.[470] Dem Leiter des Verwaltungsamtes wird bei der Genehmigungserteilung ein Ermessenspielraum eingeräumt, es sei denn, daß solche im Gesetz bestimmten Umstände vorliegen, in denen die Genehmigung erteilt werden muß. Diese Umstände liegen vor, wenn z.B. der Ausländer eine Einwanderungsgenehmigung bekam, sich seit 5 Jahren lebensführungsmäßig in Ungarn aufhält, er die Immobilie von einem näheren inländischen Angehörigen geschenkt bekommt, er eine bereits in seinem Eigentum befindliche Immobilie gegen eine andere tauscht etc.[471] Die Genehmigung kann verweigert werden, wenn der Staat des Ausländers aufgrund eines internationalen Vertrages oder einer Gegenseitigkeitserklärung die ungarischen natürlichen oder juristischen Personen nicht wie Inländer behandelt.[472] In der Praxis gibt es nur wenige Fälle, in denen die Genehmigung zum Immobilienerwerb durch Ausländer nicht erteilt wurde.[473] Das Gesuch auf die Genehmigung ist beim Leiter des Verwaltungsamtes einzureichen. Dem Gesuch ist der Nachweis über die Staatsangehörigkeit, der Kauf-, Schenkungs- oder Tauschvertrag, ein Grundbuchauszug, die Steuer- und Wertbescheinigung sowie die Bankbescheinigung über Umtausch der konvertierbaren auslän-

[468] § 2 der Regierungsverordnung Nr. 7 (I.18.)Korm. vom Jahre 1996 über den Immobilienerwerb von Ausländern (Verordnung 7/1996), siehe: WOS-Dokument, Nr. II.2.c.
[469] § 1 Abs. 1 und 3 der Verordnung 7/1996
[470] Hegedűs, Éva: Immobilienerwerb durch Ausländer..., WRO 1997/4, S. 134.
[471] § 1 Abs. 2 der Verordnung 7/1996
[472] § 1 Abs. 4 der Verordnung 7/1996
[473] Hegedűs, Éva: Immobilienerwerb durch Ausländer..., WRO 1997/4, S. 134.

dischen Währung und über Verfügbarkeit des Betrages beizulegen.[474] Der Kaufpreis muß in Forint zur Verfügung stehen. Dazu muß der Ausländer mindestens einmal nach Ungarn reisen, um dort ein Bankkonto zu eröffnen. Es ist für den Ausländer empfehlenswert, das Verfügungsrecht schriftlich festzulegen, um zu vermeiden, daß er die einzelnen Transaktionen immer persönlich bei der Bank veranlassen muß. Es ist weiterhin ratsam, die Bank über den Grund der Kontoeröffnung zu informieren und auch ein nicht konvertierbares Forintkonto zu eröffnen. Damit kann ein in Devisen aus dem Ausland überwiesener Betrag auch aufgrund einer Anweisung per Fax etc. umgetauscht und auf das Forintkonto gutgeschrieben werden. Falls die Genehmigung nicht erteilt wird, kann der mit Beleg nachweislich aus konvertibler Währung in Forint umgetauschte Betrag bei jeder Bank in konvertible Währung zurückgetauscht werden.[475] In der Praxis der Verwaltungsämter besteht keine Einheitlichkeit über die zur Genehmigung erforderlichen Dokumente. Zum Nachweis der Staatsangehörigkeit begnügen sich manche Ämter mit einer einfachen Kopie des Reisepasses, andere fordern eine Beglaubigung der Kopie.
Es ist zu betonen, daß sich die Genehmigungspflicht lediglich auf ausländische natürliche und juristische Personen bezieht. Die in Ungarn ansässigen Wirtschaftsgesellschaften mit teilweisem oder ausschließlich ausländischem Eigentum dürfen die für ihre wirtschaftliche Tätigkeit nötigen Immobilien, die kein Ackerland sind, frei von Genehmigungen erwerben.

VI. Weitere Möglichkeiten für ausländische Investoren

Es wurde bereits dargestellt, daß die begünstigenden Sondernormen für ausländische Anleger heutzutage fast völlig abgebaut wurden. Gleichzeitig damit wurden die Investitionsmöglichkeiten für Ausländer erweitert. Sie sind grundsätzlich zu den gleichen Bedingungen wie Inländer berechtigt, eine Gesellschaft zu gründen, an einer Gesellschaft Anteile zu erwerben etc. Lediglich ihr Immobilienerwerb wurde erschwert. Zur Kompensation wurden weitere Investitionsmöglichkeiten eingeführt: Seit dem 1. Januar 1998 sind ausländische Unternehmen berechtigt, nicht nur Handelsvertretungen, sondern auch Zweigniederlassungen[476] in Ungarn zu errichten. Seit dem 1. Februar 1999 wurde für Ausländer die Möglichkeit zur Wirtschaftsniederlassung als selbständiger Unternehmer[477] eröffnet, was jedoch nur in Bezug auf Ausländer, deren nationale Behandlung durch einen internationalen Vertrag[478] gesichert ist, in Betracht kommt. Im Folgenden werden die wichtigsten Regelungen dieser Investitionsformen dargestellt.

---

[474] § 2 Abs. 3 der Verordnung 7/1996
[475] Hegedűs, Éva: Immobilienerwerb durch Ausländer..., WRO 1997/4, S. 135.
[476] Gesetz Nr. CXXXII vom Jahre 1997 über die Handelsvertretungen und Zweigniederlassungen von im Ausland ansässigen Unternehmen (HandelsvertretungsG)
[477] WirtschaftsniederlassungsG
[478] Art. 44 des Assoziierungsabkommen zwischen Ungarn und der EU vom 16. Dezember 1991

Auf all diese Investitionsformen findet das Investitionsgesetz Anwendung, es sei denn, daß Spezialgesetze abweichende Bestimmungen enthalten.

1. Handelsvertretung

Die Gründung einer Handelsvertretung eines ausländischen Unternehmens in Ungarn ist seit 1989 möglich. Die Verordnung des Handelsministers von 1989 regelte die Handelsvertretung sehr ausführlich. 1997 wurden Handelsvertretung und Zweigniederlassung in einem Gesetz neu geregelt. Die Bestimmungen dieses Gesetzes gelten subsidiär, d.h., wenn ein internationales Abkommen abweichende Regelungen enthält, sind diese maßgebend. In der Neuregelung wurde die Gründung einer Handelsvertretung in Ungarn erleichtert und einige einschränkende Vorschriften wurden abgebaut. Für die Handelsvertretung gelten nur wenige von den allgemeinen abweichende Regelungen, die hier dargestellt werden.

a/. Begriff

Das Gesetz bestimmt den Begriff der Handelsvertretung wie folgt: Die Handelsvertretung ist eine Organisationseinheit eines ausländischen Unternehmens, die keine Unternehmenstätigkeit ausübt, im ungarischen Firmenregister als selbständige Firmenform eingetragen ist sowie Aufgaben bezüglich der Vermittlung und Vorbereitung von Verträgen, Information und Betreuung von Kunden wahrnimmt.[479] Mit dieser Bestimmung wurde die mangelnde gesetzliche Definition ergänzt.[480] Unter Unternehmenstätigkeit ist eine auf Einkommens- und Vermögenserwerb gerichtete Wirtschaftstätigkeit zu verstehen.[481] Unter ausländischem Unternehmen ist eine solche juristische Person oder Organisation ohne Rechtspersönlichkeit zu verstehen, deren Haupttätigkeit auf eine Wirtschaftstätigkeit gerichtet ist und deren Sitz sich außerhalb der Ungarischen Republik befindet sowie ein sonstiges Unternehmen, welches im Ausland agiert oder im Unternehmensregister eingetragen ist.[482]

b/. Gründung der Handelsvertretung

Zur Gründung einer Handelsvertretung ist die Genehmigung des Industrie- und Handelsministeriums nicht mehr erforderlich. Die Handelsvertretung ist keine juristische Person, sie kommt jedoch - wie die inländische Unternehmensformen - mit der Eintragung in das Firmenregister zustande und darf ihre Tätigkeit erst ab diesem Zeitpunkt aufnehmen.[483] Das Verfahren vor dem Firmengericht richtet sich mit zwei Ausnahmen nach den allgemeinen Regeln.[484] Einerseits darf nur für

---

[479] § 2 Abs. 1 des HandelsvertretungsG

[480] Jágfai, Jánosné: Külföldi székhelyű vállalkozások, CJ 2000/5, S. 37.

[481] § 2 d des HandelsvertretungsG

[482] § 2 a des HandelsvertretungsG

[483] § 26 Abs. 1 des HandelsvertretungsG

[484] Gesetz Nr. CXLIV vom Jahre 1997 über die Firmenregistrierung, Firmenöffentlichkeit und über das gerichtliche Firmenverfahren (FirmengerichtsG), siehe: WOS-Dokument, Nr. III.7.a.

die in der Handelsvertretung beschäftigten Personen Prokura erteilt werden. Andererseits trägt das Firmengericht die Handelsvertretung nur dann in das Firmenregister ein, wenn zwischen dem Staat, in dem sich der ausländische Firmensitz befindet und zwischen Ungarn ein internationaler Vertrag oder eine Gegenseitigkeitserklärung besteht, welche die Errichtung einer Handelsvertretung in Ungarn ermöglicht.[485]
Zur Gründungung einer Handelsvertretung sind weiterhin nur solche ausländische Personen berechtigt, die nach ihrem heimischen Recht über ein Unternehmen verfügen oder in einem Firmenregister eingetragen sind.

c/. Die Tätigkeit der Handelsvertretung
Die Handelsvertretung ist zur Ausübung der folgenden Tätigkeiten berechtigt:

- Vermittlung von Außenhandelsverträgen;
- Teilnahme an der Vorbereitung von Vertragsabschlüssen;
- Informations- und Werbetätigkeiten.[486]

Die Handelsvertretung ist zur Ausübung einer Unternehmenstätigkeit, zur Tätigkeit eines Rechtsanwaltes oder Rechtsberaters im ausländischen Recht nicht berechtigt.[487] Die Pflichten der Handelsvertretung sind in diesem Gesetz nicht mehr geregelt. Sie bestimmen sich also nach den allgemeinen, auf das gegebene Rechtsverhältnis geltenden Vorschriften, d.h. grundsätzlich gelten die Bestimmungen des Zivilgesetzbuches über den Auftragsvertrag.[488]
Es wurde bereits erwähnt, daß für die Handelsvertretung das Investitionsgesetz anzuwenden ist. Demzufolge ist im Gesetz über die Handelsvertretung ausdrücklich festgelegt, daß für die Sozialversicherungspflicht die gleichen Regeln wie für Gesellschaften mit ausländischer Beteiligung gelten. Für die Steuerverpflichtung gelten die bei den Gesellschaften mit ausländischer Beteiligung erwähnten Regelungen.[489] Für den Immobilienerwerb der Handelsvertretung gelten jedoch etwas abweichende Regelungen. Eine zu ihrer Tätigkeit notwendige Immobilie, die weder Ackerland noch Naturschutzgebiet ist, kann die Handelsvertretung nur in den Fällen ohne Genehmigung erwerben, die durch einen internationalen Vertrag oder eine Gegenseitigkeitserklärung bestimmt sind.[490] Im übrigen - d.h. trotz Notwendigkeit des Immobilienerwerbs zur Tätigkeit der Handelsvertretung - muß eine Genehmigung des Leiters des Verwaltungsamtes vorliegen.
Zwischen den Beschäftigten der Handelsvertretung und dem ausländischen Unternehmen besteht ein Arbeitsverhältnis, nur die Arbeitgeberrechte werden von der Handelsvertretung ausgeübt.
Die Tätigkeit der Handelsvertretung unterliegt nur der Gesetzesaufsicht des Firmengerichts. Das Wirtschaftsministerium hat keinerlei Befugnisse.

---

[485] § 26 Abs. 3 und 4 des HandelsvertretungsG
[486] § 27 Abs. 1 des HandelsvertretungsG
[487] § 27 Abs. 3 des HandelsvertretungsG
[488] §§ 474 ff. des Zivilgesetzbuches
[489] Jágfai, Jánosné: Külföldi székhelyű vállalkozások, CJ 2000/5, S. 38.
[490] § 17 Abs. 1 des HandelsvertretungsG

d/. Die Auflösung

Die Auflösung erfolgt nach wie vor von Amts wegen oder auf Antrag.[491] Der Zeitpunkt der Auflösung ist die Löschung aus dem Firmenregister und nicht mehr das Löschungsdatum aus dem Ministeriumsregister, da das Ministeriumsregister nicht mehr vorgeschrieben ist. Auf Antrag kann die Handelsvertretung nur dann gelöscht werden, wenn sie im Zusammenhang mit ihrer Tätigkeit über keine öffentliche Schulden verfügt, ihre Gläubiger befriedigt wurden oder eine Sicherheit erlangten sowie kein gerichtliches oder amtliches Verfahren gegen sie eingeleitet wurde, es sei denn, daß zwischen dem Staat des ausländischen Unternehmens und Ungarn ein internationales Abkommen über die Vollstreckung von Gerichtsurteilen und Eintreibung der öffentlichen Schulden besteht.[492] Die Auflösung muß beantragt werden, wenn das ausländische Unternehmen ohne Rechtsnachfolge aufgelöst wurde.[493] Die Auflösung der Handelsvertretung von Amtswegen erfolgt in den für alle Unternehmensformen bestimmten Fällen und nach den allgemeinen Regeln.[494]

2. Zweigniederlassung

a/. Begriff

Die Zweigniederlassung ist eine mit wirtschaftlicher Selbständigkeit ausgestattete Organisationseinheit eines ausländischen Unternehmens ohne Rechtspersönlichkeit, die im ungarischen Firmenregister als selbständige Firmenform „Zweigniederlassung" eingetragen ist.[495] Die Zweigniederlassung ist wie die Handelsvertretung eine Organisationseinheit eines ausländischen Unternehmens; beide sind keine juristischen Personen. Der Unterschied liegt darin, daß eine Zweigniederlassung zur Wirtschaftstätigkeit berechtigt ist, einer Handelsvertretung ist dies untersagt.

b/. Gründung

Die Regelungen der Gründung einer Zweigniederlassung in Ungarn entsprechen der einer Handelsvertretung. Zur Gründung ist also eine im Ausland ansässige, als Haupttätigkeit eine Wirtschaftstätigkeit ausübende juristische Person oder Organisation ohne Rechtspersönlichkeit berechtigt. Sie muß im Ausland über ein Unternehmen verfügen oder in einem Firmenregister eingetragen sein.

Die Zweigniederlassung entsteht rechtlich ebenfalls mit der Eintragung in das Firmenregister und darf ihre Wirtschaftstätigkeit erst ab diesem Zeitpunkt ausüben. Die Prokura darf nur den bei der Zweigniederlassung Beschäftigten erteilt werden. Wenn ein Gesetz zur Ausübung bestimmter Tätigkeiten eine Genehmigung oder finanzielle Sicherung verlangt, muß auch die Zweigniederlassung, die

---

[491] § 30 Abs. 1 des HandelsvertretungsG

[492] § 30 Abs. 1 des HandelsvertretungsG

[493] Jágfai, Jánosné: Külföldi székhelyű vállalkozások, CJ 2000/5, S. 37.

[494] § 30 Abs. 4 des HandelsvertretungsG

[495] § 2 b des HandelsvertretungsG

solche Tätigkeiten, wie z.B. Bank- oder Versicherungstätigkeiten ausüben möchte, über diese verfügen.[496]

c/. Tätigkeit

Das Gesetz beinhaltet den ausdrücklichen Vorbehalt, daß Gesetz oder Verordnung die Ausübung bestimmter Tätigkeiten lediglich den in Ungarn ansässigen Wirtschaftsorganisationen oder im mehrheitlich inländischen Eigentum stehenden Wirtschaftsgesellschaften gestatten kann.[497] Abgesehen von diesen Ausnahmen darf die Zweigniederlassung alle Wirtschaftstätigkeiten in Ungarn ausüben.[498] Bei der Errichtung und Tätigkeit der Zweigniederlassung ist sie gleich wie die ungarischen Wirtschaftsorganisationen zu behandeln.[499] Diese allgemeine Garantie ist gesetzlich ausdrücklich festgelegt, von ihr kann jedoch in vom Gesetz bestimmten Fällen abgewichen werden. Solche Fälle sind z.B. das berechtigte Interesse der öffentlichen Ordnung, der öffentlichen Sicherheit, des Gesundheitswesens, der Gläubiger, der Anleger sowie die mit rechtlichen und technischen Unterschieden zu begründenden Umstände.[500] Infolge der Gleichbehandlung gelten für die Zweigniederlassung auch die Vorschriften des Zollrechts, des Gesetzes über Rechnungswesen, Marktverhalten, Wettbewerb, die Wirtschaftskammer etc. In Hinsicht des Devisenrechts gilt die Zweigniederlassung als Inländer, demgemäß ist sie verpflichtet, Außenhandelsverträge nach den für Devisenausländer geltenden Regeln abzuschließen.[501] Für den Immobilienerwerb durch die Zweigniederlassung gelten die für die Handelsvertretung geltenden Bestimmungen, d.h. ohne Genehmigung dürfen sie nur aufgrund eines internationalen Vertrages oder einer Gegenseitigkeitserklärung Immobilien, die zu ihrer Tätigkeit erforderlich sind, erwerben. Ackerland und Naturschutzgebiete dürfen sie in keinem Fall erwerben.[502] Zum Erwerb von sonstigen Immobilien ist eine Genehmigung des Leiters des Verwaltungsamtes erforderlich.

Zwischen den Beschäftigten der Zweigniederlassung und dem ausländischen Unternehmen besteht ein Arbeitsverhältnis, die Arbeitgeberrechte werden von der Zweigniederlassung ausgeübt.[503] Sowohl für ungarische als auch für die ausländischen Arbeitgeber gilt das ungarische Arbeitsgesetz.[504]

Das Wesen der Zweigniederlassung liegt darin, daß sie über eine wirtschaftliche Selbständigkeit verfügt auch gegenüber dem ausländischen Unternehmen. Um diese Selbständigkeit zu sichern, befinden sich im Gesetz prinzipielle Anforderungen. Das ausländische Unternehmen darf über das Vermögen und über die

---

[496] § 7 des HandelsvertretungsG
[497] § 8 des HandelsvertretungsG
[498] Jágfai, Jánosné: Külföldi székhelyű vállalkozások, CJ 2000/5, S. 38.
[499] § 9 Abs. 1 des HandelsvertretungsG
[500] § 9 Abs. 2 des HandelsvertretungsG
[501] Jágfai, Jánosné: Külföldi székhelyű vállalkozások, CJ 2000/5, S. 37.
[502] § 17 Abs. 1 des HandelsvertretungsG
[503] § 18 Abs. 2 des HandelsvertretungsG
[504] Gesetz Nr. XXII vom Jahre 1992 über die Arbeit (Arbeitsgesetzbuch), siehe: WOS-Dokument, Nr. VII.1.

Rechte und Pflichten der Zweigniederlassung, die sie unter eigenem Firmennamen erwarb, erst nach der Auflösung der Zweigniederlassung verfügen.[505] Während ihres Bestehens steht ihr die Verfügungsmacht zu. Um eine persönliche Verflechtung zu vermeiden, darf den Beschäftigten der Zweigniederlassung keine Prokura oder Bevollmächtigung des ausländischen Unternehmens oder von einer anderen Zweigniederlassung erteilt werden.[506] Um die wirtschaftliche Selbständigkeit der Zweigniederlassung finanziell zu sichern, ist das ausländische Unternehmen verpflichtet, das zur Tätigkeit und zum Schuldausgleich notwendige Vermögen zur Verfügung zu stellen.[507]

d/. Auflösung

Die Auflösung der Zweigniederlassung erfolgt unter den gleichen Bedingungen wie die der Handelsvertretung. Die Zweigniederlassung wird mit der Löschung aus dem Firmenregister aufgelöst.[508] Dies erfolgt entweder auf Antrag oder von Amts wegen. Auf Antrag kann die Zweigniederlassung nur dann aus dem Firmenregister gelöscht werden, wenn sie keine öffentlichen Schulden hat, ihre Gläubiger befriedigt sind oder sie Sicherheiten erlangten sowie kein gerichtliches oder amtliches Verfahren gegen sie eingeleitet wurde, es sei denn, daß ein Abkommen zwischen Ungarn und dem betroffenen Staat über die Vollstreckung von Gerichtsurteilen und Eintreibung von öffentlichen Schulden besteht.[509] Wird das ausländische Unternehmen ohne Rechtsnachfolge aufgelöst, dann muß auch die Auflösung der Zweigniederlassung beantragt werden.

Wird gegen das ausländische Unternehmen ein Konkurs- oder Liquidierungsverfahren eingeleitet, ist die Zweigniederlassung verpflichtet, dies innerhalb von zehn Tagen dem Firmengericht zu melden. Das Verfahren gegen das ausländische Unternehmen erstreckt sich nur aufgrund eines internationalen Vertrages oder einer Gegenseitigkeitserklärung auf die Zweigniederlassung.[510] In anderen Fällen ordnet das Komitatsgericht von Amts wegen die Liquidierung der Zweigniederlassung an. Für die Liquidierung der Zweigniederlassung gelten die für alle ungarischen Wirtschaftsorganisationen geltenden Regeln mit den folgenden, sich aus dem Verhältnis der Zweigniederlassung zum ausländischen Unternehmen ergebenden Besonderheiten: Bezüglich der Schulden der Zweigniederlassung gilt das ausländische Unternehmen als Schuldner. Zum Vermögen der Zweigniederlassung gehört das Vermögen des ausländischen Unternehmens, welches die Zweigniederlassung benutzt oder verwaltet. Über das nach dem Liquidationsverfahren verbleibende Vermögen verfügt das ausländische Unternehmen.[511]

---

505 § 10 Abs. 2 des HandelsvertretungsG
506 § 10 Abs. 3 des HandelsvertretungsG
507 § 11 Abs. 1 des HandelsvertretungsG
508 § 23 Abs. 1 des HandelsvertretungsG
509 § 23 Abs. 2 des HandelsvertretungsG
510 § 20 Abs. 1 des HandelsvertretungsG
511 §§ 20-22 des HandelsvertretungsG

Die Auflösung von Amts wegen richtet sich im übrigen nach den allgemeinen Regeln. Erwarb jedoch die Zweigniederlassung unter ihrem Namen Wertpapiere oder sonstige Mittel des Kapitalmarktes, die nicht von Devisenausländern zu erwerben sind, müssen diese veräußert werden.[512] Das ausländische Unternehmen hat lediglich auf den Gegenwert der Veräußerung einen Anspruch, da es als Devisenausländer gilt.

3. Wirtschaftsniederlassung von Ausländern als selbständiger Unternehmer

Die Möglichkeit von Ausländern, sich als selbständiger Unternehmer in Ungarn niederzulassen ist eine Folge des Beitrittsvorhabens Ungarns in die EG. Mit Unterzeichnung des Assoziierungsabkommens[513] verpflichtete sich Ungarn, die Staatsbürger der Mitgliedstaaten der Europäischen Union unter anderem hinsichtlich der Wirtschaftsniederlassung als selbständiger Unternehmer national zu behandeln. Daraus folgt auch, daß diese wirtschaftliche Niederlassungsfreiheit als selbständiger Unternehmer lediglich für Staatsbürger der Europäischen Union besteht. Da aber der größte Teil der ausländischen Investitionen aus den Mitgliedstaaten der Europäischen Union eingeführt wird, spielt diese Investitionsmöglichkeit eine erhebliche Rolle. Weiterhin ist zu bemerken, daß der selbständige ausländische Unternehmer nur eine Form der Wirtschaftsniederlassung bildet. Die anderen Formen, wie z.B. die Wirtschaftsgesellschaft, die Handelsvertretung, etc. stehen grundsätzlich auch Staatsbürgern von Nicht - Mitgliedstaaten zu.
Unter einem selbständigen ausländischen Unternehmer ist die wirtschaftliche (Produktion oder Dienstleistung), geschäftsmäßige Tätigkeit eines Staatsbürgers der Mitgliedsstaaten der Europäischen Union zu verstehen. Geschäftsmäßig ist eine Tätigkeit dann, wenn sie regelmäßig, zwecks Gewinn- oder Vermögenserwerb und für Entgelt ausgeübt wird.[514] Der Ausländer darf unter den gleichen Voraussetzungen wie ein Inländer als selbständiger Unternehmer, als Einzelunternehmen oder in Form der Selbstbeschäftigung eine Wirtschaftstätigkeit beginnen oder ausüben.[515] Zur Gründung eines selbständigen Unternehmens in Ungarn muß der Ausländer grundsätzlich nur geschäftsfähig sein und über eine Aufenthaltsgenehmigung verfügen.[516] Selbstbeschäftigung ist jede selbständig auszuübende Wirtschaftstätigkeit, bei der der Ausübende selbst für seine Sozialversicherung Sorge tragen muß.[517] Wenn zur Ausübung bestimmter Tätigkeiten fachliche oder sonstige Bedingungen zu erfüllen sind, muß der Ausländer diesen

[512] § 23 Abs. 6 des HandelsvertretungsG
[513] Europa - Abkommen vom 16. Dezember 1991
(Verkündung in Ungarn mit dem Gesetz Nr. I vom Jahre 1994)
[514] § 2 c) des InvestitionsG n.F.
[515] § 1 Abs. 1 WirtschaftsniederlassungsG
[516] § 3 Abs. 2 des Gesetzes Nr. V vom Jahre 1990 über Einzelunternehmung, siehe: WOS-Dokument, Nr. III.2.
[517] § 1 Abs. 3 des WirtschaftsniederlassungsG

selbstverständlich entsprechen.[518] Das selbständige Unternehmen gilt als Deviseninländer, hinsichtlich des Immobilienerwerbs als inländische natürliche Person.[519]

VII. Zusammenfassung

Der Vorgang, welcher die 90er und 91er Jahre kennzeichnete - der sprunghafte Anstieg der Gründung von Gemeinschaftsunternehmen -, wurde 1992 abgeschlossen. 1992 bedeutete eine neue Periode, eine „Sättigung" im Bereich der Investitionen.[520]

Der Abbau der speziellen Steuerbegünstigungen für ausländische Investoren wurde mit der Begründung kritisiert, daß Ungarn ständige Kapitalinvestitionen zur Entwicklung seiner Wirtschaft und zur Errichtung neuer Arbeitsplätze benötigt. Der Abbau von Steuerbegünstigungen stünde aber diesem entgegen. Die absolute zeitliche Beschränkung der Begünstigungen wäre ebenfalls nachteilig, da dies insbesondere von Großinvestitionen, die nur langfristig rentabel sind, aber die die größte Rolle bei der Erhöhung der Produktionsfähigkeit Ungarns und der Einführung von neuen Technologien spielen, abhielt.[521]

Dafür kann sprechen, daß eine Benachteiligung inländischer Investoren nicht mehr gerechtfertigt ist. Die inländischen Anleger müssen ebenso gefördert werden, ihre Investitionen können der Entwicklung der Wirtschaft und der Schaffung neuer Arbeitsplätze ebenso beitragen. Die Sonderbegünstigung der ausländischen Anleger war ein Übergang, da es nach dem Zusammenbruch der sozialistischen Wirtschaft sowohl am Kapital als auch an Fachkenntnis mangelte. Heutzutage sind in Ungarn die marktwirtschaftlichen Verhältnisse hergestellt, die inländischen Marktteilnehmer verfügen über die ersten Erfahrungen im Bereich der Kapitalwirtschaft. Infolge rascher Gründungen von Unternehmen der Privatwirtschaft entstand auch inländisches Kapital. Für die Benachteiligung inländischer Investoren besteht kein hinreichender Grund, vielmehr müssen Investitionen, die für die ungarische Wirtschaft besonders wichtig sind, allgemein gefördert werden, unabhängig davon, ob sie von einem In- oder Ausländer vorgenommen werden.

Eine andere Tendenz der heutigen Entwicklung der Rechtsregelungen für ausländische Investitionen ist der Abbau von benachteiligenden Sondernormen für Ausländer. Das ist die notwendige Folge des Beitrittsvorhabens Ungarns in die Europäische Union. Zwar gilt das Erfordernis der Inländer - Gleichbehandlung in erster Linie in bezug auf Mitgliedsstaaten der Europäischen Union, hat jedoch Auswirkungen für andere Länder, z.B. der Abbau von Sondergenehmigungen bei der Gründung einer Wirtschaftsgesellschaft oder Errichtung einer Handelsvertretung gelten auch für sie.

---

518 § 1 Abs. 2 WirtschaftsniederlassungsG

519 § 1 Abs. 4 WirtschaftsniederlassungsG

520 Nagy, Gábor: A külföldi tőke szerepe és térbeli terjedése, TT 1995/1-2, S. 57.

521 Schmidt, Lajos: Civilisztikánk szerepe a külföldi beruházások ösztönzésében, S. 198.

Die Investitionen von Ausländern sind also heutzutage wie die von Inländer zu behandeln. Es bestehen keine begünstigenden Sonderregelungen mehr. Die benachteiligenden Voraussetzungen - mit Ausnahme im Bereich des Immobilienerwerbs - wurden ebenfalls abgebaut. Einige Hindernisse bedeuten die Vorschriften des Zoll- und Devisenrechts. Mit dem baldigen Eintritt Ungarns in die Europäische Union werden aber auch diese Einschränkungen bzw. komplizierteren Vorgehensweisen bei der Abwicklung der Finanzen im Verhältnis der Mitgliedsländer schrittweise abgebaut.

D. ÜBERBLICK ÜBER SONSTIGE RECHTLICHE RAHMENBEDINGUNGEN FÜR AUSLÄNDISCHE INVESTITIONEN

I. Vorbemerkung

Im dritten Kapitel dieser Arbeit werden die Regelungen des ungarischen Wirtschaftsrechts dargestellt, die aus Sicht ausländischer Investitionen am wichtigsten erscheinen. Dabei handelt es sich um allgemeine Bestimmungen, welche sowohl für in- als auch für ausländische Anleger gleichermaßen anzuwenden sind. Wie am Anfang bereits erklärt wurde, erfolgen ausländische Investitionen am häufigsten durch Gründung oder Kauf eines Unternehmens und durch den Erwerb von Gesellschaftsanteilen und Immobilien. Dementsprechend bezieht sich die Darstellung ungarischer Wirtschaftsgesetze auf diese Bereiche.

II. Die Wirtschaftsverfassung Ungarns

Die verfassungsrechtlichen Grundlagen der ungarischen Wirtschaftsordnung befinden sich formal in der Verfassung von 1949,[522] die 1989 einer Totalrevision unterstellt wurde. 1990 wurden die Unternehmensfreiheit einschränkende Bestimmungen wie die Verpflichtung des Staates zur Beachtung des Prinzips der Wettbewerbsneutralität oder die Nutzungspflicht der Vorzüge der Wirtschaftsplanung gestrichen. Die gegenwärtige Fassung ist wie eine neue Verfassung zu betrachten.[523] Die ungarische Wirtschaftsverfassung deklariert die allgemein anerkannten Grundsätze einer freiheitlichen und sozialen Marktwirtschaft: Gleichberechtigung des öffentlichen und privaten Eigentums, Unternehmensfreiheit, freier Wettbewerb, Eigentumsgarantie.[524] Eine Enteignung ist nur ausnahmsweise wegen öffentlichen Interesses, bei im Gesetz bestimmten Fällen, sowie bei völliger, sofortiger und bedingungsloser Entschädigung zulässig.[525]

III. Das Zivilgesetzbuch

Als erstes Gesetz ist das Zivilgesetzbuch[526] zu erwähnen, da dies die allgemeinen Rechtsformen der Unternehmen regelt.[527] Nach den Bestimmungen der Rechtssubjektivität der Menschen[528] gibt es einen allgemeinen Überblick über juristische Personen.[529] Unter juristischen Personen sind der Staat, staatliche Unternehmen, Trust, sonstige staatliche Wirtschaftsorganisationen, Haushaltsorganisationen,

---

[522] Verfassung der Republik Ungarn
[523] Brunner, Georg: Wirtschaftsrecht der osteuropäischen Staaten, S. 10.
[524] §§ 9, 13 der Verfassung der Republik Ungarn
[525] § 14 der Verfassung der Republik Ungarn
[526] § 52 ff. des Zivilgesetzbuches
[527] Brunner, Georg: Wirtschaftsrecht der osteuropäischen Staaten, S. 22.
[528] § 8 ff. des Zivilgesetzbuches
[529] §§ 28 - 74/F des Zivilgesetzbuches

Genossenschaften, Wirtschaftsgesellschaften, gemeinnützige Gesellschaften, Vereinigungen, öffentliche Körperschaften, Stiftungen und die Tochtergesellschaften juristischer Personen zu verstehen. Das Zivilgesetzbuch bestimmt lediglich die Begriffe der einzelnen juristischen Personen und beinhaltet allgemeine Anforderungen. Im Rahmen des Schuldrechts werden Gesellschaften ohne Rechtspersönlichkeit, wie Gesellschaften des Bürgerlichen Rechts, Baugesellschaften sowie die Wirtschaftsgesellschaften (OHG, KG) behandelt. Die detaillierte Ausgestaltung der einzelnen Unternehmensformen ist in besonderen Gesetzen geregelt.[530]

Auf das Schadenersatzrecht des Zivilgesetzbuches[531] wird fast in allen Wirtschaftsgesetzen hingewiesen, weshalb es auch erwähnenswert ist. Die allgemeine Regel der deliktischen Schadenersatzhaftung lautet: Wer einem anderen rechtswidrig einen Schaden zufügt, ist zu dessen Ersatz verpflichtet. Der Schädiger wird von der Haftung nur befreit, wenn er beweisen kann, daß er sich so verhielt, wie es in der gegebenen Situation allgemein zu erwarten war. Die Haftungsvoraussetzungen sind: Rechtswidriges Verhalten, Eintritt eines Schadens, Kausalität zwischen dem rechtswidrigen Verhalten und dem Schadenseintritt und ein Verschulden. Beim Ersatz des Schadens gilt das Prinzip der „in natura restitutio“, wobei der ursprüngliche Zustand wiederherzustellen ist. Falls der ursprüngliche Zustand nicht wiederhergestellt werden kann, ist der Schaden mit Geld zu ersetzen. Zu ersetzen ist sowohl der Vermögensschaden - d.h. der tatsächliche Schaden, entgangene Gewinn und die Kosten- als auch der immaterielle Schaden. Die Schadenersatzansprüche werden mit dem Schadenseintritt sofort fällig. Die allgemeine Verjährungsfrist beträgt fünf Jahre.

Für die Haftung aus einer Vertragsverletzung sind die Regeln der Deliktshaftung mit dem Unterschied anzuwenden, daß die Bestimmung, wonach das Gericht den Schädiger aus Billigkeitsgründen von der Haftung teilweise befreien kann, nur für die Deliktshaftung gilt.[532] Für die Vertragshaftung gilt darüber hinaus, daß sie nicht ausgeschlossen werden kann, wenn sie vorsätzlich, grob fahrlässig oder durch Straftat sowie auf einer Weise, die das Leben, die körperliche Unversehrtheit oder Gesundheit schädigt, begangen wurde. Die Vertragshaftung für einfache Fahrlässigkeit kann ausgeschlossen oder eingeschränkt werden, wenn der damit verbundene Nachteil durch entsprechende Minderung der Gegenleistung oder durch sonstige Vorteile ausgeglichen wird.[533]

---

[530] Brunner, Georg: Wirtschaftsrecht der osteuropäischen Staaten, S. 22.
[531] §§ 339 - 350 des Zivilgesetzbuches
[532] § 339 Abs. 2 des Zivilgesetzbuches
[533] Wellmann, György: A vezető tisztségviselők..., GJ 1998/9, S. 4.

IV. Gerichtsbarkeit: Die ordentlichen Gerichte und das Schiedsgericht

1. Das Gerichtssystem

Infolge der Verfassungsreform von 1989 wurden die Garantien einer rechtsstaatlichen Gerichtsbarkeit wie Eigenständigkeit der rechtsprechenden Gewalt, richterliche Unabhängigkeit und Unparteilichkeit, das Recht zum gesetzlichen Richter etc. durch die Verfassung gesichert.[534] Diese Grundsätze wurden auch im Gesetz über die Organisation der Gerichte[535] aufgenommen.
In der ungarischen Gerichtsorganisation gilt das Prinzip der Einheitsgerichtsbarkeit.[536] Danach sind die ordentlichen Gerichte für alle Verwaltungs-, Zivil- und Strafrechtssachen zuständig. Besondere Gerichte sind nur Arbeitsgerichte, die aber auf dem Instanzenweg mit den ordentlichen Gerichten verbunden sind.[537]
Der Gerichtsaufbau ist vierstufig:[538] Auf der niedrigsten Stufe befinden sich die örtlichen Gerichte, d.h. die Stadtgerichte und die Bezirksgerichte in Budapest. Diese sind erstinstanzlich für alle Sachen zuständig, es sei denn, daß durch Gesetz die Zuständigkeit eines anderen Gerichtes bestimmt wird. Mit den Ortsgerichten auf gleicher Stufe stehen die Arbeitsgerichte, die erstinstanzlich Rechtsstreitigkeiten aus Arbeits- oder arbeitsähnlichen Verhältnissen entscheiden. Die Arbeitsgerichte haben ihren Sitz in den Komitaten und in Budapest.[539] Die nächste Stufe bilden die 19 Komitatsgerichte und das Hauptstädtische Gericht in Budapest. Sie sind in gesetzlich bestimmten Fällen erstinstanzlich oder als Berufungsgerichte für die Entscheidungen der Ortsgerichte und der Arbeitsgerichte tätig.[540] Die Komitatsgerichte sind z.B. erstinstanzlich für die Aufhebung des Schiedsspruchs, Firmensachen, urheberrechtliche Angelegenheiten, für internationale Speditionsverträge etc. zuständig.[541] Seit dem 1. Januar 1999 war die Errichtung von Tafelgerichten geplant. Sie wären in Berufungen gegen Entscheidungen der örtlichen und der Komitatsgerichte und in gesetzlich bestimmten Rechtsstreitigkeiten zuständig.[542] Die Errichtung der Tafelgerichte erfolgte bis heute jedoch noch nicht, weil die neue Regierung Orbán die unter der Vorgängerregierung beschlossene Justizreform 1998 teilweise aufgeschoben hat. Auf oberster Stufe befindet sich das Oberste Gericht mit Sitz in Budapest. Es entscheidet über Revisionen und Berufungen gegen erstinstanzliche Entscheidungen der Komitatsgerichte und der Tafelgerichte. Darüber hinaus obliegt ihm der Aus-

---

[534] § 50 der Verfassung der Republik Ungarn
[535] §§ 11, 3 des Gesetzes Nr. LXVI vom Jahre 1997 über die Organisation und Verwaltung der Gerichte (GerichtsorganisationsG)
[536] Brunner, Georg: Wirtschaftsrecht der osteuropäischen Staaten, S. 46.
[537] Brunner, Georg: Wirtschaftsrecht der osteuropäischen Staaten, S. 47.
[538] § 16 des GerichtsorganisationsG ; § 45 Abs. 1 der Verfassung der Republik Ungarn
[539] § 19 des GerichtsorganisationsG
[540] § 20 des GerichtsorganisationsG
[541] § 23 des Gesetzes Nr. III vom Jahre 1952 (Zivilprozeßordnung), siehe: WOS-Dokument, Nr. VI.2.
[542] § 22 des GerichtsorganisationsG

bau einer einheitlichen Rechtsprechung. Das Oberste Gericht kann dementsprechend für alle Gerichte verbindliche Richtlinien und Grundsatzentscheidungen sowie unverbindliche allgemeine Stellungnahmen erlassen.[543]
Der Spruchkörper in erster Instanz besteht in den meisten Fällen aus Einzelrichtern, in wenigen Fällen aus einem Berufsrichter und zwei ehrenamtlichen Volksbeisitzern. Die Rechtsmittelgerichte bestehen in der Regel aus drei Berufsrichtern.[544]
Die Berufsrichter werden vom Präsidenten der Republik ernannt und widerrufen.[545] Die Ernennung erfolgt auf Vorschlag des Justizministers und auf Lebenszeit. Dem Ernennungsvorschlag geht der Vorschlag des Präsidenten des zuständigen Komitatsgerichts voraus, der das Einvernehmen des Komitatsrichterrats benötigt. Nur die vom Richterrat vorgeschlagenen Personen dürfen zum Richter ernannt werden.[546]

2. Die Schiedsgerichtsbarkeit

a/. Die Bedeutung und der Begriff der Schiedsgerichtsbarkeit

Schiedsgerichte sind Privatgerichte, bestehend aus einem oder mehreren Schiedsrichtern, denen die Entscheidung bürgerlicher Rechtsstreitigkeiten anstelle staatlicher Gerichte durch private Willenserklärung übertragen wird.[547] Das Schiedsgericht tritt mit seiner Aufgabe, einen Rechtsstreit zu entscheiden, an die Stelle der staatlichen Gerichtsbarkeit. Im Wirtschaftsverkehr spielt die Schiedsgerichtsbarkeit gegenüber der staatlichen Gerichtsbarkeit eine erheblich wichtigere Rolle. Für die Schiedsgerichtsbarkeit sprechen folgende Argumente: Fachkunde, Schnelligkeit, die Einigkeit der Parteien fördendes Verfahren, einfache Vollstreckbarkeit, wenig Formalitäten und die Nichtöffentlichkeit des Verfahrens, was im Interesse der Geschäftsleute steht.
Bis 1994 mangelte es in Ungarn an einer ausreichenden Regelung der Schiedsgerichtsbarkeit. Das Schiedsverfahren war lediglich in einem ganz begrenzten Umfang möglich, da eine Regelung über die Aufgabe der Gerichte im Schiedsverfahren fehlte.[548] Die wirtschaftlichen Beziehungen Ungarns mit ausländischen Staaten nahmen jedoch infolge der Wirtschaftsreformen zu. Mit der Herausforderung der freien Marktwirtschaft konnten die Gerichte nicht Schritt halten. Die Erledigung der Rechtsstreitigkeiten in der Wirtschaft war durch diese Überbelastung der Gerichte erheblich erschwert. Somit war auch ein rechtmäßiges Verhalten nicht in jedem Fall im Interesse der Beteiligten der Wirtschaft gegeben. Da die

---

[543] § 27ff. des GerichtsorganisationsG, § 47 der Verfassung der Republik Ungarn
[544] § 117 der Zivilprozeßordnung
[545] § 2 ff. des Gesetzes Nr. LXVII vom Jahre 1997 über die Rechtsstellung und Vergütung der Richter
[546] Entscheidung des Verfassungsgerichts Nr. 38/1993 (VI.11.) AB.
[547] Schwab, Karl-Heinz/Walter, Gerhard: Schiedsgerichtsbarkeit, S. 1. Rn. 1.
[548] Amtliche Begründung zum Gesetz Nr. LXXI/1994 über die Schiedsgerichtsbarkeit, S. 2. (Amtliche Begründung)

Inanspruchnahme des ordentlichen Rechtswegs zu lange dauerte, verwendeten die Beteiligten der Wirtschaft vorzugsweise außergerichtliche Mittel, z.B. die Beauftragung eines Inkassounternehmens. Die Erledigung von Rechtsstreitigkeiten mit Hilfe der Selbstjustiz verbreitete sich. Die Privatschiedsgerichtsbarkeit wurde aus diesen Gründen vom Staat immer mehr anerkannt und unterstützt.[549] Diese mußte aber auch gesetzlich gestärkt werden. Um das inländische und ausländische Kapital zu fördern, mußte ein angemessener Rechtshintergrund geschaffen werden.[550] Dazu gehörte der Abbau der Bürokratie, die zeitgerechte Erledigung der Rechtsstreitigkeiten, die Sicherung der Durchsetzbarkeit der Ansprüche im rechten Maß sowie die Rechtssicherheit. Eine einheitliche und umfassende Regelung der Schiedsgerichtsbarkeit wurde somit unentbehrlich. Die Erschaffung der gesetzlichen Regelung der Schiedsgerichtsbarkeit in Ungarn dauerte mehrere Jahre.[551] Die Grundlage dafür bot das Model Law,[552] von dem eine Abweichung nur wegen Berücksichtigung der Besonderheiten des ungarischen Rechtssystems erfolgte.[553] Damit wurden die Konstruktion, die Elemente und der Geist des Model Law übernommen.[554] Dies war eine wichtige Entscheidung, da man sich damit auch dem Rechtsmaterial der EU annäherte.[555]
Bei der Schaffung des Gesetzes[556] war die Frage zu beantworten, ob das Gesetz einheitlich sowohl für die nationale als auch für die internationale oder lediglich für die internationale Schiedsgerichtsbarkeit gelten soll. Im letzteren Fall wären die Fragen der nationalen Schiedsgerichtsbarkeit in der ZPO geregelt.[557] Schließlich wurde entschieden, das nationale und das internationale Schiedsverfahren in einem Gesetz zu regeln. Das war ohne weiteres möglich, da die inländische Schiedsgerichtsbarkeit in Ungarn zu dieser Zeit keine große Rolle spielte und somit keine Hindernisse für die Übernahme von internationalen Regeln bestanden.[558] Diese Lösung war der erste Versuch in der internationalen Praxis, ein Schiedsgerichtsgesetz, welches den internationalen Anforderungen entsprechend aufgebaut wurde, auch bei nationalen Angelegenheiten anzuwenden.[559]
Das Gesetz unterscheidet ferner nicht zwischen institutionellen und ad-hoc Schiedsgerichten. Von einem institutionellen Schiedsgericht spricht man, wenn das Schiedsgericht über eine ständige Organisation verfügt. Die institutionellen Schiedsgerichte haben in der Regel eigene Verfahrensregeln und stellen meist Schiedsrichterlisten zur Verfügung. Wenn ein Schiedsgericht eines der oben ge-

---

[549] Hack, Péter, Parlamentsprotokoll, S. 52.
[550] Hack, Péter, Parlamentsprotokoll, S. 55.
[551] Vastagh, Pál, Parlamentsprotokoll, S. 47.
[552] UNCITRAL Modellgesetz über die internationale Handelsschiedsgerichtsbarkeit von 1985
[553] Gellért, György: Új törvény a választottbíráskodásról, MJ 1995/8, S. 450.
[554] Vastagh, Pál, Parlamentsprotokoll, S. 49.
[555] Serfőző, András, Parlamentsprotokoll, S. 15.
[556] Das Gesetz Nr. LXXI vom Jahre 1994 über die Schiedsgerichtsbarkeit (SchiedsgerichtsbarkeitsG) trat am 13.12. 1994 in Kraft, siehe: WOS-Dokument, Nr. VI.3.a.
[557] Szász, Iván: A választottbíráskodásról és szabályozásáról, GJ 1993/2-3, S. 9.
[558] Vastagh, Pál, Parlamentsprotokoll, S. 48.
[559] Szász, Iván: Törvény a választottbíráskodásról, S. 6.

nannten Kennzeichen aufweist, kann man von einem institutionellen Schiedsgericht sprechen. Ein ad-hoc Schiedsgericht hat keine Administration und ständige Organisation. Die Schiedsrichter werden von den Parteien zur Entscheidung eines einzelnen Rechtsstreites ersucht.[560] Das Gesetz geht im Normalfall von einem ad-hoc Schiedsgericht aus.[561] Die Verfahrensordnungen der institutionellen Schiedsgerichte können - selbstverständlich im Rahmen des Gesetzes - Abweichungen von den gesetzlichen Bestimmungen beinhalten.[562] Hierbei ist zu bemerken, daß institutionelle Schiedsgerichte - mit Ausnahme anderweitiger gesetzlicher Regelungen, z.B. des Wertpapiergesetzes - lediglich von einer Landeswirtschaftskammer gegründet werden können.

Gesetze können grundsätzlich drei Arten von Regelungen beinhalten: verbindliche oder dispositive sowie Mustergesetze, welche nur dann anzuwenden sind, wenn die Parteien deren Anwendung ausdrücklich vereinbaren.[563] Die meisten Regelungen des Gesetzes über die Schiedsgerichtsbarkeit verfügen über einen dispositiven Charakter, um den Parteien zu ermöglichen, von den gesetzlichen Bestimmungen abweichende Regelungen zu treffen sowie bestimmte Fragen (z.B. Ort des Schiedsverfahrens, die Zusammensetzung des Schiedsgerichtes) von Anfang an selber zu regeln. Die Dispositivität gilt deswegen als Normalfall, damit die Parteiautonomie gewährleistet werden kann.[564] Gegenüber dem Model Law, in dem die Abgrenzung zwischen den verbindlichen und unverbindlichen Regeln nicht in jedem Fall klar durchsetzbar und somit dies dem Verstand und der Empfindung der Parteien ausgesetzt ist, ist die Grenzlinie zwischen verbindlichen und unverbindlichen Bestimmungen in dem ungarischen Gesetz eindeutig erkennbar.[565] Das Gesetz regelt klar, welche seiner Bestimmungen bzgl. der Vereinbarkei, der Bildung und des Verfahrens des Schiedsgerichts sowie bzgl. der Entscheidung des Rechtsstreits für die Parteien verbindlich sind, beziehungsweise welche von ihnen frei festgelegt oder modifiziert werden können.[566] Um einen ungestörten Verfahrensablauf auch bei den ad-hoc Schiedsgerichten zu gewährleisten,[567] beinhaltet das Gesetz neben den umfassenden dispositiven Regelungen bestimmte Garantiebestimmungen, wie z.B., daß die Parteien gehört und gleich behandelt werden müssen etc.[568] Diese Garantiebestimmungen sind auch deswegen wichtig, weil zur Inanspruchnahme der staatlichen Gerichtshilfe und zur Vollstreckung nicht erforderlich ist, daß der Schiedsspruch von einem institutionellen Schiedsgericht erlassen wurde. Es genügt vielmehr, wenn das Verfahren im Rahmen des Gesetzes stattfand. Mit den Garantiebestimmungen wird einerseits

[560] Horváth, Éva: „Magán"-bíráskodás törvény alapján, GJ 1995/7-8, S. 42.
[561] Amtliche Begründung, S. 4.
[562] Amtliche Begründung, S. 6.
[563] Bánrévy, Gábor: Bírósági és választottbírósági gyakorlat, Friss Hírek 1991/10, S. 24.
[564] Szász, Iván: A választottbíráskodásról és szabályozásáról, GJ 1993/2-3, S. 9.
[565] Szász, Iván: Törvény a választottbíráskodásról, S. 7.
[566] Amtliche Begründung, S. 3.
[567] Szász, Iván: A választottbíráskodásról és szabályozásáról, GJ 1993/2-3, S. 10.
[568] Szász, Iván: A választottbíráskodásról és szabályozásáról, GJ 1993/ 2-3, S. 11.

sichergestellt, daß die staatlichen Gerichte nicht „irgendeinen" Schiedsspruch vollstrecken, andererseits wird verhindert, daß das ordentliche Gericht einen ordnungsgemäß erlassenen Schiedsspruch nicht vollstreckt.[569]

b/. Die Wirkung des Gesetzes

Das Gesetz über die Schiedsgerichtsbarkeit ist mangels abweichender Bestimmungen dann anzuwenden, wenn sich der Ort bzw. der Sitz des Schiedsgerichtes in Ungarn befindet.[570] In diesem Fall wirkt das Gesetz auf ein solches Schiedsgericht unabhängig davon, ob es sich um ein nationales oder ein internationales, um ein ad-hoc oder um ein institutionelles Schiedsgericht handelt.[571]

Die Wirkung des Gesetzes wird bei internationalen Angelegenheiten und bei Gegenseitigkeit noch weiter ausgedehnt: Das ordentliche Gericht kann das Verfahren auch dann einstellen, wenn sich der Ort des Schiedsgerichtes außerhalb Ungarns befindet. Bei Gegenseitigkeit kann das Gericht darüber hinaus vorläufige Maßnahmen erlassen, auch wenn der Ort des Schiedsgerichtes nicht in Ungarn liegt.[572] Diese Ausdehnung der Wirkung des Gesetzes ist wegen der Rechtssicherheit erforderlich, da die Aufgaben der Gerichte im Bereich der Schiedsgerichtsbarkeit lediglich in diesem Gesetz geregelt sind. [573]

Eine spezielle Regelung besteht für die Errichtung eines institutionellen Schiedsgerichtes: Mangels abweichender gesetzlicher Regelungen können institutionelle Schiedsgerichte lediglich von einer Landeswirtschaftskammer in einer Gründungsurkunde gebildet werden.[574] Eine hierhin gehörende Regelung ist, daß bei internationalen Angelegenheiten ausschließlich das Schiedsgericht der Ungarischen Industrie- und Handelskammer zuständig ist.[575]

Die Möglichkeit, für einen bestimmten Sachbereich die ausschließliche Zuständigkeit eines bestimmten institutionellen Schiedsgerichtes gesetzlich vorzuschreiben, ist im Gesetz vorgesehen.[576] Für das Verfahren eines solchen Schiedsgerichtes können sogar von diesem Gesetz abweichende Regelungen festgelegt werden. Diese Möglichkeit enthält z.B. das Wertpapiergesetz.[577] Es bestimmt, daß die Wertpapierbörse dazu berechtigt ist, in ihrer Gründungsurkunde eine Börsenschiedsgerichtsbarkeit zu errichten. In Börsenangelegenheiten kann die ausschließliche Zuständigkeit dieses Börsenschiedsgerichtes vorgeschrieben wer-

---

[569] Szász, Iván: Törvény a választottbíráskodásról, S. 7.
[570] § 1 des SchiedsgerichtsbarkeitsG
[571] Amtliche Begründung, S. 6.
[572] § 46 Abs. 2 iVm § 8 Abs. 1 des SchiedsgerichtsbarkeitsG
[573] Amtliche Begründung, S. 7.
[574] § 2 des SchiedsgerichtsbarkeitsG
[575] § 46 Abs. 3 des SchiedsgerichtsbarkeitsG
[576] § 2 des SchiedsgerichtsbarkeitsG
[577] Gesetz Nr. CXI vom Jahre 1996 über das Inverkehrbringen von Wertpapieren, die Investmentdienstleistungen und die Wertpapierbörse (WertpapierG), siehe: WOS-Dokument,Nr.VIII.2.a.

den.[578] Sind Fragen bezüglich des Börsenschiedsgerichtes nicht gesondert geregelt, gelten die Vorschriften des Gesetzes über die Schiedsgerichtsbarkeit.

c/. Die Vereinbarung des Schiedsgerichtes

Die Voraussetzungen der Vereinbarung des Schiedsgerichts sind Folgende:[579]

aa.

Die Schiedsvereinbarung muß sich auf eine Handelsangelegenheit beziehen. Darunter ist zu verstehen, daß mindestens eine der Parteien eine sich berufsmäßig mit einer wirtschaftlichen Tätigkeit befassende Person sein muß. Dieser Begriff bestimmt den sachlichen Geltungsbereich des Gesetzes. Die wirtschaftliche Tätigkeit ist im weitesten Sinne auszulegen. Darunter fallen alle Tätigkeiten, die unter dem Begriff „Handeln" zu verstehen sind.[580] Die Erfordernis „wirtschaftliche Tätigkeit" ist damit zu erklären, daß das Schiedsverfahren traditionell und weltweit mit dem Wirtschaftsleben zusammenhängt und dort die größte praktische Bedeutung hat. Der Ausdruck „Person" ist ebenfalls weit auszulegen. Unter „Personen" sind alle Rechtssubjekte zu verstehen, die im Wirtschaftsleben tätig sind: Juristische Personen, natürliche Personen und Privatunternehmer oder ein Urproduzent, soweit sie beruflich eine wirtschaftliche Tätigkeit ausüben.[581]

bb.

Die Rechtsstreitigkeit muß mit der berufsmäßig ausgeübten wirtschaftlichen Tätigkeit verbunden sein.

cc.

Die Parteien müssen über den Verfahrensgegenstand frei verfügen können.

Dieses Kriterium bedeutet eine Verfügungsberechtigung aus materiellrechtlicher Sicht über solche Rechte und Pflichten, welche den Gegenstand des Verfahrens bilden.[582]

dd.

Das schiedsrichterliche Verfahren muß in einer Schiedsvereinbarung vereinbart worden sein.

Werden die oben dargestellten Voraussetzungen erfüllt, dann ist anstelle eines gerichtlichen Verfahrens ein schiedsrichterliches Verfahren zulässig. Damit ist aber nicht ausgeschlossen, daß ein anderes Gesetz die Vereinbarung des Schiedsgerichtes auch mangels der dargestellten Voraussetzungen ermöglicht. Ein Beispiel dafür bietet das Gesetz über Wirtschaftsgesellschaften.[583] Demnach ist eine Schiedsvereinbarung zur Entscheidung der Rechtsstreitigkeiten, welche im Rechtsverhältnis zwischen der Gesellschaft und den Gesellschaftern sowie zwi-

---

578 § 202 des WertpapierG

579 § 3 Abs. 1 und 2 des SchiedsgerichtsbarkeitsG

580 Amtliche Begründung, S. 8.

581 Amtliche Begründung, S. 8.

582 Gellért, György: Új törvény a választottbíráskodásról, MJ 1995/8, S. 452.

583 WirtschaftsgesellschaftenG

schen den einzelnen Gesellschaften entstehen und mit dem Gesellschaftsvertrag oder mit der Tätigkeit der Gesellschaft zusammenhängen, zulässig.[584]
Bei außerstreitigen Verfahren ist die Vereinbarung eines schiedsrichterlichen Verfahrens auch bei dem Vorliegen der oben dargestellten Voraussetzungen nicht zulässig.[585] Eine Schiedsvereinbarung ist also nur bei zivilrechtlichen Streitverfahren zulässig.[586] Ein weiterer Ausschluß besteht für Eheprozesse, Prozesse zur Feststellung von Herkunft und Vaterschaft, Prozesse bzgl. der Aufhebung des elterlichen Sorgerechts, Vormundschaftsprozesse, Zahlungsauftragsprozesse, Verwaltungsprozesse, Prozesse bzgl. der Presseberichtigung, Prozesse bzgl. Arbeits- oder Genossenschaftsverhältnisse sowie Vollstreckungsprozesse.[587] Ein schiedsrichterliches Verfahren ist letztlich noch in solchen Angelegenheiten unzulässig, in denen ein Gesetz die Regelung der Rechtsstreitigkeit im Rahmen eines schiedsrichterlichen Verfahrens ausschließt. Ein solcher Ausschluß ist in den Fällen notwendig, in denen die Voraussetzungen dazu zwar erfüllt sind, ein spezielles Rechtsverhältnis jedoch die Inanspruchnahme des ordentlichen Rechtswegs erfordert.[588]

d/. Die Schiedsvereinbarung

Die Schiedsvereinbarung ist eine Vereinbarung der Parteien, alle oder bestimmte Streitigkeiten, die zwischen ihnen in Bezug auf ein bestimmtes Rechtsverhältnis vertraglicher oder nichtvertraglicher Art entstanden sind oder künftig entstehen, einem Schiedsgericht zu unterbreiten.[589]
In der Schiedsvereinbarung kann sowohl ein ad-hoc als auch ein institutionelles Schiedsgericht ausgehandelt werden. Die Schiedsvereinbarung kann auch für eine in der Zukunft eventuell entstehende Rechtsstreitigkeit oder auch nach Entstehen eines konkreten Rechtsstreits getroffen werden.
Das Gesetz beinhaltet die zwei Formen einer Schiedsvereinbarung:[590] Die Schiedsklausel und die Schiedsabrede. Eine Schiedsklausel liegt vor, wenn die Schiedsvereinbarung in Form einer Klausel in einem anderen Vertrag geschlossen wird. Um eine Schiedsabrede handelt es sich dagegen, wenn die Schiedsvereinbarung in Form einer selbständigen Vereinbarung geschlossen wird.
Die Schiedsvereinbarung bedarf der Schriftform. Damit der übereinstimmende und auf ein schiedsrichterliches Verfahren gerichtete Wille der Parteien möglichst wenig eingeschränkt wird sowie die Erfordernis der Schriftform kein großes Hindernis zur Inanspruchnahme der Schiedsgerichtsbarkeit bildet, ist dieses Erfordernis sehr weit auszulegen.[591] So ist die Schriftform auch dann gewahrt, wenn

584 § 52 des WirtschaftsgesellschaftenG
585 § 4 des SchiedsgerichtsbarkeitsG
586 Amtliche Begründung, S. 9.
587 siehe: Kapitel XV-XXIII der Zivilprozeßordnung
588 Amtliche Begründung, S. 9.
589 § 5 Abs. 1 des SchiedsgerichtsbarkeitsG
590 § 5 Abs. 2 des SchiedsgerichtsbarkeitsG
591 Amtliche Begründung, S. 9.

die Schiedsvereinbarung in zwischen den Parteien gewechselten Briefen, Fernschreiben, Telegrammen oder in anderen Formen der Nachrichtenübermittlung, die einen Nachweis der Vereinbarung erlauben, enthalten ist.[592] Die Verwendung aller modernen, elektronischen und anderer technischer Mittel, wenn sie die Tatsache dokumentieren, daß die Parteien eine Vereinbarung getroffen haben, erfüllt demnach die Schriftform. [593] Wird anläßlich des Austausches von Klage und Klagebeantwortung das Bestehen einer Schiedsvereinbarung in der Klage behauptet und in der Klagebeantwortung nicht bestritten, so ist die Schriftform ebenfalls gewahrt.[594] Zur „Behauptung" ist eine ausdrückliche Behauptung erforderlich, die Einreichung der Klageschrift allein genügt nicht. „In der Klagebeantwortung wird etwas nicht bestritten," wenn die betroffene Partei schweigt oder einverstanden ist.[595]
In der Wirtschaftspraxis ist es üblich, daß die Parteien einen Vertrag mit Bezugnahme auf Allgemeine Lieferungs- oder Geschäftsbedingungen abschließen.[596] Um diesem Rechnung zu tragen, ist im Gesetz bestimmt, daß eine Schiedsvereinbarung auch dann begründet wird, wenn ein Vertrag auf ein Schriftstück Bezug nimmt, das eine Schiedsklausel enthält.[597] Erforderlich ist jedoch, daß dieser Vertrag schriftlich abgefaßt wird und die Bezugnahme dergestalt ist, daß sie diese Klausel zu einem Bestandteil des Vertrages macht. Enthalten also die Allgemeinen Lieferungsbedingungen oder die Allgemeinen Geschäftsbedingungen eine Schiedsvereinbarung, gilt diese als zwischen den Parteien wirksam vereinbart, sobald die Allgemeinen Lieferungsbedingungen bzw. die Allgemeinen Geschäftsbedingungen Vertragsbestandteil werden.
Die breite Auslegung der Schriftform ist damit zu erklären, daß diese Erfordernis der Rechtssicherheit dienen soll. Wird der vertragliche Wille der Parteien, einen Rechtsstreit durch ein Schiedsgericht entscheiden zu wollen, eindeutig zum Ausdruck gebracht, ist damit die Funktion der Schriftform restlos erfüllt.

e/. Verzicht auf das Recht der Einrede

Wurde im Schiedsverfahren einer dispositiven Bestimmung des Gesetzes über die Schiedsgerichtsbarkeit oder einer Erfordernis der Schiedsvereinbarung nicht entsprochen und eine der Parteien setzt trotz Kenntnis davon das schiedsrichterliche Verfahren fort, ohne daß sie gegen diesen Verstoß unverzüglich - falls dafür eine Frist vorgesehen ist, innerhalb dieser Frist - Einspruch erhebt, ist anzunehmen, daß sie auf die Einrede verzichtete.[598] Das ist eine gesetzliche Vermutung.

---

[592] § 5 Abs. 3 des SchiedsgerichtsbarkeitsG
[593] Szász, Iván: Törvény a választottbíráskodásról, S. 9.
[594] § 5 Abs. 4 des SchiedsgerichtsbarkeitsG
[595] Wallacher, Lajos: A választottbíráskodás szerződései, S. 274.
[596] Amtliche Begründung, S. 10.
[597] § 5 Abs. 5 des SchiedsgerichtsbarkeitsG
[598] § 6 des SchiedsgerichtsbarkeitsG

Diese Vorschrift beruht sich auf dem Verbot des „venire contra factum proprium“[599] und ist eine wichtige Garantie der wirksamen Tätigkeit der Schiedsgerichte und der gutgläubigen Prozeßführung. Es müssen mehrere Bedingungen erfüllt werden, damit diese Bestimmung anwendbar ist: Der Verfahrensfehler oder das Versäumnis muß gegenüber einer dispositiven Vorschrift des Gesetzes oder gegenüber einer Bestimmung, welche die Parteien in der Schiedsvereinbarung beschlossen haben, vorliegen. Die Bestimmung in der Schiedsvereinbarung muß daneben wirksam sein und darf nicht gegen eine verbindliche gesetzliche Regelung verstoßen.[600] Die Erhebung der Einrede gegen eine verbindliche gesetzliche Vorschrift ist also nicht mit einer Frist verbunden, sie kann jederzeit erhoben werden. Das Versäumnis führt nicht zu einem Rechtsverlust. Eine weitere Bedingung zur Anwendung dieser Vermutung ist, daß die Partei, gegenüber welcher der Verzicht kraft Gesetzes anzunehmen ist, Kenntnis über das Versäumnis oder das Verfahren, welches dem Gesetz bzw. der Vereinbarung nicht entspricht, haben muß. Sie kommt noch nicht zur Anwendung, wenn die betroffene Partei es versäumte, die Einrede zu erheben. Daneben ist auch erforderlich, daß sie das schiedsrichterliche Verfahren trotz Kenntnis darüber fortsetzt. Eine solche Fortsetzung ist beispielsweise dann anzunehmen, wenn sie in der nächsten Verhandlung erscheint oder irgendeine Verfahrenshandlung wahrnimmt.[601]

Die Vermutung des Verzichts auf die Einrede erstreckt sich auch auf das spätere Verfahren. Wenn also angenommen wird, daß eine der Parteien auf das Recht der Einrede verzichtete, kann sie sich auf dieses Versäumnis auch bei der Aufhebung des Schiedsspruchs nicht mehr berufen.[602]

f/. Klage vor dem Gericht trotz Schiedsvereinbarung?

Es kommt in der Praxis oft vor, daß der Kläger trotz Schiedsvereinbarung - versehentlich oder wegen Nichtanerkennung der Zuständigkeit des Schiedsgerichtes - bei dem ordentlichen Gericht eine Klage einreicht.[603] Um Zuständigkeitskonflikte zwischen Gericht und Schiedsgericht zu vermeiden,[604] ist die Möglichkeit der Verweisung zum Schiedsgericht - falls nach Ansicht des Gerichts zur Geltendmachung der Forderung des Beklagten das Schiedsgericht zuständig ist - nach dem Gesetz über die Schiedsgerichtsbarkeit nicht gegeben. Wird von einem Gericht Klage in einer Angelegenheit erhoben, die Gegenstand einer Schiedsvereinbarung ist, so muß das Gericht die Klageschrift ohne Zustellung einer Ladung abweisen oder das Verfahren auf Antrag einer beliebigen Partei einstellen. Nach dieser Regelung stellt das Gericht das Verfahren lediglich auf Antrag ein. Der

[599] Szász, Iván: A választottbíráskodásról és szabályozásáról, GJ 1993/2-3, S. 11.
[600] Amtliche Begründung, S. 10.
[601] Amtliche Begründung, S. 11.
[602] Amtliche Begründung, S. 11.
[603] Újlaki, László: A Pp. újabb módosítása és a választottbíráskodás, MJ 1995/11, S. 670.
[604] Újlaki, László: A Pp. újabb módosítása és a választottbíráskodás, MJ 1995/11, S. 669.

Beklagte kann seinen Antrag auf Einstellung des Verfahrens spätestens in der auf die Klageschrift eingereichten meritorischen Klagebeantwortung stellen.[605]
Das Gericht kann also das Verfahren nach der meritorischen Klagebeantwortung des Beklagten nicht mehr einstellen. Mit dieser Einschränkung soll verhindert werden, daß der Beklagte zum Zwecke der Prozeßverlängerung lediglich in einer späteren Phase der Verhandlung eine Einrede wegen Unzuständigkeit des Gerichts vorbringt, mit der Begründung, daß eine Schiedsvereinbarung besteht.
Das Gericht ist zur Abweisung der Klageschrift bzw. zum Einstellen des Verfahrens lediglich dann nicht verpflichtet, wenn es feststellt, daß die Schiedsvereinbarung nicht zustande kam, nichtig, unwirksam oder undurchführbar ist.[606]
Anwendungsvoraussetzung dieser Regelung ist ferner, daß in der Angelegenheit, in welcher die Klage erhoben wurde, eine Schiedsvereinbarung wirksam zustande kam. Ein bloßer Zusammenhang der gegebenen Angelegenheit mit einer unter der Schiedsvereinbarung fallenden Sache ist noch nicht ausreichend. Unwirksam ist z.B. eine Schiedsvereinbarung, die sich auf eine Angelegenheit bezieht, die nicht Gegenstand einer Schiedsvereinbarung sein kann. Eine bereits abgelaufene Schiedsvereinbarung entfaltet gleichfalls keine Wirkung.[607]
Damit das Schiedsverfahren nicht unbegründet verhindert werden kann,[608] hindert der Umstand, daß eine der Parteien vor Gericht Klage in einer Angelegenheit erhebt, die Gegenstand einer Schiedsvereinbarung ist, die andere Partei nicht daran, vor dem Schiedsgericht Klage zu erheben. Ist eine Angelegenheit vor dem Gericht im Gange, bildet diese Tatsache ebenfalls kein Hindernis dafür, daß das Schiedsverfahren fortgesetzt oder der Schiedsspruch erlassen wird.[609]
Stellt das Gericht demgegenüber seine Zuständigkeit fest und führt den Prozeß zu Ende, so ist diese Entscheidung für alle anderen Organe verbindlich. Das Schiedsgericht ist also verpflichtet, das Verfahren einzustellen. Erließ das Schiedsgericht bereits den Schiedsspruch, ist eine Klage auf Aufhebung des Schiedsspruchs zulässig. Wird diese Klage nicht erhoben, so wird das Gericht die Zwangsvollstreckung des Schiedsspruchs verweigern.[610]
Wird eine Klage in einer Angelegenheit erhoben, die Gegenstand einer Schiedsvereinbarung ist, so kann das Schiedsverfahren - trotz Kenntnis des Schiedsgerichts darüber, daß in der Angelegenheit ein Prozeß vor dem Gericht eingeleitet wurde - fortgesetzt werden. Aus dem Ausdruck „kann“ folgt, daß dies lediglich eine Möglichkeit ist. Sowohl die Parteien als auch das Schiedsgericht müssen unter Berücksichtigung dessen, welche Chance eine Feststellung der gerichtlichen Zuständigkeit hat, darüber abwägend entscheiden.[611]

---

[605] § 8 Abs. 1 des SchiedsgerichtsbarkeitsG
[606] Szász, Iván: Törvény a választottbíráskodásról, S. 11.
[607] Amtliche Begründung, S. 12.
[608] Amtliche Begründung, S. 12.
[609] § 8 Abs. 3 des SchiedsgerichtsbarkeitsG
[610] Amtliche Begründung, S. 13.
[611] Amtliche Begründung, S. 13.

Bei der Gesetzgebung tauchte die Frage auf, ob es den Parteien zuzumuten ist, weitere Kosten dadurch zu tragen, daß das Schiedsverfahren trotz der aufgetauchten Unsicherheit der Kompetenz weitergeführt wird oder ob man das Schiedsverfahren vor häufigen Verhinderungsversuchen schützen muß. Die gesetzgeberische Überlegung beurteilte das Interesse an einem ungestörten Schiedsverfahren schwerwiegender als die kostenschonende Vorsicht.[612] Die Erhebung einer Klage vor dem Gericht verhindert also das schiedsrichterliche Verfahren nicht.

Die Fortsetzung des Verfahrens muß gesetzlich ermöglicht werden. Wäre das Schiedsverfahren mit der Einreichung der Klageschrift bei Gericht automatisch eingestellt, so wäre das ein Mittel der Verfahrensverzögerung.

g/. Die Auswahl und Ernennung der Schiedsrichter

Die Konstituierung des Schiedsgerichts ist Aufgabe der Parteien. Das Gesetz über die Schiedsgerichtsbarkeit beinhaltet diesbezüglich lediglich Mindestregelungen.

aa. Auswahl

Die Parteien können grundsätzlich sowohl die Zahl als auch die Person der Schiedsrichter frei vereinbaren. Wie auch die meisten Schiedsgerichtsordnungen und Schiedsprozeßgesetze erfordert das Gesetz jedoch zwingend, daß die Anzahl der Schiedsrichter eine ungerade Zahl bilden muß.[613] Ein solches Kriterium dient der Beschlußfähigkeit des Schiedsgerichts.[614] Für den Fall, daß die Parteien die Anzahl der Schiedsrichter in einer geraden Zahl festgelegt haben, beinhaltet das Gesetz keine Hilfsregelung. Demzufolge gilt, daß eine Klage auf Aufhebung des Schiedsspruchs erhoben werden kann, falls die Bildung des Schiedsgerichts den Bestimmungen dieses Gesetzes - in diesem Fall dem Erfordernis der ungeraden Anzahl der Schiedsrichter - nicht entsprach.[615]

Vereinbarten die Parteien die Anzahl der Schiedsrichter nicht, so besteht das Schiedsgericht aus drei Schiedsrichtern.[616] Daneben kommt noch der Einzelschiedsrichter als ernsthafte Alternative in Betracht. Eine höhere Zahl ist zwar möglich, kommt jedoch - wegen zu hoher Kosten - kaum vor.[617] Die Möglichkeit eines Einzelschiedsgerichts ist im Gesetz festgelegt: In Anwendung dieses Gesetzes bedeutet das Schiedsgericht sowohl den aus mehreren Schiedsrichtern bestehenden Schiedssenat als auch den Einzelschiedsrichter.[618]

Bei der Entscheidung darüber, ob ein Dreierschiedsgericht oder ein Einzelschiedsrichter zu wählen ist, sind die folgenden Aspekte zu berücksichtigen:

---

[612] Szász, Iván: Törvény a választottbíráskodásról, S. 11.
[613] § 13 Abs. 1 des SchiedsgerichtsbarkeitsG
[614] Amtliche Begründung, S. 14.
[615] § 54 iVm § 55 Abs. 1 des SchiedsgerichtsbarkeitsG
[616] § 13 Abs. 2 des SchiedsgerichtsbarkeitsG
[617] Lionnet, Klaus: Handbuch der nationalen und internationalen Schiedsgerichtsbarkeit, S.101.
[618] § 13 Abs. 3 des SchiedsgerichtsbarkeitsG

Die Entscheidung eines Dreierschiedsgerichts bietet eine bessere Gewähr für die Richtigkeit als die eines Einzelschiedsrichters. Statistisch wurde nachgewiesen, daß Urteile von staatlichen Kammergerichten halb so viel aufgehoben werden wie die von Einzelschiedsrichtern.[619] Dies gilt auch für die Schiedsgerichtsbarkeit. Außerdem haben die Parteien die Möglichkeit, in einem Dreierschiedsgericht je einen Schiedsrichter ihres Vertrauens auszuwählen. Im Falle eines Einzelschiedsrichters scheidet dies oft aus, da die Parteien in der Praxis mitunter keine Einigung über die Person erzielen können. Für einen Einzelschiedsrichter sprechen dagegen die niedrigeren Kosten und die möglichst kurze Verfahrensdauer, da z.B. Terminabsprachen einfacher sein können.[620]

Bezüglich der Person des Schiedsrichters bestehen lediglich einige Ausschlußgründe.[621] Schiedsrichter kann nicht sein,

- wer das 24. Lebensjahr nicht vollendet hat;
- wer durch rechtskräftige Urteile von der Teilnahme an öffentlichen Angelegenheiten ausgeschlossen wurde;
- wer vom Gericht rechtskräftig unter Pflegschaft gestellt wurde;
- wer von einem Gericht rechtskräftig zu einer zu vollstreckenden Freiheitsstrafe verurteilt worden ist, solange er von den mit der Vorbestraftheit verbundenen Nachteilen nicht befreit ist.

Eine weitere Voraussetzung ist, daß die Schiedsrichter unabhängig und unparteiisch sein müssen.[622]

Mit Ausnahme der oben dargestellten Ausschlüssen kann grundsätzlich jede natürliche Person zum Schiedsrichter ernannt werden.

Die Erfordernis einer bestimmten Staatsangehörigkeit - wie z.B. bei einem Richter - ist nicht vorgesehen. Der Gesetzgeber darf gemäß Art. 3 EU - Übereinkommen die Fähigkeit, Schiedsrichter zu werden, nicht auf Inländer beschränken.[623] Auf die Schiedsgerichtsordnungen oder Parteivereinbarungen entfaltet dieses Übereinkommen keine Wirkung, denn dort kann etwas anderes vereinbart werden. Bei einem internationalen Schiedsverfahren wird jedoch die folgende Lösung bevorzugt: Ernannt wird je ein Schiedsrichter der Nationalität der Parteien und ein dritter Schiedsrichter, der Obmann, aus einem neutralen Land. Es ist auch möglich, daß am Schiedsverfahren ausschließlich inländische Parteien beteiligt sind, der Schiedsrichter aber ein Ausländer ist.[624]

Ebenfalls mangelt es an gesetzlichen Vorschriften bezüglich der beruflichen Qualifikation des Schiedsrichters. Die Schiedsrichter müssen zwar einen Rechtsstreit wie ein staatlicher Richter entscheiden, eine sog. Befähigung zum Schiedsrichteramt ist jedoch nicht vorgesehen. Den Richtern ist sogar die Mitgliedschaft in ei-

---

[619] Pikó, Rita: Schiedsgerichtsbarkeit in Ungarn, S. 99.
[620] Lionnet, Klaus: Handbuch der nationalen und internationalen Schiedsgerichtsbarkeit, S.166.
[621] § 12 des SchiedsgerichtsbarkeitsG
[622] § 11 des SchiedsgerichtsbarkeitsG
[623] Schlosser, Peter: Das Recht der internationalen Schiedsgerichtsbarkeit, Rn. 470.
[624] Amtliche Begründung, S. 14.

nem Schiedsgericht verboten.[625] Demzufolge steht es den Parteien frei, darüber zu entscheiden, ob sie eine berufliche Qualifikation des Schiedsrichters fordern, und wenn ja, welche.[626]
In der Praxis werden die Schiedsrichter meist aus dem Juristenkreis gewählt. Dies gilt insbesondere für den Einzelschiedsrichter oder den Obmann eines Dreierschiedsgerichts, denn er muß das Schiedsverfahren leiten und einen vollstreckbaren Schiedsspruch verfassen. In manchen Fällen kann es nützlich sein, daß das Schiedsgericht aus zwei sachverständigen Technikern und einem Juristen gebildet wird.[627]

bb. Ernennung des Schiedsrichters
Den Parteien steht ein Ernennungsrecht zu, sie können das Verfahren zur Bestellung des Schiedsrichters oder der Schiedsrichter frei vereinbaren.[628] In der Regel machen die Parteien von dieser Parteiautonomie auch Gebrauch. Üben die Parteien das Ernennungsrecht aus, bringt das folgende Vorteile für sie: Fach- und Sachkunde des ausgewählten Schiedsrichters, Verkürzung des Schiedsverfahrens und Vertrauen der Parteien zu dem selbsternannten Schiedsrichter.[629] Ernennen beide Parteien durch Willenseinigung den Schiedsrichter, handelt es sich um eine vertragliche Ernennung, die in der Praxis so erfolgen kann:
Die Parteien können den oder die Schiedsrichter schon in der Schiedsvereinbarung gemeinschaftlich ernennen oder in der Schiedsvereinbarung vereinbaren, daß nach deren Abschluß - erst nach Entstehung der Rechtsstreitigkeit, unmittelbar vor Beginn des Verfahrens - die Schiedsrichter zu ernennen sind.
Die Zusammensetzung des Schiedsgerichts kann auch einem unparteiischen Dritten übertragen werden. Dieser Dritte kann eine bestimmte oder eine unbestimmte, aber individualisierbare Person (z.B. jeweiliger Präsident eines Gerichts)[630] sein. Dem Dritten kann das Ernennungsrecht bezüglich aller Schiedsrichter oder nur für den Obmann, unbedingt oder bedingt - also nur wenn sich die Parteien über den Schiedsrichter nicht einigen können - zustehen.
Die Bildung eines Dreierschiedsgerichts geschieht üblicherweise dadurch, daß die Parteien je einen Schiedsrichter ernennen und die Zuziehung eines dritten Schiedsrichters als Obmann vereinbaren. Der Obmann kann durch die Parteien, durch Dritte oder durch die beiden anderen Schiedsrichter ernannt werden. Die Zuziehung eines Obmanns kann von vornherein vereinbart werden oder lediglich für den Fall, daß die parteibenannten Schiedsrichter sich nicht einigen können. Das Gesetz sieht ebenfalls die Wahl eines Obmanns vor: Der Vorsitzende wird von den Mitgliedern des Schiedsgerichts aus ihrer Mitte gewählt, es sei denn, die

---

[625] § 23 Abs. 4 des Gesetzes LXVII vom Jahre 1997 über die Rechtsstellung und Vergütung der Richter
[626] Amtliche Begründung S. 14.
[627] Schlosser, Peter: Das Recht der internationalen Schiedsgerichtsbarkeit, Rn. 469.
[628] § 14 Abs. 1 des SchiedsgerichtsbarkeitsG
[629] Abbers, Stephan: Der parteibestellte Schiedsrichter ..., S. 89.
[630] Baumbach/Lauterbach/Albers/Hartmann: Zivilprozeßordnung, § 1028, Rn. 3.

Parteien haben etwas anderes vereinbart.[631] Die Stellung des Obmanns bestimmt sich nach der Schiedsvereinbarung. In der Regel hat er die Stellung des Vorsitzenden: Er ist verpflichtet, die mündliche Verhandlung vorzubereiten, den Prozeßstoff zu sammeln, das gesamte Verfahren zu leiten und den Schiedsspruch abzufassen.[632]
Es kommt vor, daß die Parteien zwar ein Verfahren für die Bestellung vereinbart haben, jedoch eine Partei abweichend von dieser Vereinbarung handelt, eine Partei oder der ernennungsbefugte Dritte untätig bleibt, die Parteien oder die beiden Schiedsrichter sich nicht über den gemeinsam zu ernennenden Schiedsrichter einigen können. Für diese Fälle beinhaltet das Gesetz die folgende Lösung: jede Partei ist berechtigt, bei dem zuständigen Gericht die Anordnung der erforderlichen Maßnahmen zu beantragen, es sei denn, das vereinbarte Verfahren zur Sicherung der Bestellung etwas anderes vorsieht.[633]
Soweit eine diesbezügliche Parteivereinbarung fehlt, greifen die gesetzlichen Regelungen „helfend und ausfüllend" ein.
Die Bestimmung des Ernennungsverfahrens obliegt in erster Linie den Parteien. Die gesetzliche Regelung bietet lediglich eine Hilfsfunktion, falls eine einschlägige Parteivereinbarung fehlt, falls also die Parteien gar keine oder unvollständige Regelungen über die Bestellung getroffen haben. Keine vertragliche Ernennung ist eine lediglich generelle Bezeichnung, wie z.B. bei einem Mitglied der Industrie- und Handelskammer. In diesem Fall sind folglich die gesetzlichen Regelungen anwendbar mit der Begrenzung, daß nur die bezeichnete Person als Schiedsrichter ernannt werden darf.
Im Gesetz ist als Hauptregel die Bestellung eines Dreierschiedsgerichts geregelt. Bei einem Dreierschiedsgericht können zuerst die Parteien je einen Schiedsrichter ernennen. Der Schiedsrichter muß in der Erklärung so genau bezeichnet werden, daß sich der Gegenpartei über ihn informieren kann. Es ist ratsam, Namen, Anschrift, Gewerbe und Beruf des benannten Schiedsrichters anzugeben.[634] Wird ein Untauglicher oder ein Ungeeigneter bezeichnet, so bleibt er außer Acht[635] und führt eine erfolgreiche Ernennung nicht herbei. Die von den Parteien ernannten Schiedsrichter bestellen dann gemeinsam den Dritten als Vorsitzenden. Übt die Partei ihr Ernennungsrecht binnen dreißig Tagen nach Empfang einer entsprechenden Aufforderung durch die andere Partei nicht aus oder können sich die beiden Schiedsrichter nicht binnen dreißig Tagen nach ihrer Bestellung über den dritten Schiedsrichter einigen, so bestellt das zuständige Gericht den fehlenden Schiedsrichter auf Antrag einer Partei.[636] Das Versäumnis der Frist führt noch nicht automatisch zum Rechtsverlust, vielmehr ist eine Entschuldigung statt-

---

631 § 17 Abs. 3 des SchiedsgerichtsbarkeitsG
632 Baumbach/Lauterbach/Albers/Hartmann: Zivilprozeßordnung, § 1028, Rn. 6.
633 § 15 des SchiedsgerichtsbarkeitsG
634 Schütze/Tscherning/Wais: Handbuch des Schiedsverfahrens, Rn. 108.
635 Schwab, Karl-Heinz/Walter, Gerhard: Schiedsgerichtsbarkeit, Kap.10, Rn. 13.
636 § 14 Abs. 2 des SchiedsgerichtsbarkeitsG

haft.[637] In der Schiedsvereinbarung kann natürlich auch eine andere Frist festgelegt werden. Die Parteien können die gerichtliche Bestellung auch ohne vorherige Aufforderung seitens der anderen Partei ermöglichen oder die Bestellung statt dem Gericht einem Dritten überlassen. Nach der Aufforderung durch die andere Partei steht dem Versäumenden primär ein Ernennungsrecht zu. Die Aufforderung bedeutet also keine echte Pflicht zur Ernennung, es handelt sich lediglich um eine mit Verwirkungsfolgen verbundene Last.[638]
Besteht das Schiedsgericht aus mehr als drei Schiedsrichtern, sind die obigen Bestimmungen mit der Maßgabe anzuwenden, daß die benannten Schiedsrichter mit Stimmehrheit über die Bestellung des fehlenden Schiedsrichters entscheiden.[639]
Können sich die Parteien über die Bestellung eines Einzelschiedsrichters nicht einigen, bestellt das Gericht den Einzelschiedsrichter auf Antrag einer beliebigen Partei.[640] Das Gesetz schreibt Richtlinien für das staatliche Gericht bei der Bestellung der Schiedsrichter vor. Bei der Auswahl der geeigneten Person sind alle nach der Parteivereinbarung von einem Schiedsrichter erwarteten beruflichen Ausbildungen und alle Gesichtspunkte zu berücksichtigen, welche die Bestellung eines unabhängigen und unparteiischen Schiedsrichters mit großer Wahrscheinlichkeit sicherstellen.[641] Die Gerichte haben meist entweder selbst eine Liste, aus der sie die Schiedsrichter ernennen oder sie ersuchen eine Organisation, z.B. eine Wirtschaftskammer, einen Vorschlag bzgl. der Person des zu ernennenden Schiedsrichters zu machen.[642] Befinden sich in der Schiedsvereinbarung einzelne Bestimmungen über die Bestellung, ohne daß ein Schiedsrichter ernannt wird, gelten primär diese.
Der Schiedsrichter muß die Bestellung in einer schriftlichen Erklärung annehmen, welche er an die Parteien richtet. Die Unterzeichnung des Schriftstücks durch den Schiedsrichter, welches die Bestellung zum Schiedsrichter enthält, gilt als Annahme. Im Falle ständiger Schiedsgerichte ist der bestellte Schiedsrichter darüber hinaus verpflichtet, eine schriftliche Erklärung abzugeben, in welcher er erklärt, in der gegebenen Angelegenheit unparteiisch und unabhängig zu sein.[643]

h/. Die Befangenheit und die Beendigung des Mandats als Schiedsrichter
Eines der wichtigsten Kriterien bei der Bestellung des Schiedsgerichts ist, da die Schiedsrichter nicht befangen sind. Darunter ist die Unparteilichkeit und die Unabhängigkeit des Schiedsgerichts und der Schiedsrichter zu verstehen. Die Unabhängigkeit ist eine Tatsachenfrage. Bei der Unabhängigkeit ist zu prüfen, ob zwischen der Partei und dem Schiedsrichter ein Verhältnis besteht, das schon wegen seines Charakters die Gefahr der Befangenheit in sich trägt. Die Unparteilichkeit

---

[637] Amtliche Begründung, S. 15.
[638] Schütze/Tscherning/Wais: Handbuch des Schiedsverfahrens, Rn. 203.
[639] § 14 Abs. 3 des SchiedsgerichtsbarkeitsG
[640] § 14 Abs. 4 des SchiedsgerichtsbarkeitsG
[641] § 16 des SchiedsgerichtsbarkeitsG
[642] Amtliche Begründung, S. 15.
[643] § 17 Abs. 1 und 2 des SchiedsgerichtsbarkeitsG

ist demgegenüber eine Verhaltensform. Hier geht es darum, daß sich ein Schiedsrichter während des Schiedsverfahrens so verhalten muß wie ein Richter, der den Rechtsstreit zwischen den Parteien ausschließlich aufgrund des Gesetzes ohne Befangenheit entscheidet und nicht wie ein juristischer Vertreter, der das Interesse seiner Partei fördert.[644] Im Schiedsverfahren muß sowohl die Unabhängigkeit als auch die Unparteilichkeit gleichzeitig und vollkommen vorliegen.

Die unbedingte Geltung des Gebots der Unparteilichkeit und Unabhängigkeit des Schiedsgerichts ergibt sich aus dem Folgenden: Mit der wirksamen Vereinbarung der Parteien, ihren Rechtsstreit durch ein Schiedsgericht zu entscheiden, wird die staatliche Gerichtsbarkeit ausgeschlossen.[645] Das Schiedsgericht tritt anstelle des staatlichen Gerichts ein. Der Schiedsrichter sei „wie der staatliche Richter zur Entscheidung eines Rechtsstreits berufen“, und habe „wie dieser endgültig und bindend auszusprechen, was rechtens ist.“[646] Da das Schiedsgericht auch eine Rechtsprechung ausübt, muß das Gebot der Unparteilichkeit und Unabhängigkeit auch für die Schiedsgerichte gelten. Im Gesetz ist ausdrücklich festgelegt: Die Schiedsrichter sind unabhängig und unparteiisch. Sie sind keine Vertreter der Parteien. Den Schiedsrichtern ist es verboten, im Laufe ihrer Tätigkeit Anweisungen anzunehmen. Sie sind zur vollen Geheimhaltung in Bezug auf die ihnen beim Ausüben ihrer Aufgabe zu Kenntnis gelangten Umstände - auch nach Aufhebung des Verfahrens - verpflichtet. Damit die Unbefangenheit gesichert ist, hat eine Person, der ein Schiedsrichteramt angetragen wird, unverzüglich alle Umstände offenzulegen, die berechtigte Zweifel an ihrer Unabhängigkeit oder Unparteilichkeit erwecken könnten, es sei denn, sie hat die Parteien bereits darüber informiert.[647] Diese Verpflichtung besteht während des ganzen Verfahrens[648] (Offenlegungspflicht). Die Offenlegung führt nicht automatisch dazu, daß die Ernennung zurückgenommen wird. Mit dieser Vorschrift soll der Schiedsrichter davor geschützt werden, daß eine der Parteien aufgrund dem schon offengelegten Umstand später ein Ablehnungsverfahren gegen ihn einleitet.[649] Erfüllt der Schiedsrichter diese Verpflichtung nicht und eine Partei erlangt Kenntnis darüber, so kann sie die Aufhebung des Schiedsspruchs verlangen.[650] Erlangt sie die Kenntnis der Befangenheit zu einem Zeitpunkt, zu dem sie noch einen Ablehnungsantrag einleiten könnte - d.h. vor dem Erlaß des Schiedsspruchs - und versäumt sie es jedoch, diesen Antrag dem Schiedsgericht einzureichen, so verliert sie ihre Berechtigung, die Aufhebung des Schiedsspruchs aus diesem Grund zu verlangen.[651] Das Ablehnungsrecht ist die wichtigste Garantie für die Unparteilichkeit und Unabhängigkeit der Schiedsrichter. Die Partei hat das Recht, den Schiedsrichter ab-

---

644 Zoltán, Ödön: Választottbíráskodásunk egyes kérdéseiről, MJ 1995/3, S. 278.
645 Schwab, Karl-Heinz/Walter, Gerhard: Schiedsgerichtsbarkeit, Kap. 9. Rn. 4.
646 BGH NJW 1976/109
647 § 17 Abs. 1 des SchiedsgerichtsbarkeitsG
648 Amtliche Begründung, S. 15.
649 Horváth, Éva: A választottbíráskodásról szóló törvény ..., JK 19995/4, S. 177.
650 § 55 Abs. 1 e des SchiedsgerichtsbarkeitsG
651 Amtliche Begründung, S. 16.

zulehnen, wenn in seiner Person Befangenheitsgründe vorliegen. Ein im voraus vereinbarter Verzicht auf die Ablehnung oder eine vereinbarte Beschränkung der Ablehnungsgründe ist nach der herrschenden Meinung nichtig.
Die Ablehnungsgründe sind im Gesetz lediglich allgemein geregelt: Ein Schiedsrichter kann nur dann abgelehnt werden, wenn solche Umstände vorliegen, die berechtigte Zweifel an seiner Unabhängigkeit oder seiner Unparteilichkeit erwekken können oder wenn er nicht über eine solche berufliche Ausbildung verfügt, die nach der Vereinbarung der Parteien erforderlich ist.[652]
Für die Befangenheit sind die folgenden Beispiele zu erwähnen:
- Es bestehen außerhalb, während des Schiedsverfahrens laufende Kontakte zwischen dem Schiedsrichter und einer der Parteien, weil der Schiedsrichter als Angestellter, Handelsvertreter oder dauernder Beratungsanwalt bei einer Firma, welche im Schiedsverfahren eine Partei ist, eingestellt ist;[653]
- Informationsübergabe einer Partei an einen Schiedsrichter, die nicht zur Weiterleitung an den anderen Schiedsrichter und an die andere Partei bestimmt war;[654]
- Feindschaft zwischen einem Schiedsrichter und einer Partei;
- Die Partei gewährleistet einem Schiedsrichter ein Darlehen oder vermietet ihm einen Wohnraum.
Um Rechtsmißbrauch zu vermeiden, kann eine Partei, die den Schiedsrichter selbst bestellt oder an dessen Bestellung mitgewirkt hat, diese Ablehnungsgründe lediglich dann geltend machen, wenn sie erst nach der Bestellung Kenntnis über die Ablehnungsgründe erlangte.[655] Wenn die Partei also trotz des ihr bekannten Ablehnungsgrunds den Schiedsrichter ernennt, verliert sie ihr Recht auf Ablehnung.
Das Ablehnungsverfahren - ebenfalls wie das Verfahren zur Bestellung des Schiedsrichters - können die Parteien selbst vereinbaren. Wenn eine solche Vereinbarung fehlt, gelten die gesetzlichen Regelungen:[656] Die Partei, die einen Schiedsrichter ablehnen will, muß eine schriftliche Erklärung bei dem Schiedsgericht abgeben. Die Ablehnungsgründe müssen in der Erklärung dargelegt werden. Daneben ist eine Frist von 15 Tagen, nachdem der Partei die Zusammensetzung des Schiedsgerichts oder die Ablehnungsgründe bekannt geworden sind, vorgeschrieben. Der mit dem Ablehnungsantrag betroffene Schiedsrichter kann selbst von seinem Amt zurücktreten. Die andere Partei kann der Ablehnung zustimmen. In beiden Fällen wird das Mandat des Schiedsrichters somit beendet, was aber nicht die Anerkennung eines Ablehnungsgrundes bedeutet.[657] Diese Möglichkeit dient ausschließlich der Beschleunigung des Verfahrens.[658] Tritt der abgelehnte

---

[652] § 18 des SchiedsgerichtsbarkeitsG
[653] Pikó, Rita: Schiedsgerichtsbarkeit in Ungarn, S. 129.
[654] Lionnet, Klaus: Handbuch für nationalen und internationalen Schiedsgerichtsbarkeit, S.111.
[655] § 18 Abs. 2 des SchiedsgerichtsbarkeitsG
[656] §§ 19, 20 des SchiedsgerichtsbarkeitsG
[657] § 21 Abs. 3 des SchiedsgerichtsbarkeitsG
[658] Amtliche Begründung, S. 16.

Schiedsrichter von seinem Amt nicht zurück oder stimmt die andere Partei der Ablehnung nicht zu, so entscheidet zunächst das Schiedsgericht - mit Teilnahme des im Ablehnungsantrag betroffenen Schiedsrichters - selbst über den Ablehnungsantrag.[659] Bleibt der Ablehnungsantrag nach dem dargestellten Vorgang erfolglos, so kann die ablehnende Partei innerhalb dreißig Tagen, nachdem sie von der Entscheidung, in welcher die Ablehnung verweigert wurde, Kenntnis erlangt hat, das zuständige Gericht um eine Entscheidung über die Ablehnung ersuchen. Während der Ablehnungsantrag im Gange ist, kann das Schiedsgericht - einschließlich des von der Ablehnung betroffenen Schiedsrichters - das Schiedsverfahren fortsetzen und einen Schiedsspruch erlassen. Das geschieht aber auf eigene Gefahr des Schiedsgerichts, da das Verfahren unzulässig ist, falls das staatliche Gericht den Ablehnungsgrund anerkennt.

Die Ablehnung durch eine gerichtliche Entscheidung führt zur Beendigung des Mandats des Schiedsrichters. In der Regel wird aber das Mandat als Schiedsrichter mit der Einstellung des Verfahrens beendet, darüber hinaus erfolgt sie durch Rücktritt oder durch die Vereinbarung der Parteien.

Das Mandat des Schiedsrichters kann – neben der Einstellung des Verfahrens und der Ablehnung - nur durch Rücktritt oder durch Vereinbarung der Parteien und durch im Gesetz bestimmte Fälle beendet werden, nämlich dann, wenn:[660]

- ein Antrag auf Ablehnung gestellt wird;
- ein Schiedsrichter den Ernennungsvoraussetzungen wegen einer nach der Annahme der Bestellung eintretenden Veränderung nicht mehr entspricht;
- der Schiedsrichter tatsächlich außerstande ist, seine Aufgaben zu erfüllen;
- der Schiedsrichter aus anderen Gründen seinen Aufgaben in angemessener Frist nicht nachkommt.

Diese Regelung bringt zum Ausdruck, daß die Parteien zwar das Schiedsgericht selbst bilden, aber das schon gebildete Schiedsgericht nicht nach Belieben ändern können. Die Parteien haben keine unbegrenzte Möglichkeit, das Mandat des Schiedsrichters zu beenden.[661] Diese Vorschrift dient der Rechtssicherheit. Bestehen Meinungsverschiedenheiten über die Beendigung des Mandats eines Schiedsrichters, dann kann jede Partei bei dem zuständigen Gericht eine Entscheidung über die Beendigung des Mandats beantragen.[662] Diese Möglichkeit besteht lediglich dann, wenn die Meinungsverschiedenheiten mit den „sonstigen Fällen“ der Mandatsbeendigung zusammenhängen.[663] Wenn die Gefahr der Prozeßverzögerung nicht droht, ist eine Frist nicht vorgesehen.[664]

Endet das Mandat eines Schiedsrichters aus den oben dargestellten, im Gesetz bestimmten Gründen, ist ein Ersatzschiedsrichter zu bestellen. Für die Bestellung

---

[659] § 19 Abs. 3 des SchiedsgerichtsbarkeitsG
[660] § 21 Abs. 3 des SchiedsgerichtsbarkeitsG
[661] Szász, Iván: Törvény a választottbíráskodásról, S. 14.
[662] § 22 des SchiedsgerichtsbarkeitsG
[663] Amtliche Begründung, S. 18.
[664] Amtliche Begründung, S. 18.

eines Ersatzschiedsrichters gelten die gleichen Regelungen, die für die Bestellung eines Schiedsrichters anzuwenden waren.[665]

i/. Die „Kompetenz-Kompetenz"

Dem Schiedsgericht steht zu, selbst über die eigene Zuständigkeit zu entscheiden.[666] Diese Berechtigung des Schiedsgerichts nennt man „Kompetenz-Kompetenz."[667] Da die Zuständigkeit eng mit dem Bestehen und der Gültigkeit der Schiedsvereinbarung zusammenhängt,[668] ist das Schiedsgericht zur Entscheidung darüber ebenfalls berechtigt.

Es wurde schon dargestellt, daß eine Verweisung vom Gericht zum Schiedsgericht nicht gestattet ist, um Zuständigkeitskonflikte zu vermeiden. Diese Zuständigkeitskonflikte, die mit der Kompetenz-Kompetenz zusammenhängen, würden insbesondere in folgenden Situationen entstehen: Das Gericht stellt das Nichtbestehen seiner Zuständigkeit fest und verweist die Klageschrift an das Schiedsgericht. Mit der Verweisung stellt das Gericht aber fest, daß in dieser Angelegenheit das Schiedsgericht zuständig ist. Steht dem Schiedsgericht zu, über das Bestehen und Nichtbestehen seiner eigenen Zuständigkeit zu entscheiden und war die gerichtliche Entscheidung unrichtig, dann stellt das Schiedsgericht seine Unzuständigkeit fest. Die schiedsgerichtliche Entscheidung würde somit über die gerichtliche Entscheidung gesetzt und der Kläger gezwungen, seine Klageschrift erneut beim Gericht einzureichen. Letztendlich müßte das Berufungsgericht über diesen Zuständigkeitskonflikt entscheiden.[669]

Eine Voraussetzung des Schiedsverfahrens ist, daß das schiedsrichterliche Verfahren in einer Schiedsvereinbarung festgelegt wird. Diese Schiedsvereinbarung kann entweder in Form einer Klausel in einem anderen Vertrag oder als eine selbständige Vereinbarung geschlossen werden. Egal welche Form die Parteien wählten, die Schiedsvereinbarung ist in beiden Fällen unabhängig von den übrigen Verträgen:[670] Eine Schiedsklausel, welche Bestandteil eines Vertrages ist, ist als eine von den anderen Vertragsbestimmungen unabhängige Vereinbarung zu behandeln.[671] Die Unabhängigkeit der Schiedsvereinbarung ist auch damit zum Ausdruck gebracht, daß sich aus der Nichtigkeit des Vertrages nicht ohne weiteres die Nichtigkeit der Schiedsklausel ergibt.[672] Es kommt also vor, daß ein Vertrag nichtig, die Schiedsvereinbarung jedoch wirksam und das Schiedsgericht dementsprechend zuständig ist.[673] Diese Regelungsweise steht auch mit dem Zivilgesetzbuch[674] im Einklang, der lautet: Ist ein Teil eines Rechtsgeschäftes nich-

---

665 § 23 des SchiedsgerichtsbarkeitsG

666 § 24 Abs. 1 des SchiedsgerichtsbarkeitsG

667 Horváth, Éva: Eljárási kérdések szabályozása ..., JK 1995/5, S. 221.

668 Amtliche Begründung, S. 18.

669 Zoltán, Ödön: Választottbíráskodásunk egyes kérdéseiről, MJ 1993/5, S. 277.

670 Horváth, Éva: Eljárási kérdések szabályozása ..., JK 1995/5, S. 221.

671 § 24 Abs. 1 Satz 2 des SchiedsgerichtsbarkeitsG

672 § 24 Abs. 2 des SchiedsgerichtsbarkeitsG

673 Szász, Iván: Törvény a választottbíráskodásról, S. 14.

674 § 239 des Zivilgesetzbuches

tig, so ist das ganze Rechtsgeschäft lediglich dann nichtig, wenn anzunehmen ist, daß es die Parteien ohne den nichtigen Teil nicht abgeschlossen hätten. Als Normalfall gilt also die Teilnichtigkeit. Hier ist zu bemerken, daß das deutsche BGB[675] bei einer Teilnichtigkeit grundsätzlich von der Nichtigkeit des gesamten Rechtsgeschäfts ausgeht.

Das Schiedsgericht ist bei der Entscheidung über seine eigene Zuständigkeit nicht an den Antrag der Parteien gebunden. Es kann in diesem Fall von Amts wegen vorgehen und z.B. seine Unzuständigkeit auch ohne Antrag der Parteien feststellen, falls es bemerkt, daß die gegebene Angelegenheit im Wege der Schiedsgerichtsbarkeit nicht entschieden werden darf.[676] Daneben ist auch eine Einrede seitens der Parteien möglich. Die Einrede wegen Unzuständigkeit ist so früh wie möglich - d.h. spätestens gleichzeitig mit der Klagebeantwortung[677]- vorzubringen. Die Einrede wegen Überschreitung der Zuständigkeit des Schiedsgerichts muß unverzüglich - zum Zeitpunkt der angenommenen Überschreitung - vorgebracht werden.[678] Aus der Bestimmung „spätestens" geht hervor, daß die Einrede nach gegebener Frist den Parteien nicht mehr zusteht, also ein prozeßrechtlicher Rechtsverlust eintritt.[679] Da aber die Partei nicht immer erkennt, daß ein Antrag die Zuständigkeit des Schiedsgerichts überschreitet,[680] steht dem Schiedsgericht die Möglichkeit zur Zulassung einer späteren Einrede zu.[681] Voraussetzung dafür ist, daß das Schiedsgericht die Verspätung für gerechtfertigt hält. Darunter ist zu verstehen, daß der Schiedsrichter zur Überzeugung gelangt, daß er für die Verspätung eine Erklärung erhält, die die Gründe für die Verspätung erkennen läßt und die Verspätung unberücksichtigt bleiben kann, da sie das Verfahren nicht hindert.[682] Das Kriterium „für gerechtfertigt hält" ist nicht immer wörtlich zu verstehen. Dazu ein Beispiel:

1992 schloß der Beklagte einen Leasingvertrag mit dem Kläger ab, zu dessen Inhalt auch eine Schiedsvereinbarung gehörte. Der Beklagte war ein selbständiger Unternehmer. Da der Beklagte keine Wirtschaftsorganisation war, war eine Schiedsvereinbarung zwischen ihnen, nach der zu diesem Zeitpunkt noch geltenden Rechtslage[683] - beide Parteien mußten eine Wirtschaftsorganisation sein - nicht möglich. Nach dem Entstehen der konkreten Rechtsstreitigkeit nach 1994 wurde eine Schiedsvereinbarung zwischen diesen Parteien gestattet. Der Beklagte brachte die Einrede der Unzuständigkeit des Schiedsgerichts in der Klagebeantwortung jedoch nicht vor. Um festzustellen, ob es sich hier nicht um eine gerechtfertigte Verspätung handeln könnte, forderte das Schiedsgericht die Parteien

---

[675] Bürgerliches Gesetzbuch vom 18. August 1896

[676] Horváth, Éva: Eljárási kérdések szabályozása .. , JK 1995/5, S. 221.

[677] Amtliche Begründung, S. 19.

[678] Amtliche Begründung, S. 19.

[679] Újlaki, László: A választottbírósági hatáskör szabályozásának ..., MJ 1997/3, S. 152.

[680] Amtliche Begründung, S. 19.

[681] § 24 Abs. 3 des SchiedsgerichtsbarkeitsG

[682] Újlaki, László: A választottbírósági hatáskör szabályozásának ..., MJ 1997/3, S. 153.

[683] § 360 der Zivilprozeßordnung in der vor dem Gesetz über die Schiedsgerichtsbarkeit geltenden Fassung

zur Stellungnahme bezüglich der schiedsrichterlichen Zuständigkeit auf. Der Kläger nahm mit juristischer Begründung zum Bestehen der Zuständigkeit des Schiedsgerichtes Stellung. Der Beklagte teilte lediglich mit, er sei mit dem Schiedsverfahren nicht einverstanden. Er versäumte aber zu begründen, warum er die Einrede der Unzuständigkeit des Schiedsgerichts nicht gleichzeitig mit der Klagebeantwortung vorbrachte. Aufgrund der mangelnden Begründung hielt das Schiedsgericht die Verspätung nicht für gerechtfertigt und führte aus: Aus der Regelung bzgl. des verspäteten Vorbringens der Einrede der Unzuständigkeit des Schiedsgerichts ergibt sich, daß die schiedsrichterliche Zuständigkeit, auch wenn sie in Wirklichkeit nicht bestehen würde, feststellbar ist. Wegen dieser Überlegung wurde die Einrede des Beklagten abgewiesen und die Zuständigkeit des Schiedsgerichts festgestellt.[684]

In der Praxis kommt es oft vor, daß der Beklagte keinen Schiedsrichter bestellt mit der Begründung, daß er die Zuständigkeit des Schiedsgerichts nicht erkenne.[685] Ein solches Verhalten ergibt sich aus Unkenntnis oder ist Teil der Prozeßverzögerung. Hier handelt es sich um eine falsche Taktik, da der Schiedsrichter bei Verzögerung einer der Parteien auch vom Gericht ernannt werden kann.[686] Andererseits bietet das Gesetz Gewähr dafür, daß eine Partei von der Erhebung der Einrede wegen Unzuständigkeit des Schiedsgerichtes nicht ausgeschlossen wird, wenn sie einen Schiedsrichter bestellte.[687]

Das Schiedsgericht kann also selbst über die eigene Zuständigkeit entscheiden. Diese Entscheidung kann es sowohl im Vorfeld, beim Auftreten der Gründe für eine Einrede oder erst im Schiedsspruch treffen. Aus prozeßökonomischen Gründen ist eine frühe Entscheidung erforderlich, eine sofortige Entscheidung ist aber nicht in jedem Fall möglich. Dazu ein Beispiel: Vor dem Inkrafttreten des Gesetzes über die Schiedsgerichtsbarkeit war eine Schiedsvereinbarung zwischen inländischen Wirtschaftsorganisationen nur bezüglich bestimmter Vertragsarten möglich. In einem konkreten Prozeß vor dem Schiedsgericht der Ungarischen Industrie- und Handelskammer war vor der Entscheidung über die Zuständigkeit die Frage zu beantworten, welcher Vertrag (Lieferungs- oder Komissionsvertrag) zwischen den Parteien tatsächlich zustande kam. Die Beantwortung dieser Frage war nur nach mehreren Verhandlungen möglich. Über die Zuständigkeit konnte erst nachher eine Entscheidung getroffen werden.[688]

Die Entscheidung des Schiedsgerichts über die eigene Zuständigkeit ist nicht in jedem Fall ausschließlich und endgültig.[689] Bejaht das Schiedsgericht seine Zuständigkeit bereits während des Verfahrens, so kann jede Partei, die damit nicht einverstanden ist, bei dem zuständigen Gericht die Überprüfung dieser Entscheidung beantragen. Dafür ist eine Frist von 30 Tagen, nachdem die Partei von dem

---

[684] Újlaki, László: A választottbírósági hatáskör szabályozásának ... , MJ 1997/3, S. 152.
[685] Horváth, Éva: Eljárási kérdések szabályozása ..., JK 1995/5, S. 221.
[686] Horváth, Éva: Eljárási kérdések szabályozása ..., JK 1995/5, S. 222.
[687] § 24 Abs. 4 des SchiedsgerichtsbarkeitsG
[688] Horváth, Éva: Eljárási kérdések szabályozása ..., JK 1995/5, S. 222.
[689] Amtliche Begründung, S. 19.

Beschluß, in dem die Zuständigkeit bejaht wurde, Kenntnis erlangte, vorgeschrieben.[690] Die Partei ist nicht verpflichtet, zuerst den Erlaß des Schiedsspruchs abzuwarten und erst dann dessen Aufhebung zu verlangen. Die bejahende Entscheidung des Schiedsgerichts bezüglich seiner eigenen Zuständigkeit kann das Gericht auch später, im Rahmen der Aufhebung des Schiedsspruchs sowie im eng begrenzten Umfang bei der Ablehnung der Vollstreckung des Schiedsspruchs überprüfen.[691] Diese Berechtigung der Gerichte zur Überprüfung bedeutet die für das Schiedsgericht verbindliche Entscheidung, daß es in der gegebenen Angelegenheit zum Verfahren nicht berechtigt ist, obwohl es seine Zuständigkeit festgestellt hat (positiver Kompetenzkonflikt).[692]

Wird weiterhin vor einem Gericht Klage in einer Angelegenheit erhoben, welcher Gegenstand einer Schiedsvereinbarung ist, nimmt das Gericht zur Zuständigkeit des Schiedsgerichts bereits damit Stellung, indem es die Klageschrift abweist oder feststellt, daß die Schiedsvereinbarung nicht zustandegekommen, nichtig, unwirksam oder undurchführbar ist.

Es ist strittig, ob das ordentliche Gericht die Schiedsrichter zum Schiedsverfahren zwingen kann, falls das Schiedsgericht seine Unzuständigkeit bereits festgestellt hat (negativer Kompetenzkonflikt).[693] Nach einer Meinung[694] ist diese Frage aus den folgenden Gründen zu bejahen: Nach dem Gesetz über Organisation und Verwaltung der Gerichte ist die Entscheidung der Gerichte für alle verbindlich.[695] Zu einer solchen Entscheidung gehört auch, daß das Gericht in einer Angelegenheit seine Zuständigkeit oder seine Unzuständigkeit feststellt. Daraus ist nach dieser Auffassung die Konsequenz zu ziehen, daß die Entscheidung der Gerichte über die Zuständigkeit ein größeres Gewicht haben als die des Schiedsgerichts. Dem Gericht steht somit das Recht zu, das Schiedsgericht zum Verfahren aufzufordern. Nach anderer Auffassung[696] können die Schiedsrichter demgegenüber nicht zum Verfahren verpflichtet werden. Dies wird wie folgt begründet: Verneint das Schiedsgericht seine Zuständigkeit, ermöglicht das Gesetz über die Schiedsgerichtsbarkeit die gerichtliche Überprüfung nicht. Eine solche Berechtigung ist auch nicht von anderen Rechtsnormen herzuleiten. Die Entscheidung des Schiedsgerichts ist wie eine Vereinbarung der Parteien anzusehen. Die privatrechtliche Schiedsgerichtsbarkeit unterliegt der Disposition der Parteien. Treffen die Parteien eine Vereinbarung, welche nach den Schiedsrichtern, die sie gewählt haben, zur Schiedsgerichtsbarkeit nicht taugt, kann das staatliche Gericht diese Streiterledigungsart, welche auf der Privatautonomie beruht, auch nicht erzwin-

---

[690] § 25 Abs. 1 S: 2 des SchiedsgerichtsbarkeitsG
[691] Amtliche Begründung, S. 19.
[692] Wallacher, Lajos: A választottbíráskodás szerződései, S. 279.
[693] Wallacher, Lajos: A választottbíráskodás szerződései, S. 279.
[694] Zoltán, Ödön: Választottbíráskodásunk egyes kérdéseiről, MJ 1993/5, S. 282.
[695] § 7 des GerichtsorganisationsG
[696] Wallacher, Lajos: A választottbíráskodás szerződései, S. 279.

gen. Die Entscheidung des Schiedsgerichts, in welcher es seine Zuständigkeit verneint, kann also nicht in Frage gestellt werden.[697]

Wird bei dem zuständigen Gericht ein Antrag auf Entscheidung über die Zuständigkeit des Schiedsgerichts eingereicht, hindert dies das Schiedsgericht nicht, das Verfahren fortzusetzen und einen Schiedsspruch zu erlassen.[698] Das Schiedsverfahren wird mit dem Einschreiten eines Gerichts nicht automatisch abgestellt.[699] Das Schiedsgericht ist berechtigt, das Schiedsverfahren abzubrechen und die gerichtliche Entscheidung abzuwarten.[700] Wartet das Schiedsgericht die gerichtliche Entscheidung ab und das Gericht gibt der Einrede nicht statt, dann wurde das Schiedsverfahren verlangsamt. Setzt das Schiedsgericht das Schiedsverfahren fort und das Gericht gibt der Einrede statt, so wurden überflüssige, kostenverursachende Prozeßhandlungen vorgenommen.[701] Diese Regelungsweise liegt im Interesse an der Schnelligkeit und an dem ungestörten Schiedsverfahren.

j/. Die Grundsätze des Schiedsverfahrens

Zwar beruht die Schiedsgerichtsbarkeit auf der Parteivereinbarung, die Art und Form des Schiedsverfahrens muß jedoch im voraus festgelegt werden.

Das Gesetz sieht als Regelfall die Bestimmung der Verfahrensregeln durch die Parteien vor. Der in der Schiedsgerichtsbarkeit geltende Grundsatz, daß die Parteien die Verfahrensregeln selbst bestimmen können, dient der Parteiautonomie. Vereinbaren die Parteien die Verfahrensregeln nicht, ist das Schiedsgericht selbst zu deren Festlegung berechtigt.[702] Bei einem institutionellen Schiedsgericht ist dies in der Regel auch nicht erforderlich, da es über eine Verfahrensordnung verfügt, die alle erforderlichen Verfahrensregeln beinhaltet.[703] Die Verfahrensordnung gilt als eine Vereinbarung der Parteien. In der Praxis machen die Parteien von der Möglichkeit der Selbstbestimmung der Verfahrensregeln keinen Gebrauch, da in den meisten Schiedsvereinbarungen die Zuständigkeit eines institutionellen Schiedsgerichts vereinbart wird.[704] Mit der Schiedsgerichtsbarkeit zu vereinbarende Vorschriften der ungarischen Zivilprozeßordnung sind für das Schiedsverfahren nicht automatisch, sondern nur dann anwendbar, wenn die Parteien dies vereinbaren oder das Schiedsgericht sich dazu entscheidet, falls es zur Bestimmung der Verfahrensregeln berechtigt ist.[705] Ausländische Prozeßrechte sind demgegenüber, wenn das Schiedsverfahren in Ungarn stattfindet, nicht als Hilfsregelungen anwendbar.[706] Zur Anwendung internationaler Schiedsverfahrensordnungen sind sowohl die Parteien als auch das Schiedsgericht berechtigt.

---

[697] Wallacher, Lajos: A választottbíráskodás szerződései, S. 280.
[698] § 25 Abs. 1und 2 des SchiedsgerichtsbarkeitsG
[699] Horváth, Éva: Eljárási kérdések szabályozása ..., JK 1995/5, S. 221.
[700] Amtliche Begründung, S. 20.
[701] Szász, Iván: A választottbíráskodásról és szabályozásáról, GJ 1993/2-3, S. 10.
[702] § 28 des SchiedsgerichtsbarkeitsG
[703] Amtliche Begründung, S. 22.
[704] Gellért, György: Új törvény a választottbíráskodásról, MJ 1995/8, S. 456.
[705] Amtliche Begründung, S. 22.
[706] Horváth, Éva: „Magán"-bíráskodás törvény alapján, GJ 1995/7-8, S. 45.

Die Möglichkeit der freien Bestimmung von Verfahrensregeln durch die Parteien oder das Schiedsgericht unterliegt einigen Einschränkungen: Sowohl die Parteien als auch das Schiedsgericht haben die verbindlichen gesetzlichen Regelungen und die Prinzipien der internationalen Schiedsgerichtsbarkeit zu beachten wie z.B. Gleichbehandlung der Parteien, Gerechtigkeit, Gutgläubigkeit, Unparteilichkeit und Schutz der öffentlichen Ordnung.[707]

Die Schiedsgerichtsbarkeit findet ausschließlich aufgrund diesbezüglicher Parteivereinbarungen statt, die Schiedsrichter werden von den Parteien gewählt. Dabei handelt es sich ausschließlich um eine auf einem bürgerlich - rechtlichen Vertrag beruhende private Gerichtsbarkeit. Die Richter der ordentlichen Gerichte werden demgegenüber vom Staat bestellt und das Verfahren durch öffentlich - rechtliche Normen bestimmt. Dieser Unterschied wirft die Frage auf, ob den Schiedsrichtern vielleicht andere Verfahrensrechte zustehen als den Richtern der ordentlichen Gerichte oder ob für das Schiedsverfahren die für das ordentliche Gerichtsverfahren anzuwendenden öffentlich - rechtlichen Normen einschlägig sind. Dagegen könnte man argumentieren, daß die Rechtsprechung nach der ausdrücklichen Bestimmung der Verfassung[708] Aufgabe der Gerichte ist, die staatliche Organe sind. Dafür spricht jedoch, daß diese verfassungsrechtliche Deklaration nicht ausschließlich ist und somit auch für die privatrechtliche Schiedsgerichtsbarkeit - als gleichwertige Alternative zu den ordentlichen Gerichten - Raum bleibt. Es bestehen zwar Sonderregelungen für die Schiedsgerichtsbarkeit, welche aber lediglich an den speziellen Aufgaben der Schiedsgerichte angeknüpfte Verfahrensnormen sind. Die Sondernormen für das Schiedsverfahren müssen dementsprechend mit den für die ordentlichen Gerichte geltenden allgemeinen prozeßrechtlichen und verfassungsrechtlichen Grundsätzen - wie z.B. Schutz der Vermögensrechte aufgrund der Gerechtigkeit, Anhörung der Parteien, Erfordernis der Beweisführung, etc. - im Einklang stehen. Die für den Schiedsrichter anzuwendenden Sondernormen gelten nur im Rahmen der allgemeinen, für die Richter der ordentlichen Gerichte geltenden, öffentlich - rechtlichen Grundsätze.[709]

Das Gesetz über die Schiedsgerichtsbarkeit beinhaltet wenige Bestimmungen über das Schiedsverfahren und die meisten davon sind dispositiv. Die Parteien oder das Schiedsgericht können diese durch anderweitige Vereinbarungen verdrängen. Neben der Regelung des Verfahrensablaufs beinhaltet das Gesetz die wichtigsten Verfahrensgrundsätze:

Das Prinzip der Gleichbehandlung der Parteien[710] ist eine Garantieregelung und im Gesetz ausdrücklich geregelt. Dieses Prinzip gilt während des gesamten Schiedsverfahrens. Es ist verbindlich und kann auch nicht durch das Recht der Parteien, die Verfahrensregeln selbst zu bestimmen, ausbedungen werden.[711] Im Einklang damit obliegt dem Schiedsgericht die Pflicht, beide Parteien anzuhören.

---

707 Újlaki, László: A fél és a választottbíróság eljárásjogi autonómiája, MJ 1992/12, S. 707.

708 § 45 der Verfassung der Republik Ungarn

709 Újlaki, László: A fél és a választottbíróság eljárásjogi autonómiája, MJ 1992/12, S. 705.

710 § 27 des SchiedsgerichtsbarkeitsG

711 Szász, Iván: Törvény a választottbíráskodásról, S. 15.

Diese Berechtigung der Parteien umfaßt nicht nur die Abgabe von Erklärungen, sondern darüber hinaus die Vorlage von Beweismaterialien.[712] Dem Grundsatz der Gleichheit der Parteien dienen die Bestimmungen, nach denen die Unterlagen, die eine Partei dem Schiedsgericht vorlegt, der anderen Partei mitzuteilen sowie andere entscheidungserhebliche Gutachten und schriftliche Beweisstücke beiden Parteien zu übermitteln sind.[713] Die Verletzung dieser Verpflichtungen kann zur Aufhebung des Schiedsspruchs führen.

Einer der wichtigsten Grundsätze des Schiedsverfahrens ist weiterhin der Ausschluß der Öffentlichkeit. In vielen Fällen besteht ein erhebliches Interesse der Parteien daran, daß Außenstehende, z.B. Konkurrenten, gar nicht erfahren, daß zwischen ihnen ein Rechtsstreit existiert. Der Ausschluß der Öffentlichkeit fördert auch das Zustandekommen eines Vergleichs zwischen den Parteien als der idealste Weg des Abschlusses des Schiedsverfahrens. Dem Grundsatz des Ausschlusses der Öffentlichkeit steht die Teilnahme von nicht betroffenen Personen am Schiedsverfahren mit Zustimmung der Parteien nichts entgegen.[714]

Die Verfahrenssprache oder Landessprachen können die Parteien frei vereinbaren. Diese Möglichkeit besteht auch bei nicht internationalen Schiedsverfahren, um ausländischen Parteien die Nutzung der eigenen Muttersprache zu ermöglichen. Die vereinbarte Verfahrenssprache gilt nicht nur für das Verfahren und die Erklärungen der Parteien, sondern auch für den Schiedsspruch.[715] Mangels anderweitiger Vereinbarung der Parteien ist die Verfahrenssprache des nationalen Schiedsverfahrens ungarisch.

Die Bestimmung des Verfahrensortes obliegt ebenfalls in erster Linie den Parteien. Machen sie von diesem Recht keinen Gebrauch, obliegt die Bestimmung dem Schiedsgericht. Das institutionelle Schiedsgericht verhandelt an dem Ort, welcher in seiner Gründungsurkunde bestimmt wurde.[716] Der Verfahrensort ist ein abstrakter Rechtsbegriff und nicht eine den tatsächlichen Sitz wiedergebende Kategorie.[717] Die Schiedsrichter können demzufolge unabhängig vom Verfahrensort auch anderswo Verfahrensverhandlungen vornehmen und konsultieren.[718] Die Bestimmung des Verfahrensortes ist aus mehreren Hinsichten entscheidend, so bei der Frage, ob die Schiedsgerichtsbarkeit in Geltungsbereich dieses Gesetzes liegt oder, ob es sich um eine internationale Schiedsgerichtsbarkeit handelt sowie bei der Anerkennung und Vollstreckung des Schiedsspruchs.[719]

---

[712] Horváth, Éva: Eljárási kérdések szabályozása ..., JK 1995/5, S. 222.
[713] § 34 Abs. 3 des SchiedsgerichtsbarkeitsG
[714] Horváth, Éva: Eljárási kérdések szabályozása ..., JK 1995/5, S. 222.
[715] Gellért, György: Új törvény a választottbíráskodásról, MJ 1995/8, S. 457.
[716] § 30 des SchiedsgerichtsbarkeitsG
[717] Szász, Iván: Törvény a választottbíráskodásról, S. 16.
[718] Amtliche Begründung, S. 23.
[719] Amtliche Begründung, S. 23.

k/. Beginn und Verlauf des Schiedsverfahrens

Der Beginn des Schiedsverfahrens ist für ad-hoc und für institutionelle Schiedsgerichte unterschiedlich geregelt. Das ad-hoc Schiedsverfahren beginnt am Tag, an dem der Gegner den Antrag erhält, einen bestimmten Streit einem Schiedsgericht vorzulegen.[720] Zu betonen ist, daß dieser Antrag nicht mit dem Klageantrag identisch ist. Zum Verfahrensbeginn ist die Erhebung einer ordnungsmäßigen Klage keine Voraussetzung, es reicht vielmehr aus, daß der Gegner diese Mitteilung entgegennimmt. Dieser Regelung liegt die Überlegung zugrunde, daß die Initiative der Partei auf Verfahrensbeginn und der Klageantrag zeitlich auseinanderliegen:[721] Die Bildung des Schiedsgerichts erfolgt in der Regel nach dieser Initiativhandlung; der Klageantrag wird erst nach der Bildung des Schiedsgerichts eingereicht. Bei einem institutionellen Schiedsgericht gilt demgegenüber der Eingang des Klageantrages beim Schiedsgericht als Tag des Verfahrensbeginns.[722] In der Praxis wird das Schiedsverfahren ebenfalls mit dem Einreichen des Klageantrages eingeleitet.[723] Die Regelungen über den Verfahrensbeginn spielen insbesondere bei der Verjährung und bei der Anordnung von Sicherungsmaßnahmen eine Rolle. Diese Regelungen sind unverbindlich, weshalb die Parteien auch etwas anderes vereinbaren können.

Das Schiedsverfahren besteht aus Konzentration und Aufeinanderfolge von Prozeßhandlungen der Parteien und des Schiedsgerichts.[724] Diese Prozeßhandlungen werden von beiden Seiten durch die Ausübung von Rechten und Erfüllung von Pflichten realisiert. Im Laufe des Schiedsverfahrens sind sowohl den Parteien als auch dem Schiedsgericht Rechte und Pflichten auferlegt. Den Parteien steht eine umfangreiche Befugnis zu: Vorlage und spätere Änderung der Klageschrift und der Klagebeantwortung, Rücknahme der Klageschrift, Einreichen einer Gegenklage, Verteidigung, Behauptungen, Anerkennung, Rücknahme, Einwendungen, Fragerecht, Bestellung eines Vertreters, Sachverständigen oder Dolmetschers, Unterbreiten eines Ablehnungsantrages, Abgabe von Willenserklärungen, Kenntnisnahme der Prozeßmaterialien, Anwesenheit bei der Verhandlung, Anhörung, Beantragung der Berichtigung und Ergänzung des Schiedsspruchs, Verfahrensrüge, Erheben eines Kostenanspruchs etc. Diese Befugnisse entsprechen denen der Parteien im Zivilprozeßrecht.[725] Darüber hinaus steht den Parteien des Schiedsverfahrens die Möglichkeit zur Abweichung von den meisten Verfahrensregeln durch gemeinsame Erklärung, Zustimmung, Vereinbarung oder gemeinsames Einverständnis zu. Sie können die Änderung und Ergänzung der Klageschrift und der Klagebeantwortung etc. ausschließen. Die Möglichkeit zur Abweichung bringt das Gesetz durch die Formulierung „mangels anderweitiger Parteivereinbarung“ oder “wenn die Parteien nicht etwas anderes vereinbarten“ zum Ausdruck,

---

[720] § 32 Abs. 1 des SchiedsgerichtsbarkeitsG

[721] Amtliche Begründung, S. 24.

[722] § 32 Abs. 2 des SchiedsgerichtsbarkeitsG

[723] Gellért, György: Új törvény a választottbíráskodásról, MJ 1995/8, S. 457.

[724] Újlaki, László: A fél és a választottbíróság eljárásjogi autonomiája, MJ 1992/12, S. 711.

[725] Újlaki, László: A fél és a választottbíróság eljárásjogi autonomiája, MJ 1992/12, S. 707.

um der Priorität der Parteiautonomie zu dienen. Durch das Erfordernis eines gemeinsamen Beschlusses beider Parteien ist die Prozeßbefugnis der einzelnen Partei zwar beschränkt, jedoch wegen dem vertraglichen Charakter der Schiedsgerichtsbarkeit erforderlich. Eine weitere Beschränkung der Parteiautonomie liegt in der bedingungslosen Anwendbarkeit der Grundsätze der Schiedsgerichtsbarkeit und die für die Parteien verbindlichen Verfügungen des Schiedsgerichtes. Den Parteien sind nur wenige gesetzliche Pflichten auferlegt: Ihr Verhalten muß im Laufe des Verfahrens im Einklang mit materiell- und prozeßrechtlichen Grundsätzen, wie Gutgläubigkeit, Redlichkeit und Billigkeit, stehen.[726] Sowohl der Kläger als auch der Beklagte sind verpflichtet, alles vorzutragen, aufgrund dessen das Schiedsgericht den Schiedsspruch erlassen wird: Der Kläger bringt die Tatsachen vor, auf die er seinen Anspruch stützt, die strittigen Punkte sowie sein Begehren und der Beklagte hat dazu Stellung zu nehmen. Den Parteien ist eine Beweispflicht hinsichtlich solcher Umstände auferlegt, auf denen sich ihre Forderungen stützen. Sie sind verpflichtet, die gesetzlichen und die vom Schiedsgericht vorgeschriebenen Formalitäten und Fristen einzuhalten, den Anweisungen des Schiedsgerichts nachzukommen und zur Aufklärung des Sachverhalts beizutragen. Bereits die Verfahrenspassivität einer Partei oder Nichterfüllung der Beweispflicht gilt als Bösgläubigkeit.[727] Versäumte es eine der Parteien, bei der Verhandlung zu erscheinen oder Beweismittel vorzulegen und verursacht sie dadurch der Gegenpartei einen Schaden, so kann der Beschädigte auch dann keinen Schadenersatz verlangen, wenn das verzögernde Verhalten einen Verstoß gegen eine Bestimmung der Schiedsvereinbarung ist und somit als Vertragsverletzung gilt.[728] Die verfahrensrechtliche Folge einer solchen Verzögerung ist das Fortsetzen des Verfahrens und der Erlaß des Schiedsspruchs aufgrund der dem Schiedsgericht vorliegenden Beweise.

Um die Parteiautonomie im erforderlichen Rahmen zu halten, steht dem Schiedsgericht eine Verfahrensautonomie zu. Die Parteiautonomie bedeutet die Gesamtheit von Befugnissen, welche die Parteien bei der Geltendmachung und Verteidigung ihrer Rechte unterstützten. Bei der Verfahrensautonomie des Schiedsgerichts handelt es sich um eine Autonomie im engeren Sinne, die sich auf den Parteiwillen einschränkend auswirkt. Die Rechte und Pflichten auf dem Gebiet der Verfahrensautonomie des Schiedsgerichts sind nicht so genau getrennt wie die der Parteien. Das Schiedsgericht ist zur Rechtsausübung nicht nur berechtigt, sondern auch verpflichtet, auch wenn dies im Gesetz nicht ausdrücklich als Pflicht bezeichnet wird. Gerade aus dieser Verflechtung von Rechten und Pflichten, die dem Schiedsgericht von Gesetz wegen zustehen und auch durch die Parteien nicht eingeschränkt werden können, ergibt sich die Tätigkeit des Schiedsgerichts.[729] Verpflichtungen des Schiedsgerichts sind z.B. die Bestimmung des Prozeßwertes, Vorbereitung des Prozesses, Einstellung des Verfahrens bei Nichtbe-

[726] Újlaki, László: A fél és a választottbíróság eljárásjogi autonómiája, MJ 1992/12, S. 709.
[727] Újlaki, László: A fél és a választottbíróság eljárásjogi autonómiája, MJ 1992/12, S. 710.
[728] Wallacher, Lajos: A választottbíráskodás szerződései, S. 284 - 285.
[729] Újlaki, László: A fél és a választottbíróság eljárásjogi autonomiája, MJ 1992/12, S. 708.

seitigung eines Mangels, Ladung, Bekanntmachung, Protokollaufnahme, Beweiswürdigung, Erlaß des Schiedsspruchs oder sonstiger Beschlüsse, Berichtigung und Bekanntgabe des Schiedsspruchs etc. Darüber hinaus stehen dem Schiedsgericht auch echte Rechte zu: Die Entscheidung darüber, ob ein Versäumnis begründet ist oder der Ausschluß der Ergänzung der Klageschrift oder der Klagebeantwortung, wenn damit eine unnötige Verlängerung des Verfahrens verbunden wäre.[730] Diese Möglichkeit kommt im Gesetz mit der Formulierung: „Wenn das Schiedsgericht dies für erforderlich hält", „bei Bedarf" oder „im Ermessen des Schiedsgerichts" zum Ausdruck. Das Schiedsgericht ist dabei ebenfalls an die allgemeinen Grundsätze der Schiedsgerichtsbarkeit gebunden. Es kann also keine Ermessensentscheidung treffen, infolge dessen eine Partei ungleich einen Rechtsnachteil erleidet. Übt das Schiedsgericht die Ermessensbefugnis nicht aus, bleibt es den Parteien überlassen, zu handeln oder die gesetzlichen Folgen anzunehmen.[731]

Die schiedsrichterliche Verhandlung ist in der Regel mündlich und in Anwesenheit aller Parteien durchzuführen. Über die Verhandlung sind die Parteien rechtzeitig zu benachrichtigen.[732] Die Rechtzeitigkeit ist je nach den Umständen, insbesondere, ob es sich im gegebenen Fall um eine internationale oder nationale Schiedsgerichtsbarkeit handelt, unterschiedlich zu beurteilen. Die Versäumnis dieser verbindlichen Regelung kann zur Aufhebung des Schiedsspruchs führen.[733] Das Schiedsgericht hat die Parteien und ggf. die Zeugen und die Sachverständigen anzuhören und die Vorlage von Eingaben der Parteien zu gestatten.[734]

Das häufigste Beweismittel im Schiedsverfahren ist die Urkunde. Darunter fallen Verträge, Protokolle, Zollpapiere, Rechnungen, behördliche Genehmigungen und auch der Schriftwechsel zwischen den Parteien. Diese Dokumente müssen als Original oder in beglaubigter Kopie dem Schiedsgericht vorgelegt werden. Da beim ungarischen institutionellen Schiedsgericht die Fremdsprachenkenntnisse Einstellungsvoraussetzung sind, genügt oft eine einfache Übersetzung fremdsprachiger Dokumente, um dadurch das Schiedsverfahren zu beschleunigen.[735] Eine Zeugenanhörung findet im Schiedsverfahren selten statt und erfolgt in der Regel durch die Angestellten der Parteien, die bei der Geschäftsabwicklung mitwirkten. Natürlich sind solche Zeugenaussagen erst nach sorgfältiger Abwägung als Beweiskraft zu verwenden, wobei die arbeitsrechtliche und finanzielle Beteiligung solcher Personen zu berücksichtigen ist.[736] Zwar werden die Schiedsrichter von den Parteien oft wegen ihrer Fachkenntnisse gewählt, mitunter bedarf es jedoch die Beurteilung oder Feststellung wesentlicher Tatsachen oder sonstiger Umstän-

---

[730] § 33 Abs. 3 des SchiedsgerichtsbarkeitsG

[731] Újlaki, László: A fél és a választottbíróság eljárásjogi autonómiája, MJ 1992/12, S. 709.

[732] § 34 Abs. 2 des SchiedsgerichtsbarkeitsG

[733] Amtliche Begründung, S. 25.

[734] § 34 Abs. 1 des SchiedsgerichtsbarkeitsG

[735] Újlaki, László: Választottbírósági eljárásjogi töprengések, Friss Hírek 1993/8, S. 19.

[736] Újlaki, László: Választottbírósági eljárásjogi töprengések, Friss Hírek 1993/8, S. 19.

de - mangels diesbezüglicher Kenntnis der Schiedsrichter - einen Sachverständigen. Das Schiedsgericht bestimmt dessen Person und die Fragen, die er zu beantworten hat.[737] Um die Tätigkeit des Sachverständigen zu ermöglichen, kann das Schiedsgericht die Parteien auffordern, ihm Auskunft zu erteilen, zum Gegenstand des Verfahrens gehörende Schriftstücke vorzulegen oder zugänglich zu machen.[738] Den Parteien steht das Recht zu, die Inanspruchnahme des Sachverständigen in der Schiedsvereinbarung auszuschließen. Der Sachverständige ist nach der Erstellung des Gutachtens zur Teilnahme an der Verhandlung verpflichtet, wenn das Schiedsgericht dies für nötig hält oder eine der Parteien dies beantragt. Die Parteien können dem Sachverständigen Fragen stellen und andere Sachverständige oder Zeugen für strittige Fragen benennen.[739]
Es ist hervorzuheben, daß die Beweisführung zwar vom Schiedsgericht angeordnet, aber von den Parteien vorgenommen werden muß. Die Darlegung der Beweismittel ist nicht nur ein Recht, sondern die wichtigste Pflicht der Parteien.[740] Das Versäumnis dieser Pflichterfüllung trägt zur Prozeßverzögerung bei. In einem Fall[741] nahm das Schiedsgericht die Bösgläubigkeit des Beklagten an, wobei zwar die Beweislast den Kläger traf, die schriftlichen Beweismittel sich jedoch im Besitz des Beklagten befanden, der sie trotz Aufforderung des Schiedsgerichts nicht vorlegte. Für das Beweisverfahren sind grundsätzlich die Regelungen der Zivilprozeßordnung anwendbar. Die wichtigste Rechtsfolge des Versäumnisses der Beweisdarlegung ist das Fortsetzen des Schiedsverfahrens. Unter Fortsetzung ist auch zu verstehen, daß das Schiedsgericht den unaufgeklärten Sachverhalt mit Hilfe der anderen Partei oder eines Dritten aufklärt.[742]
Über die mündliche Verhandlung ist ein Protokoll zu führen, dessen Ausfertigung den Parteien auszuhändigen ist.[743] Dieses ist ein wichtiges Beweisstück, z.B., wenn ein Prozeß wegen Aufhebung des Schiedsspruchs eingeleitet wird. Erwähnenswert ist, daß in Ungarn gegenüber anderen Staaten nicht die Tonaufnahme, sondern die Protokollführung verbreitet ist.[744] Die Parteien können auch vereinbaren, daß das Schiedsgericht statt mündlicher Verhandlung aufgrund der eingereichten Schriftstücke - ohne Anhörung der Parteien - entscheidet.
Das Schiedsgericht stellt das Verfahren ein, wenn der Kläger die Klageschrift ohne hinreichenden Grund nicht einreicht.[745] Versäumt der Beklagte das Einreichen der Klagebeantwortung, hat das Schiedsgericht das Verfahren fortzusetzen und aufgrund der vorliegenden Beweise zu entscheiden. Das Schiedsgericht darf dieses Versäumnis nicht als Zugeständnis der Behauptungen des Klägers anse-

[737] Amtliche Begründung, S. 26.
[738] § 36 Abs. 1 b des SchiedsgerichtsbarkeitsG
[739] § 36 Abs. 2 des SchiedsgerichtsbarkeitsG
[740] Újlaki, László: Választottbírósági eljárásjogi töprengések, Friss Hírek 1993/8, S. 20.
[741] Entscheidung des Schiedsgerichts, GJ 1995/ 12, S. 23.
[742] Újlaki, László: A Pp. újabb módosítása és a választottbíráskodás, MJ 1995/11, S. 671.
[743] § 34 Abs. 4 des SchiedsgerichtsbarkeitsG
[744] Horváth, Éva: Eljárásjogi kérdések szabályozása ..., JK 1995/5, S. 223.
[745] § 35 Abs. 1 des SchiedsgerichtsbarkeitsG

hen.[746] Dadurch ist jedoch nicht ausgeschlossen, daß das Urteil mangels Einwendung des Beklagten auf den Behauptungen des Klägers beruht. Stehen die Behauptungen des Klägers im Gegensatz zu sonstigen Prozeßmaterialien, so kann das Schiedsgericht diese aufgrund gesetzlicher Vorschriften oder des Vertrages zwischen den Parteien modifizieren.
Bringt die Beweisaufnahme vor dem Schiedsgericht erhebliche Schwierigkeiten oder unverhältnismäßige Kosten mit sich, so wendet sich das Schiedsgericht an das örtliche Gericht, wo die Beweisführung am zweckmäßigsten vorgenommen werden kann. Das Gericht ist auch zu ersuchen, wenn im Laufe der Beweisführung durch das Schiedsgericht die Anwendung von Zwangsmitteln erforderlich wird.[747] Das ersuchte Gericht ist verpflichtet, die gewünschte Beweisführung vorzunehmen und das erforderliche Zwangsmittel anzuwenden. Das Schiedsgericht selbst ist zur Anordnung von Geldstrafen oder anderer Zwangsmaßnahmen nicht berechtigt. Überlegenswert wäre jedoch die Verhängung einer Geldbuße gegenüber dem Sachverständigen, der die Vorlage des Gutachtens grundlos versäumt, da eine solche Verzögerung dem Prinzip der Schnelligkeit des Schiedsverfahrens entgegensteht.[748]

l/. Anordnung vorläufiger und sichernder Maßnahmen

Im Schiedsverfahren ist sowohl das Gericht als auch das Schiedsgericht berechtigt, vorläufige Maßnahmen anzuordnen.
Auf Antrag einer Partei kann das Gericht vor oder während des Schiedsverfahrens vorläufige Maßnahmen anordnen, die Einleitung des Schiedsverfahrens steht dem nicht entgegen.[749] Diese Möglichkeit besteht aufgrund Gegenseitigkeit auch, wenn sich der Sitz des Schiedsgerichts nicht in Ungarn befindet.[750] Das Gericht kann vorläufige Maßnahmen auf Antrag und nur in den Fällen anordnen, in denen sie zur Abwehr eines unmittelbar drohenden Schadens und zur Aufrechterhaltung eines zum Rechtsstreit führenden Umstandes notwendig sind sowie aus Billigkeitsgründen.[751] Ist das Verfahren vor dem Schiedsgericht anhängig, kann das Komitatsgericht auch Sicherungsmaßnahmen anordnen. Voraussetzung dazu ist der darauf gerichtete Antrag der Partei und der Nachweis über Zustandekommen, Ausmaß und Verfall ihrer Forderung mit Hilfe einer öffentlichen Urkunde oder Privaturkunde mit vollständiger Beweiskraft. Die Zuständigkeit des Gerichts bestimmt sich nach dem Sitz des Schuldners oder nach dem Ort, an dem sich sein vollstreckbares Vermögen befindet.[752] Die ausdrückliche Festlegung der gerichtlichen Zuständigkeit zur Anordnung von vorläufigen Maßnahmen und Sicherungsmaßnahmen ist unerläßlich, da sonst der Antrag auf solche Maßnahmen

---

[746] § 35 Abs. 2 des SchiedsgerichtsbarkeitsG
[747] § 37 Abs. 3 des SchiedsgerichtsbarkeitsG
[748] Újlaki, László: A Pp. újabb módosítása és a választottbíráskodás, MJ 1995/11, S. 671.
[749] § 37 Abs. 1 des SchiedsgerichtsbarkeitsG
[750] § 46 Abs. 2 des SchiedsgerichtsbarkeitsG
[751] § 156 Abs. 1 der Zivilprozeßordnung
[752] § 52 des SchiedsgerichtsbarkeitsG

vom Gericht wegen Unzuständigkeit aufgrund der Schiedsklausel zurückgewiesen würde.[753]
Das Schiedsgericht ist im weiteren Umfang zur Anordnung vorläufiger Maßnahmen als die Gerichte berechtigt. Das Schiedsgericht kann auf Antrag einer Seite jeder Partei alle vorläufigen und sichernden Maßnahmen auferlegen, die es in bezug auf den Streitgegenstand für notwendig hält.[754] Vorläufige und sichernde Maßnahmen sind z.B. die Verwahrung bestimmter Waren, auch bei einem Dritten, der Verkauf von verderblichen Waren, die Fortsetzung des Baus wegen Zustandserhaltung, Beweisaufhebung, Schutz des Geschäftsgeheimnisses etc.[755] Diese Maßnahmen können lediglich den Parteien auferlegt, jedoch nicht erzwungen werden.[756] Wird aber die angeordnete vorläufige Maßnahme nicht ergriffen, so ist über die daraus resultierenden materiellen Folgen im Schiedsspruch eine Entscheidung zu treffen.[757] Das Schiedsgericht ist weiterhin berechtigt, von jeder Partei im Zusammenhang mit der vorläufigen Maßnahme eine angemessene Sicherheit zu verlangen. Die Regelung über die Anordnung vorläufiger Maßnahmen ist dispositiv, die Parteien können folglich auch etwas anderes vereinbaren.
Eine Entscheidung über eine vorläufige Maßnahme wird erst dann ungültig, wenn das Schiedsgericht durch eine neue Entscheidung diese außer Kraft setzt oder einen Schiedsspruch in der gegebenen Frage erläßt.[758]

m/. Die Einstellung des Schiedsverfahrens

Das Schiedsverfahren wird mit Erlaß eines endgültigen Schiedsspruchs oder eines sonstigen Bescheides eingestellt. Mit der Einstellung des Verfahrens endet das Mandat der Schiedsrichter. Der Schiedsspruch ist gleichwertig mit dem Urteil des Richters des staatlichen Gerichts. Die Beschlußfassung erfolgt mit Stimmenmehrheit, wenn das Schiedsgericht aus mehr als einem Schiedsrichter besteht.[759] Bei der Beschlußfassung sind alle Schiedsrichter zur Teilnahme berechtigt, die Mehrheit bezieht sich nur auf die Stimmenzählung. Kann eine Mehrheitsentscheidung nicht erzielt werden, da die Schiedsrichter unterschiedliche Meinungen vertreten, entscheidet die Stimme des Vorsitzenden des Schiedssenats. Die Parteien können auch hier etwas anderes vereinbaren. Um das Schiedsverfahren zu beschleunigen,[760] kann über Verfahrensfragen auch der Vorsitzende des Schiedssenats entscheiden, wenn die Parteien oder die Schiedsrichter ihn dazu ermächtigen.[761]

---

[753] Amtliche Begründung, S. 28.
[754] § 26 Abs. 1 des SchiedsgerichtsbarkeitsG
[755] Amtliche Begründung, S. 21.
[756] Gellért, György: Új törvény a választottbíráskodásról, MJ 1995/8, S. 449.
[757] Amtliche Begründung, S. 21.
[758] § 26 Abs. 2 des SchiedsgerichtsbarkeitsG
[759] § 38 Abs. 1 des SchiedsgerichtsbarkeitsG
[760] Amtliche Begründung, S. 29.
[761] § 38 Abs. 2 des SchiedsgerichtsbarkeitsG

Das Schiedsverfahren endet mit einem Beschluß zur Einstellung des Verfahrens in den folgenden Fällen:[762]

- Der Kläger legt seine Klage nicht vor;
- die Parteien vereinbaren die Einstellung des Verfahrens;
- das Schiedsgericht ist der Auffassung, daß die Fortsetzung des Verfahrens aus irgendeinem Grund unmöglich oder unnötig wurde oder
- der Kläger nimmt seine Klage zurück. In diesem letzten Fall besteht eine Ausnahme: Das Verfahren wird trotz Rücknahme der Klage nicht eingestellt, wenn der Beklagte dem widerspricht und das Schiedsgericht ein berechtigtes Interesse des Beklagten an der endgültigen Entscheidung der Streitigkeit anerkennt.

Schließen die Parteien während des Verfahrens einen Vergleich, endet das Verfahren in der Regel ebenfalls mit einem Beschluß.[763] Die Schiedsrichter haben den Vergleich zwischen den Parteien zu fördern, um das Schiedsverfahren einvernehmlich zu beenden. Demgegenüber werden Meinungen vertreten,[764] wonach der Vergleich nicht unbedingt der beste Weg ist. Es kommt vor, daß nach Abschluß eines Vergleichs beide Parteien den Verhandlungstisch mit dem Eindruck verlassen, daß sie ohne Grund ihren Forderungen nachgaben. Die Schiedsrichter haben zahlreiche Umstände zu prüfen, um zu entscheiden, ob sie zwischen den Parteien einen Vergleich fördern oder eher ein Schiedsspruch erlassen. In einigen Fällen fördert eher ein begründeter Schiedsspruch die Versöhnung der Parteien und das Weiterbestehen ihrer Geschäftsbeziehungen.

Auf Antrag der Parteien faßt das Schiedsgericht den Vergleich in Form eines Schiedsspruchs, wenn der den Rechtsnormen entspricht.[765] Das Schiedsgericht kann die Fassung des Vergleichs in einem Schiedsspruch verweigern, wenn dieser gegen Gesetze oder die öffentliche Ordnung verstößt oder eine auf Umgehung der Gesetze gerichtetes Zusammenspiel der Parteien darstellt.[766] Diese Regelung ist notwendig, da man sonst befürchten könnte, daß der Schiedsspruch später vom Gericht aufgehoben oder dessen Vollstreckung verweigert wird.[767] Die rechtliche Wirkung eines im Schiedsspruch gefaßten Vergleichs ist mit dem vom Schiedsgericht gefaßten Schiedsspruch und somit dem Urteil des ordentlichen Richters gleich. Gesetzlich ist nicht geregelt, ob dieser Vergleich - der als ein Vergleichsvertrag anzusehen ist - vor dem ordentlichen Gericht oder vor dem Schiedsgericht anfechtbar ist. Hängt der Anfechtungsgrund mit den Bestimmungen des Grundvertrages, zu dessen Entscheidung das Schiedsgericht vereinbart wurde, zusammen (z.B. wegen auffälligem Mißverhältnis zwischen Leistung und Gegenleistung), ist die Anfechtung vor dem Schiedsgericht zulässig. Für die An-

---

[762] § 42 Abs. 2 des SchiedsgerichtsbarkeitsG
[763] § 39 Abs. 1 des SchiedsgerichtsbarkeitsG
[764] Horváth, Éva: „Magán"-bíráskodás törvény alapján, GJ 1995/7-8, S. 45.
[765] § 39 Abs. 2 des SchiedsgerichtsbarkeitsG
[766] Amtliche Begründung, S. 29.
[767] Horváth, Éva: Eljárásjogi kérdések szabályozása ..., JK 1995/5, S. 224.

fechtung aus einem allgemeinen, mit dem Grundgeschäft nicht zusammenhängenden Rechtsgrund (z.B. Täuschung) ist das ordentliche Gericht zuständig.[768]
Das Zustandekommen eines Vergleichs hat also zwei Wirkungen auf die Beendigung des Schiedsverfahrens: Entweder stellt das Schiedsgericht das Verfahren mit einem Beschluß ein oder es faßt den Vergleich in Form eines Schiedsspruchs.[769]
Wird von dem Schiedsgericht eine Sachentscheidung getroffen, endet das Schiedsverfahren mit einem Schiedsspruch.[770] Aus formeller Sicht ist der Schiedsspruch und der Beschluß über die Einstellung des Schiedsverfahrens schriftlich zu fassen und von allen Schiedsrichtern zu unterschreiben. Besteht das Schiedsgericht aus mehreren Schiedsrichtern, genügt die Unterschrift der Mehrheit, vorausgesetzt, daß der Grund der fehlenden Unterschriften angegeben wird.[771] Die schriftliche Sondermeinung eines Schiedsrichters ist in Ungarn zwar nicht ausgeschlossen, aber nicht erwünscht. Die Schiedsrichter müssen bestrebt sein, das Verfahren mit einem von allen angenommenen Beschluß zu beenden. Ein von allen Schiedsrichtern unterschriebener Schiedsspruch ist stabiler als einer mit Sondermeinung. Der andersstimmende Schiedsrichter hat jedoch manchmal aus Gewissensgründen das Bedürfnis, seinen abweichenden rechtlichen Standpunkt in einer Sondermeinung festzulegen. Der Schiedsrichter darf seine Sondermeinung vor der Partei nicht betonen, da ein solches Verhalten Zweifel an seiner Unparteilichkeit erweckt. Um dies zu vermeiden, wird in der Praxis des institutionellen Schiedsgerichts in Ungarn die Sondermeinung den anderen Schiedsrichtern oder dem Leiter des Schiedsgerichts ausgehändigt und in einem geschlossenen Umschlag den Akten beigelegt. Die Sondermeinung wird auch wegen dem Prinzip der geheimen Beratung den Parteien nicht zugesandt.[772]
Verbindliche Mindestinhalte des Schiedsspruchs sind die Verfügung über den Betrag und Tragung der Verfahrenskosten, einschließlich des Honorars der Schiedsrichter, Datum und Ort, wann und wo der Schiedsspruch erlassen wurde sowie die Begründung. Die Begründung ist wichtig, wenn im Schiedsspruch der Vergleich der Parteien abgefaßt wurde. Der Schiedsort ist nicht unbedingt der tatsächliche Ort der Beschlußfassung, als Datum ist demgegenüber der tatsächliche Zeitpunkt zu bezeichnen, da daran Rechtswirkungen geknüpft sind.[773] Jeder Partei ist eine von den Schiedsrichtern unterzeichnete Ausfertigung des Schiedsspruchs auszuhändigen.
Innerhalb von 30 Tagen nach Empfang des Schiedsspruchs kann jede Partei die Ergänzung, Berichtigung und Auslegung des Schiedsspruchs - mit gleichzeitiger Benachrichtigung, nicht aber mit Einverständnis der anderen Partei - beantra-

---

768 Wallacher, Lajos: A választottbíráskodás szerződései, S. 283.
769 Horváth, Éva: Eljárásjogi kérdések szabályozása ..., JK 1995/5, S. 223.
770 § 42 Abs. 1 des SchiedsgerichtsbarkeitsG
771 § 40 des SchiedsgerichtsbarkeitsG
772 Horváth, Éva: Eljárásjogi kérdések szabályozása ..., JK 1995/5, S. 224.
773 Amtliche Begründung, S. 29.

gen.[774] Das Schiedsgericht kann erforderlichenfalls die Fristen verlängern. Die Gründe der Ergänzung und Berichtigung des Schiedsspruchs entsprechen den der ungarischen Zivilprozeßordnung.[775] Eine Berichtigung ist bei jeglicher Namensverwechslung, Rechen-, Schreib-, Druckfehler oder Fehler ähnlicher Art zulässig. Die Berichtigung des Schiedsspruchs kann auch das Schiedsgericht von Amtswegen vornehmen. Ein ergänzender Schiedsspruch kann über solche Ansprüche erlassen werden, die zwar im Verfahren geltend gemacht, aber im Schiedsspruch nicht behandelt wurden. Hält das Schiedsgericht den Antrag für berechtigt, hat es innerhalb von 30 Tagen - wenn erforderlich aufgrund einer Verhandlung - den ergänzenden Schiedsspruch zu erlassen.[776] Die Möglichkeit der nachträglichen Auslegung des Schiedsspruchs wurde vom Modell Law übernommen und bedeutet einen Fremdkörper im ungarischen Rechtssystem. Sie kann nur bei einer darauf gerichteten Vereinbarung der Parteien beantragt werden. Im Antrag ist genau zu bezeichnen, welcher Teil des Schiedsspruchs ausgelegt werden soll. Die Auslegung wird Bestandteil der Begründung des Schiedsspruchs.[777]

n/. Internationales schiedsrichterliches Verfahren

Ein Schiedsverfahren ist international, wenn[778]

- die Parteien zum Zeitpunkt des Abschlusses der Schiedsvereinbarung ihren Sitz oder ihre Niederlassung in verschiedenen Staaten haben oder
- wenn der Ort des schiedsrichterlichen Verfahrens, sofern er der in der Schiedsvereinbarung bestimmte Ort ist, oder der Ort, an dem der wesentliche Teil der Pflichten aus dem Rechtsverhältnis der Parteien zu erfüllen ist, oder der Ort, mit dem der Streitgegenstand die engste Verbindung aufweist, außerhalb des Staates liegt, in dem sich der Sitz oder die Niederlassung der Parteien befindet.

Verfügt eine Partei über mehrere Niederlassungen, so ist die Niederlassung entscheidend, welche mit der Schiedsvereinbarung in engster Verbindung steht. Diese Regelung entspricht dem Model Law, weicht aber vom Begriff der Niederlassung im ungarischen Firmenrecht ab.[779] Hat eine Partei weder Sitz noch Niederlassung, so gilt der gewöhnliche Aufenthaltsort als Bezugspunkt.

Für internationale Schiedsverfahren ist in Ungarn ausschließlich das institutionelle Schiedsgericht der Ungarischen Industrie- und Handelskammer zuständig.[780] Dadurch bleibt die Vereinbarung eines ad-hoc Schiedsgerichts bei internationalen Angelegenheiten unberührt. In Ungarn ist das nationale und das internationale Schiedsverfahren in einem Gesetz geregelt. Für internationale Schiedsverfahren

---

[774] § 43 Abs. 1 des SchiedsgerichtsbarkeitsG
[775] Gellért, György: Új törvény a választottbíráskodásról, MJ 1995/8, S. 485.
[776] § 44 Abs. 2 des SchiedsgerichtsbarkeitsG
[777] Amtliche Begründung, S. 31.
[778] § 47 Abs. 1 des SchiedsgerichtsbarkeitsG
[779] Amtliche Begründung, S. 32.
[780] § 46 Abs. 3 des SchiedsgerichtsbarkeitsG

sind die dargestellten Regelungen des nationalen Schiedsverfahrens anzuwenden,[781] jedoch mit den nachstehenden Abweichungen:
Das Gesetz ist für nationale Schiedsgerichtsbarkeit anzuwenden, wenn sich der Sitz des Schiedsgerichts in Ungarn befindet. Bei einer internationalen Schiedsgerichtsbarkeit sind die Regelungen über die Abweisung der Klageschrift ohne Zustellung einer Ladung und über das Einstellen des Verfahrens, wenn vor einem Gericht eine Klage in einer Angelegenheit, die Gegenstand der Schiedsvereinbarung ist, erhoben wurde, auch dann anzuwenden, wenn sich der Sitz des Schiedsgerichts außerhalb Ungarns befindet. Bei Gegenseitigkeit sind in einem solchen Fall die Regelungen der vorläufigen Maßnahmen ebenfalls anwendbar.[782]
Wenn von den Parteien nichts abweichendes vereinbart, ist bei nationalen Schiedsverfahren die Verfahrenssprache ungarisch. Bei internationalen Schiedsverfahren wird demgegenüber die Verfahrenssprache oder Sprachen - mangels Bestimmung der Parteien - vom Schiedsgericht bestimmt. Obwohl sich der Sitz des Schiedsgerichts in Ungarn befindet, sind bei internationalen Schiedsverfahren die Parteien oder oft auch die Schiedsrichter Ausländer. Die Verfahrenssprache ist deswegen nicht zwingend ungarisch. Auf Anordnung des Schiedsgerichts sind alle schriftlichen Beweisstücke mit Übersetzung in der von den Parteien oder vom Schiedsgericht bestimmten Sprache einzureichen.[783]
Die Frage des anwendbaren materiellen Rechts taucht im nationalen Schiedsverfahren nicht auf, da hier in jedem Fall das ungarische Recht anzuwenden ist. Im internationalen Schiedsverfahren können demgegenüber die Parteien bestimmen, welches materielle Recht angewendet wird.[784] Es hängt von den Parteien ab, nach welchem materiellen Recht ihr Rechtsstreit entschieden wird. Diese Möglichkeit ist wichtig, da vermutlich die Entstehung des Rechtsverhältnisses oder des Leistungsvollzugs zwischen den Parteien bereits nach diesem Recht stattfand. Sie steht auch mit dem Grundsatz des internationalen Privatrechts im Einklang, wonach für Verträge primär das Recht, welches die Parteien bestimmten, anzuwenden ist.[785] Die Parteien können dabei nur bestimmen, welches materielle Recht anzuwenden ist. Darauf, welche Rechtsnormen gelten und wie das Schiedsgericht sie anwendet, haben die Parteien keinen Einfluß.[786] Ob die Parteien auch die Verfahrensregeln eines ausländischen Staates vereinbaren können, ist nicht eindeutig geregelt.[787] Die Parteien können aber vereinbaren, daß das Schiedsgericht seine Entscheidung nicht aufgrund des materiellen Rechts eines Staates, sondern nach Billigkeit zu treffen hat.[788] Dazu ist die ausdrückliche Ermächtigung des

---

[781] § 46 Abs. 1 des SchiedsgerichtsbarkeitsG
[782] § 46 Abs. 2 des SchiedsgerichtsbarkeitsG
[783] § 48 Abs. 2 des SchiedsgerichtsbarkeitsG
[784] § 49 Abs. 1 des SchiedsgerichtsbarkeitsG
[785] Amtliche Begründung, S. 34.
[786] Újlaki, László: A fél és a választottbíróság eljárásjogi autonómiája, MJ 1992/12, S. 710.
[787] Horváth, Éva: „Magán"-bíráskodás törvény alapján, GJ 1995/7-8, S. 45.
[788] § 49 Abs. 3 des SchiedsgerichtsbarkeitsG

Schiedsgerichts durch die Parteien erforderlich.[789] Bestimmen die Parteien das anwendbare Recht nicht, wird dies vom Schiedsgericht festgelegt. Das Schiedsgericht hat unter Berücksichtigung aller Umstände zu entscheiden, ob es die Regeln des internationalen Privatrechts anwendet.[790]
Das Schiedsgericht hat in jedem Fall in Übereinstimmung mit der Schiedsvereinbarung, den internationalen Verträgen über die Schiedsgerichtsbarkeit und den auf das Rechtsgeschäft anzuwendenden Handelsbräuchen zu verfahren.[791]

o/. Funktionen der Gerichte: Aufhebung und Vollstreckung des Schiedsspruchs
Ein ordentliches Gericht darf in den Angelegenheiten, welche in dem Gesetz über die Schiedsgerichtsbarkeit geregelt sind, nur vorgehen, wenn dieses Gesetz es ausdrücklich vorsieht.[792] Diese Bestimmung bietet den Parteien Garantie dafür, daß ihre Schiedsvereinbarung beachtet wird und die Gerichte in eine Entscheidung des Rechtsstreits durch ein Schiedsgericht nur in den im Gesetz geregelten Fällen einschreiten.[793] Die Rolle der Gerichte im schiedsrichterlichen Verfahren ist es, entweder den Fortlauf des Schiedsverfahrens zu fördern oder eine Garantie zu sichern.[794] Das Verfahren der Gerichte bei Bestellung des Schiedsrichters und der Entscheidung über die Zuständigkeit des Schiedsgerichts sowie die von den Gerichten gewährten Rechtshilfen, wie Beweisaufnahme, Anwendung von Zwangsmitteln und Anordnung von Sicherungs- oder vorläufigen Maßnahmen wurden bereits dargestellt. Die weiteren Befugnisse der Gerichte bei der Schiedsgerichtsbarkeit sind die Aufhebung und die Vollstreckung des Schiedsspruchs.
Da das Schiedsverfahren ein eininstanzliches Verfahren ist, kann gegen einen Schiedsspruch keine Berufung eingeleitet werden, sondern nur die Aufhebung des Schiedsspruchs oder die Verweigerung dessen Vollstreckung kann in den gesetzlich bestimmten Fällen beim zuständigen Gericht beantragt werden.[795] Der Ausschluß der Berufung im Schiedsverfahren ergibt die Schnelligkeit und Billigkeit des Schiedsverfahrens gegenüber dem ordentlichen Gerichtsverfahren. Die Klage auf Aufhebung des Schiedsspruchs kann die Partei oder derjenige, gegen den der Schiedsspruch eine Verfügung beinhaltet, innerhalb von 60 Tagen nach Aushändigung des Schiedsspruchs beim Komitatsgericht erheben.[796] Die Frist ist zwar kurz, die Versäumnis ihrer Einhaltung führt jedoch zum Rechtsverlust, damit der Rechtsstreit möglichst schnell erledigt wird.[797]

[789] Szász, Iván: Törvény a választottbíráskodásról, S. 19.
[790] Amtliche Begründung, S. 34.
[791] Újlaki, László: A fél és a választottbíróság eljárásjogi autonómiája, MJ 1992/12, S. 710.
[792] § 7 des SchiedsgerichtsbarkeitsG
[793] Amtliche Begründung, S. 11.
[794] Újlaki, László: A Pp. újabb módosítása és a választottbíráskodás, MJ 1995/11, S. 46.
[795] Szász, Iván: Törvény a választottbíráskodásról, S. 19.
[796] § 55 Abs. 1 des SchiedsgerichtsbarkeitsG
[797] Amtliche Begründung, S. 37.

Ausschließlich die folgenden Gründe können zur Aufhebung des Schiedsspruchs führen:[798]

- Der Partei, welche die Schiedsvereinbarung abschloß, fehlte die Rechts- oder Handlungsfähigkeit;
- die Schiedsvereinbarung wäre nach dem Recht, dem die Parteien sich unterstellten oder mangels dessen nach dem ungarischen Recht unwirksam;
- die Parteien wurden von der Bestellung des Schiedsrichters oder vom Schiedsverfahren nicht ordnungsgemäß in Kenntnis gesetzt oder sie konnten aus einem anderen Grund ihre Angelegenheit nicht vorbringen;
- der Schiedsspruch wurde in einem Rechtsstreit erlassen, auf den sich die Schiedsabrede nicht bezieht oder sich die Bestimmungen der Schiedsvereinbarung nicht erstrecken. Beinhaltet der Schiedsspruch nur teilweise Entscheidungen, welche die Grenze der Schiedsabrede überschreiten und kann dieser Teil von den Entscheidungen der Streitfragen, die der Schiedsgerichtsbarkeit unterliegen, getrennt werden, so kann die Aufhebung nur solcher Bestimmungen des Schiedsspruchs beantragt werden. Der wirksame Teil des Schiedsspruchs besteht fort;
- die Bildung oder das Verfahren des Schiedsgerichts entsprach nicht der gesetzmäßigen Vereinbarung der Parteien oder den gesetzlichen Bestimmungen;
- der Streitgegenstand kann nach dem ungarischen Recht nicht im Wege der Schiedsgerichtsbarkeit entschieden werden;
- der Schiedsspruch verstößt gegen die ungarische öffentliche Ordnung.

Die Gründe der Aufhebung des Schiedsspruchs sind formelle Gründe. Sie hängen nicht mit der Richtigkeit der Rechtsanwendung, der Begründung oder einer sachlichen Beurteilung des Rechtsstreits durch das Schiedsgericht zusammen. Das Gericht ist zur sachlichen Überprüfung des Schiedsspruchs nicht berechtigt, sondern nur zur Prüfung, ob im Laufe des Verfahrens die verbindlichen Rechtsnormen, der Wille und das berechtigte Interesse der Parteien berücksichtigt wurden.[799] Die Aufhebungsgründe sind mit den Gründen der New Yorker-Übereinkommen über Anerkennung und Vollstreckung ausländischer Schiedssprüche[800] identisch.

Das Gericht entscheidet ohne Mitwirkung der Schöffen und - mit Ausnahme des Prozesses auf Aufhebung des Schiedsspruchs - in einem außergerichtlichen Verfahren.[801] Auf Antrag einer Partei kann das Gericht die Vollstreckung des Schiedsspruchs - falls die Aufhebung beantragt wurde - aussetzen.[802] Das Gerichtsurteil erstreckt sich ausschließlich auf die Aufhebung des Schiedsspruchs,

---

[798] § 55 Abs. 1 und 2 des SchiedsgerichtsbarkeitsG

[799] Amtliche Begründung, S. 36.

[800] New Yorker-Übereinkommen über die Anerkennung und Vollstreckung ausländischer Schiedssprüche vom 10.6.1958 (verkündet in Ungarn mit der Gesetzesverordnung Nr. 25/1962)

[801] § 53 des SchiedsgerichtsbarkeitsG

[802] § 56 Abs. 1 des SchiedsgerichtsbarkeitsG

seine Befugnis ist also kassatorisch.[803] Diese Regelung ist sehr erheblich, weil damit auch betont wird, daß es sich hier um die Aufhebung des Schiedsspruchs und nicht um eine Berufung handelt. Gegen den Gerichtsbeschluß ist eine Berufung, aber keine Revision zulässig. Im übrigen verfährt das Gericht nach den Regelungen der ungarischen Zivilprozeßordnung. Die dargestellten abweichenden Regelungen von der Zivilprozeßordnung dienen der Schnelligkeit des Schiedsverfahrens. Die Möglichkeit zur Aufhebung des Schiedsspruchs können die Parteien durch Vereinbarung nicht ausschließen. Die Rechtsfolgen der Aufhebung des Schiedsspruchs richten sich nach dem Aufhebungsgrund: Wurde der Schiedsspruch wegen Unwirksamkeit der Schiedsvereinbarung aufgehoben, wird die Entscheidung des Rechtsstreits Aufgabe des Gerichts. Wurde der Schiedsspruch aufgehoben, weil eine Partei nicht angehört wurde, muß ihre Anhörung im Rahmen eines erneuten Schiedsverfahrens ermöglicht werden.[804]

Die Wirksamkeit des Schiedsspruchs steht einem rechtskräftigen Gerichtsurteil gleich, damit ist die Anerkennung und Vollstreckung des Schiedsspruchs gesichert. Die Vollstreckung eines inländischen Schiedsspruchs erfolgt wie ein Gerichtsurteil nach den Rechtsnormen der gerichtlichen Vollstreckung.[805] Ausländische Schiedssprüche werden demgegenüber nach dem New Yorker-Übereinkommen vollstreckt. Die beteiligten Staaten des Übereinkommens verpflichten sich, die Schiedssprüche, die in einem anderen beteiligten Staat erlassen wurden, notwendigerweise mit Hilfe ihrer staatlichen Gerichte zu vollstrecken.[806] Der Wert des Übereinkommens ist insbesondere spürbar, wenn man überlegt, daß die Entscheidungen der staatlichen Gerichte in anderen Staaten nur im Falle von bilateralen Abkommen oder Gegenseitigkeit vollstreckbar sind.[807]

Die Partei, welche die Vollstreckung beantragt oder sich auf einen Schiedsspruch beruft, hat die Urschrift oder eine beglaubigte Kopie des Schiedsspruchs (bei einem nicht in ungarisch gefaßten Schiedsspruch auch eine beglaubigte Übersetzung) dem Vollstreckungsantrag beizulegen.[808] Das Gericht ist in gesetzlich bestimmten Fällen von Amtswegen zur Verweigerung des Schiedsspruchs verpflichtet: Wenn der Schiedsspruch gegen die ungarische öffentliche Ordnung verstößt oder der Rechtsstreit nach dem ungarischen Recht nicht auf dem Wege der Schiedsgerichtsbarkeit geregelt werden kann.[809] Hebt das Gericht den Schiedsspruch auf, verweigert das zuständige Gericht ebenfalls die Anerkennung und die Vollstreckung. Verneint das Gericht die Zuständigkeit des Schiedsgerichts auf Antrag einer Partei, erließ aber das Schiedsgericht während der Anhängigkeit be-

[803] Amtliche Begründung, S. 37.
[804] Horváth, Éva: Eljárási kérdések szabályozása ..., JK 1995/5, S. 226.
[805] Gesetz Nr. LIII vom Jahre 1994 über die gerichtliche Vollstreckung, siehe: WOS-Dokument, Nr. VI.4.
[806] vgl.: Artikel 3 des NewYorker-Übereinkommens
[807] Horváth, Éva: A (nemzetközi) kereskedelmi választottbíráskodásról, JK 1992/7, S. 320.
[808] § 60 des SchiedsgerichtsbarkeitsG
[809] § 59 des SchiedsgerichtsbarkeitsG

reits einen Schiedsspruch, so kann das Gericht die Vollstreckung eines solchen Schiedsspruchs auch mangels eines diesbezüglichen Antrags verweigern.

p/. Das Schiedsgericht der Ungarischen Industrie- und Handelskammer

Es wurde erwähnt, daß in Ungarn für internationale Schiedsgerichtsbarkeit ausschließlich das Schiedsgericht der Ungarischen Industrie- und Handelskammer zuständig ist. Diese Regelung war insbesondere aus internationaler Sicht erforderlich, da oft - aus Kostengründen - auch ausländische Parteien die ungarische Schiedsgerichtsbarkeit wählten. Das Schiedsgericht der Ungarischen Industrie- und Handelskammer verfügt über internationale Erfahrungen und zählt in der osteuropäischen Region zu den geschätzten und anerkannten Schiedsgerichten.[810] Eine Zersplitterung der Zuständigkeit für internationale Schiedsverfahren wäre wegen der kleinen geographischen Ausdehnung Ungarns nicht zweckmäßig.[811] Wegen der großen Bedeutung wird dieses Schiedsgericht näher beschrieben. Bis 1. Oktober 1989 gehörte das Schiedsgericht zur Rechtsabteilung der Ungarischen Wirtschaftskammer. Der Leiter der Rechtsabteilung war der geschäftsführende Vorsitzende des Schiedsgerichts. Seit der strukturellen Trennung ist das Schiedsgericht eine selbständige Organisation, die aber weiterhin von der Kammer betätigt wird. Am 1. Januar 1995 wurde die Ungarische Wirtschaftskammer zur Ungarischen Industrie- und Handelskammer.[812] Zwischen dem Schiedsgericht und der Kammer besteht eine finanzielle Verflechtung; bei der Streiterledigung ist das Schiedsgericht jedoch völlig unabhängig.[813]

Wird eine Klage beim Schiedsgericht eingereicht, prüft das Sekretariat, ob diese die erforderlichen Angaben, wie Name und Anschrift des Klägers und des Beklagten, den Prozeßwert und den Hinweis auf das Dokument, das die Schiedsvereinbarung erfaßt, beinhaltet.[814] Das Sekretariat fordert die Parteien gegebenenfalls zur Mangelbeseitigung auf und stellt die Verfahrensgebühren fest. Die verfahrensrechtlichen Fragen der Klagevorbereitung werden von einem Juristen des Schiedsgerichts wahrgenommen. Das Sekretariat teilt dem Kläger die Gebühren mit und setzt eine Frist für die Einzahlung.[815] Wird der Mangel trotz Aufforderung nicht beseitigt oder die Gebühr nicht bezahlt, stellt das Schiedsgericht das Verfahren durch Beschluß des Vorsitzenden ein. Ist die Klage vollständig und die Gebühr entrichtet, wird das Schiedsgericht bestellt. Das Schiedsgericht verfügt über eine Schiedsliste, die lediglich der Information der Parteien dient. Sie können die Schiedsrichter auch außerhalb der Liste bestellen. Auf der Schiedsliste befinden sich sowohl ungarische als auch ausländische Personen. Ungarische

---

[810] Vastagh, Pál, Parlamentsprotokoll, S. 50.

[811] Horváth, Éva: A választottbíráskodásról szóló törvény ...,JK 1995/4, S. 175.

[812] § 78 des Gesetzes Nr. XVI vom Jahre 1994 über die Wirtschaftskammern (WirtschaftskammernG)

[813] § 30 Abs. 4 iVm § 57 Abs. 3 des WirtschaftskammernG

[814] § 22 der Verfahrensverordnung des Schiedsgerichts bei der Ungarischen Industrie- und Handelskammer (UIHK)

[815] Horváth, Éva: Hogyan mûködik a kamarai választottbíróság, Bírák Lapja 1992/4, S. 40.

Schiedsrichter befinden sich ebenfalls auf schweizerischen, deutschen etc. Schiedsrichterlisten.[816] Für die Bestellung und den Widerruf der Schiedsrichter ist die Industrie- und Handelskammer zuständig.[817] Die Bestellung erfolgt aufgrund ihrer Satzung und auf Vorschlag des Vorstands des Schiedsgerichts. Die Schiedsrichter wählen ein Gremium, das mit Stellungnahme zu in der Verfahrensordnung nicht geregelten Fragen die Arbeit der Schiedsrichter unterstützt. Das Schiedsgericht verfügt über eine Verfahrensordnung, die als Vereinbarung der Parteien gilt. Sie beruft sich auf das Model Rules der UNCITRAL von 1976 und steht im Einklang mit dem ungarischen Gesetz über die Schiedsgerichtsbarkeit.[818] Da die Verfahrensordnung als Parteiwille gilt, werden die dispositiven Regelungen des Gesetzes durch sie ersetzt oder ergänzt.
85% der vom Schiedsgericht zu entscheidenden Fälle gehören zum Gesellschaftsrecht. Im Durchschnitt werden die Prozesse innerhalb eines Jahres erledigt.[819] Die Sprache des Schiedsverfahrens kann ungarisch, deutsch, englisch, mit Hilfe eines Dolmetschers auch eine andere Sprache sein.[820] Die Gebühren des Schiedsverfahrens wurden den Gerichtsgebühren angepaßt. Sie werden aufgrund eines dem Prozeßwert angeknüpften Gebührenschlüssels festgestellt.

V. Gesellschaftsrecht

Da ausländische Investitionen in den meisten Fällen auf dem Wege der Gründung von Wirtschaftsgesellschaften oder durch den Erwerb von Gesellschaftsanteilen erfolgen, wird das ungarische Gesellschaftsrecht detailliert dargestellt.
Das Gesellschaftsrecht in Ungarn ist in mehreren Gesetzen geregelt. In dem Gesetz über die Wirtschaftsgesellschaften[821] sind die Gründung, Organisation und Tätigkeit der Wirtschaftsgesellschaft, die Rechte, Pflichten und Haftung der Gesellschafter sowie die Umwandlung und Auflösung der Wirtschaftsgesellschaften mit und ohne Rechtsnachfolge geregelt. 1997 wurde ein neues Gesetz über Wirtschaftsgesellschaften erlassen. Bei Änderung der Firmenangaben oder spätestens bis zum 16. Juni 2000 mußten alle in Ungarn ansässigen Gesellschaften ihre Gründungsurkunde entsprechend der neuen Gesetzeslage ändern und ihr Kapital bis zum geltenden gesetzlichen Mindestmaß aufstocken.[822] Im April dieses Jahres erfüllten allein in Budapest 40.000 Gesellschaften noch nicht diese Verpflichtung. Nach der Rechtsprechung des Obersten Gerichts gilt trotzdem das alte Recht, bis die Gesellschaft ihre Gründungsurkunde tatsächlich der geltenden Rechtslage anpaßt.[823] Dem Firmengericht stehen aber verschiedene Maßnahmen im Rahmen

---

[816] Horváth, Éva: Hogyan mûködik a kamarai választottbíróság, Bírák Lapja 1992/4, S. 41.
[817] § 30 Abs. 4 des WirtschaftskammernG
[818] Horváth, Éva: A választottbíráskodásról szóló törvény ..., JK 1995/4, S. 19.
[819] Horváth, Éva: Hogyan mûködik a kamarai választottbíróság, Bírák Lapja 1992/4, S. 43.
[820] § 8 Abs. 3 und § 9 Abs. 4 der Verfahrensordnung des Schiedsgerichts bei der UIHK
[821] WirtschaftsgesellschaftenG
[822] § 299 Abs. 3 des WirtschaftsgesellschaftenG
[823] Legf. Bír. Cg.törv. II. 31. (481/1991/4.)

der Gesetzesaufsicht zu: Wird die Gründungsurkunde nicht geändert, kann das Firmengericht die Gesellschaft zur Mängelbeseitigung auffordern. Versäumt die Gesellschaft der Kapitalaufstockungspflicht nachzukommen, kann das Firmengericht eine Geldbuße verhängen, die Gesellschaft zur Herstellung des gesetzmäßigen Zustandes auffordern und gegebenenfalls die Gesellschaft als aufgelöst erklären.[824]
Die Wirkung dieses Gesetzes erstreckt sich auf die in Ungarn ansässigen Wirtschaftsgesellschaften. Der rechtliche Charakter der Bestimmungen dieses Gesetzes wurde 1997 völlig geändert. Nach der alten Regelung waren die Gesellschafter berechtigt, den Inhalt des Gesellschaftsvertrages - im Rahmen der gesetzlichen Vorschriften - frei zu bestimmen.[825] Von den meisten Bestimmungen konnten die Gesellschafter mit übereinstimmendem Willen abweichende Regelungen vereinbaren. Nur die Regelungen hinsichtlich der Aktiengesellschaft verfügten über einen verbindlichen Charakter. Um eine daraus resultierende Unsicherheit zu vermeiden, gilt nach der Neuregelung die Verbindlichkeit als Faustregel, die Dispositivität als eine Ausnahme. Die Parteien dürfen nur dann vom Gesetz abweichende Regelungen treffen, wenn das Gesetz dies ausdrücklich gestattet.
Die Rechte und Pflichten der Angestellten der Wirtschaftsgesellschaft richten sich nach dem Arbeitsgesetzbuch.[826] Für die Vermögens- und Personenverhältnisse der Wirtschaftsgesellschaften und deren Gesellschafter, die im Gesetz über die Wirtschaftsgesellschaften nicht geregelt sind, ist grundsätzlich das Zivilgesetzbuch[827] anzuwenden. Welche Bestimmungen des Zivilgesetzbuches auf die Wirtschaftsgesellschaften anzuwenden sind, kann nur im Einzelfall entschieden werden. So ist z.B. das Gericht für die Abänderung des Gesellschaftsvertrages gegenüber der im § 241 des Zivilgesetzbuches geregelten Möglichkeit zur richterlichen Vertragsabänderung nicht zuständig.[828] Werden Geschäftsanteile übertragen, gelten jedoch die Regelungen des Zivilgesetzbuches über die Übertragung des Eigentums an Sachen.[829]
Für die Gründung der Wirtschaftsgesellschaft ist daneben das Gesetz über Firmenpublizität und über das Verfahren des Firmengerichts[830] von großer Bedeutung. Bei der Auflösung der Gesellschaften spielt das Gesetz über das Liquidations- und Konkursverfahren[831] eine große Rolle.

---

[824] Vezekényi, Ursula: A cégek kötelező feltőkésítése..., CJ 2000/3, S. 4.
[825] Fabó, Tibor, Kommentar zum § 9 des WirtschaftsgesellschaftenG, S. 104.
[826] Arbeitsgesetzbuch
[827] Zivilgesetzbuch
[828] Bírósági Határozatok 1994/610, S. 846. (Legf.Bir.Gf.II 32454/1993 sz.)
[829] Bírósági Határozatok 1994/202, S. 281. (Legf.Bir.Cgf.II 3222871992 sz.)
[830] FirmengerichtsG
[831] Gesetz Nr. II vom Jahre 1991 über das Konkurs- und Liquidierungsverfahren, sowie die Abwicklung (KonkursG), siehe: WOS-Dokument, Nr. VI.5.

1. Begriff der Wirtschaftsgesellschaft

Unter einer Wirtschaftsgesellschaft ist eine Gesellschaft zu verstehen, die zur Ausübung einer geschäftsmäßigen, gemeinsamen Wirtschaftstätigkeit gegründet wurde.

Die wichtigsten Merkmale einer Wirtschaftsgesellschaft sind:

- Ihre Tätigkeit ist geschäftsmäßig, zielt also auf Gewinn ab, nimmt aber auch das Verlustrisiko in Kauf;
- die Wirtschaftsgesellschaft beruht auf gemeinsamer Tätigkeit ihrer Gesellschafter, die aufgrund der Gesellschaftsformen auf verschiedene Weise erfolgen kann, wie z.B. die Ausübung von Eigentumsrechten oder persönliche Mitwirkung;
- ihre Tätigkeit richtet sich auf die Wirtschaftssphäre, d.h. auf Produktion, Dienstleistung, Handel etc;
- sie nimmt eine anhaltende und langwierige Tätigkeit wahr;
- sie verfügt über eine einfache oder komplizierte, jedenfalls aber über eine ständige Organisation.[832]

Das Gesetz bestimmt die Rechtsfähigkeit aller Wirtschaftsgesellschaften unter eigenem Firmennamen. Demzufolge ist es ihnen erlaubt, Rechte zu erwerben und Pflichten zu übernehmen, insbesondere Eigentum zu erlangen, Verträge abzuschließen, zu klagen und verklagt zu werden.[833] Die Rechtsfähigkeit knüpft sich an den eigenen Firmennamen. Somit werden auch Wirtschaftsgesellschaften ohne Rechtspersönlichkeit nicht daran gehindert, am Rechtsverkehr als selbständige, von den Gesellschaftern getrennte Rechtssubjekte teilzunehmen. Die Aufzählung der Rechte und Pflichten im Gesetz weisen in erster Linie auf eine zivilrechtliche Rechtsfähigkeit hin, wobei eine öffentlichrechtliche oder sogar eine verfassungsrechtliche Rechtsfähigkeit (das Diskriminierungsverbot gilt z.B. auch für Wirtschaftsgesellschaften) denkbar ist.[834]

Im ungarischen Gesellschaftsrecht ist zwischen den folgenden Wirtschaftsgesellschaften zu unterscheiden:

a/. Offene Handelsgesellschaft (OHG)[835]

Mit dem auf die Gründung einer offenen Handelsgesellschaft gerichteten Gesellschaftsvertrag verpflichten sich die Gesellschafter mit unbeschränkter und gesamtschuldnerischer Haftung zur Ausübung einer Wirtschaftstätigkeit und zur Bereitstellung des für die Gesellschaft notwendigen Kapitals.[836]

Die OHG ist eine Wirtschaftsgesellschaft ohne eigene Rechtspersönlichkeit, ihre Rechtssubjektivität besteht nur in den gesetzlich ausdrücklich bestimmten Fällen. Sie ist eine Wirtschaftsorganisation im Sinne des Zivilgesetzbuches und eine Per-

---

[832] Fabó, Tibor, Kommentar zum § 3 des WirtschaftsgesellschaftenG, S. 93.

[833] § 2 Abs. 3 des WirtschaftsgesellschaftenG

[834] Fabó, Tibor, Kommentar zum § 2 des WirtschaftsgesellschaftenG, S. 89.

[835] közkereseti társaság (kkt.), §§ 81-100 des WirtschaftsgesellschaftenG

[836] § 81 des WirtschaftsgesellschaftenG

sonengesellschaft. Jeder Gesellschafter einer OHG ist zwecks Ausübung einer gemeinsamen Wirtschaftstätigkeit zur Leistung eines Vermögensbeitrages verpflichtet. In einer OHG sind darüber hinaus grundsätzlich alle Gesellschafter zur persönlichen Mitwirkung verpflichtet. Zur Geschäftsführung und Vertretung der Gesellschaft sind alle Gesellschafter berechtigt. Wegen dieses persönlichen Verhältnisses zwischen Gesellschaft und Gesellschafter ist dem Gesellschafter eine indirekte aber strenge Haftung auferlegt. Reicht das Gesellschaftsvermögen für die Verbindlichkeiten der Gesellschaft nicht aus, haften die Gesellschafter dafür unbeschränkt und gesamtschuldnerisch. Die unbeschränkte Haftung bedeutet eine Haftung der Gesellschafter auch mit eigenem Vermögen. Diese Haftung tritt jedoch nur dann ein, wenn das Gesellschaftsvermögen nicht ausreicht. Dies bringt zum Ausdruck, daß das Gesellschaftsvermögen vom Vermögen der Gesellschafter gesondert zu betrachten ist. Um zu vermeiden, daß dadurch der Gesellschafter sein Vermögen in die Gesellschaft rettet,[837] steht dem Gläubiger des Gesellschafters das Recht zu, den dem Gesellschafter bei Auflösung des Gesellschaftsverhältnisses zustehenden Anteil aus dem Gesellschaftsvermögen in Anspruch zu nehmen, indem er im Rahmen der Vollstreckung die dem Gesellschafter zustehende ordentliche Kündigung ausübt. Die OHG ist eine Wirtschaftsgesellschaft, in der Personenänderungen der Gesellschafter ohne weiteres zulässig sind. Bei der Entstehung des Gesellschaftsverhältnisses ist jedoch zu beachten, daß ein neuer Gesellschafter, der in die Gesellschaft später eintritt, auch für die vor dem Eintritt entstandenen Verbindlichkeiten der Gesellschaft mit den anderen Gesellschaftern gleich haftet. Dies entspricht dem Grundsatz der unbeschränkten und gesamtschuldnerischen Haftung der Gesellschafter in einer OHG. Besondere Auflösungsgründe des Gesellschaftsverhältnisses der OHG sind die ordentliche und außerordentliche Kündigung. Die Regelung der ordentlichen Kündigung des Gesellschaftsverhältnisses entspricht der des Arbeitsverhältnisses. Eine ordentliche Kündigung ist bei einem Gesellschaftsverhältnis auf unbestimmte Zeit schriftlich und ohne Begründung zulässig. Die Kündigungsfrist beträgt drei Monate. Eine außerordentliche Kündigung ist schriftlich und mit Begründung wirksam und entfaltet sofortig Wirkung. Ein Gesellschafter ist dann zur außerordentlichen Kündigung des Gesellschaftsverhältnisses berechtigt, wenn ein anderer Gesellschafter in erheblicher Weise gegen den Gesellschaftsvertrag verstößt oder ein sonstiges Verhalten zeigt, das die weitere Zusammenarbeit und den Gesellschaftszweck erheblich gefährdet.

b/. Kommanditgesellschaft (KG)[838]

Mit dem auf die Gründung einer Kommanditgesellschaft gerichteten Gesellschaftsvertrag verpflichten sich die Gesellschafter zur Ausübung einer geschäftsmäßigen Wirtschaftstätigkeit und zur Bereitstellung des dazu notwendigen Kapitals. Dabei ist erforderlich, daß mindestens einer der Gesellschafter (Komple-

[837] Újváriné, Antal Edit, Kommentar zum § 91 des WirtschaftsgesellschaftenG, S. 276.
[838] betéti társaság (bt.), §§ 101 - 105 des WirtschaftsgesellschaftenG

mentär) unbeschränkt und mit etwaigen anderen Komplementären gesamtschuldnerisch für die Verbindlichkeiten der Gesellschaft haftet und die Haftung mindestens eines anderen Gesellschafters (Kommanditist) auf dessen Vermögenseinlage beschränkt ist.
Die Kommanditgesellschaft ist eine der OHG ähnliche Wirtschaftsgesellschaft ohne eigene Rechtspersönlichkeit, aber mit einer Sonderstruktur. Für die Tätigkeit und Funktion der KG gelten die auf die OHG anzuwendenden Regelungen. Die Besonderheit liegt in der Personenzusammensetzung der Gesellschafter. Die KG besteht aus mind. einem Komplementär und mind. einem Kommanditisten. Die Rechtsstellung des Komplementärs entspricht der eines Gesellschafters der OHG. Die Haftung des Kommanditisten erstreckt sich demgegenüber nur auf dessen Vermögenseinlage. Für die Verbindlichkeiten der Gesellschaft haftet der Kommanditist nicht, ihm ist also auch keine beschränkte Haftung auferlegt, es sei denn, daß er seine Vermögenseinlage nicht aufgebracht hat. In diesem Fall haftet der Kommanditist mit eigenem Vermögen, beschränkt auf den Wert der Vermögenseinlage. Der Haftungsunterschied zwischen dem Kommanditisten und dem Komplementär ist dadurch kompensiert, daß der Kommanditist zur Geschäftsführung und Vertretung der Gesellschaft nicht berechtigt ist. Entsprechend der verschärften Haftung obliegen diese Aufgaben allein dem Komplementär.

c/. Gesellschaft mit beschränkter Haftung (GmbH)[839]

Die Gesellschaft mit beschränkter Haftung ist eine Wirtschaftsgesellschaft, die mit einem Stammkapital aus im voraus bestimmten Stammeinlagen gegründet wird und bei der die Haftung der Gesellschafter gegenüber der Gesellschaft auf die Einbringung der Stammeinlagen und der sonstigen im Gesellschaftsvertrag festgelegten Vermögenseinlagen beschränkt ist.
Gesellschafter einer GmbH kann derjenige sein, der eine Stammeinlage bei der Gründung der Gesellschaft übernimmt oder nachträglich einen Geschäftsanteil erwirbt. Die Stammeinlage oder der Geschäftsanteil verkörpert die Rechte der Gesellschafter und deren zustehenden Anteil am Gesellschaftsvermögen.
Die GmbH ist eine Wirtschaftsgesellschaft mit eigener Rechtspersönlichkeit. Sie ist ein von ihren Mitgliedern getrenntes und über absolute Rechtsfähigkeit verfügendes Rechtssubjekt. Die GmbH ist eine Kapitalgesellschaft. Ein Minimum am Gesellschaftsvermögen ist gesetzlich zwingend vorgeschrieben. Die einzige Pflicht der Gesellschafter ist das Aufbringen eines Vermögensbeitrages, dessen Mindestwert ebenfalls gesetzlich zwingend festgelegt ist.
Die Gesellschaft selbst haftet für ihre Verbindlichkeiten im vollen Umfang, jedoch nur bis zum Wert des Gesellschaftsvermögens. Die Gesellschafter haften für die Verbindlichkeiten der Gesellschaft in der Regel nicht. Den Gesellschaftern einer GmbH ist eine beschränkte Haftung auferlegt, die sich auf das Aufbringen der Stammeinlage beschränkt. Ausnahmen liegen bei schuldhafter Verminderung des Gesellschaftsvermögens zu Lasten der Gläubiger vor oder wenn im Gesell-

---

[839] korlátolt felelősségű társaság (kft.), §§ 121-386 des WirtschaftsgesellschaftenG

schaftsvertrag Neben- oder Nachschußpflichten vorgeschrieben sind. Nebenpflichten können die Gesellschafter bei der Gesellschaftsgründung frei vereinbaren. Als Nebenpflicht kommt jede entgeltliche oder unentgeltliche Leistung mit einem Vermögenswert in Betracht. Die Nebenpflicht kann sowohl einmalig als auch wiederholbar sein und kann durch Tun, Unterlassen oder Übertragung von Eigentums- und Nutzungsrechten erbracht werden.[840] Die Nachschußpflicht ist eine über den Betrag der Stammeinlagen hinausgehende Zahlungspflicht zur Verlustdeckung.
Die GmbH ist eine zwischen einer OHG und einer AG einzustufende Wirtschaftsgesellschaft. Die Ähnlichkeit zur OHG liegt in ihrem persönlichen Charakter. Neben der Kapitalvereinigung erzielt nämlich die GmbH auch die Koordinierung der Wirtschaftstätigkeit der Gesellschafter, eine Wirtschaftsbeziehung zwischen Gesellschaftern und Gesellschaft. Die Gesellschafter sind zur persönlichen Mitwirkung in der Gesellschaft berechtigt. Sowohl die AG als auch die GmbH ist eine juristische Person, bei der die Haftung der Gesellschafter auf das Aufbringen der Vermögenseinlage beschränkt ist.

d/. Aktiengesellschaft (AG)[841]
Die Aktiengesellschaft ist eine Wirtschaftsgesellschaft, die mit einem aus Grundaktien - deren Anzahl und Nennwert im voraus festgelegt sein muß - bestehendem Grundkapital gegründet wird und bei der die Haftung der Gesellschafter (Aktionäre) sich auf die Einbringung des Nenn- oder Ausgabewerts der Aktien beschränkt.
Die AG ist wie die GmbH eine Wirtschaftsgesellschaft mit eigener Rechtspersönlichkeit und eine Kapitalgesellschaft. Ein Minimum an Gesellschaftsvermögen und an Vermögensanteilen einzelner Aktionäre ist gesetzlich zwingend vorgeschrieben.
Die Besonderheit der AG liegt darin, daß die Rechte der Gesellschafter aus dem Gesellschaftsverhältnis in einem Wertpapier, in Aktien, verkörpert sind. Die Aktie bedeutet die Mitgliedschaft in einer Aktiengesellschaft und ergibt die Gesamtheit der Rechte und Pflichten, die der Aktionär durch Übernahme eines Anteils des Grundkapitals erwirbt, wie z. B. Stimmrecht, Dividendenrecht, Herrschaftsrechte, Anspruch auf einen Teil des Grundkapitals nach der Auflösung der Gesellschaft etc. Bei allen anderen Gesellschaftsformen ist es verboten, über die Gesellschafterrechte Wertpapiere zu emittieren. Die Gesamtheit des Nennswerts aller Aktien bildet das Gesellschaftsvermögen, d.h. das Grundkapital der AG.
Die Aktionäre haften für die Verbindlichkeiten der Gesellschaft nicht. Die Vermögenspflicht der Aktionäre erstreckt sich lediglich auf Einzahlung des Nenn- oder Ausgabewerts der Aktien. Die Emission von Quotenaktien (d.h. der Wert der Aktie ist durch einen Bruchteil bestimmt) ist im ungarischen Recht unzulässig.[842] Es gilt vielmehr das Prinzip, daß die Aktie selbst die Forintsumme, mit

---

840 Entscheidung des Obersten Gerichts, Bírósági Határozatok 12/1990, S. 920 ff.
841 részvénytársaság (rt.), §§ 175 - 271 des WirtschaftsgesellschaftenG
842 Kisfaludi, András, Kommentar zum § 175 des WirtschaftsgesellschaftenG, S. 389.

welcher der Erstberechtigte der Aktie zum Grundkapital der AG beitrug, beinhalten muß.[843]
Aktien können gruppiert werden. Die Aktien einer öffentlich gegründeten AG sind nach Art der Übertragung entweder Namens- oder Inhaberaktien. Der Aktionär einer Namensaktie ist identifizierbar, die Übertragung einer Namensaktie erfolgt schriftlich. Die Inhaberaktie ermöglicht eine Kapitalinvestition ohne Bekanntwerden der Person des Aktionärs und ihre Übertragung erfolgt einfach mit Besitzübergabe. Eine eigengegründete AG darf nur Namensaktien besitzen. Namens- und Inhaberaktien gelten als Aktientypen, wobei zwischen verschiedenen Aktienarten zu unterscheiden ist. Aktien können unterschiedliche Rechte beinhalten, wie z.B. die Vorzugsaktie, die dem Aktionär bestimmte Vorzugsrechte (Vorzugsdividenden etc.) einräumt. Um Arbeitnehmeraktien handelt es sich, wenn die Gesellschaft den Arbeitnehmern, die sie im Rahmen eines Arbeitsverhältnisses beschäftigt, unentgeltlich oder unter dem Nennwert, Aktien emittiert. Aktien mit gleichen Rechten bilden eine Gattung. Aktien ohne Vorrechte sind als Stammaktien zu bezeichnen.

e/. Gemeinsame Unternehmen[844]
Das gemeinsame Unternehmen ist eine von den Gesellschaftern gegründete Wirtschaftsgesellschaft, die primär mit dem Gesellschaftsvermögen für ihre Verbindlichkeiten haftet. Reicht das Gesellschaftsvermögen für die Verbindlichkeiten nicht aus, haften die Gesellschafter gemeinsam - im Maßstab ihrer Vermögensbeiträge - als Bürge.
Das gemeinsame Unternehmen ist eine der am seltensten in Anspruch genommene Gesellschaftsform und in Deutschland unbekannt. Dies ist damit zu erklären, daß nach der alten Regelung nur juristische Personen zur Gründung eines Gemeinsamen Unternehmens berechtigt waren. Heutzutage ist der Gründerkreis zwar nicht mehr beschränkt, die Gründung dieser Wirtschaftsgesellschaft ist jedoch selten. Das gemeinsame Unternehmen ist eine juristische Person und in dieser Hinsicht mit der AG und der GmbH vergleichbar. Ein gesetzliches Vermögensminimum ist nicht vorgeschrieben. Um das Gläubigerinteresse trotzdem ausreichend zu schützen, haften die Gesellschafter als Bürge für die Verbindlichkeiten der Gesellschaft. Daraus folgt für die Gesellschafter trotz eigener juristischer Persönlichkeit eher eine mit der OHG vergleichbare Rechtslage.

2. Die Gründung einer Wirtschaftsgesellschaft

Sowohl ausländische und inländische natürliche und juristische Personen als auch Wirtschaftsgesellschaften ohne eigene Rechtspersönlichkeit sind berechtigt, eine Wirtschaftsgesellschaft zu gründen, an einer solchen Gesellschaft Anteile zu erwerben und einer solchen Gesellschaft beizutreten.[845] Für die Gründung einer

[843] Kisfaludi, András, Kommentar zum § 175 des WirtschaftsgesellschaftenG, S. 389.
[844] közös vállalat (kv.), §§ 106 - 120 des WirtschaftsgesellschaftenG
[845] § 3 des WirtschaftsgesellschaftenG

Wirtschaftsgesellschaft bestehen lediglich Mindestanforderungen. Mit Ausnahme der GmbH und der AG sind mindestens zwei Gesellschafter zur Gründung einer Wirtschaftsgesellschaft erforderlich.[846] Eine Wirtschaftsgesellschaft kann nur in den im Gesetz bestimmten Formen gegründet werden. Es besteht also nach wie vor ein Formzwang. Als wählbare Gesellschaftsformen unterscheidet das Gesetz zwischen Wirtschaftsgesellschaften mit eigener Rechtspersönlichkeit (Gesellschaft mit beschränkter Haftung, Aktiengesellschaft, gemeinsames Unternehmen) und ohne eigene Rechtspersönlichkeit (offene Handelsgesellschaft, Kommanditgesellschaft).[847]

Um den Gläubiger zu schützen, dürfen Minderjährige sowie OHG und KG keine unbeschränkt haftenden Gesellschafter der Wirtschaftsgesellschaft sein. Eine Einpersonengesellschaft darf kein Einzelmitglied oder Einzelaktionär einer Wirtschaftsgesellschaft sein.[848] Die Einzelpersonengesellschaft ermöglicht Privatpersonen, ihr Privatvermögen von dem Unternehmensvermögen zu trennen und die Haftung der Gesellschaft auf das letztgenannte Vermögen zu beschränken.[849]

Eine Wirtschaftsgesellschaft darf grundsätzlich zur Ausübung aller Wirtschaftstätigkeiten gegründet werden, es sei denn, daß ein Gesetz zur Ausübung bestimmter Wirtschaftstätigkeiten bestimmte Gesellschaftsformen oder behördliche Genehmigungen sowie zur Gründung der Wirtschaftsgesellschaft behördliche Genehmigungen erfordert. Eine Finanztätigkeit (die Tätigkeit einer Bank oder Kreditanstalt) darf z.B. nur in Form einer Aktiengesellschaft betrieben werden.[850] Tätigkeiten, die nur mit behördlicher Genehmigung ausgeübt werden können, knüpfen sich z.B. an den Luft- oder Eisenbahnverkehr.[851] Das Gesetz unterscheidet also zwischen zwei Formen von Genehmigungen: Gründungsgenehmigung und Tätigkeitsgenehmigung. Eine Gründungsgenehmigung kann nur das Gesetz vorschreiben, welche bereits vor der Gesellschaftsgründung vorliegen muß. Tätigkeitsgenehmigungen können auch durch andere Rechtsnormen wie z.B. durch eine Ministerialverordnung erfordert werden. Sie hindern die Eintragung der Gesellschaft in das Firmenregister nicht, sondern lediglich die gegebene Tätigkeit darf vor der Genehmigung nicht ausgeübt werden.[852] Sowie die Gründung als auch der Tätigkeitsbeginn einer Kreditanstalt ist genehmigungspflichtig und darf nur in Form einer Aktiengesellschaft betrieben werden.[853] Dies bietet somit ein gutes Beispiel für alle drei Verbindlichkeiten. Ist zu bestimmten Tätigkeiten eine

---

[846] Bei der GmbH und AG ist die Gründung einer Einpersonengesellschaft, die tatsächlich keine Gesellschaft ist, möglich.

[847] § 2 Abs. 1 des WirtschaftsgesellschaftenG

[848] § 4 Abs. 1 - 4 des WirtschaftsgesellschaftenG

[849] Fabó, Tibor, Kommentar zum § 3 des WirtschaftsgesellschaftenG, S. 94.

[850] § 8 des Gesetzes CXII vom Jahre 1996 über die Kreditinstitute und Finanzunternehmung, (KreditinstitutenG), siehe: WOS-Dokument, Nr. VIII.1.b.

[851] Gesetz XVI vom Jahre 1991 über die Konzession; § 45 Abs. 4 des Gesetzes Nr. XCVII vom Jahre 1995 über Luftverkehr, § 8 Abs. 7 des Gesetzes XCV vom Jahre 1993 über Eisenbahn

[852] Fabó, Tibor, Kommentar zum § 6 des WirtschaftsgesellschaftenG, S. 98.

[853] KreditinstitutenG

Befähigung erforderlich, darf die Gesellschaft diese Tätigkeit nur dann ausüben, wenn mindestens einer der Gesellschafter oder einer der Angestellten über diese bestimmte Befähigung verfügt.
Die Wirtschaftsgesellschaft ist in erster Linie eine vertragliche Beziehung zwischen den Gesellschaftern, welche mit mit deren übereinstimmenden Willen zustande kommt. Dementsprechend ist zur Entstehung einer Wirtschaftsgesellschaft als selbständiges Rechtssubjekt eine Vereinbarung der Gründer, die von jedem Gesellschafter unterschrieben wird, der sog. Gesellschaftsvertrag, erforderlich. Eine öffentlich zu gründende Aktiengesellschaft kommt demgegenüber mit der Annahme der Satzung zustande, da wegen der großen Anzahl der Aktionäre eine Vertragsform nicht verlangt wird. Aus dem gleichen Grund ist zur Annahme keine völlige Willensübereinstimmung, sondern lediglich eine einfache Mehrheit von 50% des Grundkapitals der gezeichneten Aktionäre vorgeschrieben.
Eine Einpersonengesellschaft und eine eigengegründete Aktiengesellschaft kommt mit der Gründungsurkunde zustande. Dies ist bei einer Einzelpersonengesellschaft selbstverständlich, da in diesem Fall keine übereinstimmende Willenserklärung vorliegen kann, sondern es sich nur um die Deklaration des Willensentschlusses des einzigen Gründers handelt. Die Erfordernis einer Gründungsurkunde bei der Aktiengesellschaft mit Eigengründung wurde demgegenüber mit der folgenden Begründung kritisiert:[854] Bei einer Aktiengesellschaft mit Eigengründung verpflichten sich die Gründer, sämtliche Aktien der Gesellschaft zu übernehmen. Dies erklären sie nicht unabhängig voneinander, sondern sie verpflichten sich gemeinsam zur Aktienübernahme; in einem zwischen ihnen bestimmten Maß. Dazu muß die Willensübereinstimmung aller Gründer sowohl hinsichtlich der Übernahmepflicht als auch bezüglich des Verteilungsmaßstabes der Aktien vorliegen. Demzufolge müßte in diesem Fall auch ein Gesellschaftsvertrag gefordert werden.
Da der Gesellschaftsvertrag[855] sich auf das geschäftsmäßige Unternehmen der Gesellschafter richtet, regelt er die Gesellschaftsverhältnisse langjährig. Um dementsprechend Stabilität und Rechtssicherheit zu erlangen,[856] werden an den Gesellschaftsvertrag strenge formelle und inhaltliche Anforderungen gestellt. Der Gesellschaftsvertrag ist eine Urkunde mit qualifizierter Förmlichkeit. Er muß schriftlich abgefaßt und von jedem Gesellschafter unterschrieben werden. Danach muß dieser von einem Notar öffentlich beurkundet oder von einem Rechtsanwalt gegengezeichnet werden. Wird der Gesellschaftsvertrag in mehreren Urkunden abgefaßt, sind die Formerfordernisse hinsichtlich aller Urkunden einzeln zu beachten.[857]

---

[854] Harsányi, Gyöngyi, Kommentar zum § 10 WirtschaftsgesellschaftenG, S. 107.
[855] Im Folgenden ist unter Gesellschaftsvertrag auch die Satzung und die Gründungsurkunde zu verstehen, falls keine abweichende Bemerkung vorliegt.
[856] Harsányi, Gyöngyi, Kommentar zum § 10 des WirtschaftsgesellschaftenG, S. 107.
[857] siehe: Bírósági Határozatok 1995/11

Neben den formellen Erfordernissen muß der Gesellschaftsvertrag über einen Mindestinhalt verfügen, der bei allen Wirtschaftsgesellschaften mindestens das Folgende umfassen muß:

- Firmenname[858]

Mit dem Firmennamen wird die Gesellschaft zum selbständigen Rechtssubjekt und unter diesem kann sie Rechte erwerben und Verpflichtungen übernehmen. Damit ist der Firmenname der wichtigste Bestandteil des Gesellschaftsvertrages. Er muß auf die Grundtätigkeit und Form der Gesellschaft hinweisen und darf nicht den Anschein des Gegenteils erwecken. Der Firmenname muß sich von der Bezeichnung anderer Gesellschaften, die gleiche oder ähnliche Tätigkeiten ausüben, eindeutig unterscheiden. Eine Information über die bestehenden Firmennamen erhält man bei dem zuständigen Firmengericht oder im Firmenregister und bei dem Informationsdienst des Justizministeriums. Die Eigentümer der Gesellschaft sowie die Gesellschafter sind aber berechtigt, ihre Namen im Firmennamen als „Haupt"-Firmenname anzugeben, auch dann, wenn bereits eine andere Gesellschaft unter diesem Nachnamen tätig ist.

Die Namensführung von herausragenden historischen Personen bedarf einer Genehmigung der Ungarischen Wissenschaftsakademie. Die Führung eines Namens, an den sich das gesetzliche Interesse eines anderen knüpft, erfordert die Zustimmung des Betroffenen.

Die Gesellschaft ist berechtigt, im Laufe ihrer Tätigkeit den vollständigen Firmennamen, dessen Abkürzung oder den Firmennamen mit Anhang zu benutzen. Der volle Firmenname besteht aus dem „Haupt"-Firmenname sowie aus der Bestimmung der Haupttätigkeit und der Gesellschaftsform. Das „Haupt"-Firmenname ist ein solcher Ausdruck oder ein Mosaikwort, welches der Unterscheidung und Identifizierung der gegebenen Gesellschaft von anderen Unternehmen, die gleiche oder ähnliche Tätigkeit ausüben, fördert. Es kann sowohl ungarische als auch ausländische Wörter beinhalten. Die Haupttätigkeit muß nur allgemein bestimmt werden, wie z.B. Dienstleistungs- oder Handelstätigkeit. Die Gesellschaftsform (AG, GmbH, OHG etc.) darf gegenüber der Haupttätigkeit abgekürzt werden.

Die Abkürzung des Firmennamens besteht aus dem „Haupt"-Firmenname und der Benennung der Gesellschaftsform, und darf nur dann benutzt werden, wenn sie als solche in das Firmenregister eingetragen ist. Die Gesellschaft ist in den im Gesetz bestimmten Fällen verpflichtet, den Firmennamen mit Anhang zu führen: Während des Registrierungsverfahrens den Anhang „b. a."[859]; während des Liquidierungsverfahrens „f. a."[860] und während der Endabrechnung „v. a."[861].

---

[858] § 15 des WirtschaftsgesellschaftenG

[859] „b. a." = bejegyzés alatt (auf deutsch: unterliegt der Eintragung)

[860] „f. a." = felszámolás alatt (auf deutsch: unter Insolvenzverfahren)

[861] „v. a." = végelszámolás alatt (auf deutsch: unter Abwicklung)

■ Sitz[862]
Da sich nach dem Sitz der Gesellschaft die Zuständigkeit des Firmengerichts bestimmt, ist er ebenfalls ein verbindlicher Bestandteil des Gesellschaftsvertrages. Der Sitz der Gesellschaft ist der Ort der zentralen Geschäftsstelle, der mit einem Schild gekennzeichnet sein muß. Der Sitz der Gesellschaft muß sich in Ungarn befinden und zugänglich sein. Dementsprechend ist dessen Postleitzahl, Ort, Straße und Hausnummer anzugeben. Ist einer der Gesellschafter eine natürliche Person, kann auch sein Wohnsitz als Sitz der Gesellschaft bezeichnet werden. Vom Sitz der Gesellschaft ist dessen Niederlassung bzw. Zweigniederlassung zu unterscheiden, welche der Ort der Ausübung der Gesellschaftstätigkeit ist. Befinden sich die zentrale Geschäftsstelle und der Ort der Ausübung der Gesellschaftstätigkeit in einem Ort, handelt es sich um eine Niederlassung, bei verschiedenen Orten um eine Zweigniederlassung. Die Errichtung einer Niederlassung oder Zweigniederlassung ist nicht verbindlich.

■ Name (Firmenname) und Wohnort (Sitz) der Gesellschafter
Ist der Gesellschafter eine natürliche Person, müssen im Gesellschaftsvertrag dessen Name, ggf. Mädchenname der Mutter und der Wohnsitz angegeben werden. Die Angabe eines Postfaches genügt als Bezeichnung des Wohnsitzes nicht.[863] Bei einer ungarischen juristischen Person als Gesellschafter sind Firmenname, Firmenregistrierungsnummer und Sitz, bei einer ausländischen juristischen Person darüber hinaus der Auszug aus dem heimischen Firmenregister und dessen beglaubigte Übersetzung, anzugeben.
Bei einer Aktiengesellschaft in öffentlicher Gründung besteht wegen der großen Anzahl der Aktionäre die Verpflichtung zur Bezeichnung der Gesellschafter bzw. der Aktionäre nicht.

■ Tätigkeitskreis
Zum Tätigkeitskreis gehören Wirtschaftstätigkeiten, welche die Gesellschaft tatsächlich ausübt oder ausüben möchte. Um eine Wirtschaftstätigkeit handelt es sich, wenn durch Verwendung von Produktionsmitteln, Arbeit, Kraftstoffen, Technologie etc. Produkte hergestellt oder Dienstleistungen angeboten werden.[864] Diese Tätigkeiten sind mit einer vom Zentralen Statistischen Amt vorgeschriebenen Nummer (Nomenklatur) anzugeben.

■ Gesellschaftsvermögen
Das Gesellschaftsvermögen besteht aus dem Vermögen, welches bei der Gründung von den Gesellschaftern der Gesellschaft aufzubringen ist. Bei einer GmbH ist das Gesellschaftsvermögen das aus den Stammeinlagen der Gesellschafter bestehende Stammkapital; bei einer AG das aus Aktien bestehende Grundkapital. Im Gesellschaftsvertrag ist zu bestimmen, wie und wann die Gesellschafter dieses Vermögen der Gesellschaft zur Verfügung stellen, wenn nicht bereits bei der Gründung alle Geldeinlagen eingebracht wurden. In der Praxis werden darüber hinaus - obwohl dies nicht obligatorisch ist - auch die einzelnen Gesellschaftsbei-

---

[862] § 16 des WirtschaftsgesellschaftenG
[863] Bírósági Határozatok 1994/91, S. 121. (Legf.Bir.Gg.Törv. VII. 33761/1992 sz.)
[864] Harsányi, Gyöngyi, Kommentar zum § 11 des WirtschaftsgesellschaftenG, S. 112.

träge im Gesellschaftsvertrag in Forint bestimmt. Bei einer GmbH müssen die Vermögensbeiträge einzelner Gesellschafter zwar nicht im Gesellschaftsvertrag, aber im sog. Mitgliederverzeichnis angegeben werden.[865]

- Art der Firmenzeichnung

Im Gesellschaftsvertrag muß auch die Person, die zur schriftlichen Vertretung des Unternehmens und zur Unterzeichnung im Namen des Unternehmens berechtigt ist, angegeben werden. Ihr steht also das Firmenzeichnungsrecht zu, die der gegebenen Person allein oder nur gemeinsam mit anderen zusteht. Neben der Person muß auch die Art der Firmenzeichnung im Gesellschaftsvertrag bestimmt werden, von der der zur Vertretung Berechtigte nicht abweichen kann.

- Name und Wohnsitz der führenden Amtsträger

Da die Aufgaben eines führenden Amtsträgers lediglich persönlich erledigt werden können, dürfen nur natürliche Personen zu führenden Amtsträgern einer Gesellschaft gewählt werden.[866] Neben ihrem Namen und Wohnsitz ist auch ihre Amtsdauer im Gesellschaftsvertrag anzugeben. Die Amtsdauer muß auf eine bestimmte Zeit gerichtet und darf nicht länger als fünf Jahre sein. Werden im Gesellschaftsvertrag die führenden Amtsträger auf unbestimmte Zeit gewählt, ist die betreffende Bestimmung des Vertrages wegen Gesetzverstoß nichtig und die gesetzliche Regelung von fünf Jahren tritt automatisch in Kraft.[867]

- Dauer der Wirtschaftsgesellschaft

Eine Wirtschaftsgesellschaft wird in der Regel auf unbestimmte Zeit gegründet. Die Gründung einer Gesellschaft auf bestimmte Zeit ist daneben auch erlaubt; der bestimmte Zeitraum und der letzte Tag muß aber im Gesellschaftsvertrag angegeben werden. Schweigt der Gesellschaftsvertrag über die Dauer der Gesellschaft, ist davon auszugehen, daß die Gesellschaft auf unbestimmte Zeit gegründet wurde.

Das Gesetz schreibt neben dem dargestellten für die einzelnen Gesellschaftsformen weitere inhaltliche Erfordernisse vor, die ebenfalls obligatorische Elemente des Gesellschaftsvertrages sind.

Fehlt eine der verbindlichen inhaltlichen Erfordernisse, kommt die Gesellschaft nicht zustande, ein inhaltlich mangelhafter Gesellschaftsvertrag ist zur Firmeneintragung nicht geeignet.[868] Eine Mangelbeseitigung nach Aufforderung des Firmengerichts ist selbstverständlich möglich.

Aus der Regelung, daß die Gesellschafter den Inhalt des Gesellschaftsvertrages im Rahmen des Gesetzes frei bestimmen können, ergibt sich, daß die Parteien neben den verbindlichen Elementen des Gesellschaftsvertrages weitere Bestimmungen vereinbaren können.

Zur Gründung einer Wirtschaftsgesellschaft ist weiterhin der Vermögensbeitrag jedes Gesellschafters erforderlich. Der Vermögensbeitrag kann entweder aus ei-

---

[865] Harsányi, Gyöngyi, Kommentar zum § 11 des WirtschaftsgesellschaftenG, S. 113.

[866] § 22 des WirtschaftsgesellschaftenG

[867] Bírósági Határozatok 1991/481, S. 115.

[868] Harsányi, Gyöngyi, Kommentar zum § 11 des WirtschaftsgesellschaftenG, S. 115.

nem Geld- oder aus einem Sachbeitrag bestehen.[869] Die Gesamtheit der Beiträge der Gesellschafter bildet das Gesellschaftsvermögen. Bei manchen Gesellschaften schreibt das Gesetz den Maßstab der Geld- und Sachbeiträge verbindlich vor.[870] Um Gläubigerinteressen zu schützen, soll mit dieser Regelung verhindert werden, daß das Gesellschaftsvermögen im übermäßigen Maß aus Sacheinlagen besteht. Bei Gesellschaften mit beschränkter Haftung (z.B. GmbH oder AG) ist ein Mindestmaß an Gesellschaftsvermögen erforderlich.[871]

Als Sacheinlage kommt jede verkehrsfähige Sache, Geistesschöpfung oder Recht mit Vermögenswert in Betracht.[872] Wird eine Immobilie als Sacheinlage eingesetzt, muß dem Antrag auf Eintragung ins Firmenregister auch das Eintragungsblatt des Grundbuchamts beigelegt werden.[873] Im Falle einer Immobilie als Sacheinlage wird also die Leistungspflicht erst dann erfüllt, wenn das Eigentumsrecht zugunsten der Gesellschaft bereits beim Grundbuchamt eingetragen wurde. Know-how kann dann als Sacheinlage eingesetzt werden, wenn die geistige Kenntnis auch als Objekt (wie. z.B. technologische Beschreibung, Abhandlung)[874] erscheint und somit von der Person des Einsetzenden getrennt werden kann.[875] Der Geschäftsruf eines Gesellschafters ist nicht verkehrsfähig,[876] der „Goodwill" einer Firma[877] jedoch schon, wobei er als Sacheinlage in die Gesellschaft eingebracht werden kann. Eine Wertung der Sacheinlage ist grundsätzlich nicht vorgeschrieben. Der leistende Gesellschafter kann den Wert dessen selbst bestimmen und die anderen Gesellschafter müssen dies akzeptieren. Aus diesem Grund ist die Garantieregelung wichtig, nach der die Gesellschafter, die eine Sacheinlage brachten, fünf Jahre ab Einbringung gegenüber der Gesellschaft dafür haften, daß der im Gesellschaftsvertrag angegebene Wert der Sacheinlage dessen tatsächlichen Wert zum Zeitpunkt der Leistung nicht überschritt. Eine Wertung der Sacheinlage durch einen Buchprüfer[878] ist auch möglich. Von dem durch den Buchprüfer festgestellten Wert können die Gesellschafter nur dann abweichen, wenn sie - mit der Zustimmung aller Gesellschafter - einen minderen Wert vereinbaren. Einen höheren Wert als den vom Buchprüfer festgestellten dürfen die

---

[869] § 12 des WirtschaftsgesellschaftenG

[870] Bei GmbH darf die Gesamtheit der Geldeinlagen bei der Gründung nicht weniger als 30% des Stammkapitals und 1Million Ft sein; bei AG nicht weniger als 30% des Grundkapitals und 10Millionen Ft (§§ 124, Abs. 5; 203 Abs. 2 des WirtschaftsgesellschaftenG).

[871] Bei GmbH min. 3 Millionen Ft Stammkapital; bei AG min. 20 Millionen Ft Grundkapital ist als Gesellschaftsvermögen zur Gründung erforderlich (§§ 124 Abs. 4; 203 Abs. 1 des WirtschaftsgesellschaftenG)

[872] Harsányi, Gyöngyi, Kommentar zum § 12 des WirtschaftsgesellschaftenG, S. 117.

[873] Bírósági Határozatok 1996/50, S. 48. (Legf.Bir.Gvf. X. 33513/1993.sz.)

[874] Harsányi, Gyöngyi, Kommentar zum § 12 des WirtschaftsgesellschaftenG, S. 118.

[875] Bírósági Határozatok 1995/111, S. 126. (Legf.Bir.Gf. VII 30134/1993.sz.)

[876] Bírósági Határozatok 1992/537, S. 132.

[877] Bírósági Határozatok 1990/476, S. 117.

[878] Der Buchprüfer übt eine Rechnungsführungsaufsicht aus. Seine Bestellung ist bei der AG, bei der Einpersonengesellschaften und bei der GmbH, wenn das Stammkapital 50Millionen Ft übersteigt, verbindlich.

Gesellschafter nicht berechnen. Für die Leistung der Sach- und Geldeinlage muß im Gesellschaftsvertrag eine Frist vorgeschrieben werden. Diese Frist umfaßt in der Regel den Zeitraum zwischen dem Unterschreiben des Gründungsvertrages und der Eintragung in das Firmenregister, also das Stadium der Vorgesellschaft. Kommt ein Gesellschafter seiner Verpflichtung innerhalb der Frist nicht nach, muß die Geschäftsführung ihn dazu mit einer Fristsetzung von 30 Tagen auffordern. In der Aufforderung muß darauf hingewiesen werden, daß der ergebnislose Fristablauf die Auflösung des Gesellschaftsverhältnisses zur Folge hat. Versäumt ein Gesellschafter die Leistung des Vermögensbeitrages nach dieser Frist, wird sein Gesellschaftsverhältnis kraft Gesetzes - automatisch, unabhängig vom Willen anderer Gesellschafter - aufgelöst.[879] Hier ist zu bemerken, daß im Stadium einer Vorgesellschaft keine Personenänderung der Gesellschafter erfolgen darf, es sei denn, daß das Gesetz - wie für diesen Fall - Ausnahmen vorschreibt.[880] Wird das Gesellschaftsverhältnis wegen Nichtleistung des Vermögensbeitrages aufgelöst, sind der betroffene Gesellschafter - im Gesetz zwar nicht ausdrücklich vorgeschrieben - und das Firmengericht[881] zu benachrichtigen. Entsteht infolge des Unterlassens der Leistungspflicht der Gesellschaft ein Schaden, haftet der versäumende Gesellschafter nach den allgemeinen Regeln des Zivilgesetzbuches.[882]
Letztlich ist zu erwähnen, daß bei der Gründung einer AG zwischen Eigengründung und öffentlicher Gründung zu unterscheiden ist.[883] Um eine Eigengründung handelt es sich, wenn sich die Gründer in der Gründungsurkunde zur Übernahme sämtlicher Aktien der Gesellschaft verpflichten. Die Übernahme der Aktien bedeutet eine solche Aktienzeichnung, zu der kein gesonderter Aktienzeichnungsbogen erforderlich ist.[884] An der Gründung nimmt also ein vorher bestimmter Personenkreis teil. Bei einer eigengründeten AG gelangen die Aktien nicht in den öffentlichenVerkehr. Eine öffentliche Gründung erfolgt durch ein öffentliches Verfahren, die sog. Aktienzeichnung.[885] Bei der Aktienzeichnung muß der Zeichnende 10% der gezeichneten Aktien übernehmen. Nach erfolgreicher Aktenzeichnung wird die Gründungsversammlung einberufen, bis zu deren Sitzung 30% der gezeichneten Aktie ausgegeben sein müssen.

Eine öffentlich gegründete AG kann aufgrund eines Beschlusses der Hauptversammlung in eine eigengegründete AG umgewandelt werden. Diese Tatsache muß im „Cégközlöny" bekanntgemacht werden und die Gesellschaft muß nachweisen, daß ihre Wertpapiere sich nicht auf der Börsenwertpapierliste befinden. Eine öffentlich gegründete AG wird darüber hinaus zur eigengegründeten AG, wenn sämtliche Aktien von einem Aktionär erworben werden. Eine Einpersonen-

---

[879] § 13 des WirtschaftsgesellschaftenG
[880] § 15 Abs. 1 a des WirtschaftsgesellschaftenG
[881] Harsányi Gyöngyi, Kommentar zum § 13 des WirtschaftsgesellschaftenG, S. 121.
[882] §§ 339 ff. des Zivilgesetzbuches
[883] Nach dem WirtschaftsgesellschaftenG vom Jahre 1988 war lediglich die öffentliche Gründung möglich.
[884] Biczi, Éva: A vezető tisztségviselők..., GJ 1998/9, S. 9.
[885] Biczi, Éva: A vezető tisztségviselők..., GJ 1998/9, S. 8.

AG darf nur eigengegründet sein. Durch Trennung kann keine AG öffentlich gegründet werden.[886] Wichtigster Unterschied zwischen einer AG in öffentlicher und in Eigengründung liegt bei der durch die AG erwerbbaren eigenen Aktien,[887] in der Mitteilungsform über die Hauptversammlung für die Aktionäre[888] sowie in den zur Gründung erforderlichen Dokumenten.[889]

3. Vorgesellschaft

Einer Wirtschaftsgesellschaft steht das Recht zu, bereits vor Eintragung ins Firmenregister ab dem Zeitpunkt der anwaltlichen Gegenzeichnung bzw. notariellen Beurkundung des Gesellschaftsvertrages im beschränkten Maß tätig zu werden.[890] In diesem Zeitraum handelt es sich um eine sog. Vorgesellschaft, deren Status mit der Eintragung ins Firmenregister automatisch endet. Ab diesem Zeitpunkt besteht die Vorgesellschaft als Wirtschaftsgesellschaft entsprechend der beabsichtigten Gesellschaftsform. Der Antrag auf Eintragung ins Firmenregister muß innerhalb von 30 Tagen nach Unterzeichnung des Gesellschaftsvertrages eingereicht werden. Die im Gesellschaftsvertrag bezeichneten Geschäftsführer sind berechtigt, bis zur Eintragung der Gesellschaft in deren Namen und mit Wirkung für und gegen die zukünftige Gesellschaft vorzugehen. Auf das Stadium als Vorgesellschaft muß aber in allen Schreiben und bei allen Rechtsgeschäften mit dem Anhang „b. a." (unter Eintragung) hingewiesen werden. Die Partner der Gesellschaft müssen also unbedingt darüber informiert werden, daß die Gesellschaft noch nicht in das Firmenregister eingetragen ist.

Eine geschäftsmäßige Wirtschaftstätigkeit darf die Gesellschaft erst nach Einreichen des Antrages auf Eintragung ins Firmenregister ausüben. Eine Wirtschaftstätigkeit, deren Ausübung von einer behördlichen Genehmigung abhängig ist, darf auch nach dem Einreichen des Antrages nicht ausgeübt werden, die erfolgte Eintragung in das Firmenregister ist nämlich eine Voraussetzung zur Ausübung solcher Tätigkeiten.[891]

Für die Vorgesellschaft sind grundsätzlich die Regeln, welche sich auf die beabsichtigte Gesellschaft beziehen, anzuwenden, jedoch mit den folgenden Ausnahmen:

- Eine Personenänderung der Gesellschafter darf nicht eintreten, es sei denn, daß das Gesetz dies ausdrücklich gestattet, wie z.B. bei der dargestellten Nichtleistung des Gesellschaftsbeitrages oder im Erbfall.

---

[886] Biczi, Éva: A vezető tisztségviselők..., CJ 1998/9, S. 9.

[887] Bei einer AG in öffentlicher Gründung max. 5%, bei eigengründeter AG max. 10% des Grundkapitals.

[888] Bei einer öffentlich gegründeten AG muß die Einladung öffentlich bekanntgemacht werden.

[889] Eine öffentlich gegründete AG hat eine Satzung, eine eigengründete AG eine Gründungsurkunde anzufertigen.

[890] Harsányi, Gyöngyi, Kommentar zum § 14 des WirtschaftsgesellschaftenG, S. 123.

[891] § 14 des WirtschaftsgesellschaftenG

- Der Gesellschaftsvertrag darf mit Ausnahme der Mängelbeseitigung infolge Aufforderung des Firmengerichts nicht geändert werden.
- Ein Prozeß zum Ausschluß eines Gesellschafters kann nicht angeregt werden.
- Die Auflösung ohne Rechtsnachfolge sowie die Umwandlung in eine andere Wirtschaftsgesellschaft oder in eine gemeinnützige Gesellschaft darf nicht beschlossen werden.

Wird der Antrag auf Eintragung ins Firmenregister abgelehnt, kann die Gesellschaft keine weiteren Rechte erwerben oder Verpflichtungen übernehmen und muß unverzüglich ihre Tätigkeit beenden. Für Verschulden aus Verpflichtungsübernahmen der führenden Amtsträger haften die Gesellschafter auf gleiche Weise wie bei der Auflösung der beabsichtigten Gesellschaft. Eine Ausnahme liegt dann vor, wenn es sich um eine Gesellschaft handelt, bei der die Haftung der Gesellschafter beschränkt ist und trotz Einstehen aller Gesellschafter noch unbefriedigte Forderungen bestehen. In diesem Fall haften die führenden Amtsträger für solche Forderungen gegenüber Dritten unbeschränkt und gesamtschuldnerisch.[892]

4. Das Firmengericht

Zu den wichtigsten Aufgaben des Firmengerichts gehört die Führung des Firmenregisters und die Aufsicht über die gesetzmäßige Tätigkeit der eingetragenen Firmen:

a/. Firmenregister

Nach der anwaltlichen Gegenzeichnung oder notariellen Beurkundung des Gesellschaftsvertrages ist die Gesellschaft berechtigt, Rechtshandlungen, die zur Aufnahme ihrer Tätigkeit erforderlich sind, wahrzunehmen. Die rechtliche Existenz der Gesellschaft beginnt jedoch erst mit der Eintragung in das Firmenregister. Die Eintragung in das Firmenregister durch das Firmengericht ist der Akt, mit dem die Gesellschaft im rechtlichen Sinne entsteht. Die Firmeneintragung hat eine rechtsbegründende und eine ex-nunc Wirkung. Die Gesellschaft entsteht also erst *mit* und *ab* dem Zeitpunkt der Eintragung. Das Eintragungsverfahren ist ein außergerichtliches Verfahren, bei dem lediglich ein Urkundenbeweis statthaft ist. Das Firmengericht entscheidet über die Eintragung ausschließlich aufgrund der eingereichten Dokumente. Eine Anhörung der Parteien oder ein Zeugenbeweis ist nicht möglich. Für das Eintragungsverfahren besteht deswegen ein Anwaltszwang besteht. Der professionell angefertigte Antrag fördert auch die Schnelligkeit des Verfahrens. Die Eintragung in das Firmenregister erfolgt aufgrund des Antrages, der innerhalb von 30 Tagen ab Unterzeichnung des Gesellschaftsvertrages dem Firmengericht eingereicht werden muß. Ist zur Gründung der Gesellschaft eine behördliche Genehmigung erforderlich, läuft die 30tägige Frist ab Empfang der Gründungsgenehmigung. Wird die gesetzliche Frist zur Einreichung des Antrages

[892] § 15 des WirtschaftsgesellschaftenG

versäumt, kann das Firmengericht eine Geldbuße von 50. 000 bis 500. 000 Ft[893] verhängen. Die führenden Amtsträger der Gesellschaft sind zur Anmeldung der Firmenangaben zwecks Firmenregistrierung verpflichtet. Für Schäden, die sich aus dem Versäumnis der Anmeldung oder aus der Unechtheit der angegebenen Angaben ergeben, haften sie unbeschränkt und gesamtschuldnerisch nach dem allgemeinen Schadenersatzrecht des Zivilgesetzbuches. Der Antrag ist in einem Exemplar, die Beilagen sind je nach Art in einem, max. in fünf Exemplaren einzureichen. Der Antrag erfolgt entweder auf einem der Gesellschaftsform entsprechenden Formular, per Diskette oder kann per Computer dem Firmengericht zugeleitet werden. Welche Angaben der Antrag beinhalten muß und welche Beilagen diesem beizufügen sind, ist ausschließlich gesetzlich geregelt. Neben Angaben, die für alle Wirtschaftsgesellschaften einheitlich vorgeschrieben sind, schreibt das Gesetz spezielle Erfordernisse für die einzelnen Gesellschaftsformen vor:[894] Eine GmbH darf nur dann in das Firmenregister eingetragen werden, wenn bis zum Einreichen des Eintragungsantrages alle Sacheinlagen der Gesellschaft zur Verfügung gestellt und mind. die Hälfte jeder einzelnen Geldeinlage, aber insgesamt 1 Millionen Ft auf das Gesellschaftskonto eingezahlt wurden. Bei einer AG müssen bis zu diesem Zeitpunkt ebenfalls alle Sacheinlagen der Gesellschaft zur Verfügung gestellt werden. Bei der AG mit Eigengründung müssen die Gründer darüber hinaus mind. 30% des Nennwertes aller Aktien, insgesamt mind. 10Millionen Ft aufgebracht haben. Bei Einpersonengesellschaften müssen sowohl Sach- als auch Geldeinlagen vor Eintragung im vollen Maß erbracht werden.

Fehlen gesetzlich verbindlich vorgeschriebene Angaben, Beilagen und Gebühren oder sind diese mangelhaft, weist das Firmengericht den Antrag ohne weiteres zurück. Eine Nachbesserung ist nicht möglich. Diese Bestimmung scheint relativ starr zu sein, ist jedoch gerecht, da ein Anwaltszwang vorgeschrieben ist. Darüber hinaus kann innerhalb von 8 Tagen ab Entgegennahme des abgelehnten Bescheides der Eintragungsantrag erneut eingereicht werden, wobei die bereits eingereichten Dokumente wieder verwendet werden können. In sonstigen Fällen kann das Gericht per Beschluß eine Mangelbeseitigung anordnen. Das Firmengericht hat bei einer Aktiengesellschaft innerhalb von 60, bei sonstigen Wirtschaftsgesellschaften innerhalb von 30 Tagen eine Entscheidung über den Eintragungsantrag zu treffen. Versäumt das Gericht diese Frist, ist der Vorsteher des Firmengerichts verpflichtet, innerhalb von 8 Tagen eine Entscheidung zu treffen. Bleibt er ebenfalls untätig, erfolgt die Eintragung kraft Gesetzes am 39. Tag, bzw. bei Aktiengesellschaften am 69. Tag mit dem Inhalt des Antrages.

Werden die im Firmenregister eingetragenen Angaben geändert, besteht Meldepflicht gegenüber dem Firmengericht.

Die Firmenangaben, die Bestandteil des Firmenregisters sind, werden vom Firmengericht im Amtsblatt des Justizministeriums, im sog. „Cégközlöny," mit der Bemerkung, daß die Einsicht in das Firmenregister beim zuständigen Firmenge-

---

[893] zur Zeit ca. von 356 bis 3846 DM

[894] §§ 12-14 des FirmengerichtsG

richt gestattet ist, veröffentlicht. Diese Veröffentlichung hat zweierlei Bedeutungen: Einerseits wird dadurch das Entstehen einer neuen Wirtschaftsstruktur den übrigen Wirtschaftssubjekten bekannt gemacht. Andererseits darf sich die Gesellschaft auf Angaben und Dokumente, die Bestandteil des Firmenregisters sind, gegenüber Dritten lediglich dann berufen, wenn sie im Amtsblatt veröffentlicht wurden, es sei denn, daß die Gesellschaft Beweise dafür aufbringt, daß der Dritte die Angaben oder Urkunden bereits vor der Firmeneintragung kannte. Im Amtsblatt des Justizministeriums müssen weiterhin alle Veränderungen der Angaben im Firmenregister sowie die Auflösung der Gesellschaft veröffentlicht werden.
Die Rechte, Tatsachen und Angaben über Wirtschaftsgesellschaften, Gesellschafter, führende Amtsträger und Mitglieder des Aufsichtsrates, die einen Bestandteil des Firmenregisters bilden, sind also öffentlich. Diese Aussage entspricht dem Prinzip der Firmenöffentlichkeit und bedeutet, daß alle vergangenen, gegenwärtigen und zukünftigen Angaben und Firmendokumente, zu deren Einreichung die Gesellschaft durch das Gesetz verpflichtet ist, jeder bei dem zuständigen Firmengericht einsehen oder davon Aufzeichnungen anfertigen kann. Über dem Ansichts- und Aufzeichnungsrecht hinaus steht jedem das Recht zu, beim Firmengericht eine Firmenabschrift, einen Firmenauszug, ein Firmendokument oder eine beglaubigte Kopie zu beantragen. Die Firmenabschrift beinhaltet sämtliche vergangenen und gegenwärtigen, der Firmenauszug alle gegenwärtigen, das Firmendokument abhängig vom Antrag manche gegenwärtigen oder vergangenen, im Firmenregister befindlichen Angaben der betroffenen Firma. Die beglaubigte Kopie kann von dem Gründungsvertrag, dessen Änderung oder von dem Bericht gemäß des Gesetzes über die Rechnungslegung[895] beantragt werden. Das Firmengericht entspricht mit den dargestellten Möglichkeiten dem Prinzip der Firmenöffentlichkeit lediglich im Hinblick auf solche Gesellschaften, die im Zuständigkeitsbereich registriert sind. Auf staatlicher Ebene wird die Firmenöffentlichkeit durch den Firmenregistrierungs- und Firmeninformationsdienst gesichert. Hierbei handelt es sich um eine Zentralregistrierung, bei der ebenfalls jeder gegen Entgelt berechtigt ist, über alle Angaben des Firmenregisters Informationen zu erlangen.

b/. Rechtsaufsicht

Das nach dem Sitz der Gesellschaft zuständige Firmengericht führt nicht nur das Firmenregister, sondern übt auch eine Rechtsaufsicht über die Tätigkeit der Wirtschaftsgesellschaften aus. Diese Aufsicht erstreckt sich darauf, ob die Tätigkeit der Gesellschaft den Rechtsnormen und dem Gesellschaftsvertrag entspricht, nicht aber auf die Zweckmäßigkeit der Tätigkeit. Die Rechtsaufsicht des Firmengerichts kann auch bereits vor der Eintragung in das Firmenregister erfolgen, wenn z.B. im Eintragungsantrag Gesetzesverstöße ersichtlich sind. Die Rechtsaufsicht endet mit der Löschung aus dem Firmenregister, besteht also auch während des Liquidierungsverfahrens.[896] Liegt der Gesetzesverstoß in der Unwirk-

---

[895] Gesetz Nr. XVIII vom Jahre 1991 über die Rechnungslegung, siehe: WOS-Dokument, Nr.VIII.6.a.

[896] Bírósági Határozatok 1995/423, S. 143. (Legf. Bír. Cgf. VII 32275/1992 sz.)

samkeit des Gründungsvertrages oder in den von der Gesellschaft abgeschlossenen Verträgen, ist das Gericht und nicht das Firmengericht anzurufen. Die Rechtsaufsicht des Firmengerichts erfaßt also diese Fälle nicht.[897]

Das Aufsichtsverfahren findet entweder von Amtswegen oder auf Antrag statt. Ein Verfahren von Amtswegen kann der Staatsanwalt, der Leiter des die Tätigkeit der Gesellschaft beaufsichtigenden Verwaltungsamtes und derjenige, der ein rechtliches Interesse am Verfahren hat (z.B. ein Gläubiger[898]) anregen. Das Firmengericht ist daneben zur Durchführung des Aufsichtsverfahrens verpflichtet, wenn im gerichtlichen oder sonstigen behördlichen Verfahren ein Gesetzesverstoß glaubhaft gemacht wurde. Zur Einleitung des Verfahrens besteht eine 30tägige Frist ab Kenntnisnahme des grundgegebenen Umstandes. Nach Ablauf von einem Jahr ist ein Aufsichtsverfahren ausgeschlossen, der objektive Rechtsverlust tritt ein. Eine Entschuldigung ist nicht möglich.

Das Aufsichtsverfahren ist ein außergerichtliches Verfahren, bei dem in der Regel ein Urkundenbeweis erfolgt. Das Firmengericht kann aber auch eine persönliche Anhörung der Parteien anordnen.

Im Rahmen des Aufsichtsverfahrens ist das Firmengericht zu folgenden Maßnahmen berechtigt:

- Aufforderung der Gesellschaft zum Wiederherstellen des gesetzmäßigen Zustandes;
- Verhängung einer Geldstrafe von 50 000 bis 500 000 Ft;
- Aussetzung oder Vernichtung der Vollstreckung des Gesellschaftsbeschlusses, evtl. Anordnung der erneuten Beschlußfassung;
- Einberufung des führenden Gremiums der Gesellschaft zwecks Wiederherstellung des gesetzmäßigen Zustandes;
- Aussetzung der Tätigkeit der Gesellschaft auf bestimmte Zeit;
- Anordnung eines Verbots der weiteren Gesellschaftstätigkeiten und die gleichzeitige Auflösungserklärung, falls der gesetzmäßige Zustand auf andere Weise nicht wiederhergestellt werden kann.

Bei der Auswahl geeigneter Maßnahmen ist das primäre Ziel die Herstellung der gesetzmäßigen Tätigkeit der Gesellschaft. Das Firmengericht darf nur diejenige Maßnahme verwenden, die zu dem Rechtsverstoß in angemessenem Verhältnis steht und auch vollstreckbar ist.[899] Es können gleichzeitig auch mehrere Maßnahmen angewandt und die Reihenfolge - mit Ausnahme der Auflösungserklärung, die nur als letztes in Betracht kommt - frei bestimmt werden.

Vom Verfahren der Auflösungserklärung ist das Löschungsverfahren aus dem Handelsregister zu unterscheiden. Dieses Verfahren erfolgt von Amtswegen und nur dann, wenn das Firmengericht Kenntnis darüber erlangt, daß ein Unternehmen sich nicht an dem angegebenen Sitz oder der Niederlassung befindet oder wenn der Aufenthaltsort der zur Vertretung berechtigten Personen unbekannt ist. Der Aufgebotsbeschluß der Einleitung des Löschungsverfahrens wird im

[897] Bírósági Határozatok 1995/423, S. 254. (Legf. Bír. Cgf. VII 32275/1992 sz.)
[898] Ujváriné, Antal Edit, Kommentar zum § 46 des WirtschaftsgesellschaftenG, S. 185.
[899] Bírósági Határozatok 1996/167, S. 118. (Legf. BÍr. Gfv. X. 30689/1995 sz.)

„Cégközlöny" bekanntgemacht, um dem Unternehmen die Erhebung eines Einspruchs gegen die Löschung aus dem Handelsregister zu ermöglichen. Der Einspruch kann innerhalb von 30 Tagen ab Bekanntmachung erhoben werden. Nach ergebnislosem Fristablauf oder wenn der eingereichte Einspruch unbegründet war, ordnet das Gericht die Löschung des Unternehmens durch Beschluß an. Erfolgt innerhalb von 15 Tagen keine Berufung, wird der Beschluß rechtskräftig und das Unternehmen durch das Firmengericht aus dem Firmenregister gelöscht.

c/. Sonstiges
Eine spezielle Aufgabe des Firmengerichts liegt im Schutz der sog. Minderheitsrechte. Unter Minderheit in diesem Sinne sind die Gesellschafter einer Gesellschaft, die insgesamt ein Zehntel der abzugebenden Stimmen bilden, zu verstehen. Ihnen werden spezielle Rechte eingeräumt: Sie dürfen die Einberufung des höchsten Organs - mit Bezeichnung des Grundes und Zwecks - anregen, die Überprüfung eines Vorfalls in der Geschäftsführung in den letzten zwei Jahren durch einen Buchführer beantragen oder in dieser letztgenannten Angelegenheit eine Beschlußfassung vorschlagen. Wird das höchste Organ die Geschäftsführung innerhalb von 30 Tagen nicht einberufen oder verwirft das höchste Organ den Vorschlag zur Überprüfung der Geschäftsführung, kann sich die Minderheit an das Firmengericht mit einem Antrag wenden.[900] Das Firmengericht kann das höchste Organ einberufen und ordnet die Überprüfung der Geschäftsführung an. Zur Einberufung des höchsten Organs ist das Firmengericht nur dann verpflichtet, wenn die Antragsteller die Kosten dafür vorschießen und die Bedingungen dazu sichern. Sonst steht die Einberufung im Ermessen des Firmengerichts. Die Überprüfung der Geschäftsführung muß innerhalb von 30 Tagen ab Sitzung des höchsten Organs beantragt werden. Das Firmengericht muß dem ordnungsgemäßen Antrag in diesem Fall stattgeben.[901]
Eine weitere Befugnis des Firmengerichts liegt darin, daß es die Gesellschaft auf Antrag eines Gesellschafters verpflichten kann, diesem eine Auskunft über die Geschäfte der Gesellschaft zu erteilen oder ihm eine Einsicht in die Bücher der Gesellschaft zu ermöglichen, wenn die führenden Amtsträger dieser Verpflichtung nicht nachkamen.[902]

5. Sonderaufgaben des Gerichts hinsichtlich der Wirtschaftsgesellschaften

a/. Unwirksamkeitsfeststellung des Gründungsvertrages
Vor Eintragung ins Firmenregister kann der Gründungsvertrag - wie andere Verträge auch - nach den allgemeinen Regeln des Zivilrechts angefochten werden. Nach Eintragung gilt demgegenüber die Hauptregel, daß die Wirksamkeit des Gründungsvertrages nicht mehr in Frage gestellt werden darf.[903] Diese Einschrän-

---

[900] § 51 Abs. 1 - 4 des WirtschaftsgesellschaftenG
[901] Ujváriné, Antal Edit, Kommentar zum § 51 des WirtschaftsgesellschaftenG, S. 202.
[902] § 27 des WirtschaftsgesellschaftenG
[903] Harsányi, Gyöngyi, Kommentar zum § 16 des WirtschaftsgesellschaftenG, S. 133.

kung ist aus Gründen der Rechtssicherheit zu erklären, um zu vermeiden, daß der Gründungsvertrag bei Nichterzielung des angestrebten Gewinns - was häufig vorkommt - angefochten werden kann. Dementsprechend ist die Feststellung der Unwirksamkeit des Gründungsvertrages nur unter den im Gesetz bestimmten Voraussetzungen gestattet. Die Feststellung der Unwirksamkeit des Gründungsvertrages nach Firmeneintragung kann nur mit einem Prozeß bei dem - nach dem Sitz der Gesellschaft zuständigen - Komitatsgericht angeregt werden. Zur Prozeßeinleitung ist entweder der Staatsanwalt oder derjenige, der sein rechtliches Interesse an der Unwirksamkeit glaubhaft macht, berechtigt. Der Gesellschaft selbst steht dieses Recht nicht zu. Die Feststellung der Unwirksamkeit ist daneben ausschließlich aus den folgenden Gründen gestattet:

- Der Gründungsvertrag wurde weder notariell beurkundet noch von einem Rechtsanwalt gegengezeichnet;
- dem Gründungsvertrag mangelt es an gesetzlich zwingend vorgeschriebenen Elementen;
- der Gesellschaftsvertrag beinhaltet nicht den Tätigkeitskreis der Gesellschaft, die angegebene Tätigkeit ist auf ein rechtswidriges Ziel gerichtet oder verstößt gegen ein Gesetz.[904]

Hierbei handelt es sich um Gründe, bei deren Vorliegen die Gesellschaft erst gar nicht in das Handelsregister eingetragen werden dürfte.

Wurden Unwirksamkeitsgründe vom Komitatsgericht festgestellt, richten sich die Rechtsfolgen primär auf das Bestreben der Aufhebung des Unwirksamkeitsgrundes und nicht auf die Auflösung der Gesellschaft. Dementsprechend fordert das Gericht zunächst die Gesellschaft zur Mangelbeseitigung auf. Nur wenn dies nicht möglich ist, stellt das Gericht im Beschluß die Unwirksamkeit fest, erklärt den Gründungsvertrag bis zu einem bestimmten Zeitpunkt für wirksam und setzt ab diesem Zeitpunkt den firmengerichtlichen Eintragungsbeschluß außer Kraft. Aus Gründen der Verkehrssicherheit wird die Unwirksamkeit immer für die Zukunft festgestellt. Aufgrund der Feststellung der Unwirksamkeit des Beschlusses des Komitatsgerichts erklärt danach das Firmengericht die Gesellschaft als aufgelöst, bzw. leitet ein Insolvenzverfahren ein. Stellt das Komitatsgericht lediglich eine Teilunwirksamkeit fest, bleibt die Gesellschaft bestehen und das Firmengericht beabsichtigt im Rahmen seiner Gesetzesaufsicht die Herstellung des gesetzmäßigen Zustands.[905]

b/. Gerichtliche Revision des Gesellschaftsbeschlusses

Die Möglichkeit zur gerichtlichen Revision der Gesellschaftsbeschlüsse ist eine wichtige Garantieregelung. Alle Gesellschafter sind berechtigt, die gerichtliche Revision von Beschlüssen, die von den Organen der Gesellschaft, d.h. vom höchsten Organ, Aufsichtsrat oder von der Geschäftsführung erlassen wurden, zu beantragen. Daneben können auch die führenden Amtsträger und die Mitglieder des

---

[904] § 47 des FirmengerichtsG

[905] § 48 des FirmengerichtsG

Aufsichtsrates gegenüber einem von dem höchsten Organ erlassenen Beschluß gerichtlich vorgehen. Voraussetzung bei allen Fällen ist die Berufung, daß der Beschluß gegen Rechtsvorschriften oder den Gesellschaftsvertrag verstößt. Im Klageantrag muß dementsprechend die gesetzliche Regelung oder Verfügung des Gesellschaftsvertrages, die nach Auffassung des Berechtigten durch den Beschluß verletzt wurde, ausdrücklich bezeichnet werden. Damit ist z.B. ein Klageantrag wegen bloßer Interessenverletzung ausgeschlossen.[906]
Die Klage auf Revision des Gesellschaftsbeschlusses ist innerhalb von 30 Tagen ab Kenntnisnahme gegen die Gesellschaft zu erheben. Nach Ablauf von 90 Tagen kann die Klage auch dann nicht mehr erhoben werden, wenn der Beschluß dem Berechtigten nicht mitgeteilt wurde bzw. er darüber keine Kenntnis erlangte. Es tritt also ein objektiver Rechtsverlust ein. Der Kläger ist der Gesellschafter, der führende Amtsträger oder ein Mitglied des Aufsichtsrates, der den Klageantrag einreicht. Der Beklagte ist in jedem Fall die Gesellschaft, vertreten durch den führenden Amtsträger. Leitet ein führender Amtsträger den Prozeß ein und gibt es keine anderen führenden Amtsträger, welche die Gesellschaft vertreten könnten, wird die Gesellschaft von Mitgliedern des Aufsichtsrates vertreten. Stehen auch die Mitglieder des Aufsichtsrates als Kläger im Prozeß oder verfügt die Gesellschaft nicht über einen Aufsichtsrat, bestellt das Gericht einen Sachverwalter.
Das Recht zur Klageerhebung steht demjenigen, der mit seiner Stimme zur Beschlußfassung beitrug, nicht zu, es sei denn, daß es sich dabei um einen Irrtum, eine rechtswidrige Drohung oder Täuschung handelte. Im übrigen kann - auch bei Stimmenhaltung - das Recht zur Klageerhebung nicht eingeschränkt werden.
Stellt das Gericht den Verstoß gegenüber Rechtsnormen oder des Gesellschaftsvertrages fest, setzt es den rechtswidrigen Beschluß außer Kraft. In sonstigen Fällen erhält das Gericht den Beschluß in seiner Geltung aufrecht. Die Wirkung der Gerichtsentscheidung über die Revision des Gesellschaftsbeschlusses erstreckt sich auch auf solche Gesellschafter, die nicht Prozeßparteien waren.[907]

c/. Ausschluß eines Gesellschafters

Der Ausschluß eines Gesellschafters aus der Gesellschaft ist eine über einen Sanktionscharakter verfügende Sonderform der Auflösung des Gesellschaftsverhältnisses. Der Ausschluß eines Gesellschafters aus der Gesellschaft ist aufgrund einer Klage der Gesellschaft gegenüber dem Gesellschafter und lediglich dann möglich, wenn sein weiterer Aufenthalt in der Gesellschaft die Erreichung des Gesellschaftsziels erheblich gefährden würde, z.B. bei Verletzung der Geheimhaltungspflicht.[908] Als weiteres Beispiel ist der Fall zu erwähnen, in dem der Gesellschafter zwar seinen Stammanteil einzahlte, aber nachher von der Gesellschaft einen Kredit in gleicher Höhe aufnahm, den er nicht zurückzahlte und dadurch der Gesellschaft finanzielle Schwierigkeiten verursachte.[909] Leistet der Gesellschafter

---

[906] Harsányi, Gyöngyi, Kommentar zum § 47 des WirtschaftsgesellschaftenG, S. 189.
[907] §§ 47 - 48 des WirtschaftsgesellschaftenG
[908] Entscheidung des Schiedsgerichts, GJ 1994/9, S. 14.
[909] Entscheidung des Schiedsgerichts, GJ 1995/10, S. 23.

demgegenüber trotz Aufforderung seinen Vermögensbeitrag nicht, ist kein Ausschluß erforderlich, sondern das Gesellschaftsverhältnis endet kraft Gesetzes.[910] Der Beweis über das Vorliegen der Ausschlußgründe obliegt der Gesellschaft. Aus Garantiegründen entscheidet das Gericht, also eine unabhängige Organisation, über den Ausschluß. Ein Aktionär oder ein Gesellschafter, der ¾ der Stimmen besitzt, darf nicht ausgeschlossen werden. Ein Ausschluß ist ebenfalls nicht möglich, wenn die Gesellschaft lediglich aus zwei Gesellschaftern besteht.
Über die Klageerhebung selbst entscheidet das höchste Organ. Abweichend von den allgemeinen Regeln erfordert diese Entscheidung eine ¾-Mehrheit. Wird der Ausschluß mehrerer Gesellschafter erforderlich, kann gleichzeitig nur gegenüber einem abgestimmt werden.[911] Innerhalb von 15 Tagen nach der Beschlußfassung muß die Klage bei dem nach dem Sitz der Gesellschaft zuständigen Komitatsgericht erhoben werden. Nach Ablauf der Frist tritt ein objektiver Rechtsverlust ein. In der Klageschrift sind alle Gründe, die zum Ausschluß führten, zu bezeichnen, da das Beibringen neuer Gründe im Prozeß nicht möglich ist.[912]
Eine wichtige Sonderregelung ist, daß eine gesonderte Klage auf Revision des Gesellschaftsbeschlusses, der den Ausschluß aussprach, nicht neben der Klage auf Ausschluß erhoben werden kann. Im Ausschlußprozeß steht jedoch dem Beklagten das Recht zur Berufung auf die Rechtswidrigkeit des Beschlusses zu. Das Gericht ist von Amts wegen nicht verpflichtet und nicht berechtigt, in sonstigen Fällen die Rechtsmäßigkeit des Gesellschaftsbeschlusses zu prüfen. Das Gericht stellt lediglich die Existenz des Gesellschaftsbeschlusses fest, da dies eine Voraussetzung der Klageerhebung ist.[913]
Der Gesellschafter ist zur Ausübung seiner Rechte aus dem Gesellschaftsverhältnis (Stimm-, Einsicht- und Auskunftsrecht) bis zum rechtskräftigen Beschluß berechtigt, es sei denn, daß das Gericht die Rechtsausübung auf Antrag der Gesellschaft oder des Gesellschafters aufhebt.[914] Die Aufhebung dient der Verhinderung mißbräuchlicher Rechtsausübung und läßt die Vermögensrechte des Gesellschafters unberührt, d.h. der Anteil des verteilten Gewinns steht ihm nach wie vor zu. Die Aufhebung der Rechtsausübung des betroffenen Gesellschafters ergibt auch für die Gesellschaft eine einschränkende Wirkung: Die Änderung des Gesellschaftsvertrages und eine Entscheidung über den Ausschluß weiterer Gesellschafter oder über die Auflösung der Gesellschaft ist unzulässig.
Das Gesellschaftsverhältnis des ausgeschlossenen Gesellschafters endet mit der Rechtskraft des Gerichtsbeschlusses.[915]

---

[910] Vezekényi, Ursula: Tag kizárása a gazdasági társaságból, CJ 1999/1, S. 10.
[911] Újváriné, Antal Edit, Kommentar zum § 49 des WirtschaftsgesellschaftenG, S. 194.
[912] Újváriné, Antal Edit, Kommentar zum § 49 des WirtschaftsgesellschaftenG, S. 191.
[913] Újváriné, Antal Edit, Kommentar zum § 50 des WirtschaftsgesellschaftenG, S. 197.
[914] Vezekényi, Ursula: Tag kizárása a gazdasági társaságból, CJ 1999/1, S. 11.
[915] Újváriné, Antal Edit, Kommentar zum § 50 des WirtschaftsgesellschaftenG, S. 198.

d/. Der Minderheitenschutz vor dem Gericht

Die Befugnisse des Firmengerichts bezüglich der sog. Minderheiten in der Gesellschaft - d. h. die Gesellschafter, die insgesamt 1/10 der abzugebenden Stimmen bilden - wurde bereits erörtert. Neben dem Firmengericht spielt auch das Komitatsgericht beim Schutz der Minderheiten eine Rolle. Wenn das höchste Organ den Antrag auf Geltendmachung eines Anspruchs der Gesellschaft gegenüber dem Gesellschafter, dem führenden Amtsträger, den Mitgliedern des Aufsichtsrates oder dem Buchführer sowie in einer solchen Angelegenheit die Beschlußfassung ablehnte, ist die Minderheit berechtigt, mit Erhebung einer Klage im Namen der Gesellschaft den Anspruch selbst geltend zu machen. Für die Klageerhebung besteht eine 30tägige Frist ab Zeitpunkt der Sitzung des höchsten Organs.[916]

6. Die Organe und führenden Amtsträger der Gesellschaft

a/. Höchste Organe

Das höchste Organ der Gesellschaft ist ein Entscheidungsgremium, an dem alle Gesellschafter teilnehmen, ihre Eigentumsrechte ausüben können und durch das die Wirtschaftsführung der Gesellschaft bestimmt wird. Zur ausschließlichen Zuständigkeit des höchsten Organs gehört z.B. die Änderung des Gesellschaftsvertrages, die Entscheidung der Auflösung der Gesellschaft, die Beschlußfassung über Einleitung eines Prozesses zum Ausschluß eines Gesellschafters sowie die Bestellung der führenden Amtsträger, des Buchprüfers und der Mitglieder des Aufsichtsrates.[917] Die führenden Amtsträger, der Buchführer und die Mitglieder des Aufsichtsrates werden zwar vom höchsten Organ gewählt, aber bereits im Gesellschaftsvertrag bestimmt, um die Funktionsfähigkeit der Gesellschaft bereits vor der Eintragung in das Firmenregister zu ermöglichen.[918] Die Bezeichnung der höchsten Organe bei den einzelnen Gesellschaften ist im Gesetz bestimmt: Das höchste Organ ist bei dem gemeinsamen Unternehmen der Direktionsrat, bei der GmbH die Mitgliederversammlung und bei der AG die Hauptversammlung. Bei der OHG und KG, da diese keine juristischen Personen sind, spricht das Gesetz von einer Versammlung der Mitglieder, an deren Tätigkeit alle Gesellschafter persönlich teilnehmen. Auch bei einer OHG und KG können jedoch die Gesellschafter im Gesellschaftsvertrag eine Mitgliederversammlung als höchstes Organ vereinbaren.[919]

Das grundlegende Recht aller Gesellschafter ist die Teilnahme an der Tätigkeit des höchsten Organs, welche nicht eingeschränkt werden darf. Aus Garantiegründen sind die Gesellschafter zur Sitzung des höchsten Organs schriftlich, mit Bezeichnung des Orts und des Zeitpunktes der Sitzung sowie der Tagesordnung

[916] § 51 Abs. 5 des WirtschaftsgesellschaftenG

[917] § 18 Abs. 1, § 109 Abs. 1, § 150 Abs. 1, § 233 des WirtschaftsgesellschaftenG

[918] Harsányi, Gyöngyi, Kommentar zum § 19 Abs. 4 des WirtschaftsgesellschaftenG, S. 141.

[919] § 89, § 101 Abs. 3 des WirtschaftsgesellschaftenG

einzuladen.[920] Damit zusammenhängend ist auch die Regelung, nach der eine Frage, die in der Einladung zur Sitzung nicht angegeben ist, nur dann besprochen werden darf, wenn alle Gesellschafter der Sitzung beiwohnen und der Besprechung zustimmen. Diese Einschränkung dient der aktiven Teilnahme der Gesellschafter an der Sitzung.[921]
Die Beschlußfassung des höchsten Organs erfolgt mit einfacher Mehrheit, es sei denn, daß das Gesetz oder der Gesellschaftsvertrag etwas anderes vorschreibt, wie z.B., daß bei Ausschluß eines Gesellschafters eine ¾ Mehrheit erforderlich ist.[922] Die einfache Mehrheit bezieht sich bei der OHG und KG auf die abzugebenden Stimmen, bei den sonstigen Gesellschaften zählen die Stimmen der Anwesenden.[923] Im letztgenannten Fall liegt z.B. Einstimmigkeit vor, wenn zwar nicht alle Gesellschafter an der Sitzung teilnehmen, die Sitzung aber beschlußfähig ist und alle Anwesenden einheitlich abstimmen.[924] Bei der Beschlußfassung darf derjenige Gesellschafter nicht abstimmen, welcher durch den Beschluß von Haftung oder Verpflichtung befreit wird oder zu Lasten der Gesellschaft dadurch andere Vorteile erlangt sowie derjenige, mit dem beabsichtigt wird, einen Vertrag zu schließen oder gegen den ein Prozeß einzuleiten ist. Die Gesellschafter, die einen Beschluß faßten, bei dem sie wußten (oder bei erforderlicher Sorgfalt hätten wissen müssen), daß dieser das erhebliche Interesse der Gesellschaft offensichtlich verletzt, haften für den daraus entstandenen Schaden unbeschränkt und gesamtschuldnerisch.[925] Die Haftung erfordert also zwei Voraussetzungen: einerseits muß das erhebliche Interesse der Gesellschaft offensichtlich verletzt sein, andererseits ist ein Wissen oder Wissenmüssen der Gesellschafter erforderlich. Dabei haften nur diejenigen Gesellschafter, die mit „ja" abstimmten. Wird das erhebliche Interesse der Gesellschaft durch ein Unterlassen verletzt, ist diese Haftung nicht zu bejahen. Wußten aber die Gesellschafter davon und stellten trotzdem keinen Antrag zur Beschlußfassung bei dem höchsten Organ, kann ein Ausschluß der betroffenen Gesellschafter eingeleitet werden, da sie ihre Pflicht aus dem Gesellschaftsverhältnis verletzten.[926]
Bei Einzelpersonengesellschaften fehlt das höchste Organ. Die Fragen, die zur Zuständigkeit des höchsten Organs gehören, sind von dem einzigen Gesellschafter zu entscheiden.[927]

b/. Geschäftsführung

Die Geschäftsführung einer Wirtschaftsgesellschaft umfaßt solche Tätigkeiten, und Befugnisse, die bei den Gesellschaften als operative bzw. Verwaltungsaufga-

---

[920] Korányi, Mariann: A kft. évzáró taggyűlése, CJ 2000/2, S. 2.
[921] Korányi, Mariann: A kft. évzáró taggyűlése, CJ 2000/2, S. 2.
[922] Újváriné, Antal Edit, Kommentar zum § 49 Abs. 3 des WirtschaftsgesellschaftenG, S. 198.
[923] Harsányi, Gyöngyi, Kommentar zum § 19 des WirtschaftsgesellschaftenG, S. 140.
[924] Korányi, Mariann: A kft. évzáró taggyűlése, CJ 2000/2, S. 3.
[925] § 19 Abs. 2 des WirtschaftsgesellschaftenG
[926] Harsányi, Gyöngyi, Kommentar zum § 18 des WirtschaftsgesellschaftenG, S. 140.
[927] Harsányi, Gyüngyi, Kommentar zum § 19 Abs. 4 des WirtschaftsgesellschaftenG, S. 141.

ben zum Ausdruck kommen. Die Geschäftsführung bedeutet einerseits Verwaltungs- und Führungsbefugnisse, andererseits Vertretungsmacht.[928] Die Geschäftsführung der Wirtschaftsgesellschaft wird durch den führenden Amtsträger wahrgenommen. Der führende Amtsträger ist beim gemeinsamen Unternehmen der Direktor; bei der GmbH der Geschäftsführer und bei der AG die Mitglieder des Vorstandes. Bei einer OHG sind alle Gesellschafter zur Geschäftsführung berechtigt, es sei denn, daß der Gesellschaftsvertrag lediglich einzelne Gesellschafter dazu berechtigt. In diesem Fall haben die übrigen Gesellschafter keine Geschäftsführungsbefugnis. Bei einer KG ist der Kommanditist zur Geschäftsführung nicht berechtigt, der führende Amtsträger ist der zur Geschäftsführung berechtigte Komplementär.

Führende Amtsträger einer Wirtschaftsgesellschaft können - mit Ausnahme der OHG und KG[929] - nur natürliche Personen sein. Sie müssen ihre Aufgaben persönlich wahrnehmen, eine Vertretung ist nicht zulässig. Personen, bei denen die im Gesetz bestimmten Ausschluß- und Ablehnungsgründe[930] vorliegen, dürfen nicht zum führenden Amtsträger gewählt werden bzw. ihr Amt wird bei Bekanntwerden eines solchen beendet, z.B. bei Verhängen eines Berufsverbots mit rechtskräftigem Urteil, wenn die Gesellschaft die entsprechende Tätigkeit ausübt (Entzug der Fahrerlaubnis bei Transportunternehmen).[931] Ebenfalls ist es nicht gestattet, bei einer anderen Gesellschaft, die eine gleiche Tätigkeit ausübt, führender Amtsträger zu sein oder an dieser Gesellschaftsanteile zu erwerben. Das Firmengericht ist zur Prüfung des Vorliegens von Ausschlußgründen von Amtswegen nicht verpflichtet, wenn es jedoch Kenntnis von solchen Gründen erlangt, muß es diese bei der Eintragung ins Firmenregister berücksichtigen.[932] Die führenden Amtsträger sind im Gesellschaftsvertrag für bestimmte Zeit und max. für fünf Jahre zu bestimmen und während der Gründungssitzung zu wählen. Schweigt der Gesellschaftsvertrag über die Amtsdauer, sind die führenden Amtsträger automatisch fünf Jahre im Amt. Bestimmt der Gesellschaftsvertrag demgegenüber ausdrücklich, daß die führenden Amtsträger für unbestimmte Zeit gewählt wurden, ist eine solche Vertragsbestimmung nichtig[933] und die gesetzliche Regelung tritt automatisch in Kraft. Das Amt des führenden Amtsträgers beginnt - da es sich in der Regel um einen Auftrag im Sinne des ungarischen Zivilgesetzbuches handelt - mit der Amtsannahme der gewählten Person.[934]

Den führenden Amtsträgern obliegt also die Geschäftsführung der Gesellschaft. Diese Aufgabe ist in gesetzlichen Pflichten konkretisiert: Der führende Amtsträger ist verpflichtet, die Gründung der Gesellschaft, Änderungen des Gesellschaftsvertrages, die Rechte, Pflichten und Angaben, die zur Firmenregistrierung

---

[928] Harsányi, Gyöngyi, Kommentar zum § 21 des WirtschaftsgesellschaftenG, S. 143.
[929] § 86 Abs. 1 des WirtschaftsgesellschaftenG
[930] andere Gründe in §§ 23, 25 des WirtschaftsgesellschaftenG
[931] Harsányi, Gyöngyi, Kommentar zum § 23 des WirtschaftsgesellschaftenG, S. 148.
[932] Bírósági Határozatok 1997/90, S. 134. (Legf. Bír. Cgf. II 30584/1995 sz)
[933] Bírósági Határozatok 1991/481, S. 121.
[934] § 24 des WirtschaftsgesellschaftenG

erforderlich sind und deren Änderungen dem Firmengericht mitzuteilen. Er muß die Geschäftsinformationen der Gesellschaft als Geschäftsgeheimnis bewahren. Unter Bewahrung des Geschäftsgeheimnisses sind die führenden Amtsträger verpflichtet, den Gesellschaftern Auskunft über die Geschäfte der Gesellschaft zu erteilen und ihnen Einsicht in die Gesellschaftsbücher zu ermöglichen. Sie üben hinsichtlich der Arbeitnehmer der Gesellschaft die Arbeitgeberrechte aus.[935] Die führenden Amtsträger üben die gesetzliche Vertretung der Gesellschaft aus, sichern die rechtmäßige Tätigkeit der Gesellschaft und das Funktionieren der Organe, vollstrecken die rechtmäßigen Beschlüsse des höchsten Organs etc. Für die Tätigkeit der führenden Amtsträger kann eine Vergütung geleistet werden, die Entscheidung darüber steht dem höchsten Organ zu. Besteht zwischen dem führenden Amtsträger und der Gesellschaft kein Arbeitsverhältnis, richtet sich ihr Rechtsverhältnis nach den Regelungen des Auftrages. [936]
Die führenden Amtsträger müssen die Geschäftsführung mit einer von solchen Personen zu erwartenden Sorgfalt und primär im Interesse der Gesellschaft wahrnehmen. Da die Tätigkeit der führenden Amtsträger für die Gesellschaft sehr erheblich ist, ist ihnen eine strengere Haftung als die nach dem Zivilgesetzbuch auferlegt. Das Zivilgesetzbuch erfordert eine Sorgfalt, die von der gegebenen Person zu erwarten ist, das Gesellschaftsgesetz demgegenüber eine Sorgfalt, die von Personen, die ein Amt als führender Amtsträger ausüben zu erwarten ist.[937] Wo die Grenze dieser Sorgfalt liegt, hat das Gericht unter Berücksichtigung aller Umstände des Einzelfalles zu entscheiden.[938] Wenn den führenden Amtsträgern das Firmenzeichnungsrecht gemeinsam zusteht, haften sie für schuldhafte Normverletzungen gesamtschuldnerisch. Für Schäden, die sich aus der Wahrheitswidrigkeit der dem Firmengericht gemeldeten Angaben, aus der Verspätung oder Versäumnis der Meldepflicht ergeben, haften sie unbeschränkt und gesamtschuldnerisch.[939] Kommen die führenden Amtsträger ihrer Pflicht, Einsicht in die Gesellschaftsbücher zu gewähren, nicht nach, so kann das Firmengericht einberufen werden.[940] Verstoßen sie schuldhaft gegen Rechtsnormen, gegen den Gesellschaftsvertrag, gegen Beschlüsse des höchsten Organs oder verletzen sie schuldhaft ihre Geschäftsführungspflichten, richtet sich ihre Haftung im übrigen nach dem allgemeinen vertraglichen Haftungsrecht des Zivilgesetzbuches.[941] Die Haftung der führenden Amtsträger für Pflichtverletzungen durch leichte Fahrlässigkeit kann im Gesellschaftsvertrag beschränkt oder ausgeschlossen werden. Voraussetzung dazu ist, daß der dadurch erlittene Nachteil durch entsprechende Minderung der Gegenleistung oder sonstige Vorteile ausgeglichen wird, wie z.B.

[935] §§ 26, 27, 28 des WirtschaftsgesellschaftenG
[936] § 474 ff. des Zivilgesetzbuches
[937] Szigeti, Adrienn: A társaságok vezető tisztségviselőinek felelőssége, CJ 1999/1, S. 4.
[938] Wellmann, György: A vezető tisztségviselők..., GJ 1998/9, S. 10.
[939] Szigeti, Adrienn: A társaságok vezető tisztségviselőinek felelőssége, CJ 1999/1, S. 6.
[940] §§ 26, 27, 29 des WirtschaftsgesellschaftenG
[941] inbesondere: §§ 339, 338 des Zivilgesetzbuches

keine oder verminderte Vergütung des so privilegierten führenden Amtsträgers für die Wahrnehmung der Geschäftsführung.[942]
Fügen die führenden Amtsträger Dritten einen Schaden zu, haftet dafür primär die Gesellschaft. Nach der Befriedigung des Dritten kann die Gesellschaft - und zwar nur sie - gegenüber den führenden Amtsträgern unmittelbar einen Regreßanspruch geltend machen. Die Gesellschaft ist dazu nicht verpflichtet, sie kann bei Pflichtverletzung durch den führenden Amtsträger auch eine andere Sanktion anwenden oder einfach untätig bleiben.[943] Wird die Gesellschaft ohne Rechtsnachfolge aufgelöst, können auch die Gesellschafter ihre Regreßansprüche gegenüber den führenden Amtsträgern innerhalb eines Jahres ab der Löschung aus dem Firmenregister geltend machen. Dieses Recht der Gesellschafter besteht nur, wenn nach der Auflösung der Gesellschaft aufzuteilendes Vermögen übrigblieb, um das Interesse der unbefriedigten Gläubiger durch Schadenersatzansprüche der Gesellschafter nicht zu verletzen.[944]
Die führenden Amtsträger sind verpflichtet, die Geschäftsführung der Gesellschaft selbständig und mit erhöhter persönlicher Haftung wahrzunehmen.[945] Die Gesellschafter und Arbeitgeber der Gesellschaft sind dementsprechend nicht berechtigt, den führenden Amtsträgern Weisungen zu erteilen oder ihren Befugnisse bzgl. der Geschäftsführung zu entziehen, es sei denn, daß es sich um eine Einpersonengesellschaft handelt. Das höchste Organ ist aber jederzeit berechtigt, den führenden Amtsträgern ihr Amt zu entziehen.[946]
Das Amt der führenden Amtsträger endet mit Ablauf der Amtsdauer, Amtsenthebung, mit dem Eintritt von gesetzlichen Unvereinbarkeits- oder Ablehnungsgründen, mit Tod oder Rücktritt. Ein Rücktritt seitens der führenden Amtsträger ist jederzeit möglich, es sei denn, daß die Funktionsfähigkeit der Gesellschaft eine Verlängerung erfordert. In diesem Fall wird der Rücktritt erst nach Ablauf von 60 Tagen wirksam.[947]

c/. Aufsichtsrat
Die Hauptaufgabe des Aufsichtsrates erstreckt sich auf die Aufsicht der Geschäftsführung der Gesellschaft. Er muß diese Aufgabe im Interesse der Eigentümer wahrnehmen, dabei handelt es sich um eine interne Aufsicht.[948] Dies ergibt sich auch daraus, daß die Mitglieder des Aufsichtsrates vom höchsten Organ gewählt werden und ihre Erkenntnisse durch die Aufsicht der Geschäftsführung dem höchsten Organ mitteilen müssen.[949] Darin liegt der Unterschied zum Buchprüfer, der ebenfalls die Tätigkeit der Gesellschaft kontrolliert, aber nicht im Interesse

---

[942] Wellmann, György: A vezető tisztségviselők..., GJ 1998/9, S. 4.
[943] Wellmann, György: A vezető tisztségviselők..., GJ 1998/9, S. 6.
[944] Wellmann, György: A vezető tisztségviselők..., GJ 1998/9, S. 6.
[945] Harsányi, Gyöngyi, Kommentar zum § 22 Abs. 2 des WirtschaftsgesellschaftenG, S. 145.
[946] § 22 des WirtschaftsgesellschaftenG
[947] § 30 des WirtschaftsgesellschaftenG
[948] Harsányi, Gyöngyi, Kommentar zum § 31 des WirtschaftsgesellschaftenG, S. 162.
[949] § 19 Abs. 3 und § 32 Abs. 2 des WirtschaftsgesellschaftenG

des Eigentümers, sondern aus Sicht des öffentlichen Glaubens.[950] Stellt der Aufsichtsrat fest, daß die Tätigkeit der Geschäftsführung gegen eine Rechtsnorm, gegen den Gesellschaftsvertrag oder gegen den Beschluß des höchsten Organs verstößt, muß er eine Sondersitzung des höchsten Organs einberufen. Im Rahmen seiner Aufsichtspflicht ist der Aufsichtsrat verpflichtet, alle wesentlichen geschäftspolitischen Berichte, die sich auf der Tagesordnung des höchsten Organs befinden sowie alle Vorschläge, worüber die Entscheidung der Zuständigkeit des höchsten Organs obliegt, zu überprüfen. Darüber hinaus kann in einer AG oder GmbH die Haupt- bzw. Mitgliederversammlung einige ihrer Zuständigkeiten dem Aufsichtsrat übertragen, wie z.B. Ernennung und Abberufung der Geschäftsführer oder Einräumung eines Zustimmungsrechts zu den im Gesellschaftsvertrag bestimmten Geschäften. Die Übertragung des Ernennungsrechts ist vorteilhaft, wenn die Gesellschaft aus vielen Gesellschaftern oder Aktionären besteht und der Aufsichtsrat über erhebliche Sachkenntnisse und Umsicht zur Auswahl der geeigneten Personen verfügt. Gegen die Übertragung des Zustimmungsrechts bei einigen Geschäften ist aber vorzutragen, daß der Aufsichtsrat primär ein Kontrollorgan ist. Durch eine solche Übertragung wird er einerseits zum Geschäftsführungsorgan. Andererseits ist die Haftung für die betroffenen Geschäfte nicht mehr aufgeteilt und die spätere Feststellung der Verantwortlichen wird dadurch erschwert.[951]

Die Errichtung eines Aufsichtsrates ist bei der AG schon allein wegen des Gläubigerschutzes in jedem Fall verbindlich. Bei sonstigen Wirtschaftsgesellschaften muß ein Aufsichtsrat errichtet werden, wenn die Zahl der Arbeitnehmer, die in Vollzeit beschäftigt werden, im Jahr die Zahl 200 übersteigt. Diese Regelung liegt im Interesse der Arbeitnehmer der Gesellschaft, da in diesem Fall 1/3 der Mitglieder des Aufsichtsrates aus den Vertretern der Arbeitnehmer zu wählen sind,[952] ebenso bei der GmbH - es sei denn, sie besteht nur aus einem Gesellschafter -, wenn das Gesellschaftsvermögen 50 Millionen Ft übersteigt. Ein Aufsichtsrat darf darüber hinaus gewählt werden, wenn die Mitgliederzahl der Gesellschaft und die Bedeutung der Gesellschaftstätigkeit dies erfordern oder die Gründer dies für erforderlich halten.[953] Die Mitglieder des Aufsichtsrates müssen im Gesellschaftsvertrag genannt und durch das höchste Organ gewählt werden. Für die Mitglieder des Aufsichtsrates sind grundsätzlich die Regelungen für führende Amtsträger anzuwenden. Sie werden ebenfalls für bestimmte Zeit - max. für fünf Jahre - gewählt und sie müssen ihre Aufgaben persönlich erfüllen. Es bestehen Unvereinbarkeits- und Ablehnungsgründe. Die Gesellschafter dürfen den Mitgliedern des Aufsichtsrates keine Weisungen erteilen.

Der Aufsichtsrat funktioniert als Gremium und besteht aus mind. 3 und höchstens aus 15 Personen. Er wählt aus den Mitgliedern einen Vorsitzenden und einen stellvertretenden Vorsitzenden. Die Beschlußfassung erfolgt in einfacher Mehr-

---

[950] Biczi, Éva: A felügyelőbizottságok megváltozott szerepe..., CJ 1999/1, S. 8.
[951] Biczi, Éva: A felügyelőbizottságok megváltozott szerepe..., CJ 1999/1, S. 9.
[952] §§ 36 - 38 des WirtschaftsgesellschaftenG
[953] § 31 des WirtschaftsgesellschaftenG

heit. Zur Beschlußfähigkeit müssen ¾ der Mitglieder (mindestens 3 Mitglieder) anwesend sein.
Der Aufsichtsrat beaufsichtigt also im Auftrage des höchsten Organs die Geschäftsführung der Gesellschaft. Um diese Aufgabe erfüllen zu können, kann er von den führenden Amtsträgern und führenden Arbeitnehmern Auskünfte verlangen und die Gesellschaftsbücher überprüfen.[954] Entsprechend ihrer verantwortungsvollen Aufgaben haften die Mitglieder des Aufsichtsrates gesamtschuldnerisch und unbeschränkt für Schäden, die der Gesellschaft durch Verletzung der Aufsichtspflicht entstehen.[955] Die Vorschrift über die Haftung der führenden Amtsträger ist nicht zwischen den Bestimmungen aufgezählt,[956] die entsprechend auch auf die Mitglieder des Aufsichtsrates anzuwenden sind. Die Haftung der Mitglieder des Aufsichtsrates ist somit formell von der Haftung der führenden Amtsträger getrennt. Da aber die Haftung der Mitglieder des Aufsichtsrates nicht näher ausgestaltet ist, gelten die allgemeinen Regelungen des Zivilgesetzbuches über die Vertragshaftung und somit entspricht die Haftung der Mitglieder des Aufsichtsrates der Haftung der führenden Amtsträger mit der Ausnahme, daß nach der Auflösung der Gesellschaft Ansprüche gegenüber den Mitgliedern des Aufsichtsrates nicht mehr geltend gemacht werden können.[957]

7. Die Vertretung der Gesellschaft

Die führenden Amtsträger sind in erster Linie und kraft Gesetzes zur Vertretung der Gesellschaft berechtigt. Die Vertretung bedeutet einerseits eine Vertretung der Gesellschaft gegenüber Dritten, vor Gericht und Behörden, andererseits die schriftliche Vertretung, die sog. Firmenzeichnung.[958] Die Vertretungsmacht der führenden Amtsträger kann im Gesellschaftsvertrag eingeschränkt[959] oder zwischen mehreren führenden Amtsträgern aufgeteilt werden. Diese Beschränkungen sind jedoch gegenüber Dritten unwirksam, gelten also nur im Innenverhältnis.
Dem höchsten Organ steht daneben das Recht zu, einem von ihm bestimmten Arbeitnehmer der Gesellschaft - der im übrigen den Anforderungen der führenden Amtsträger entspricht - eine allgemeine Vertretungsmacht zu erteilen. Verfügt die Gesellschaft über Niederlassungen, können mehrere Arbeitnehmer zur allgemeinen Vertretung der gegebenen Niederlassung ermächtigt werden. Die führenden Amtsträger sind auch berechtigt, die Arbeitnehmer der Gesellschaft zur Vertretung zu ermächtigen. Wird die Vertretungsmacht von den führenden Amtsträgern erteilt, erstreckt diese sich nur auf bestimmte Aufgaben. Eine allgemeine Vertretungsmacht kann auf diese Weise nicht erteilt werden. Der zur Vertretung er-

---

[954] § 32 Abs. 2 des WirtschaftsgesellschaftenG
[955] § 34 des WirtschaftsgesellschaftenG
[956] § 38 Abs. 3 des WirtschaftsgesellschaftenG
[957] Wellmann, György: A vezető tisztségviselők..., GJ 1998/9, S. 7.
[958] Harsányi, Gyöngyi, Kommentar zum § 39 des WirtschaftsgesellschaftenG, S. 172.
[959] z.B. Vertretungsmacht nur bis eine bestimmte Wertgrenze, darüber hinaus entscheidet das höchste Organ

mächtigte Arbeitnehmer nimmt seine Aufgaben selbständig, jedoch den Weisungen der führenden Amtsträger entsprechend, wahr. Bestreitet er Zweck- oder Rechtsmäßigkeit der Weisung, so kann er sich an den Aufsichtsrat wenden.[960] Das Firmenzeichnungsrecht bedeutet die schriftliche Vertretung des Unternehmens und die Ausübung des Unterzeichnungsrechts. Die schriftlichen Erklärungen der Gesellschaft werden von den Vertretern in der im Firmenzeichnungsblatt angegebenen Form unterzeichnet. Das Firmenzeichnungsblatt ist die beglaubigte Erklärung mit den Angaben der zur Vertretung berechtigten Person über die Firmenunterzeichnung und beinhaltet folgendes: Firmenname, Name, Wohnsitz und Amt des Vertreters, Art der Firmenzeichnung und ein Unterschriftsexemplar.[961] Das Firmenzeichnungsrecht steht den führenden Amtsträgern und den vom höchsten Organ ermächtigten Arbeitnehmern einzeln zu. Bei sonstigen Vertretern besteht ein gemeinsames Firmenzeichnungsrecht, welches die gemeinsame Unterschrift zweier Vertreter erfordert.[962]

8. Die Umwandlung der Wirtschaftsgesellschaften

Das ungarische Gesellschaftsrecht bietet eine Vielzahl von möglichen Gesellschaftsformen. Mit der Zeit können sich jedoch die Verhältnisse ändern und eine Umwandlung der anfangs noch am geeignetsten erscheinenden Gesellschaftsform erfordern. Die Umwandlung einer Wirtschaftsgesellschaft bedeutet die Auflösung der Wirtschaftsgesellschaft mit Rechtsnachfolge.[963] Unter Umwandlung im engeren Sinne ist eine spezielle Form der organisatorischen Änderung zu verstehen, indem die Gesellschaft statt der bisherigen eine andere Gesellschaftsform wählt.[964] Die Umwandlung im weiteren Sinne erfolgt entweder in Form einer Verschmelzung[965] oder Trennung.[966] Eine Verschmelzung kann wiederum auf zwei Weisen erfolgen. Entweder werden die verschmolzenen Gesellschaften aufgelöst und ihr Vermögen geht auf die mit der Umwandlung entstandene Gesellschaft über oder eine Gesellschaft schmilzt in eine andere Gesellschaft ein und ihr Vermögen geht auf diese übernehmende Gesellschaft über. Bei einer Form der Trennung wird die getrennte Gesellschaft aufgelöst und ihr Vermögen auf die mit der Umwandlung entstandenen Gesellschaften übertragen. Bei der anderen Form scheidet von einer Gesellschaft eine bzw. mehrere Gesellschaften aus und die Gesellschaft, aus der ausgeschieden wird, besteht in unveränderter Form weiter.[967]

---

[960] § 39 des WirtschaftsgesellschaftenG
[961] § 18 des FirmengerichtsG
[962] § 40 des WirtschaftsgesellschaftenG
[963] Nochta, Tibor, Kommentar zum § 59 des WirtschaftsgesellschaftenG, S. 220.
[964] Gál, Judit: A gazdasági társaságok átalakulásának..., GJ 1999/7-8, S. 3.
[965] §§ 72 ff. des WirtschaftsgesellschaftenG
[966] §§ 78 ff. des WirtschaftsgesellschaftenG
[967] Vezekényi, Ursula: A cégek átalakulása..., CJ 2000/1, S. 2.

Für die Umwandlung gelten grundsätzlich die gleichen Regeln wie für die Gründung von Wirtschaftsgesellschaften.[968] Abweichungen liegen z.B. darin, daß eine Umwandlung nur dann beschlossen werden kann, wenn alle Gesellschafter ihre Vermögensbeiträge leisteten; eine durch Umwandlung entstehende Wirtschaftsgesellschaft kann nicht als Vorgesellschaft tätig werden etc. Umwandlungsverbot besteht darüber hinaus für Vorgesellschaften und für Gesellschaften im Konkurs- und Liquidierungsverfahren.[969] Die Umwandlung erfolgt in zwei Wesensschritten: In der ersten Phase entscheidet das höchste Organ darüber, ob die Gesellschafter mit der Umwandlung einverstanden sind, welche Gesellschafter an einer Teilnahme in der neuen Gesellschaft interessiert sind und über die neue Gesellschaftsform. In der zweiten Phase werden die führenden Amtsträger einen Umwandlungsplan ausarbeiten und eine Vermögensbilanz aufstellen, über deren Annahme das höchste Organ entscheidet. Die Umwandlung ist dem Firmengericht anzumelden und im „Cégközlöny“ bekannt zu machen. Die Frage, ob bei der Trennung neue Gesellschafter in die Gesellschaft eintreten können, wird von den Gerichten unterschiedlich behandelt. Unsicherheit besteht in der Praxis auch bei der Frage, wer zum Abschluß des Umwandlungsvertrages berechtigt ist. Um spätere Konflikte zu vermeiden, wäre es wünschenswert, von allen Gesellschaftern bzw. Aktionären den Umwandlungsvertrag unterschreiben zu lassen. Die Entscheidung über die Umwandlung erfordert eine ¾ Mehrheit. Es kommt somit vor, daß ¼ der Gesellschafter mit der Umwandlung nicht einverstanden und auch nicht bereit sind, den Vertrag zu unterschreiben. Bei vielen Aktionären oder bei einer AG in öffentlicher Gründung ist die Unterschrift aller ebenfalls nicht durchführbar. In allen Fällen gilt aber, daß der Trennungsvertrag als ein Rechtsgestaltungsakt verbindlich auch für diejenigen gilt, die den Umwandlungsvertrag nicht unterschrieben.[970]

Der dargestellte Umwandlungsvorgang ist auch durchzuführen, wenn die Gesellschaft einen einzigen Eigentümer hat. Da in diesem Fall die Garantiefunktion überflüssig ist, führt die doppelte Entscheidungserfordernis nur zu einer erhöhten Papierproduktion.[971] Für diesen Fall müßte also ein einfacheres Verfahren vorgesehen werden.

Bei einer AG und GmbH besteht eine Verpflichtung zur Umwandlung, wenn das Kapital der Gesellschaft über zwei Jahren unter dem Grund- bzw. Stammkapital liegt und deren Herabsetzung nicht möglich ist, weil damit das Gesellschaftskapital unter dem gesetzlich zwingend vorgeschriebenen Minimum herabgesetzt werden müßte. Die Gesellschafter bzw. Aktionäre können die Umwandlung nur verhindern, wenn sie den fehlenden Kapitalbetrag nachzahlen. Eine Verpflichtung zur Nachzahlung besteht aber lediglich, wenn dies im Gesellschaftsvertrag im voraus vorgeschrieben wurde. Statt Umwandlung kann die Gesellschaft auch die Auflösung ohne Rechtsnachfolge beschließen. Kommt die AG oder GmbH dieser

---

[968] §§ 59-71 des WirtschaftsgesellschaftenG

[969] Vezekényi, Ursula: A cégek átalakulása..., CJ 2000/1, S. 3.

[970] Biczi, Éva: A társaságok szétválása, CJ 2000/2, S. 6.

[971] Biczi, Éva: A cégek átalakulása: az egyesülés, CJ 2000/3, S. 6.

Verpflichtung nicht nach, leitet das Firmengericht auf Antrag oder von Amts wegen das Gesetzesaufsichtsverfahren ein.[972]
Die durch die Umwandlung entstandene Wirtschaftsgesellschaft ist die Rechtsnachfolge der umgewandelten Gesellschaft. Sie wird durch die Verpflichtungen der umgewandelten Gesellschaft verpflichtet und aus deren Rechten berechtigt. Kann die Rechtsnachfolge die Verpflichtungen der umgewandelten Gesellschaft nicht erfüllen, haften die Gesellschafter der neu entstandenen Gesellschaft für unerfüllte und fällige Forderungen der Rechtsvorgänger.[973]

9. Die Auflösung der Wirtschaftsgesellschaften ohne Rechtsnachfolge

a/. Die Auflösungsgründe
Die allgemeinen, für alle Wirtschaftsgesellschaften geltenden Auflösungsgründe sind:[974]
- Ablauf des im Gesellschaftsvertrag bestimmten Zeitraums oder Eintritt einer sonstigen auflösenden Bedingung;
- Beschluß zur Auflösung mit oder ohne Rechtsnachfolge durch die Gesellschaft;
- Die Anzahl der Gesellschafter vermindert sich auf eine Person, es sei denn, daß bei den einzelnen Gesellschaftsformen abweichende Regelungen bestehen;[975]
- Die Gesellschaft wird vom Firmengericht als aufgelöst erklärt;
- Das Firmengericht ordnet von Amts wegen die Löschung aus dem Firmenregister an;
- Das Gericht löst die Gesellschaft infolge des Liquidierungsverfahrens auf.

Daraus folgt, daß die Auflösung sowohl durch gemeinsamen Beschluß der Gesellschafter als auch durch Anordnung des Gerichts bzw. Firmengerichts erfolgen kann. Beschließen die Gesellschafter die Auflösung der Gesellschaft, müssen die führenden Amtsträger den Beschluß unverzüglich dem Firmengericht einreichen.
Der Zeitpunkt der Auflösung der Wirtschaftsgesellschaft ist in allen Fällen die Löschung aus dem Firmenregister. Daraus folgt, daß sowohl das Entstehen als auch die Auflösung von Wirtschaftsgesellschaften vom Verfahren des Firmengerichts abhängig ist.[976]

b/. Die Abwicklung
Wird eine Wirtschaftsgesellschaft ohne Rechtsnachfolge aufgelöst, findet in der Regel wegen des Gläubigerschutzes eine zwingende und gesetzlich geregelte Abwicklung statt. Voraussetzung dazu ist, daß die Wirtschaftsgesellschaft über genügend Vermögen zur völligen Befriedigung aller Gläubiger verfügt. Reicht das

---

[972] Vezekényi, Ursula: A cégek átalakulása..., CJ 2000/1, S. 4.
[973] Biczi, Éva: A társaságok szétválása, CJ 2000/2, S. 6.
[974] § 53 des WirtschaftsgesellschaftenG
[975] z.B. § 170 des WirtschaftsgesellschaftenG: eine GmbH besteht weiter als Einpersonengesellschaft
[976] Harsányi, Gyöngyi, Kommentar zum § 53 des WirtschaftsgesellschaftenG, S. 212.

Vermögen für die Verbindlichkeiten der Gesellschaft voraussichtlich nicht aus, wird ein Insolvenzverfahren - welches Vorrang gegenüber der Abwicklung hat - eingeleitet. Aus diesem Vorrang ergibt sich auch, daß das Firmengericht nach Benachrichtigung des Komitatsgerichts[977] die Abwicklung einstellen muß, wenn ein Insolvenzverfahren eingeleitet wird.[978]

Beschließt das höchste Organ die Auflösung, hat es auch den Abwickler zu bestellen.[979] Die führenden Amtsträger sind verpflichtet, den Auflösungsbeschluß unverzüglich oder spätestens innerhalb von 8 Tagen dem Firmengericht anzuzeigen. Das Firmengericht ordnet die Veröffentlichung des Gesellschaftsbeschlusses an.[980] Wird die Gesellschaft aufgrund firmengerichtlicher Verfügung aufgelöst, bestellt das Firmengericht den Abwickler. Diese Entscheidung ist ebenfalls zu veröffentlichen.[981]

In der Veröffentlichung ist neben den Firmenangaben der Name und Sitz des Abwicklers anzugeben, welcher sowohl ein führender Amtsträger der Gesellschaft als auch ein Dritter sein kann. Die Veröffentlichung muß auch eine Aufforderung an die Gläubiger, ihre Forderungen innerhalb von 40 Tagen ab Veröffentlichung anzumelden, beinhalten. Danach sind die führenden Amtsträger verpflichtet, die Steuererklärung, Abschlußbilanz und eine Endinventarliste anzufertigen und diese dem Abwickler einzureichen. Der Abwickler erfüllt unabhängig von der Fälligkeit die Verbindlichkeiten der Wirtschaftsgesellschaft, macht ihre Ansprüche geltend, treibt ihre Forderungen ein und verwertet im Bedarfsfall ihr Vermögen. Erlangt der Abwickler die Ansicht, daß das Gesellschaftsvermögen die Forderungen der bekannten Gläubiger nicht deckt, ist er zur Antragstellung auf Insolvenzverfahren verpflichtet.[982] Gleichzeitig ist ihm die Pflicht zur Aufbewahrung und zum Schutz des Gesellschaftsvermögens auferlegt. Seine Haftung für Schäden, die er durch Pflichtverletzung verursacht, richtet sich nach dem allgemeinen Sorgfaltsmaßstab des Zivilgesetzbuches.[983]

Nach Abschluß der Abwicklung fertigt der Abwickler einen Jahresbericht, eine Abschlußbilanz und einen Aufteilungsplan aus und reicht diese nach Zustimmung des höchsten Organs dem Firmengericht ein. Das Firmengericht ordnet daraufhin die Löschung aus dem Firmenregister an.[984]

Verbleibt der Gesellschaft nach Befriedigung aller Gläubiger noch Vermögen, wird dieses zwischen den Gesellschaftern im Verhältnis ihrer Vermögensbeiträge aufgeteilt, es sei denn, daß der Gesellschaftsvertrag etwas anderes bestimmt. Wegen des Gläubigerschutzes darf die Verteilung des restlichen Vermögens bei

---

[977] Nach § 6 des KonkursG ist das nach dem Sitz des Schuldners zuständige Komitatsgericht für das Konkursverfahren zuständig.

[978] § 72 Abs. 3 des KonkursG

[979] § 65 Abs. 2c des KonkursG

[980] §§ 65 Abs. 3 iVm 66 Abs. 1 des KonkursG

[981] § 55 des FirmengerichtsG

[982] §§ 70-72, 74 des KonkursG

[983] § 73 des KonkursG

[984] § 75 des KonkursG

der GmbH und AG erst nach Löschung aus dem Firmenregister - und nach Rückzahlung aller Nachzahlungen - erfolgen.[985]

c/. Vereinfachte Abwicklung

Bei einer OHG und KG ist auch eine vereinfachte Abwicklung möglich. Voraussetzung dazu ist, daß die Gesellschaft innerhalb von 30 Tagen ab Beschlußfassung über die Auflösung alle ihre Gläubiger befriedigt.

In diesem Fall genügt die gleichzeitige Anmeldung der Person des Abwicklers und die bereits erfolgte Abwicklung bei dem Firmengericht. Das Firmengericht verfügt danach über die Löschung der Gesellschaft aus dem Firmenregister und über die Veröffentlichung der Auflösung.[986]

d/. Die Haftung der Gesellschafter nach der Auflösung

Wird die Gesellschaft ohne Rechtsnachfolge aufgelöst, dann haften die Gesellschafter selbst für Verbindlichkeiten der aufgelösten Gesellschaft. Die Haftung der Gesellschafter nach der Auflösung richtet sich danach, wie diese während des Bestehens der Gesellschaft hafteten. Hafteten sie unbeschränkt und gesamtschuldnerisch, müssen die Gesellschafter für die Verbindlichkeiten der aufgelösten Gesellschaft ebenso einstehen. Wenn die Gläubiger der Gesellschaft befriedigt sind, werden die noch bestehenden Schulden gegeneinander im Verhältnis der Vermögensbeiträge beglichen. Bei einem gemeinsamen Unternehmen haften die Gesellschafter für die Gesellschaftsverbindlichkeiten als Bürge. Die Gesellschafter mit beschränkter Haftung haften mit dem bei der Auflösung ihnen zustehenden Vermögensanteil. Um Rechtsmißbrauch zu vermeiden, ist gesetzlich ausdrücklich festgelegt, daß ein Gesellschafter, der seine beschränkte Haftung zu Lasten der Gläubiger mißbraucht, sich auf seine beschränkte Haftung nicht berufen kann. Ein Mißbrauch liegt insbesondere dann vor, wenn die Gesellschafter einer GmbH oder ein Aktionär über das Gesellschaftsvermögen als eigenes verfügten oder dieses zugunsten Dritter oder zu eigenen Gunsten verminderten, obwohl sie wußten oder bei erforderlicher Sorgfalt hätten wissen müssen, daß die Gesellschaft dadurch außerstande sein wird, die Verbindlichkeiten gegenüber Dritten zu erfüllen.[987] In diesen Fällen haften also der Gesellschafter einer GmbH, der Aktionär und der Kommanditist unbeschränkt, d.h. über den eigenen Gesellschaftsanteil hinaus mit Privatvermögen.

Die Verjährungsfrist für die Haftung beträgt fünf Jahre, es sei denn, daß das Gesetz eine kürzere Verjährung vorschreibt. Die Verjährungsfrist beginnt mit der Auflösung der Gesellschaft, jedoch mit einer Ausnahme: Haftete ein Gesellschafter unbeschränkt für die Verbindlichkeiten der Gesellschaft und endete sein Gesellschaftsverhältnis bereits vor der Auflösung der Gesellschaft, beginnt die fünfjährige Frist bereits mit Beendigung des Gesellschaftsverhältnisses.[988]

---

[985] §§ 100, 169, 266, 267 des WirtschaftsgesellschaftenG

[986] § 100 des WirtschaftsgesellschaftenG

[987] §§ 55, 56 des WirtschaftsgesellschaftenG

[988] § 54 des WirtschaftsgesellschaftenG

VI. Insolvenzrecht

Die Auflösung insolventer Wirtschaftsgesellschaften ohne Rechtsnachfolge ist in Ungarn neben dem dargestellten Gesellschaftsgesetz im Gesetz über das Konkurs- und Liquidationsverfahren sowie über die Abwicklung[989] geregelt, welches zwischen Vergleichs- und Konkursverfahren unterscheidet.[990]

Das Insolvenzrecht spielte in der sozialistischen Planwirtschaft wegen der Dominanz des Staatseigentums keine Rolle. Dieses Rechtsgebiet ist ein unverzichtbarer Bestandteil der Marktwirtschaft, welches die Aufgabe hat, die rechtliche Ordnung der in finanzielle Schwierigkeiten geratenen Unternehmen zu sichern.[991] Im Interesse der zahlungsunfähigen Wirtschaftsorganisationen sieht das Gesetz in erster Linie ein Reorganisationsprogramm vor. Erst, wenn dies nicht möglich oder erfolglos ist, findet die Auflösung des zahlungsunfähigen Unternehmens statt. An Wirtschaftsgesellschaften beteiligte ausländische Investoren können sowohl als Gläubiger als auch als Schuldner Betroffene eines Insolvenzverfahrens sein. Deswegen ist die Kenntnis dieses Rechtsgebietes für sie empfehlenswert.

1. Das Vergleichsverfahren

Als erstes regelt das Gesetz ein Reorganisationsverfahren,[992] das im Falle einer zu erwartenden oder bereits eingetretenen Zahlungsunfähigkeit einen Vergleich zwischen dem Schuldner und dem Gläubiger bezweckt.[993] Dabei handelt es sich eigentlich um ein Vergleichsverfahren in der Weise, daß die Gläubiger ihre Forderungen langfristig stunden oder auf einen Teil derer verzichten,[994] um dem Schuldner die völlige oder teilweise Reorganisation seines Unternehmens unter Überwindung der bestehenden Zahlungsunfähigkeit zu ermöglichen.[995]

Das Vergleichsverfahren findet ausschließlich auf Antrag des Schuldners statt. Zur Antragstellung ist der Leiter jeder konkursfähigen Wirtschaftsorganisation[996] berechtigt. Konkursfähig ist eine Wirtschaftsorganisation, wenn sie ihre bereits bestehenden Verbindlichkeiten bei Fälligkeit nicht oder voraussichtlich nicht be-

---

[989] § 7ff. und § 22 ff. des KonkursG

[990] Im Ungarischen ist unter „Konkurs" ein Vergleichsverfahren, unter „Liquidation" ein Konkursverfahren zu verstehen. Im Folgenden werden wegen der Verständlichkeit die Begriffe „Vergleichsverfahren" und „Konkursverfahren" verwendet.

[991] Darázs, Lénárd: Grundzüge des Insolvenzrechts in Ungarn, WIRO 1993/5, S. 151.

[992] Gobert, Arne: Europäische Rechtsangleichung in Ungarn, S. 245.

[993] Darázs, Lénárd: Grundzüge des Insolvenzrechts in Ungarn, WIRO 1993/5, S. 154.

[994] Török, Gábor/Riel, Stephan: Das ungarische Insolvenzrecht ..., WIRO 1994/11, S. 415.

[995] Gobert, Arne: Europäische Rechtsangleichung in Ungarn, S. 246.

[996] Konkursfähige Wirtschaftsorganisationen: staatliches Unternehmen, Trust, sonstige staatliche Wirtschaftsorganisation, Genossenschaft, Wirtschaftsgesellschaft, gemeinnützige Gesellschaft, Unternehmen einzelner juristischer Personen, Tochterunternehmen, Vereinigung, Waldgemeinschaft, Wasserwirtschaftsgemeinschaft, freiwillige und gegenseitige Versicherungskasse (§ 3 Abs. 3 des KonkursG)

gleichen kann.[997] Eine bereits eingetretene Zahlungsunfähigkeit muß nicht vorliegen, es reicht vielmehr die Wahrscheinlichkeit des Eintritts in der Zukunft aus.[998] Natürliche Personen und Einzelkaufleute können weder im Vergleichsverfahren noch im Konkursverfahren als Schuldner auftreten. Dem Antrag ist eine Bilanz, die Liste der Gläubiger, die Summe und Fälligkeit der Verbindlichkeiten, eine Bestätigung über die vorherige Zustimmung des die Eigentümerrechte ausübenden Organs des Schuldners[999] sowie die Erklärung der schuldigen Wirtschaftsorganisation, in den letzten zwei Jahren keine Zahlungsstundung erhalten zu haben, beizulegen. Gläubiger eines Vergleichsverfahrens ist derjenige, dem eine noch nicht fällige, anerkannte oder unbestrittene Vermögensforderung zusteht. Das Vergleichsverfahren wird also mit dem Antrag des Schuldners eingeleitet. Der Beginn des Vergleichsverfahrens ist der Eingangstag des Antrages beim zuständigen Komitatsgericht bzw. beim Hauptstädtischen Gericht. Die Zuständigkeit des Komitatsgerichts bestimmt sich nach dem Sitz des Schuldners. Die zuständigen Gerichte sind keine speziellen Insolvenzgerichte, sondern allgemeine Gerichte, bei denen Kammern für Insolvenzsachen gebildet wurden.[1000] Eine Frist für die Antragstellung besteht abgesehen von der folgenden Ausnahme nicht: Innerhalb von zwei Jahren nach der Einleitung und Abschluß des Vergleichsverfahrens ist keine erneute Antragstellung auf Vergleich zulässig.[1001]

Innerhalb von 30 Tagen ab Beginn des Vergleichsverfahrens ist der Schuldner verpflichtet, mit den Gläubigern Verhandlungen zur Einholung ihrer Zustimmung zur Zahlungsstundung durchzuführen. Die dem Schuldner bekannten Gläubiger sind unmittelbar, die unbekannten per Anzeige zur Verhandlung einzuladen. Die Zustimmung der Gläubiger ist als gegeben anzusehen, wenn mehr als die Hälfte der Gläubiger, deren Forderungen zum Zeitpunkt der Verfahrenseröffnung fällig sind und über ein Viertel der Gläubiger, deren Forderungen noch nicht fällig sind, mit der Zahlungsstundung einverstanden sind und die Forderungen der zustimmenden Gläubiger mindestens 2/3 der Gesamtheit der Gläubigerforderungen, die sich in der dem Antrag beilegenden Bilanz befinden, bilden. Liegt keine Zustimmung in diesem Sinne vor, stellt das Gericht das Vergleichsverfahren durch einen Beschluß ein. Stimmten die Gläubiger zu, erläßt das Gericht einen Beschluß über die Zahlungsstundung.[1002]

Das Zahlungsmoratorium dauert 90 Tage ab Veröffentlichung des Beschlusses über die Anordnung des Vergleichsverfahrens. Es erstreckt sich unabhängig vom Grundgeschäft und von den gewährten Sicherungsmitteln auf alle, sowohl vor dem als auch nach dem Anfangstag der Stundung fällig werdenden Geldforderungen gegen den Schuldner, nicht aber auf die bereits offenstehenden Arbeitslöhne,

---

[997] Pillér, András/Török, Gábor: Új csődtörvényünk, JK 1992/5, S. 244.

[998] Darázs, Lénárd: Grundzüge des Insolvenzrechts in Ungarn, WIRO 1993/5, S. 152.

[999] z.B. bei GmbH die Mitgliederversammlung, bei AG die Hauptversammlung (vgl.: bei weiteren den § 8 Abs. 1 des KonkursG)

[1000] Darázs, Lénárd: Grundzüge des Insolvenzrechts in Ungarn, WIRO 1993/5, S. 152.

[1001] Török, Gábor/Riel, Stephan: Das ungarische Insolvenzrecht ..., WIRO 1994/11, S. 415.

[1002] § 21 Abs. 2 - 3 des KonkursG

Kosten des Vergleichsverwalters, während der Stundung anfallende Umsatzsteuer und die öffentlichen Lasten.[1003] Diese letztgenannten Zahlungsverpflichtungen muß der Schuldner nach wie vor erfüllen.[1004] Dem Gericht steht auf Antrag das Recht zur Verlängerung der Stundung um weitere 60 Tagen zu. Während des Moratoriums ist die Vollstreckung der Geldforderungen gegenüber dem Schuldner suspendiert.[1005]

Gleichzeitig mit dem Beschluß über das Zahlungsmoratorium bestellt das Gericht einen Vergleichsverwalter. Der Vergleichsverwalter überwacht unter Wahrung der Gläubigerinteressen die Wirtschaftstätigkeit des Schuldners.[1006] Seine Bestellung läßt die Selbständigkeit der verschuldeten Wirtschaftsorganisation unberührt und bedeutet nicht die Übernahme ihrer Aufgaben.[1007] Während des Zahlungsaufschubs behält der Schuldner über sein Vermögen das Verwaltungs- und Verfügungsrecht, er darf jedoch ohne die Zustimmung des Vergleichsverwalters keine Zahlungen an die Gläubiger leisten. Der Vergleichsverwalter ist zur Genehmigung der zur Führung des üblichen Geschäftsbetriebes zweckmäßigen und erforderlichen Auszahlungen berechtigt. Die Notwendigkeit des Zahlungsverbotes ist umstritten. Nach einer Auffassung ist diese Regelung wegen der Gleichbehandlung von Gläubigern und der Zielerreichung des Vergleichsverfahrens unentbehrlich.[1008] Nach anderer Auffassung[1009] wird die Zielerreichung des Vergleichsverfahrens gerade durch das Zahlungsverbot gefährdet. Der Vertreter dieser Auffassung argumentiert wie folgt: Das Zahlungsmoratorium bezweckt die Wiederherstellung der Zahlungsfähigkeit des Schuldners durch Reorganisation, die in der Praxis dadurch erfolgt, daß der Schuldner seine Wirtschaftstätigkeit weiter ausübt. Die hinter dieser Tätigkeit stehenden Lieferanten, die meistens Gläubiger sind, werden während des Zahlungsverbotes nicht liefern, um ihre Forderungen nicht weiter zu erhöhen. Die Zahlungsunfähigkeit des Schuldners wird aber dadurch weiter erhöht und darin liegt die Zweckgefährdung des Vergleichsverfahrens.

Die Zahlungsstundung bezweckt durch die Reorganisation der betroffenen Wirtschaftsgesellschaft die dauerhafte Wiederherstellung der Zahlungsfähigkeit des Schuldners. Dementsprechend hat der Schuldner während des Zahlungsmoratoriums ein Reorganisationsprogramm und einen Vergleichsvorschlag zu unterbreiten und mit den Gläubigern eine oder mehrere Vergleichsverhandlungen abzuhalten. Die Vergleichsverhandlung findet nicht vor dem Gericht statt. Es ist deshalb wichtig zu betonen, daß nur derjenige Gläubiger zur Teilnahme am Vergleichsverfahren berechtigt ist, der gegen den Schuldner einen rechtskräftigen und vollstreckbaren Titel hat oder dessen Forderung vom Schuldner nicht bestritten

[1003] § 11 Abs. 3 d und § 12 Abs. 1 des KonkursG
[1004] Pillér, András/Török, Gábor: Új csődtörvényünk, JK 1992/5, S. 248.
[1005] § 12 Abs. 3 des KonkursG
[1006] Török, Gábor/Riel, Stephan: Das ungarische Insolvenzrecht ..., WIRO 1994/11, S. 416.
[1007] Pillér, András/Török, Gábor: Új csődtörvényünk, JK 1992/5, S. 248.
[1008] Nagy, Attila: A csődtörvény várható változásai, GJ 1993/2-3, S. 32.
[1009] Török, Gábor/Riel, Stephan: Das ungarische Insolvenzrecht ... , WIRO 1994/11, S. 415.

wird.[1010] Während der Vergleichsverhandlungen können die Gläubiger oder Dritte die bestehenden Verbindlichkeiten des Schuldners übernehmen, sich an der Gesellschaft oder dem Gesellschaftsvermögen beteiligen oder Sicherheiten geben, um das Ziel des Vergleichsverfahrens zu erreichen. Da das Vergleichsverfahren dem Interesse des Schuldners dient, muß er durch sein aktives Verhalten den Vergleich zwischen ihm und seinen Gläubigern fördern.[1011] Zum Zustandekommen des Vergleichs ist die Zustimmung von mehr als 2/3 der die Gesamtforderung vertretenden Gläubiger erforderlich. Zur Wirksamkeit des Vergleichs muß sie schriftlich niedergelegt werden und der Vergleichsverwalter sowie das Komitatsgericht müssen ihr zustimmen. Entspricht der Vergleich den gesetzlichen Bestimmungen, erklärt das Gericht das Verfahren durch Beschluß als beendet. Kommt kein Vergleich zustande oder der Vergleich entspricht nicht den gesetzlichen Bestimmungen, stellt das Gericht das Vergleichsverfahren ein.[1012] In diesem Fall wird das Konkursverfahren nur dann automatisch eingeleitet, wenn das Gericht die Beurteilung eines Gläubigerantrages ausschließlich deswegen aussetzte, weil gegen den Gemeinschuldner ein Vergleichsverfahren im Gange war.[1013] Ein erfolgloses Vergleichsverfahren kann zu einem einfacheren Konkursverfahren beitragen sowie die Aussichten und späteren Verhaltensweisen der Parteien im Konkursverfahren bestimmen.[1014]

Der zwischen dem Schuldner und den Vergleichsgläubigern wirksam geschlossene und durch das Gericht bestätigte Vergleich wirkt nicht nur für die am Verfahren beteiligten Schuldner und Gläubiger. Seine Wirkung erstreckt sich auch auf die Gläubiger, die sich gegen den Vergleich aussprachen oder trotz Ladung nicht am Verfahren teilnahmen. Voraussetzung dabei ist, daß der Vergleich für diese Gläubiger keine ungünstigeren Bedingungen beinhaltet.[1015]

Werden die Voraussetzungen des Vergleichs durch den Schuldner nicht erfüllt, stellt das Komitatsgericht auf Antrag die Zahlungsunfähigkeit des Schuldners fest und ordnet das Konkursverfahren durch Beschluß an.[1016]

2. Das Konkursverfahren

Ein Konkursverfahren findet statt, wenn die Liquidierungsschwierigkeiten des Schuldners so erheblich sind, daß die Wiederherstellung der Zahlungsfähigkeit als hoffnungslos erscheint. Beim dargestellten Vergleichsverfahren befindet sich demgegenüber zwar der Schuldner ebenfalls in finanziellen Schwierigkeiten, deren Behebung ist jedoch mit Hilfe eines Vergleichs mit den Gläubigern aussichtsvoll.

[1010] Török, Gábor/Riel, Stephan: Das ungarische Insolvenzrecht ... , WIRO 1994/11, S. 416.
[1011] Darázs, Lénárd: Grundzüge des Insolvenzrechts in Ungarn, WIRO 1993/5, S. 154.
[1012] §§ 18 - 21 des KonkursG
[1013] Török, Gábor/Riel, Stephan: Das ungarische Insolvenzrecht ... , WIRO 1994/11, S. 417.
[1014] Pillér, András/Török, Gábor: Új csődtörvényünk, JK 1992/5, S. 245.
[1015] Gobert, Arne: Europäische Rechtsangleichung in Ungarn, S. 251.
[1016] § 27 Abs. 3 des KonkursG

Das Konkursverfahren bezweckt die Vermögensverteilung des zahlungsunfähig gewordenen Schuldners zwischen seinen Gläubigern in einem bestimmten Verhältnis, wobei zwischen ihnen auch ein Zwangsvergleich abgeschlossen werden kann.[1017] Schuldner eines Konkursverfahrens sind wie beim Vergleichsverfahren die Wirtschaftsorganisationen. Der Gläubigerbegriff wird im Konkursverfahren durch den Verfahrensstand differenziert.[1018] Vor Eröffnung des Konkursverfahrens gilt derjenige als Gläubiger, der einen rechtskräftigen, vollstreckbaren Titel gegenüber dem Schuldner erwirkt hat oder dem eine anerkannte und unbestrittene Vermögensforderung zusteht. Nach Eröffnung des Konkursverfahrens gilt jeder als Gläubiger, der eine vom Konkursverwalter registrierte Vermögensforderung gegenüber dem Schuldner besitzt, unabhängig von der Fälligkeit und Anerkennung durch den Schuldner.[1019] Im Konkursverfahren gilt eine Forderung nur dann als bestritten, wenn der Schuldner diese bereits vor Kenntnisnahme über die Einleitung des Konkursverfahrens bestritt.[1020]

Das Konkursverfahren findet auf Antrag des zahlungsunfähig gewordenen Schuldners, der Gläubiger oder des Abwicklers sowie aufgrund eines Beschlusses des Firmengerichts statt.[1021] Wurde die Einleitung des Verfahrens nicht von diesen Personen beantragt, ist der Antrag ohne Prüfung der Sache abzuweisen.[1022] Das Konkursverfahren wird aufgrund eines firmengerichtlichen Beschlusses durchgeführt, wenn das Firmengericht das Unternehmen als aufgelöst erklärte und Angaben über dessen Zahlungsunfähigkeit auftauchten.[1023] In diesem Fall bestellt das Firmengericht den Konkursverwalter. Das Konkursverfahren wird nur in seltenen Fällen aufgrund eines firmengerichtlichen Beschlusses eingeleitet.[1024] Der Schuldner kann das Konkursverfahren beantragen, wenn er nicht gewillt ist, das Vergleichsverfahren in Anspruch zu nehmen. Für das Antragserfordernis durch den Schuldner sind die Regelungen des Vergleichsverfahrens maßgebend. Darüber hinaus muß der Schuldner gleichzeitig mit der Antragstellung alle Geldinstitute, bei denen die Gesellschaft Bankkonten unterhält, über den Konkursantrag benachrichtigen. Stellt der Gläubiger den Konkursantrag, muß er den Rechtstitel seiner Forderung und dessen Fälligkeit im Antrag bezeichnen. Der Schuldner wird über einen solchen Antrag durch das Komitatsgericht benachrichtigt. Äußert sich der Schuldner innerhalb von 8 Tagen nach Erhalt der Benachrichtigung über seine Zahlungsunfähigkeit nicht, wird die Zahlungsunfähigkeit vermutet.[1025]

In sonstigen Fällen prüft das Komitatsgericht aufgrund des Antrages oder firmengerichtlichen Bescheids die Zahlungsunfähigkeit des Schuldners. Die Zahlungs-

---

[1017] Gobert, Arne: Europäische Rechtsangleichung in Ungarn, S. 252.
[1018] Hegedûs, Éva: Änderungen des ungarischen Konkursgesetzes, WIRO 1998/2, S. 47.
[1019] Fodorné Lettner, Erzsébet, Kommentar zum Konkursgesetz , S. 34.
[1020] Entscheidung des Obersten Gerichts, Bírósági Határozatok 1995/664, S. 857.
[1021] § 22 des KonkursG
[1022] Horváth, Andrea, Kommentar zum Konkursgesetz, S. 154.
[1023] § 55 des FirmengerichtsG
[1024] Horváth, Andrea, Kommentar zum Konkursgesetz, S. 154.
[1025] § 23 - 24 des KonkursG

unfähigkeit ist Voraussetzung zur Anordnung des Verfahrens, nicht aber für das Verfahren selbst.[1026] Das Gericht stellt die Zahlungsunfähigkeit fest, wenn der Schuldner seine unstreitigen oder anerkannten Schulden nicht innerhalb von 60 Tagen nach Fälligkeit begleicht, eine gegen den Schuldner durchgeführte Zwangsvollstreckung mangels Masse erfolglos blieb oder der Schuldner seinen Verpflichtungen aus dem Vergleich nicht nachkommt.[1027] Im Konkursverfahren liegt keine Zahlungsunfähigkeit bei bloßer Überschuldung oder bei lediglich drohender Zahlungsunfähigkeit vor.[1028] Ist der Schuldner zahlungsfähig, stellt das Gericht das Verfahren ein. Liegt die Zahlungsunfähigkeit vor, ordnet das Gericht durch Beschluß die Eröffnung des Konkursverfahrens an und bestellt den Konkursverwalter.[1029] Dessen Rechtsstellung ist mit der des deutschen Insolvenzverwalters vergleichbar. Ihm obliegt die Verpflichtung zur Sorge um die Erhaltung und Bewahrung des Schuldnervermögens.[1030]

Das Konkursverfahren beginnt am Tag des Eintritts der Rechtskraft des Beschlusses über die Eröffnung. Der Beginn des Konkursverfahrens hat mehrere Rechtswirkungen und bedeutet einen erheblichen Einschnitt sowohl in die inneren als auch in die äußeren Rechtsverhältnisse des Schuldners.[1031] Bis zum Zeitpunkt der Eröffnung des Konkursverfahrens verbleibt dem Schuldner nach wie vor die Verfügungs- und Verwaltungsgewalt über sein Vermögen.[1032] Tritt die Rechtskraft des Beschlusses ein, sind die vertretungsberechtigten Organe des Schuldners nicht mehr verfügungsbefugt. Erklärungen über das betroffene Vermögen können nur durch den Konkursverwalter wirksam angegeben werden, die Gesellschaftsorgane des Schuldners sind zur Geschäftsführung nicht berechtigt. Ein vor Beginn des Konkursverfahrens abgeschlossener Vorvertrag zwischen Schuldner und einem Dritten verpflichtet den Konkursverwalter nicht zum Abschluß eines endgültigen Vertrages.[1033] Die Rechte und Pflichten des Arbeitgebers gehen kraft Gesetzes auf den Konkursverwalter über.[1034] Zwangsvollstreckungsverfahren gegenüber dem Schuldner werden von Amts wegen mit sofortiger Wirkung eingestellt. Hinsichtlich des zur Konkursmasse gehörenden Vermögens darf weder ein Prozeß noch die Zwangsvollstreckung eingeleitet werden. Die Geltendmachung solcher Ansprüche erfolgt ausschließlich im Rahmen des Konkursverfahrens.[1035] Vor Beginn des Konkursverfahrens eingeleitete Prozesse und außergerichtliche Verfahren bleiben demgegenüber unberührt und werden bei den Gerichten, an denen das Verfahren anhängig ist, weitergeführt. Veräußerungsverbote erlöschen zum Zeitpunkt des Verfahrensbeginns; Option und Pfandrecht zum Zeitpunkt, zu

[1026] Horváth, Andrea, Kommentar zum Konkursgesetz, S. 153.
[1027] § 27 Abs. 2 des KonkursG
[1028] Török, Gábor/Riel, Stephan: Das ungarische Insolvenzrecht, WIRO 1994/11, S. 410.
[1029] § 27 Abs. 1 und 4 des KonkursG
[1030] Darázs, Lénárd: Grundzüge des Insolvenzrechts in Ungarn, WIRO 1993/5, S. 153.
[1031] Darázs, Lénárd: Grundzüge des Insolvenzrechts in Ungarn, WIRO 1993/5, S. 155.
[1032] Horváth, Andrea, Kommentar zum Konkursgesetz, S. 220.
[1033] Entscheidung des Obersten Gerichts, Bírósági Határozatok 11/1996, S. 861.
[1034] Hegedûs, Éva: Änderungen des ungarischen Konkursgesetzes, WIRO 1998/2, S. 48.
[1035] Darázs, Lénárd: Grundzüge des Insolvenzrechts in Ungarn, WIRO 1993/5, S. 155.

dem der Konkursverwalter den betroffenen Gegenstand veräußert. Die wichtigste Wirkung des Beginns des Konkursverfahrens liegt darin, daß alle Schulden der Wirtschaftsorganisation zu diesem Zeitpunkt fällig werden.[1036] Da das Konkursverfahren die Auflösung der zahlungsunfähigen Wirtschaftsorganisation mit sich bringt, ist die Übersichtlichkeit und Registrierung der Schulden sowohl im Interesse der Gläubiger als auch im Interesse des Konkursverwalters unerläßlich. Das Mittel dazu ist das Fälligwerden der Schulden kraft Gesetzes.[1037] Der Konkursverwalter ist zur Anfechtung entgeltlicher Verträge, die auf eine auffallend unverhältnismäßige Leistung zugunsten Dritter gerichtet sind und innerhalb eines Jahres seit Einreichen des Konkursantrages bei Gericht abgeschlossen wurden, ermächtigt.[1038] Die Anfechtungsfrist beträgt 90 Tage ab Eröffnung des Konkursverfahrens. Nach Ablauf der Frist steht dem Konkursverwalter jedoch die Anfechtung nach dem Zivilgesetzbuch zu. Die Voraussetzungen beider Anfechtungsgrundlagen sind nicht gleich, da die Anfechtungsfrist des Zivilgesetzbuches ein Jahr beträgt.[1039] Sie läuft ab Kenntnisnahme von dem Anfechtungsgrund.[1040] Der Beschluß des Komitatsgerichts über die Eröffnung des Konkursverfahrens wird im „Cégközlöny" veröffentlicht. In der Veröffentlichung muß der Name und Sitz des Konkursverwalters angegeben werden, um den Gläubigern die Anmeldung ihrer Forderungen zu ermöglichen. Die Gläubiger müssen innerhalb von 40 Tagen ab Veröffentlichung des Beschlusses ihre Forderungen beim Konkursverwalter anmelden.[1041] Der Konkursverwalter ermittelt die Forderungen und registriert sie in einem Verzeichnis. Registriert werden nur solche Forderungen, nach denen der Gläubiger die Gebühr, die für die Anerkennung von Forderungen erhoben wurde, bezahlt hat. Die Höhe der Gebühr beträgt 1% der vom Schuldner zu zahlenden Forderung. Ziel dieser Vorschrift ist die Anerkennung nur solcher Gläubiger, die ein ernsthaftes Interesse an der Geltendmachung ihrer Forderung gegenüber dem Schuldner zeigen.[1042] Ist das Bestehen von Forderungen zwischen Konkursverwalter und Gläubiger strittig, obliegt die Entscheidung darüber ausschließlich dem Komitatsgericht.[1043] Daneben ermittelt der Konkursverwalter das Vermögen des Schuldners. Unter Vermögen sind alle verwertbaren Sachen und Rechte, die dem Schuldner eigentumsrechtlich zugeordnet werden können, zu verstehen.[1044] Zum Konkursvermögen gehört sowohl das Vermögen, worüber die Wirtschaftsorganisation bereits vor Beginn des Konkursverfahrens verfügte als auch das, welches sie während des Verfahrens erwirbt, bei einem staatlichen Unternehmen auch das in seiner Verwaltung liegende Staatsvermögen.[1045]

[1036] §§ 34, 35, 36, 38 des KonkursG
[1037] Horváth, Andrea, Kommentar zum Konkursgesetz, S. 223.
[1038] § 40 Abs. 1 b des KonkursG
[1039] §§ 201 Abs. 2, 235 Abs. 2 des Zivilgesetzbuches
[1040] Novotni, Zoltán: Kérdések a csőd joga vagy a jog csődje köréből, JK 1992/9, S. 387.
[1041] § 28 des KonkursG
[1042] Hegedűs, Éva: Änderungen des ungarischen Konkursgesetzes, WIRO 1998/2, S. 48.
[1043] Gobert, Arne: Europäische Rechtsangleichung in Ungarn, S. 259.
[1044] Entscheidung des Obersten Gerichts, Bírósági Határozatok 2/1996, S. 134.
[1045] § 4 des KonkursG

Nach Ablauf der Frist für die Anmeldung der Forderungen stellt der Konkursverwalter eine Zwischenbilanz auf, in der er die angemeldeten Forderungen dem Vermögen des Schuldners gegenüberstellt. Die Zwischenbilanz ist vom Komitatsgericht zu genehmigen. Soweit das Konkursvermögen ausreicht, kann der Konkursverwalter aufgrund des Vorschlags der Vermögensverteilung - und nicht der Bilanz, die lediglich den aktuellen Vermögensstand zeigt - das Vermögen verteilen.[1046] Gläubigerforderungen können aufgrund der Zwischenbilanz nur dann befriedigt werden, wenn sie unstreitig anerkannt oder rechtskräftig festgestellt wurden. Für strittige Forderungen, Verfahrenskosten und seine eigene Vergütung kann der Konkursverwalter jedoch nur Rückstellungen bilden, deren Begleichung aufgrund der Zwischenbilanz nicht möglich ist.[1047]
Nach Ablauf von 40 Tagen ab Veröffentlichung des Gerichtsbeschlusses über Eröffnung des Konkursverfahrens bis zum Einreichen der Abschlußbilanz kann zwischen Schuldner und Gläubigern ein Zwangsvergleich ausbedungen werden.[1048] Zu diesem Zweck findet auf Antrag des Schuldners eine Vergleichsverhandlung statt, zu der der Schuldner ein Programm zur Wiederherstellung seiner Zahlungsfähigkeit und einen Vergleichsvorschlag auszuarbeiten hat. Im Laufe der Verhandlung bestimmt das Komitatsgericht durch Beschluß die Höhe des Vermögens, das in den Zwangsvergleich einbezogen werden kann. Dies sichert die Befriedigung von Arbeitslöhnen der Mitarbeiter und der den Schuldner belastenden Unterhalts- und Schadenersatzlöhnen, da diese Forderungen nicht Gegenstand des Zwangsvergleichs sind.[1049] In der Vergleichsverhandlung - die vom Komitatsgericht durchgeführt wird - können Schuldner und Gläubiger alles vereinbaren, was der Wiederherstellung der Zahlungsfähigkeit oder der Erhöhung der Einnahmen der schuldigen Wirtschaftsorganisation dient: Reihenfolge, Art und Weise der Befriedigung, Modifizierung der Erfüllungsfristen etc. Ist die Vereinbarung gesetzmäßig, hat das Gericht keinen Einfluß darauf.[1050] Der Zwangsvergleich kommt erst mit Zustimmung der Gläubiger wirksam zustande. Die Zustimmung ist gegeben, wenn mindestens die Hälfte aller Gläubiger je nach Forderungsgruppen dem Vergleich zustimmen und die zustimmenden Gläubiger mindestens 2/3 aller Forderungen, die Gegenstand des Zwangsvergleichs sind, entsprechen.[1051] Entspricht der Zwangsvergleich den Rechtsnormen und ist zur Beseitigung der Zahlungsunfähigkeit geeignet, wird er vom Komitatsgericht genehmigt. Die Genehmigung führt zur Beendigung des Konkursverfahrens, was vom Gericht durch Beschluß erklärt wird.
Kommt kein wirksamer Zwangsvergleich zustande, verwertet der Konkursverwalter nach Feststellung der Konkursmasse das Vermögen des Schuldners - entweder durch öffentliche Ausschreibung oder durch öffentliche Versteigerung -

[1046] Fodorné Lettner, Erzsébet, Kommentar zum Konkursgesetz, S. 310.
[1047] Entscheidung des Obersten Gerichts, Bírósági Határozatok 2/1996, S. 139.
[1048] § 41 des KonkursG
[1049] Gobert, Arne: Europäische Rechtsangleichung in Ungarn, S. 266.
[1050] Fodorné Lettner, Erzsébet, Kommentar zum Konkursgesetz, S. 262.
[1051] § 44 des KonkursG

zum höchstmöglichen im Verkehr erzielbaren Preis. Wenn die zu erwartenden Einnahmen die Ausgaben voraussichtlich nicht decken oder der Wertunterschied zwischen Einnahmen und Ausgaben unter 100.000 Forint liegt, kann der Konkursverwalter das Vermögen auch auf andere Weise verwerten.[1052] Jeder, der bei der Versteigerung einer Immobilie mitbieten möchte, muß einen Mindestbetrag von 5% des Schätzwertes der Immobilie beim Konkursverwalter hinterlegen. Diese Summe gilt als Anzahlung.[1053] Bei der Versteigerung von beweglichen Sachen muß der Erwerber bis zu einem Preis von 1Million Forint den Kaufpreis sofort und im vollen Umfang aufbringen. Der Konkursverwalter benötigt zur Veräußerung des Konkursvermögens keine gerichtliche Ermächtigung oder Zustimmung der Gläubiger, er muß nur als Konkursverwalter berechtigt sein.[1054] Die Vermögensverwertung muß innerhalb von 120 Tagen ab Veröffentlichung des gerichtlichen Beschlusses und unter notarieller Aufsicht durchgeführt werden.[1055]
Nach Abschluß der Vermögensverwertung erstellt der Konkursverwalter eine Abschlußbilanz, eine Aufstellung über Einnahmen und Ausgaben, eine Steuererklärung und einen Aufteilungsplan. Die Gläubiger können den Aufteilungsplan und die Abschlußbilanz innerhalb von 30 Tagen schriftlich beim Komitatsgericht beanstanden. Die Fristversäumnis führt zum Rechtsverlust.[1056] Über die Beschwerde entscheidet das Gericht in gemeinsamer Verhandlung.[1057]
Der Konkursverwalter ist weiterhin verpflichtet, innerhalb von 90 Tagen nach Veröffentlichung des Beschlusses über die Eröffnung des Konkursverfahrens die Gläubiger zur Bildung eines Gläubigerausschusses zusammenzurufen. Die Errichtung dieses Ausschusses ist nicht verbindlich und hat keine bedeutende Aufgabe.[1058] Dem Gläubigerausschuß steht nur ein nachträgliches Beschwerderecht zu und dem Konkursverwalter obliegt unverändert die Rechtsausübung.[1059]
Die Haftung des Konkursverwalters für Schäden, die er durch Pflichtverletzung verursacht, richtet sich nach dem Sorgfaltsmaßstab des Zivilgesetzbuches. Er muß während des ganzen Verfahrens mit Sorgfalt, die in der gegebenen Situation im allgemeinen zu erwarten ist, handeln.[1060] Aus der von einem Konkursverwalter zu erwartenden Sorgfalt ergibt sich z.B., daß er ein gerichtliches Verfahren einleiten muß, wenn er Kenntnis von unrechtmäßigen Rechtsgeschäften, die das Schuldnervermögen vor Eröffnung des gerichtlichen Konkursbeschlusses betreffen, erlangt.[1061] Verstößt der Konkursverwalter durch Tun oder Unterlassen gegen Rechtsnormen, so kann der Geschädigte innerhalb von 8 Tagen ab Kenntnisnahme beim zuständigen Komitatsgericht Beschwerde einlegen. Über die Be-

[1052] Horváth, Andrea, Kommentar zum Konkursgesetz, S. 288.
[1053] Hegedűs, Éva: Änderungen des ungarischen Konkursgesetzes, WIRO 1998/2, S. 49.
[1054] Gobert, Arne: Europäische Rechtsangleichung in Ungarn, S. 262.
[1055] Hegedûs, Éva: Änderungen des ungarischen Konkursgesetzes, WIRO 1998/2, S. 49.
[1056] Csőke, Andrea, Kommentar zum Konkursgesetz, S. 334.
[1057] § 56 des KonkursG
[1058] Török, Gábor: Adalékok a csődjog elméleti alapjaihoz, GJ 3/1994, S. 17.
[1059] Gobert, Arne: Europäische Rechtsangleichung in Ungarn, S. 260.
[1060] § 54 des KonkursG
[1061] Hegedûs, Éva: Änderungen des ungarischen Konkursgesetzes, WIRO 1998/2, S. 49.

schwerde entscheidet das Gericht vorweg. Ist die Beschwerde zutreffend, erklärt das Gericht die Maßnahme des Konkursverwalters als nichtig und stellt entweder den ursprünglichen Zustand wieder her oder ordnet die Vornahme erneuter Maßnahmen an. Bei einem Versäumnis verpflichtet das Gericht den Konkursverwalter, die erforderliche Maßnahme vorzunehmen.[1062]

Aufgrund des Aufteilungsplanes und der Abschlußbilanz entscheidet das Komitatsgericht über die Befriedigung der Gläubigerforderungen. Zur Forderungsbefriedigung im Konkursverfahren steht eine vom Konkursverwalter festgestellte allgemeine Vermögensmasse zur Verfügung, die nach Verwertung aller Vermögensgegenstände des Schuldners entsteht. Eine Unterscheidung zwischen Masse-, Aus- und Absonderungsgläubiger besteht im ungarischen Recht nicht.[1063] Die Befriedigung der Gläubiger erfolgt in der folgenden, gesetzlich zwingend vorgeschriebenen Reihenfolge:[1064]

- Kosten des Konkursverfahrens;

Darunter fallen Arbeitslöhne und arbeitslohnähnliche Leistungen, Ansprüche aus Rechtshandlungen des Konkursverwalters, wie die Kosten der Verwertung und Aufbewahrung des Schuldnervermögens, Gerichtskosten und Entlohnung des Konkursverwalters. Diese Gruppe umfaßt Ansprüche, die nach deutschem Verständnis zu den Masseforderungen gehören würden.[1065]

- Durch Pfandrecht oder mit Kaution gesicherte Forderungen bis zum Wert des Pfandgegenstandes oder Wert der Kaution;

Voraussetzung sind dabei die Ausbedingung des Pfandrechts oder der Kaution mindestens 6 Monate vor Konkurseröffnung. Wird der Pfandgegenstand gleichzeitig mit mehreren Pfandrechten belastet, gilt das Prioritätsprinzip.[1066] Da die Befriedigung der Pfandgläubiger aus der allgemeinen Vermögensmasse erfolgt und nicht aus einer Sondermasse, kommt es vor, daß der Pfandgläubiger trotz ausreichender Sicherung im Konkursverfahren nicht befriedigt wird.[1067]

Die Sicherungsübereignung als Kreditsicherungsform ist in der ungarischen Praxis unüblich. Die Sicherungsabrede ist demgegenüber ein anerkannter Titel für die Eigentumsübertragung, die im Konkursverfahren analog zur Kaution behandelt wird, d. h. wie eine bloß rangmäßig bevorzugte Befriedigung.[1068]

- Unterhalts- und Schadenersatzrenten, die den Schuldner belasten, z.B. Abfindung;[1069]
- Forderungen der Privatpersonen, die sich nicht aus einer Wirtschaftstätigkeit ergeben, z.B. Ansprüche aus Sachmängelhaftungen;

[1062] Fodorné Lettner, Erzsébet, Kommentar zum Konkursgesetz, S. 321.

[1063] Török, Gábor/Riel, Stephan: Das ungarische Insolvenzrecht ... , WIRO 1994/1, S. 411.

[1064] § 57 des KonkursG

[1065] Török, Gábor/Riel, Stephan: Das ungarische Insolvenzrecht ... , WIRO 1994/1, S. 411.

[1066] Csõke, Andrea, Kommentar zum Konkursgesetz, S. 343.
§ 57 Abs. 1b des KonkursG iVm § 251 Abs. 3 des Zivilgesetzbuches

[1067] Gobert, Arne: Europäische Rechtsangleichung in Ungarn, S. 265.

[1068] Török, Gábor/Riel, Stephan: Das ungarische Insolvenzrecht ... ,WIRO 1994/11, S. 411.

[1069] Csõke, Andrea, Kommentar zum Konkursgesetz, S. 350.

- Sozialversicherungs- und Steuerschulden, sonstige öffentliche Schulden;
- sonstige Forderungen, z.B. Forderungen aus Bürgschaften oder aus dem Pfandrecht, die aus dem Verwertungsentgelt des Pfandes nicht befriedigt wurden;[1070]
- unabhängig von Entstehung und Rechtstitel die Verzugszinsen und Geldbußen.

Es ist zu bemerken, daß nur nach völliger Befriedigung einer Gruppe die nächstrangigen Forderungen erfüllt werden können. Können die Gläubiger einer Gruppe nicht vollständig befriedigt werden, wird ihre Befriedigung im Verhältnis ihrer Forderungen erfolgen.

Meldet ein Gläubiger nicht innerhalb der angegebenen Frist, aber innerhalb eines Jahres seine Forderung an, wird er erst nach Befriedigung aller oben dargestellten Forderungen befriedigt. Die Befriedigung einer solchen Forderung kam in der Praxis bislang nicht vor.[1071] Der Ablauf von einem Jahr führt zum Rechtsverlust und hat den Ausschluß des betreffenden Gläubigers aus dem Konkursverfahren zur Folge.[1072]

Aufgrund der Abschlußbilanz und des Aufteilungsplanes entscheidet das Komitatsgericht weiterhin über die Kostenerstattung, Entlohnung des Konkursverwalters und die Löschung der Bankkonten. Das Gericht verpflichtet daneben den Konkursverwalter, alle noch erforderlichen Maßnahmen vorzunehmen. Das Gericht verfügt gleichzeitig damit über die Beendigung des Konkursverfahrens und die Auflösung der betreffenden Wirtschaftsorganisation.[1073] Der Zeitpunkt der Auflösung ist die Veröffentlichung des gerichtlichen Beschlusses.

Schließlich ist zu erwähnen, daß seit 1997 im Konkursverfahren gegenüber Gerichtsbeschlüssen generell kein Rechtsmittel mehr gegeben ist.[1074] Diese Regelung bezweckt einerseits die Verhinderung der Verfahrensverzögerung durch den Schuldner, andererseits soll das Schuldnervermögen nicht geschützt werden.[1075]

3. Vereinfachtes Konkursverfahren

Wenn die Konkursmasse zur Deckung der Verfahrenskosten nicht ausreicht oder wegen mangelhafter Buchführung des Schuldners eine ordnungsgemäße Verfahrensführung technisch unmöglich ist, findet auf Antrag und aufgrund der schriftlichen Vorbereitung des Konkursverwalters ein vereinfachtes Konkursverfahren statt. Der Begriff „vereinfachtes Konkursverfahren" ist ungenau, da nicht das ganze Verfahren, sondern lediglich dessen Beendigung vereinfacht ist.[1076] Das Gericht ordnet durch Beschluß an, das Barvermögen aufzuteilen und die nicht

---

[1070] Csõke, Andrea, Kommentar zum Konkursrecht, S. 354.
[1071] Fodorné Lettner, Erzsébet, Kommentar zum Konkursgesetz, S. 230.
[1072] § 37 des KonkursG
[1073] § 60 des KonkursG
[1074] Änderungsgesetz Nr. XXVII vom Jahre 1997
[1075] Hegedűs, Éva: Änderungen des ungarischen Konkursgesetzes, WIRO 1998/2, S. 47.
[1076] Serényi, György, Kommentar zum Konkursgesetz, S. 391.

verwerteten Vermögensgegenstände an die Gläubiger zu übergeben.[1077] Eine öffentliche Verwertung findet also nicht statt. Nach Verteilung des Konkursvermögens unter den Gläubigern erklärt das Komitatsgericht die betreffende Wirtschaftsorganisation durch Beschluß als aufgelöst.[1078]
In der Praxis gilt das vereinfachte Konkursverfahren als Regelfall, da bereits zu Anfang vieler Verfahren eindeutig ist, daß kein Vermögen mehr vorhanden ist, die Dokumente nicht zu finden sind oder der Aufenthalt des Leiters der Wirtschaftsorganisation unbekannt ist. Somit ist der Zweck des Konkursverfahrens, die Befriedigung der Gläubigerforderungen „auch eine Illusion."[1079]

VII. Wettbewerbs- und Kartellrecht

Infolge der ungarischen Wirtschaftsreform, der Gleichstellung des privaten und des staatlichen Eigentums und der Festlegung der Wettbewerbsförderung in der Verfassung erweiterte sich die Handlungsfreiheit der Unternehmen zügig.[1080] Dies brachte auch die Möglichkeit der vertraglichen und von staatlichen Vorgaben freien Preisgestaltung und damit den Mißbrauch durch Preisabsprachen sowie andere unlautere Marktverhaltensweisen der Wirtschaftsteilnehmer mit sich. Demzufolge wurde der Mißbrauch der Marktmacht frühzeitig[1081] mit Hilfe einer Generalklausel verboten und gesetzliche Regelungen über Kartelle erlassen.[1082]
Für ausländische Investoren, die in die ungarische Produktion einsteigen, ist die Frage sehr erheblich, ob die Produkte und Ausstattungen, die in ihrem Heimatland mit viel Mühe und Kostenaufwand entwickelt und danach in Ungarn hergestellt werden, einen ähnlich weitgehenden Schutz gegen Nachahmungen in Ungarn wie im eigenen Land genießen.[1083] Die Regelungen der Kartellkontrolle spielen in Hinsicht auf ausländische Investitionen ebenfalls eine erhebliche Rolle. Wäre die Bildung von Kartellen nur unter strengen Voraussetzungen und engen Rahmenbedingungen zulässig, würde sich dies auf ausländische Investitionen nachteilig auswirken, da sich das Interesse der ausländischen Anleger insbesondere auf Großunternehmen und bedeutende Marktanteile bezieht. Die Bewertung der Wettbewerbs- und Kartellregelungen kann erst nach deren Darstellung erfolgen.
1997 trat das heute geltende Gesetz über den unlauteren Wettbewerb[1084] in Kraft, welches das Verbot des unlauteren Marktverhaltens bezweckt. Wies ein Wirtschaftsteilnehmer bereits vor dem 31. Dez. 1996 ein unlauteres Marktverhalten auf, dessen Auswirkung sich aber erst nach dem 1. Januar 1997 zeigte, ist dieses

---

[1077] Entscheidung des Obersten Gerichts, Bírósági Határozatok 11/1996, S. 862.
[1078] § 63 A des KonkursG
[1079] Serényi, György, Kommentar zum Konkursgesetz, S. 390.
[1080] Vida, Alexander: Wettbewerbsbeschränkungen ... in Ungarn, WIRO 1994/6, S. 193.
[1081] § 4 Abs. 2 des Zivilgesetzbuches ab 1977; Gesetz Nr. IV vom Jahre 1984;
Gesetz Nr. LXXXVI vom Jahre 1991
[1082] Gobert, Arne: Europäische Rechtsangleichung in Ungarn, S. 309.
[1083] Vida, Alexander: Schutz gegen unlauteren Wettbewerb in Ungarn, WIRO 1993/8, S. 257.
[1084] Gesetz Nr. LVII vom Jahre 1996 über das Verbot des unlauteren Wettbewerbs und der Wettbewerbsbeschränkung (WettbewerbsG), siehe: WOS-Dokument, Nr. III.8.

Gesetz anzuwenden.[1085] Das Gesetz ist wettbewerbsneutral und erstreckt sich auf alle Wirtschaftssektoren, sowohl auf Waren als auch auf Dienstleistungen.[1086] Es gewährleistet Schutz der gesetzlichen Interessen und geschäftlichen Redlichkeit sowohl für die Wettbewerber als auch für die betroffenen Verbraucher.[1087] Das Gesetz findet sowohl für ausländische als auch für inländische Unternehmer Anwendung, unabhängig davon, ob sich das Unternehmen in privatem oder staatlichem Eigentum befindet.[1088]
Dabei ist das Wettbewerbsrecht auf eine im Ausland hervorgerufene Wettbewerbsbeschränkung nur anwendbar, wenn der Normadressat ein Inländer ist oder wenn es sich um eine im Inland ausgeübte Wirtschaftstätigkeit handelt. Das ungarische Kartellrecht erstreckt sich auch auf internationale Verträge, soweit ausländische Kartellverbindungen auf dem ungarischen Markt Inlandswirkungen entfalten.[1089] Internationale Wettbewerbs- und Kartellgesetze sind in Ungarn anzuwenden. Im Verhältnis zu Ländern der EU gelten grundsätzlich die wettbewerbs- und kartellrechtlichen Bestimmungen des EG-Vertrages:[1090] das Kartellverbot, das Verbot des Mißbrauchs einer marktherrschenden Stellung und das Verbot wettbewerbsverfälschender staatlicher Beihilfen.[1091]

1. Verbot der unlauteren Marktverhaltensweisen

Das Gesetz deklariert mit Hilfe einer Generalklausel das Verbot jeder unlauteren Wirtschaftstätigkeit.[1092] Unlauter ist eine Wirtschaftstätigkeit, die gegen gute Sitten verstößt, insbesondere dann, wenn sie rechtmäßige und geschützte Interessen von Konkurrenten oder Verbrauchern verletzt oder gefährdet. Danach werden einzelne Tatbestände des unlauteren Wettbewerbsverhaltens aufgezählt. Die marktwirtschaftliche Wettbewerbsordnung ist vor den Gefahren des unlauteren Wettbewerbs, der unlauteren Beeinflussung der Verbraucherentscheidungen, der wettbewerbsbeschränkenden Vereinbarungen, des Mißbrauchs wirtschaftlicher Übermacht und der Unternehmenskonzentration zu schützen. Die Generalklausel kommt dann in Betracht, wenn diese Spezialtatbestände nicht eingreifen. Für die einzelnen Tatbestände sind darüber hinaus gesetzliche Beispiele vorgeschrieben.

[1085] Győrffy, István: Az új versenytörvény hatálybalépésével ..., GJ 1997/1, S. 19.
[1086] Tattay, Levente: Az új magyar versenytörvényről, GJ 1997/6, S. 16.
[1087] Gobert, Arne: Europäische Rechtsangleichung in Ungarn, S. 321.
[1088] Vissi, Ferenc: A versenytörvény módosításának gazdaságpolitikai háttere, GJ 1996/7, S. 15.
[1089] § 1 des WettbewerbsG
[1090] Art. 62 Abs. 2 des Europa – Abkommens, (Einschränkungen: Art. 62 Abs. 4 und 5)
[1091] Art. 81, 82, 87 des EGV
[1092] § 2 des WettbewerbsG

a/. Unlauterer Wettbewerb

Im Gesetz sind neben der allgemeinen Bestimmung des unlauteren Wettbewerbs auch einzelne Tatbestände aufgezählt, die zur unlauteren Gestaltung des Wettbewerbs besonders geeignet sind:

- Rufschädigung oder Beeinträchtigung der Kreditwürdigkeit von Konkurrenten durch die Verbreitung unwahrer Behauptungen, Gerüchte oder verfälschter Tatsachen.[1093] Dabei genügt es, wenn die Behauptung zur Schädigung des Konkurrenten objektiv geeignet ist, der Schaden muß nicht konkret eintreten.[1094]
- Unlautere Beschaffung, Verwendung oder Weitergabe von Geschäftsgeheimnissen. Diese Tatbestände können sowohl die Arbeitnehmer des Unternehmens als auch Dritte verwirklichen. Dazu gehört auch die Verschaffung von Geschäftsgeheimnissen durch Abwerbung von Mitarbeitern des Konkurrenten und die Verwendung ihrer Kenntnisse.[1095]
- Nachteilige Einflußnahme auf Geschäftsbeziehungen des Konkurrenten. Nachteilig ist eine Einflußnahme, wenn infolge dessen eine bestehende wirtschaftliche Beziehung beendet oder das beabsichtigte Zustandekommen verhindert wird. Geschützt wird nicht nur das Interesse der konkurrierenden Marktteilnehmer, sondern alle gegenwärtigen oder zukünftigen Interessen, die eine solche Einflußnahme hervorrufen können.[1096]
- Manipulation von Börsengeschäften, Versteigerungen und öffentlichen Ausschreibungen.[1097]
- Nachahmung von Waren ohne Zustimmung des Berechtigten, Täuschung über Herkunftsangaben und Hervorrufen von Verwechslungsgefahren über das äußerliche Erscheinungsbild.[1098] Die Kopie, das Nachmachen, die Benennung, Vermarktung oder Bezeichnung fremder Produkte ist verboten auf eine Weise, die zur vermeidbaren Herkunftsverwechslung oder zur Verwechslung des äußeren Erscheinungsbildes führen kann. Die unbefugte Verwendung fremder geschäftlicher Warenzeichen ist ebenfalls erfaßt, wenn diese zur Verwechslungsgefahr führen kann. Das Verbot besteht nur für Produkte mit eigener, charakteristischer Erzeugungsqualität, die bei den Verbrauchern bestimmte Herkunfts- oder Gütevorstellungen hervorrufen.[1099]

Als Beispiel für diese letzte Fallgruppe dient der sog. „Barbie Puppen-Fall“:[1100] Eine amerikanische Klägerin brachte in Ungarn seit 1985 Barbie-Puppen in Umlauf. Die ungarische Beklagte brachte ein Spielzeug auf den inländischen Markt in einer Verpackung heraus, auf der eine Barbie-Puppe abgebildet war und sich

---

[1093] § 3 des WettbewerbsG
[1094] Gobert, Arne: Europäische Rechtsangleichung in Ungarn, S. 323.
[1095] § 4 des WettbewerbsG
[1096] § 5 des WettbewerbsG
[1097] § 7 des WettbewerbsG
[1098] § 6 des WettbewerbsG
[1099] Gobert, Arne: Europäische Rechtsangleichung in Ungarn, S. 326.
[1100] Bírósági Határozatok 1993/1 S. 27 ff. (AZ Pf IV 20 672/1992.)

der ungarischsprachige Text „Frühstücksgarnitur für die Barbie-Puppe" befand. Das Oberste Gericht sah darin ein Hervorrufen der Verwechslungsgefahr mit den Waren eines Wettbewerbers und somit ein unlauteres Wettbewerbsverhalten. Das Gericht führte als Begründung aus, daß die Barbie-Puppen derzeit sowohl international als auch in Ungarn allgemein bekannt waren. Da die Beklagte mit ihrem Verhalten bei den Kunden den Eindruck erweckte, daß das beanstandete Produkt von der Klägerin stammte, verstieß sie gegen ein gesetzliches Verbot. Zwar war die Verpackung der Beklagten wesentlich bescheidener als die der Klägerin, dies war jedoch nicht entscheidend, da insbesondere bei Spielzeugen der Verbraucher seine Kaufentscheidung aufgrund des ersten Eindruckes trifft und die Ware nicht sorgfältig überprüft.[1101]

b/. Unlautere Beeinflussung der Verbraucherentscheidungen

Die irreführende Beeinflussung von Verbrauchern in geschäftlichen Beziehungen ist verboten. Tatbestandsvoraussetzung ist, daß die Täuschungshandlung im wirtschaftlichen Verkehr erfolgt und durch das täuschende Verhalten der Verbraucher in seiner Entscheidung beeinflußt wird.[1102] Die Beeinflussung muß geeignet sein, den Verbraucher irrezuführen und sie muß zwecks Erhöhung des eigenen Absatzes erfolgen. Unter Handlung in diesem Sinne ist jedes Handeln von Unternehmern zu verstehen, das im Zuge des Markteintritts oder auf dem Markt im Rahmen ihrer Geschäftstätigkeiten der Verfolgung ihrer geschäftlichen Ziele dient.[1103] Für die Auslegung von Werbeausdrücken ist die Alltagssprache und das Verständnis eines durchschnittlichen Verbrauchers maßgebend.[1104] Unter Verbrauchern sind nicht nur die Endverbraucher zu verstehen, sondern auch diejenigen, die zwecks Weiterveräußerung Waren erwerben.[1105] Konkurrierende Marktteilnehmer werden demgegenüber durch die Generalklausel vor Täuschungsverhalten geschützt. Das allgemeine Täuschungsverbot wird durch gesetzliche Beispiele konkretisiert:[1106]

- Schweigen über Nichteinhaltung der gesetzlichen Voraussetzungen;
- Verwendung irreführender Warenzeichen;
- Hervorrufen eines unwahren, besonders günstigen Erwerbs;
- Verwendung von Verkaufs- und Werbemethoden, welche die Kaufentscheidung des Verbrauchers unbegründet beeinflussen;
- Irreführende Angaben oder mangelhafte Information über wesentliche Eigenschaften oder die Beschaffenheit der Ware.

Wesentliche Eigenschaften einer Ware sind Ursprungsquelle, Hersteller, Eigenschaften und Zusammensetzung der Ware, deren Auswirkungen auf die Gesundheit und Umwelt etc. Über solche Informationen müssen die Verbraucher immer

[1101] Entscheidung des Obersten Gerichts, Bírósági Határozatok 1993/1, S. 30.
[1102] Petsche, Alexander: Die Verbrauchertäuschung ..., WIRO 1998/11, S. 410.
[1103] Petsche, Alexander: Die Verbrauchertäuschung ..., WIRO 1998/11, S. 410.
[1104] Entscheidung des Wettbewerbsamtes (Vj. - 8471995)
[1105] Gobert, Arne: Europäische Rechtsangleichung in Ungarn, S. 329.
[1106] §§ 8 - 10 des WettbewerbsG

richtig informiert werden. In der „Kaffeewerbung-Entscheidung“[1107] bejahte das Wettbewerbsamt die unlautere Beeinflussung der Verbraucherentscheidung aus den folgenden Gründen: Auf der Kaffeepackung waren als Herkunftsländer Brasilien und Kolumbien angegeben, obwohl zu dieser Zeit kein Kaffee aus Kolumbien in Ungarn in Verkehr gebracht wurde. Der Beklagte bezeichnete den Kaffee als „von bester Qualität,“ obwohl er diesen Kriterien nicht entsprach. Die Verletzung des Kaufinteresses sah das Wettbewerbsamt auch darin, daß der Beklagte die Angaben über die Ware nicht in ungarischer Sprache mitteilte.
Weder die Tatbestände des unlauteren Wettbewerbs noch die der Verbrauchertäuschung sind im Gesetz abschließend aufgezählt. Sie sind so detailliert, daß die Regelung sich einer taxativen Aufzählung nähert. Hinsichtlich gesetzlich nicht geregelter Verhaltensweisen liegt die Auslegung und Anwendbarkeit des Wettbewerbsgesetzes im Ermessen des Gerichts und des Wettbewerbsamtes.

c/. Wettbewerbsbeschränkende Vereinbarungen
Das Verbot wettbewerbsbeschränkender Vereinbarungen erstreckt sich auf solche Vereinbarungen, Beschlüsse und abgestimmte Verhaltensweisen zwischen Unternehmen, die eine Verhinderung, Einschränkung oder Verfälschung des Wettbewerbs bezwecken oder bewirken,[1108] wie Preis-, Gebiets-, Boykott-, Konditions- und Quotenkartelle sowie unübliche Kopplungsgeschäfte.[1109] Das gesetzliche Verbot findet ohne Differenzierung sowohl auf vertikale als auch auf horizontale Absprachen Anwendung. Die horizontale Absprache ist eine Vereinbarung zwischen Wettbewerbern, die auf gleicher Wirtschaftsstufe stehen. Die vertikale ist einerseits eine Absprache zwischen Unternehmen in gleicher Stufe, die sich aber auf Unternehmen einer nachfolgenden Stufe auswirkt, andererseits eine direkte vertragliche Bindung mit solchen nachgeordneten Wirtschaftsteilnehmern.[1110] Eine abgestimmte Verhaltensweise ist die Festsetzung von Verkaufs- und Weiterverkaufspreisen, die Aufteilung des Marktes unter Wettbewerbern, die faktische Schließung des Marktes für neue Wettbewerber etc.[1111] Ein bloßes, nicht vereinbartes oder nicht abgestimmtes Parallelverhalten der Marktteilnehmer fällt nicht unter das Verbot.[1112] Weiterhin sind gesetzliche Ausnahmen vorgesehen: Absprachen von geringer Bedeutung oder von nicht voneinander unabhängigen Unternehmen sind erlaubt. Eine Vereinbarung mit geringer Bedeutung ist anzunehmen, wenn der gemeinsame Marktanteil der beteiligten Unternehmen unter 10% liegt. Diese Voraussetzung muß während der zeitlichen Geltung der Vereinbarung und, wenn sie länger als ein Jahr andauert, in jedem Kalenderjahr erfüllt werden.[1113] Voneinander nicht unabhängig sind Unternehmen, wenn ein Unter-

---

[1107] Entscheidung des Wettbewerbsamtes, Versenyfelügyeleti Értesítõ 1992, S. 197ff.
[1108] § 11 des WettbewerbsG
[1109] Brunner, Georg: Wirtschaftsrecht der osteuropäischen Staaten, S. 38.
[1110] Emmerich, Volker: Kartellrecht. Anm.: 904.
[1111] § 11 des WettbewerbsG
[1112] Gobert, Arne: Europäische Rechtsangleichung in Ungarn, S. 335.
[1113] Tattay, Levente: Az új magyar versenytörvényről, GJ 1997/6, S. 18.

nehmen ein anderes beherrscht oder, wenn mehrere Unternehmen von einem oder mehreren anderen gemeinsam beherrscht werden. Darüber hinaus ist erforderlich, daß ein oder mehrere Unternehmen gemeinsam eine Mehrheitsbeteiligung oder 50% der Stimmenanteile an dem beherrschten Unternehmen besitzt.[1114] Auf Antrag kann das Wettbewerbsamt über diese Ausnahmen hinaus Einzelfreistellungen vom Verbot erteilen, wenn die wettbewerbsbeschränkende Vereinbarung die Organisation der Produktion, die technische Entwicklung oder die Umwelt fördert, der größte Teil der Vorteile aus der Vereinbarung den Verbrauchern zugute kommt, die wirtschaftlich erforderliche Beschränkung nicht überschritten wird oder dies nicht zum Wettbewerbsausschluß der Mehrheit der betroffenen Waren führt.[1115] Der Beschluß über die Einzelfreistellung hat einen konstitutiven Charakter, d.h. die Freistellung kommt erst durch den Beschluß zustande. Bis zur Erteilung der Freistellungsgenehmigung gilt die gesetzliche Vermutung, daß die wettbewerbsbeschränkende Vereinbarung verboten, also nichtig, ist.[1116] Daneben ist die Regierung unter Beachtung gleicher Gesichtspunkte durch Verordnung zu Gruppenfreistellungen berechtigt.[1117] Der Beschluß des Wettbewerbsamtes über die Gruppenfreistellung besitzt einen deklaratorischen Charakter. Der Beschluß stellt lediglich das Vorliegen der Gruppenfreistellung fest, sie kommt aber nicht durch den Beschluß zustande.[1118] In allen Fällen kann die Befreiung nur erteilt werden, wenn dadurch der Wettbewerb nicht wesentlich beeinträchtigt wird.[1119] Dabei ist eine wesentliche Beeinträchtigung immer anzunehmen, wenn der Gesamtanteil der an der Vereinbarung beteiligten Unternehmen auf dem betroffenen Markt bezüglich der Ware, die Gegenstand der Vereinbarung ist, 30% übersteigt. Um klarzustellen, daß kein Verbotsfall vorliegt, kann ein Negativattest vor Abschluß einer Absprache beim Wirtschaftswettbewerbsamt beantragt werden. [1120]

d/. Mißbrauch marktbeherrschender Stellung

Verboten ist jedes mißbräuchliche Ausnutzen einer marktbeherrschenden Stellung, insbesondere Konditionsmißbrauch, Preismißbrauch, Behinderung oder Diskriminierung anderer Marktteilnehmer etc.[1121] Das mißbräuchliche Ausnutzen einer marktbeherrschenden Stellung umfaßt sowohl rechtswidrige Verhalten als auch solche, die ohne die marktbeherrschende[1122] Stellung in sich rechtmäßig wären. Eine marktbeherrschende Stellung kann ein einziges Unternehmen oder ein Unternehmensverbund besitzen. Im letztgenannten Fall handelt es sich um eine

[1114] § 15 des WettbewerbsG
[1115] § 17 des WettbewerbsG
[1116] Boytha, Györgyné: Módosuló versenytörvény, JK 1997/2, S. 89.
[1117] z.B. Die Regierungsverordnung Nr. 50/1997 (III. 19.) Korm.rend. über die Befreiung einzelner Gruppen von Versicherungsvereinbarungen vom Verbot der Wettbewerbsbeschränkung
[1118] Boytha, Györgyné: Módosuló versenytörvény, JK 1997/2, S. 90.
[1119] Gobert, Arne: Europäische Rechtsangleichung in Ungarn, S. 340.
[1120] Brunner, Georg: Wirtschaftsrecht der osteuropäischen Staaten, S. 38.
[1121] § 21 des WettbewerbsG
[1122] Miskolczi Bodnár, Péter: A gazdasági erőfölény megváltozott fogalma ..., GJ 1999/2, S. 3.

„kollektive" marktbeherrschende Stellung.[1123] Die marktbeherrschende Stellung liegt vor, wenn die „Marktgegenseite" die von der wirtschaftlichen Übermacht betroffene Ware von anderen Unternehmen nur unter wesentlich ungünstigeren Bedingungen beziehen oder absetzen könnte oder, wenn dem Unternehmen auf dem betroffenen Markt keine beachtlichen Konkurrenten gegenüberstehen.[1124] Das Wettbewerbsamt verneinte in einer Entscheidung die marktbeherrschende Stellung der Staatlichen Sparkasse trotz des 62%igen Anteils am Markt der Privatkontenführung aus dem Grund, daß die Bürger frei entscheiden können, ob sie ihre Zahlungsverpflichtungen selbst erfüllen oder die bequemere Überweisung in Anspruch nehmen.[1125] Die marktbeherrschende Stellung der Geldinstitut-Zentralbank-GmbH bei der Kontoführung der vom Ausland überwiesenen Renten wurde demgegenüber bejaht, obwohl die Zentralbank-GmbH nach der Auflösung ihrer Monopolstellung nur noch einen 40%igen Marktanteil besaß. Diese Entscheidung wurde damit begründet, daß viele ausländische Banken nach wie vor ausschließlich mit der Zentralbank-GmbH zur Geschäftsbeziehung bereit waren und die Anträge von Rentnern, welche die Überweisung durch eine andere Bank forderten, zurückwiesen.[1126]
Das Verbot gilt auch für staatliche Unternehmen und die öffentliche Verwaltung. Es ist zu betonen, daß eine marktbeherrschende Stellung allein nicht verboten ist, sondern lediglich deren mißbräuchliche Ausnutzung.[1127] Das Verbot mißbräuchlicher Ausnutzung marktbeherrschender Stellung schützt Unternehmen, die auf dem Markt im Schatten eines beherrschenden Unternehmens eine Wirtschaftstätigkeit ausüben und deren Ziel es ist, am Wettbewerb teilzunehmen.[1128]

e/. Fusionskontrolle

Für kapitalstarke ausländische Investoren sind die Regelungen der Fusionskontrolle von erheblicher Bedeutung.[1129] Die Fusionskontrolle erstreckt sich auf alle Bereiche, bei denen eine Unternehmenskonzentration relevant ist.[1130] Unternehmen können durch Verschmelzung, Eingliederung, Übernahme der Leitung oder im Rahmen eines faktischen Konzerns aufgrund eines vertraglichen Abhängigkeitsverhältnisses einen Zusammenschluß bilden.[1131] Um zu verhindern, daß der Markt durch die Übernahme des gekennzeichneten Wachstums von marktbeherrschenden Unternehmen aufgeteilt wird,[1132] unterliegen diese Zusammenschlüsse einer Kontrolle. Die Fusionskontrolle findet aufgrund eines vorherigen und gemeinsamen Antrages der betroffenen Unternehmen statt. Eine geplante Fusion ist

---

[1123] Boytha, Györgyné: Módosuló versenytörvény, JK 1997/2, S. 91.
[1124] § 22 des WettbewerbsG
[1125] Entscheidung des Wettbewerbsamtes (Vj. - 46/1997)
[1126] Entscheidung des Wettbewerbsamtes (Vj. - 154/1997)
[1127] Tattay, Levente: Az új magyar versenytörvényről, GJ 1997/6, S. 17.
[1128] Gobert, Arne: Europäische Rechtsangleichung in Ungarn, S. 343.
[1129] Vida, Alexander: Wettbewerbsbeschränkungen ... in Ungarn, WIRO 1994/6, S. 196.
[1130] Vissi, Ferenc: A versenytörvény módosításának ..., GJ 1996/7, S. 19.
[1131] § 23 des WettbewerbsG
[1132] Gobert, Arne: Europäische Rechtsangleichung in Ungarn, S. 344.

jedoch nicht immer genehmigungspflichtig, sondern erst dann, wenn der gemeinsam erzielte Nettoumsatzerlös im Jahr vor der Fusion mehr als 10 Milliarden Ft und entweder der Nettoerlös des beherrschten Unternehmens mindestens 500 Millionen Ft beträgt oder wenn ein Unternehmen über ein anderes Unternehmen entscheidenden Einfluß gewinnt.[1133] Beteiligt sich ein ausländisches Unternehmen an der Fusion, sind die in Ungarn abgesetzten Waren bei der Berechnung des Nettoumsatzerlöses miteinzubeziehen.[1134] Der gewonnene Einfluß ist entscheidend, sofern mehr als 50% der Unternehmensanteile oder Stimmrechte erworben werden oder das zu erwerbende Unternehmen zur Bestellung und Abberufung der Mehrheit der führenden Amtsträger des erworbenen Unternehmens berechtigt ist.[1135]

Aufgrund des Antrages wägt das Wettbewerbsamt die Vor- und Nachteile der Fusion, unter Berücksichtigung der Struktur des betroffenen Marktes, der Marktlage der betroffenen Unternehmen und der Auswirkung der Fusion auf Lieferanten und Verbraucher, ab. Die Auswirkungen der Wettbewerbsbeschränkung sind den Vorteilen des Zusammenschlusses gegenüberzustellen. Ein Beispiel für den Vorteil ist eine verbesserte Befriedigung der betroffenen Warenmärkte, verbesserte Zutrittschancen auf ausländische Märkte etc.[1136] Die Genehmigung darf nicht verweigert werden, wenn der Zusammenschluß keine marktbeherrschende Stellung schafft oder verstärkt, der Wettbewerb nicht behindert wird sowie, wenn die Vorteile der Fusion gegenüber den Nachteilen überwiegen.[1137] Im Gesetz sind die Fälle aufgezählt, bei denen die Genehmigung nicht verweigert werden darf. Aus dieser gesetzlichen Lösung ergibt sich, daß die Genehmigung der Konzentration sowohl durch das Gericht als auch durch das Wettbewerbsamt nur aus wettbewerbspolitischen Gründen verboten werden kann.[1138] Im Rahmen dessen obliegt die Entscheidung über die Genehmigung ausschließlich ihnen. Bei der vorherigen Genehmigungspflicht handelt es sich um eine präventive Bekämpfung wettbewerbsfeindlicher Fusionen. Unterliegt die Unternehmenskonzentration der Genehmigungspflicht, ist der genehmigende Beschluß des Wettbewerbsamtes bereits zum Zeitpunkt des Zustandekommens des Vertrages über die Fusion erforderlich. Im Falle der Verweigerung der Genehmigung kommt der Vertrag über die Fusion mit dem geplanten Inhalt nicht zustande.[1139] Eine Entflechtung von Unternehmenszusammenschlüssen als staatliche Sanktion ist nicht vorgesehen.[1140] Das Wettbewerbsamt kann die Genehmigung jedoch zurücknehmen. Um nachteilige Folgen der Konzentration zu mildern, kann das Wettbewerbsamt Bedingun-

[1133] § 24 des WettbewerbsG
[1134] § 27 Abs. 2 des WettbewerbsG
[1135] § 23 Abs. 2 - 3 des WettbewerbsG
[1136] Boytha, Györgyné: Módosuló versenytörvény, JK 1997/2, S. 89.
[1137] § 30 des WettbewerbsG
[1138] Vissi, Ferenc: A versenytörvény módosításának ..., GJ 1996/7, S. 19.
[1139] Boytha, Györgyné: Módosuló versenytörvény, JK 1997/2, S. 92.
[1140] Gobert, Arne: Europäische Rechtsangleichung in Ungarn, S. 348.

gen oder die Veräußerung bestimmter Unternehmensanteile oder Vermögensgegenstände vorschreiben.[1141]

2. Die wettbewerbs- und kartellrechtliche Aufsicht

Die Verletzung von Wettbewerbs- und Kartellverboten führt zu verschiedenen Rechtsfolgen, die in unterschiedlichen Verfahren geltend gemacht werden können.[1142]

Es wurde bereits erwähnt, daß die Befreiung vom Verbot wettbewerbsbeschränkender Vereinbarungen und die Genehmigung von Unternehmenszusammenschlüssen in der Zuständigkeit des Wettbewerbsamtes liegt. Darüber hinaus verfährt es bei Angelegenheiten hinsichtlich der unlauteren Beeinflussung von Verbraucherentscheidungen, des Mißbrauchs einer marktbeherrschenden Stellung, wettbewerbsbeschränkender Vereinbarungen sowie der vorherigen und laufenden Fusionskontrolle.[1143] Das Wettbewerbsamt ist eine allgemeine Kartellbehörde mit staatlicher Zuständigkeit. Das Verfahren des Wettbewerbsamtes beinhaltet drei Voraussetzungen:

- Für die Angelegenheit ist nicht das Gericht zuständig, sondern das Wettbewerbsamt selbst,
- seit Vollendung der Tat vergingen noch keine drei Jahre und
- das Verhalten verstößt mit großer Wahrscheinlichkeit in einem solchen Maß gegen wettbewerbsrechtliche Vorschriften, daß ein amtliches Einschreiten im öffentlichen Interesse erforderlich ist.[1144]

Das Verfahren des Wettbewerbsamtes wird entweder auf Antrag oder von Amts wegen eingeleitet.[1145] In gesetzlich bestimmten Fällen ist das Wettbewerbsamt zur Einleitung des Verfahrens verpflichtet, wenn dies beantragt wurde. In sonstigen Fällen liegt es in seinem eigenen Ermessen, ob es dem Antragsbegehren nachkommt.[1146] Zur Antragstellung sind die betroffenen Unternehmen oder diejenigen, deren rechtliches Interesse durch ein gegen das Wettbewerbsgesetz verstoßendes Verhalten beeinträchtigt wird, berechtigt. Bei diesbezüglichen Anträgen kann das Wettbewerbsamt eine Fusion genehmigen oder vom Verbot wettbewerbsbeschränkender Vereinbarungen absehen. Liegt ein Gesetzesverstoß vor, kann das Wettbewerbsamt dies durch Beschluß feststellen und durch Beschluß die Herstellung des gesetzmäßigen Zustandes bzw. Beendung des rechtswidrigen Verhaltens anordnen oder eine Geldbuße verhängen.[1147] In sonstigen Fällen wird das Verfahren eingestellt. Der rechtskräftige Beschluß des Wettbewerbsamtes ist wie ein Gerichtsbeschluß vollstreckbar. Eine Klage kann gegen einen während

[1141] Vissi, Ferenc: A versenytörvény módosításának ..., GJ 1996/7, S. 19.
[1142] Brunner, Georg: Wirtschaftsrecht der osteuropäischen Staaten, S. 39.
[1143] § 45 des WettbewerbsG
[1144] Győrffy, István: A Gazdasági Versenyhivatal eljárásáról, GJ 1998/11, S. 16.
[1145] § 52 des WettbewerbsG
[1146] Győrffy, István: A Gazdasági Versenyhivatal eljárásáról, GJ 1998/ 11, S. 16.
[1147] § 77 - 78 des WettbewerbsG

des Verfahrens erlassenen Bescheid des Wettbewerbsamtes beim Hauptstädtischen Gericht,[1148] in Hauptsache beim Komitatsgericht,[1149] erhoben werden. Das Gericht kann aufgrund der Klage den Bescheid abändern, aufheben oder bei großen Verstößen an das Wettbewerbsamt zurückweisen.
Wird ein Verstoß gegen wettbewerbsrechtliche Bestimmungen durch unlauteren Wettbewerb verwirklicht, ist das Komitatsgericht für das Aufsichtsverfahren zuständig. Liegt ein unlauteres Wettbewerbsverhalten vor, kann das Komitatsgericht durch Beschluß den Rechtsverstoß oder einen zivilrechtlichen Schadenersatz feststellen und die Herstellung des gesetzmäßigen Zustandes oder die Beendigung des unlauteren Verhaltens anordnen. Eine spezielle gerichtliche Sanktion ist darüber hinaus die Verpflichtung zum Vertragsabschluß, wenn das unlautere Verhalten durch unbegründete Nichtvornahme bestimmter Geschäftsbeziehungen verwirklicht wurde.[1150] Durch diese Ausnahme vom Grundsatz der Vertragsfreiheit wird das Interesse der Konkurrenten geschützt.

3. Anmerkung zum Wettbewerbs- und Kartellrecht

Wie schon angedeutet, sind die Regelungen des Wettbewerbsrechts bei ausländischen Investitionen von erheblicher Bedeutung, da ausländische Anleger nicht selten ein erhebliches Risiko eingehen, wenn sie in einem unbekannten Land eine Wirtschaftstätigkeit ausüben möchten.[1151]
Die aufgeworfene Überlegung am Anfang dieses Kapitels ist für ausländische Investitionen in Ungarn positiv zu bewerten. Das ungarische Wettbewerbs- und Kartellrecht ist mit dem europäischen fast identisch, was einen großen Vorteil der Anwendbarkeit dieses Rechtsgebietes für ausländische Investoren bedeutet. Das ungarische Wettbewerbsrecht bietet einen umfassenden Schutz vor Nachahmungen. Das Marktverhalten der Wirtschaftssubjekte unterliegt einer fach- und sachgerechten Kontrolle. Nicht alle Fusionen unterliegen der staatlichen Kontrolle. Die Voraussetzungen einer gestatteten Fusion werden durch ein Fachamt überprüft, weshalb eine sachgerechte und fachgemäße Entscheidung gesichert ist. Die Voraussetzungen dazu sind auch nicht zu streng, da ein Zusammenschluß gesetzlich genehmigt werden muß, wenn dem freien Wettbewerb dadurch keine großen Hindernisse entstehen.

[1148] § 82 Abs. 3 des WettbewerbsG
[1149] § 83 des WettbewerbsG
[1150] § 86 des WettbewerbsG
[1151] Vida, Alexander: Schutz gegen unlauteren Wettbewerb in Ungarn, WIRO 1998/8, S. 260.

VIII. Devisenrecht

Die Gründung einer Wirtschaftsgesellschaft mit ausländischer Beteiligung ist in Ungarn - wie bereits dargestellt - ohne devisenbehördliche Genehmigung zulässig. Das gilt auch, wenn es sich um eine Einpersonengesellschaft mit einem einzigen ausländischen Gesellschafter handelt. Nur wenn die Sacheinlage des ausländischen Gesellschafters in Form von Wertpapieren oder einer geringfügigen Unternehmensbeteiligung erfolgt, ist eine devisenbehördliche Genehmigung erforderlich.[1152] Die ebenfalls dargestellten devisenrechtlichen Begünstigungen zugunsten der Joint-Ventures wurden wegen des Erfordernisses des Gleichbehandlungsgrundsatzes zwischen Wirtschaftsgesellschaften mit und ohne ausländische Beteiligung abgebaut. Eine Ausnahme bedeutet jedoch die Leistung der Geldeinlage bei der Gründung einer Wirtschaftsgesellschaft: ausländische Gesellschafter können die Geldeinlage sowohl in ausländischer als auch in ungarischer Währung, inländische Gesellschafter nur in Forint leisten.[1153]
Die devisenrechtlichen Bestimmungen wurden in Ungarn mit der Wirkung zum 1. Januar 1996[1154] erheblich liberalisiert, welches ein notwendiges Erfordernis für den Beitritt Ungarns zur OECD war.[1155] Mit dem Erlaß des Devisengesetzes und zwei wichtigen Rechtsverordnungen[1156] wurde die Devisenzwangswirtschaft beendet und Ungarn in die Weltwirtschaft integriert.[1157] Infolge dieser Liberalisierung besteht für eine Bevorzugung von Gesellschaften mit ausländischer Beteiligung kein Grund mehr.[1158] Die Gesellschaft auf zollfreiem Gebiet verlor aus dem gleichen Grund an Bedeutung. Um die wirtschaftliche Entwicklung Ungarns zu schützen, bestehen nach dem neuen Devisenrecht jedoch weiterhin Einschränkungen, in vielen Fällen eine Genehmigungs- oder Anzeigepflicht, die - jedenfalls im Verhältnis zu EU Ländern - erst 2002 völlig abgebaut werden.[1159]
Ziel des Devisengesetzes ist der stufenweise Aufbau eines freien Devisenverkehrs, die Errichtung der freien Konvertibilität der ungarischen Währung und das Ausnutzen der Vorteile des internationalen Handelns und der wirtschaftlichen Zusammenarbeit.[1160] Das Gesetz findet Anwendung auf Rechtsgeschäfte und Rechtshandlungen mit Valuten oder Devisen von Deviseninländern sowohl im In- als auch im Ausland, von Devisenausländern nur auf dem Gebiet der Ungarischen Republik und nur, wenn das Gesetz dies ausdrücklich anordnet.[1161] Die Valuta

[1152] § 45 Abs. 1 des DevisenG
[1153] § 45 Abs. 4 iVm Abs. 12 des DevisenG
[1154] Am 1. Januar 1996 trat das DevisenG in Kraft.
[1155] Glatz, Olivér: Az új devizatörvény ... , GJ 1996/3, S. 11.
[1156] Regierungsverordnung 161/1995 (XII.26.)Korm. über die Umsetzung des Devisengesetzes und die Verordnung 15/1995 (PK.18.) MNB über in fremder Währung oder in Gold, mit Ausländern in Forint geführten Banktätigkeiten
[1157] Hegedűs, Éva: Das neue Devisengesetz der Republik Ungarn, WIRO 1996/, S. 201.
[1158] Brunner, Georg: Wirtschaftsrecht der osteuropäischen Staaten, S. 72, 73.
[1159] Gobert, Arne: Europäische Rechtsangleichung in Ungarn, S. 147.
[1160] Szentiványi, Iván: A devizaszámláról ..., GJ 1996/1, S. 11.
[1161] § 1 des DevisenG

bedeutet eine ausländische Währung, die Devise einen Anspruch auf Zahlung in ausländischer Währung.[1162] Der Charakter des Gesetzes bestimmt sich nach der Unterscheidung zwischen Deviseninländern und Devisenausländern einerseits, und zwischen genehmigungsfreien und genehmigungspflichtigen Rechtsgeschäften andererseits. Daneben unterscheidet das Gesetz zwischen laufenden Zahlungsvorgängen und Kapitaltransaktionen. Ein laufender Zahlungsvorgang ist alles, was nicht als Kapitaltransaktion gilt. Als Beispiel für die Kapitaltransaktion dient der Geschäftsverkehr mit Wertpapieren oder das Kreditgeschäft.[1163] Bei laufenden Zahlungsvorgängen geht das Gesetz von der Konvertibilität aus, bei den Kapitaltransaktionen bestehen erhebliche devisenbehördliche Einschränkungen.[1164]

Deviseninländer sind:[1165]

- Alle natürlichen Personen mit ungarischer Staatsbürgerschaft, die über gültige ungarische Personalpapiere verfügen und dazu berechtigt sind;
- Unternehmen und Organisationen mit Sitz in Ungarn. Darunter fallen insbesondere Wirtschaftsgesellschaften mit ausländischer Beteiligung, die nach dem ungarischen Recht gegründet und eingetragen wurden und als ungarische Wirtschaftsorganisation gelten;
- Personen mit leitender Funktion, die für Unternehmen mit Sitz in Ungarn handeln sowie Gesellschafter und Aufsichtsratsmitglieder solcher Unternehmen, auch wenn sie selbst Devisenausländer sind, soweit sie ein Rechtsgeschäft vornehmen, aufgrund dessen die Gesellschaft dazu berechtigt oder verpflichtet wird;
- in Ungarn ansässige Niederlassungen ausländischer Unternehmen, soweit sie nicht für die Erfüllung eines Außenhandelsvertrages in Ungarn errichtet wurden;
- selbständige Unternehmen von Ausländern und Vertretern von Deviseninländern als solches, auch wenn die Unternehmensgründer oder Vertreter ihrerseits Devisenausländer sind.

Für Deviseninländer bestehen immerhin zahlreiche devisenrechtliche Einschränkungen und Verpflichtungen, die in erster Linie den privaten Rechtsverkehr betreffen. Deviseninländer sind verpflichtet, die im Ausland erlangte konvertierbare Valuta nach Ungarn zu überweisen, es sei denn, daß es sich z.B. um Schenkung, Erbschaft, Arbeitslohn des im Ausland arbeitenden Deviseninländers etc. handelt.[1166] Die Valuten und Devisen, die der Deviseninländer von einem dazu er-

[1162] Hegedûs, Éva: Das Devisengesetz der Republik Ungarn, WIRO 1996/6, S. 202.
[1163] Szentiványi, Iván: A devizaszámláról ..., GJ 1996/1, S. 12.
[1164] Glatz, Olivér: Az új devizatörvény, JK 1996/2, S. 76.
[1165] § 3 Ziffer 1 des DevisenG
[1166] § 12 Abs. 1 - 2 des DevisenG

mächtigten Geldinstitut[1167] kauft und im Ausland nicht umsetzt, muß er wieder nach Ungarn zurückbringen. Es besteht eine Anmeldepflicht, wenn dem Deviseninländer gegenüber einem Devisenausländer ein Anspruch auf Valuta, in Form einer Immobilie oder Unternehmensbeteiligung entsteht.[1168] Eine Zahlungsvereinbarung zwischen Deviseninländern, in der sich der Schuldner zur tatsächlichen Devisen- oder Valutaleistung verpflichtet, ist verboten. Die tatsächliche Zahlung darf nur in Forint erfolgen. Eine Vereinbarung, in der der Forintpreis an einen Devisenkurs geknüpft ist, bleibt dadurch erlaubt.[1169] Geschäfte zwischen In- und Ausländern im Inland müssen in Forint abgewickelt werden. Ausnahmen bedeuten die Unternehmen, die internationale Wirtschaftstätigkeit ausüben und die ihre Geschäfte sowohl in Forint als auch in konvertierbarer Währung tätigen können.[1170]

Deviseninländer sind berechtigt, im Ausland erhaltene Devisen auf einem bestimmten Devisenkonto bei einem dazu ermächtigten ungarischen Geldinstitut zu halten, was für Unternehmen mit grenzüberschreitendem Verkehr besonders vorteilhaft ist.[1171] Zugunsten dieser Konten können die Devisen, die aus der Einnahme bestimmter Rechtsgeschäfte stammen oder die einem bestimmten Verwendungszweck dienen, gutgeschrieben werden. Solche Einnahmen sind z.B. Exporterlöse des Unternehmens, Kreditaufnahmen von Devisenausländern, Entgelte für die Veräußerung der im Ausland befindlichen Immobilien etc.[1172] Im Rahmen ihrer Geschäftstätigkeit und zur Tilgung der Devisenkredite können inländische Unternehmen grds. über dieses Devisenkonto frei verfügen. Abgesehen davon existieren folgende Ausnahmen:[1173] Erwerb und Veräußerung von Unternehmensbeteiligungen und Grundstücken im Ausland, ausländische Wertpapiergeschäfte, Übernahme von Personalsicherheiten gegenüber einem Devisenausländer, Kreditgewährung an Devisenausländer und Kreditaufnahme von Devisenausländern. Diese Kapitaltransaktionen sind genehmigungs- oder anmeldepflichtig.

Der Erwerb von Unternehmensbeteiligungen im Ausland durch Deviseninländer unterliegt lediglich einer Anmeldepflicht, wenn dies die Haftung der erbrachten Einlage nicht überschreitet, mindestens eine zehnprozentige Beteiligung erworben wird, ein Kapitalrücktransfer nach Ungarn in Devisen gewährleistet wird, mit dem Gründungsland ein Abkommen über Investitionsschutz besteht und der Deviseninländer nicht mit Steuer-, Zoll- und Gebührenschulden belastet ist. Bei inländischen Unternehmen sind weitere Voraussetzungen, daß gegen sie innerhalb der letzten zwei Jahre kein Insolvenzverfahren eingeleitet wurde und daß weder

---

[1167] ermächtigtes Geldinstitut: ein Geldinstitut, das von der Staatlichen Finanz- und Kapitalmarktaufsicht zur Vornahme von Devisentransaktionen ermächtigt wird (Anordnung des Präsidenten der Ungarischen Nationalbank Nr. 15 / 1995)

[1168] § 13 des DevisenG

[1169] Hegedûs, Éva: Das Devisengesetz der Republik Ungarn, WIRO 1996/6, S. 202.

[1170] Hegedűs, Éva: Das Devisengesetz der Republik Ungarn, WIRO 1996/6, S. 203.

[1171] Szentiványi, Iván: A devizaszámláról ..., GJ 1996/1, S. 11.

[1172] § 48 des DevisenG

[1173] Brunner, Georg: Wirtschaftsrecht der osteuropäischen Staaten, S. 73.

das deviseninländische Unternehmen noch sein leitender Amtsträger innerhalb der letzten zwei Jahre zur Auflösung des Unternehmens aufgefordert wurde.[1174] In sonstigen Fällen reicht zum Erwerb der Unternehmensbeteiligung im Ausland eine Anmeldung nicht aus, es ist eine devisenbehördliche Genehmigung einzuholen. Beim Verstoß gegen das Devisengesetz kann die Devisenbehörde die Auflösung der im Ausland erworbenen Beteiligung anordnen.[1175] Diese Regelungen gelten über den Erwerb hinaus auch für die Veräußerung von Unternehmensbeteiligungen und für die Verschmelzung und Auflösung von Unternehmen mit inländischer Beteiligung im Ausland.

Der Erwerb eines Grundstücks im Ausland ist auch dann genehmigungspflichtig, wenn es sich um ein Betriebsgrundstück für eine im Ausland zu gründende Gesellschaft handelt.[1176]

Das Emittieren von Aktien und Geldmarktpapieren an ausländischen Börsen und der Wertpapiererwerb von Devisenausländern ist ebenfalls genehmigungspflichtig. Beim Erwerb von OECD-Wertpapieren reicht eine Anmeldung aus.[1177] Deviseninländer dürfen nur dann direkt vom Devisenausländer Wertpapiere erwerben, wenn diese in Ungarn in Verkehr gebracht oder an der Börse notiert wurden. Wertpapiere im Ausland können von Deviseninländern nur über einen inländischen Wertpapierhändler erworben werden. Um eine Aktie handelt es sich in diesem Sinne bei einer Unternehmensbeteiligung von weniger als 10%; für die darüber hinausgehenden Beteiligungen gelten die Regelungen des Erwerbs von Unternehmensbeteiligungen. Beim Verstoß gegen die devisenrechtlichen Bestimmungen über Wertpapiere kann die Devisenbehörde die Zwangsveräußerung anordnen.[1178]

Ein Deviseninländer ist nicht berechtigt, ein Konto im Ausland und in ausländischer Währung zu führen, es sei denn, daß es sich um ein Devisenkonto eines Hauptunternehmens handelt, die Devisenbehörde dies genehmigt hat, o.ä.[1179] Hauptunternehmen müssen in diesem Fall ihr Exporteinkommen nach Ungarn überweisen. Die Devisenbehörde kann jedoch eine bedingte Genehmigung dahingehend erteilen, daß 80% des Exporteinkommens auf dem Devisenkonto im Ausland bleiben können, wenn das Unternehmen der Devisenbehörde alle drei Monaten über die Führung dieses Kontos Bericht erstattet und die Summe im Ausland investiert wird.[1180] Zur Führung eines Forintkontos im Ausland benötigt der Deviseninländer eine devisenbehördliche Genehmigung. Deviseninländer können Devisenkredite von einem dazu ermächtigten Geldinstitut ohne weiteres aufnehmen. Wird der Devisenkredit von einem Devisenausländer gewährleistet, ist dies genehmigungspflichtig, wenn die Kreditlaufzeit nicht länger als ein Jahr

---

[1174] § 31 des DevisenG
[1175] § 34 des DevisenG
[1176] Gobert, Arne: Europäische Rechtsangleichung in Ungarn, S. 148.
[1177] Lantos, Árpád: Devizajogunk néhány gyakorlati problémája, CJ 2000/1, S. 36.
[1178] § 36 des DevisenG
[1179] Lantos, Árpád: Devizajogunk néhány gyakorlati problémája, CJ 2000/1, S. 38.
[1180] Hegedûs, Éva: Das Devisengesetz der Republik Ungarn, WIRO 1996/6, S. 216.

beträgt und sie ist anmeldepflichtig, wenn sie über ein Jahr hinausgeht. Devisenkredite können nur durch ein inländisches Geldinstitut in Anspruch genommen werden. Da das Kreditinstitut die Kreditsumme mangels Beschluß der Ungarischen Nationalbank über die Kenntnisnahme auf dem Konto des Kreditnehmers nicht gutschreiben darf, ist die Kenntnisnahme der Anmeldung ein fast so starker behördlicher Akt wie die Genehmigung.[1181] Unternehmen, die eine internationale Wirtschaftstätigkeit ausüben, können mit ihren devisenausländischen Vertragspartnern im Rahmen von Export- und Importverträgen einen Zahlungsaufschub mit beliebiger Tilgungszeit vereinbaren. Eine Anmeldepflicht besteht nur, wenn die Zahlung länger als drei Monate gestundet wird.[1182]

Devisenausländer sind:[1183]

- Natürliche Personen, die keine ungarischen Staatsbürger sind oder über keine ungarischen Personalpapiere verfügen;
- Unternehmen und Organisationen mit Sitz im Ausland;
- Niederlassungen und Zweigniederlassungen von Deviseninländern, wenn sie im Ausland tätig sind und diese nicht für die Erfüllung eines Außenhandelsvertrages gegründet wurden;
- in Ungarn befindliche Handelsvertretungen von Devisenausländern;
- Deviseninländer, wenn sie in Vertretung eines Devisenausländers in Ungarn tätig sind sowie
- Gesellschaften auf zollfreiem Gebiet.

Für Devisenausländer, insbesondere im Bereich des internationalen Wirtschaftsverkehrs wurden günstigere Regelungen eingeführt. Zu Außenhandelsgeschäften ist seit dem 1. Januar 1996 keine devisenbehördliche Genehmigung mehr erforderlich. Durch Rechtsvorschrift können aber Anmelde- und Genehmigungspflichten sowie zusätzliche fachbehördliche Genehmigungen wie z.B. für Post- und Fernmeldewesen, Personenbeförderung etc. vorgeschrieben werden.[1184] Devisenausländer sind berechtigt, bei einem Geldinstitut in Ungarn Devisen- und Forintkonten zu eröffnen und zu führen. Die Kontoführung von Devisen ist frei, Forint darf nur auf konvertiblen und nicht konvertiblen Forintkonten geführt werden.[1185] Die bisherige starre Regelung, nach der die Einzahlung auf ein Forintkonto aufgrund eines im Ausland auf Forintbasis abgeschlossenen internationalen Vertrages nur in Ungarn verwendet und nicht umgetauscht werden konnte, wurde aufgehoben.[1186] Devisenausländer dürfen nunmehr dieses Entgelt auf einem konvertierbaren Forintkonto in Ungarn gutschreiben lassen, damit Devisen erwerben oder die Summe ins Ausland überweisen.[1187] Die Zahlung bei internationalen

---

[1181] Lantos, Árpád: A devizajog néhány gyakorlati problémája, CJ 2000/2, S. 37.
[1182] Hegedűs, Éva: Das Devisengesetz der Republik Ungarn, WIRO 1996/6 S. 205.
[1183] § 3 Ziffer 2 des DevisenG
[1184] Hegedűs, Éva: Das Devisengesetz der Republik Ungarn, WIRO 1996/6, S. 202.
[1185] Lantos, Árpád: A devizajog néhány gyakorlati problémája, CJ 2000/1, S. 38.
[1186] Gobert, Arne: Europäische Rechtsangleichung in Ungarn, S. 153.
[1187] § 60 Abs. 3 des DevisenG

Wirtschaftsgeschäften kann dementsprechend sowohl in Forint als auch in konvertierbarer Währung vereinbart und erbracht werden.
Der Immobilienkauf von Ausländern in Ungarn ist aus Sicht des Devisenrechts unbeachtlich.[1188] Eine devisenbehördliche Genehmigung ist erforderlich, wenn ein Devisenausländer eine in seinem Eigentum befindliche inländische Sache an einen Dritten gegen Entgelt zur Nutzung weitergeben oder veräußern möchte, es sei denn, handelt es sich dabei um eine internationale Wirtschaftstätigkeit.[1189] Genehmigungspflichtig ist auch die Veräußerung von Wertpapieren an Deviseninländer und das Emittieren von Aktien und Geldmarktpapieren an der ungarischen Börse. Ausnahmen bedeuten staatlich emittierte Wertpapiere und Anteilscheine aus den OECD Mitgliederstaaten mit mehr als einem Jahr Laufzeit, die ohne Genehmigung in Ungarn in Umlauf gebracht werden können.[1190]
Der Abschluß eines Vertrages oder die Wahrnehmung einer Transaktion, die darauf gerichtet ist, daß Devisenin- und Devisenausländer voneinander Valuta oder Forint erwerben, bedarf der devisenbehördlichen Genehmigung. Ohne devisenbehördliche Genehmigung sind Austauschverträge bezüglich Reise- und Aufenthaltskosten im In- und Ausland sowie beweglicher Sachen zwischen Deviseninund Devisenausländern zulässig.[1191]
Das Devisenverfahren richtet sich nach den Regeln des allgemeinen Verwaltungsverfahrens.[1192] Die Devisenbehörde ist die Ungarische Nationalbank.[1193] Das Finanzministerium hat keine devisenbehördliche Aufgabe mehr.[1194] Die Anzeigepflicht ist gegenüber der Ungarischen Nationalbank zu erfüllen, der Antrag auf Genehmigung ist ihr einzureichen. Sind die Gesichtspunkte zur Entscheidung über die Genehmigung gesetzlich nicht geregelt, sind das Interesse der Nationalwirtschaft und die Umstände des Antragstellers zu berücksichtigen. Für die Aufsicht der Einhaltung von Devisenvorschriften an der Staatsgrenze ist die Zollbehörde zuständig.[1195]

IX. Zollrecht

Das Zollrecht regelt die Außenwirtschaft unter Sicherung des freien und schnellen Warenverkehrs und der sicheren Einnahme von öffentlichen Abgaben.[1196]
Das ungarische Zollrecht wurde 1995 im Sinne einer Harmonisierung mit dem Gemeinschaftsrecht - allerdings ohne eine völlige Liberalisierung - neu geregelt.[1197] Die Neuregelung wurde infolge grundlegender wirtschaftlicher Änderun-

---

[1188] Lantos, Árpád: A devizajog néhány gyakorlati problémája, CJ 2000/1, S. 36.
[1189] § 11 Abs. 2 des DevisenG
[1190] Lantos, Árpád: A devizajog néhány gyakorlati problémája, CJ 2000/1, S. 36.
[1191] § 9 Abs. 2 des DevisenG
[1192] VerwaltungsverfahrensG
[1193] § 3 Ziffer 3 des DevisenG
[1194] Hegedûs, Éva: Das neue Devisengesetz der Republik Ungarn, WIRO 1996/6, S. 202.
[1195] § 75 des DevisenG
[1196] Csiky, Endréné: Vámjog - ismét törvényi szinten, GJ 1995/12, S. 13.
[1197] Art. 68 des Assoziierungsabkommens

gen zwecks Ausbau der Marktwirtschaft und Neustrukturierung der Außenhandelsbeziehungen Ungarns unerläßlich.[1198] Die Regelungen des Zollrechts befinden sich in mehreren Rechtsnormen. Die wichtigsten Regeln werden im Gesetz[1199] bestimmt. Daneben wurden Durchführungsverordnungen[1200] erlassen und es gelten internationale Abkommen.
In den Rechtsnormen ist ein stufenweiser Zollabbau im Verhältnis der EU-Länder vorgesehen. Ein wichtiger Schritt bei der Harmonisierung des ungarischen Zollrechts mit dem Gemeinschaftsrecht ist die vom Parlament am 2. Mai 2000 verabschiedete Änderung des Zollgesetzes.[1201] Die Änderung erzielt die Vereinfachung des Zollverfahrens und die Einführung der in der EU bekannten Kategorien in das ungarische Zollgesetz.[1202] Bedeutendste Elemente des Änderungsgesetzes sind die Einführung des vereinfachten und des wirtschaftlichen Zollverfahrens, die Verarbeitung unter Zollaufsicht sowie die Änderung der Regelungen der aktiven und passiven Veredelung.
Bezüglich der ausländischen Investitionen ist erneut zu betonen, daß die speziellen zollrechtlichen Begünstigungen für ausländische Anleger völlig abgebaut wurden, wonach Sacheinlagen des ausländischen Gesellschafters und bestimmte Sacheinlagen, welche die Gesellschaft aus konvertiblen Mitteln der vom ausländischen Gesellschafter eingebrachten Geldeinlage anschaffte, Zollfreiheit genossen. Heutzutage gelten sowohl für ausländische als auch für ungarische Anleger einheitlich die allgemeinen Regeln des Zollrechts.

1. Geltungsbereich und Grundzüge des Zollgesetzes

Der Geltungsbereich des Zollgesetzes erstreckt sich - mit Ausnahme ausländischer Zollämter - auf das Zollgebiet und auf ungarische Zollämter, die aufgrund eines internationalen Vertrages im Ausland errichtet wurden. Das Zollgebiet ist das von der Zollgrenze umfaßte Staatsgebiet der Ungarischen Republik. Dazu zählen auch die zollfreien Gebiete, deren Grenzen als Zollgrenzen zu verstehen sind.[1203] Obwohl das zollfreie Gebiet in der Regel als Ausland gilt, gehört es zum Zollgebiet, um die zollbehördliche Kontrolle auch in zollfreien Gebieten zu ermöglichen.[1204] Zollgrenze und Staatsgrenze der Ungarischen Republik sind identisch. Die gegenständliche Wirkung des Gesetzes umfaßt Waren und Zollwaren, die über die ungarische Zollgrenze von Ungarn ins Ausland oder umgekehrt ge-

---

[1198] Csiky, Endréné: Vámjog - ismét törvényi szinten, GJ 1995/12, S. 13.
[1199] ZollG; Gesetz Nr. CI vom Jahre 1995 über den Zolltarif (Zolltarif) siehe: WOS-Dokument, Nr.VIII.4.b.
[1200] Durchführungsverordnung Nr. 45 (III.25)Korm. vom Jahre 1996 zum Gesetz Nr. C/1995; (Verordnung 45/1996); Nr.18/1996 IKM - PM zum Gesetz Nr.CI/1995
[1201] Änderungsgesetz vom Jahre 2000 über die Änderung des Gesetzes Nr. C vom Jahre 1995, das voraussichtlich am 1. Juli 2000 in Kraft tritt (Gesetz Nr. XXXII vom Jahre 2000)
[1202] Németh, Géza: Módosul a vámtörvény, CJ 2000/3, S. 34.
[1203] § 3 des ZollG
[1204] Miskei/Müller/Kevevári/Kovács: A vámjogról, vámeljárásról ..., S. 26.

liefert oder gebracht wurden.[1205] Der Begriff „Ware" knüpft sich an den Export, die Bestimmung „Zollware" an den Import. Eine nach Ungarn eingeführte Ware gilt unabhängig vom Zweck und von der Art der Einfuhr als Zollware, auch wenn sie rechtswidrig eingeführt wurde.[1206]
Als Grundsatz gilt, daß eine Ware ohne Rücksicht auf das Ursprungs- oder Bestimmungsland frei nach Ungarn ein- und ausgeführt werden kann.[1207] Jedoch kann ein Gesetz oder eine Verordnung den Verkehr bestimmter Waren genehmigungspflichtig machen oder anderweitig beschränken, wenn eine Verpflichtung aus internationalen Verträgen, ein Interesse des Naturschutzes, der Gesundheit von Menschen, Tieren oder Pflanzen, Nationalsicherheit, ähnliche Interessen oder ein Notstand dies erfordert. Der freie Warenverkehr kann auch zwecks Verhinderung des Inverkehrbringens von gefälschten Waren oder im Verhältnis von Ländern, die ungarische Waren gegenüber Waren anderer Länder ungünstiger behandeln, eingeschränkt werden.[1208] Ein weiteres allgemeines Prinzip im Zollrecht ist, daß für jede Zollware eine Zollbelastung zu entrichten ist, wenn das Gesetz nicht ausdrücklich etwas anderes bestimmt.[1209] Das Recht zur Zolleinnahme obliegt ausschließlich dem Staat, der dieses Recht durch die Zollorganisation ausübt.[1210] Die Summe des zu zahlenden Zolls bestimmt sich allgemein nach den im voraus festgelegten Zollsätzen des Zolltarifs, es sei denn, daß ein internationaler Vertrag etwas anderes bestimmt. Da die Zollbelastung eine mit dem internationalen Verkehr der Waren verbundene Zahlungsverpflichtung ist, spielen bei ihrer Festlegung internationale Abkommen eine erhebliche Rolle.[1211] Über die allgemeinen Bestimmungen hinaus können für bestimmte Waren zeitweilig im Interesse der Nationalwirtschaft Sonderzölle auferlegt werden: aufgrund eines Gesetzes Zollzuschläge, aufgrund einer Regierungsverordnung marktschützende Zollzuschläge, Wertausgleichszölle oder Antidumpingzölle.[1212] Ein Wertausgleichszoll kann bei im Export- oder Ursprungsland subventionierten Importen, Antidumpingzoll bei Einfuhr von Waren, deren Exportpreis niedriger als der gewöhnliche Handelspreis im Export- und Ursprungsland ist, erhoben werden. Solche Importprodukte können mit Sonderzöllen belastet werden, wenn ihre Einfuhr der ungarischen Industrie schadet oder voraussichtlich schaden wird. Die Sonderzölle können höchstens für fünf Jahre festgelegt werden und dürfen die Höhe der zwischen dem Exportpreis und dem gewöhnlichen Handelspreis im Export- oder Ursprungsland bestehenden Dumpingdifferenz oder Subventionssumme betragen.[1213]

[1205] § 2 des ZollG
[1206] Miskei/Müller/Kevevári/Kovács: A vámjogról, a vámeljárásról ..., S. 19.
Im Weiteren ist sinngemäß unter „Ware" auch die „Zollware" zu verstehen.
[1207] Kovács, Józsefné: Gondolatok a vámjogról ..., Friss Hírek 1996/1, S. 45.
[1208] § 5 Abs. 2 des ZollG
[1209] Miskei/Müller/Kevevári/Kovács: A vámjogról, a vámeljárásról ..., S. 55.
[1210] § 13 des ZollG
[1211] Beszteri, Sára: A vámjog törvényi szintű újraszabályozása, GJ 1995/7-8, S. 31.
[1212] § 15 des ZollG
[1213] Brunner, Georg: Wirtschaftsrecht der osteuropäischen Staaten, S. 75.

Zahlreiche Bestimmungen des Zollgesetzes richten sich nach der Abgrenzung zwischen Handels- und Nichthandelsverkehr.[1214] Die Ein- und Ausfuhr von Waren durch natürliche Personen bis zu einem bestimmten Wert und einer bestimmten Menge gilt als Nichthandelsverkehr, die übrigen Fälle als Handelsverkehr.[1215] Für ausländische Investitionen spielt natürlich der Handelsverkehr eine Rolle.

2. Sicherung der Zollbelastung

Die Zollsicherung bietet Deckung für den Fall, daß die Ware rechtswidrig in Verkehr gebracht wird und liegt sowohl im Interesse der Zollbehörden (die Zollbelastung soll entrichtet werden) als auch im Interesse der betroffenen Warenbesitzer oder Transporteure (schnellstmögliche freie Verfügung über die Ware).[1216] Zur Sicherung der Zollschuld und anderer Abgaben ist der Transporteur oder Besitzer der Ware zur Zahlung einer Einzellzollsicherung verpflichtet, wenn sich die Ware nicht in unmittelbarer Verwahrung der Zollbehörde befindet, wenn Waren ausgeführt werden, die in den Geltungsbereich des Banderolengesetzes[1217] fallen (alkoholische Getränke oder Kaffee) und nicht versteuert wurden oder, wenn Banderolenprodukte der aktiven Veredelung unterzogen werden etc.[1218]
Die strengen Regelungen der Banderolenprodukte lassen sich mit dem Kampf gegen die Schwarzwirtschaft erklären.[1219]
Eine Sicherheitsleistung ist neben der Warenlieferung auch für zollrechtlich relevante Tätigkeiten vorgesehen. Dabei handelt es sich um Tätigkeitsgarantien,[1220] die für Tätigkeiten der Zollagenten, bei Wirtschaftszollverfahren und für den Betrieb eines Zollfreigebietes geleistet werden müssen. Die aktive und passive Veredelung, Veredelung unter Zollaufsicht und das vereinfachte Wirtschaftszollverfahren sind von der Leistung einer Tätigkeitszollsicherung, Waren, die im Zollager gelagert sind, von der Leistung einer Einzelzollsicherung befreit.[1221]
Die Pflicht zur Sicherheitsleistung kann der Schuldner - nach eigener Wahl - in Bargeld, mit Hilfe einer inländischen Bank, die eine Bankgarantie oder einen Deckungsnachweis erbringt oder durch eine von der Zollbehörde dazu ermächtigte inländische Organisation, die eine Bürgschaft übernimmt, erfüllen.[1222] Die Höhe der Sicherheitsleistung ist die Zollbelastung, die sich aus dem Zoll, der Einfuhrumsatzsteuer, der Verbrauchersteuer, den Gebühren und sonstigen Abgaben ergibt. Die Zollware ist bis zur Höhe der Zollbelastung mit einem gesetzlichen Pfandrecht belastet. Ein Pfandrecht, das vor dem Pfandrecht des Zollamtes

[1214] Gobert, Arne: Europäische Rechtsangleichung in Ungarn, S. 490.
[1215] § 22 der Verordnung Nr. 45/1996
[1216] Miskei/Müller/Kevevári/Kovács: A vámjogról, a vámeljárásról ..., S. 39.
[1217] Gesetz Nr. LVIII vom Jahre 1993 über die Banderolenprodukte
[1218] § 8 Abs. 1 des ZollG
[1219] Csiky, Endréné: Vámjog - ismét törvényi szinten, GJ 1995/12, S. 14.
[1220] Miskei/Müller/Kevevári/Kovács: A vámjogról, a vámeljárásról ..., S. 39.
[1221] § 9 Abs. 1 und 2 des ZollG
[1222] § 7 Abs. 2 des ZollG

bestand, kann erst nach Begleichung der Zollbelastung geltend gemacht werden. Gegenüber dem redlichen Besitzer der Zollware kann das Pfandrecht nicht ausgeübt werden.[1223]

3. Ursprungsregelungen

Die Ursprungsregelungen in internationalen Verträgen haben gegenüber denen im Zollgesetz Vorrang.[1224] Die Mitgliedsländer des paneuropäischen Kumulationssystems - dem Ungarn am 1. Juli 1997 beitrat - regeln die Beurteilung der Herkunft von Produkten einheitlich. Die paneuropäische Kumulation erzielt die bevorzugte Behandlung von Waren, die aus dem Gebiet der Mitgliedsstaaten stammen oder dort hergestellt wurden, gegenüber Produkten, die außerhalb dieser Region erzeugt wurden.[1225]
Mangels anderweitiger Bestimmungen aus internationalen Verträgen ist der Ursprungsort einer Ware das Land, in dem diese vollständig gewonnen, hergestellt oder im wesentlichen Maße der Ver- oder Bearbeitung unterzogen wurde und von dem sie aus unmittelbar in das importierende Land befördert wurde.[1226] Minimalbehandlungen, wie z.B. Färben von Stoffen oder Umpacken von Waren führen unter keinen Umständen zu einer genügenden Bearbeitung im Sinne der Ursprungsregelungen.[1227] Sind an der Herstellung der Ware zwei oder mehrere Länder beteiligt, gilt dasjenige als Ursprungsland, in dem die Ware der letzten wesentlichen und wirtschaftlich gerechtfertigten Bearbeitung unterzogen wurde. Diese Regelung gilt jedoch nicht für den Fall, daß die letzte Bearbeitung ausschließlich wegen der günstigeren Zollbedingungen des betroffenen Landes vorgenommen wurde. Eine Ware gilt als Ursprungsware, wenn sie unmittelbar aus dem Ursprungsland importiert wird. Führt der Transportweg aus geographischen Gründen durch einen Drittstaat, wird die Unmittelbarkeit dadurch nicht beeinflußt, wenn die Ware dort nicht in den zollrechtlichen freien Verkehr überführt wird.[1228] Bei den von der Ungarischen Wirtschaftskammer bestimmten Ursprungszeugnissen ist eine Präferenzbehandlung möglich. Wird die Inanspruchnahme einer mit dem Warenursprung zusammenhängenden Zollpräferenz beabsichtigt, muß der Ursprung verbindlich mit einem Ursprungszeugnis nachgewiesen werden.[1229] Sind für die Ware durch verschiedene internationale Abkommen mehrere unterschiedliche Regelungen anwendbar, kann der Antragsteller festlegen, welche Bestimmung angewendet werden soll.

[1223] Miskei/Müller/Kevevári/Kovács: A vámjogról, a vámeljárásról ..., S. 52.
[1224] § 19 des ZollG
[1225] Cseuzné, Bankó Judit/Vatheuer, Peter: Die Änderungen des ungarischen Gesetzes über das Zollrecht, WIRO 1997/12, S. 449.
[1226] § 16 des ZollG
[1227] Cseuzné, Bankó Judit/Vatheuer, Peter: Die Änderungen des ungarischen Gesetzes über das Zollrecht, WIRO 19987/12, S. 449.
[1228] Gobert, Arne: Europäische Rechtsangleichung in Ungarn, S. 491.
[1229] § 16 Abs. 2 des ZollG

Neu eingeführt in das Zollrecht ist das Institut der verbindlichen Ursprungsauskunft und der verbindlichen Tarifauskunft. Die tarifliche Einordnung der Ware oder Bezeichnung des Ursprungslandes erfolgt auf schriftlichen Antrag und ist für die Zollbehörde verbindlich. Die Zollbehörde ist verpflichtet, auf Antrag die Auskunft zu erteilen, es sei denn, der Antrag bezieht sich nicht auf eine Export- oder Importangelegenheit oder die zur Verfügung stehenden Angaben zur Erteilung der Genehmigung sind nicht ausreichend. Die Gültigkeit der verbindlichen Auskunft erstreckt sich bei der tariflichen Einordnung auf sechs, bei Feststellung des Ursprungslandes auf drei Jahre, wenn sie nicht durch Beschluß zurückzunehmen ist.[1230] Da die Zollbehörde zur Anwendung der inhaltlichen Bestimmungen der Auskunft im Zollverfahren verpflichtet ist, dient sie der Sicherheit des Warenbesitzers.[1231]

4. Zollbemessungsgrundlage

Eine der wichtigsten Prinzipien des Zollrechts ist, daß sich die Grundlage der Zollbemessung aus dem Zollwert ergibt.[1232] Unter Zollwert ist in erster Linie der Geschäftswert, d.h. der tatsächlich gezahlte Preis für die Ware bei dem Exportverkauf nach Ungarn einschließlich Versicherungs- und Beförderungskosten, zu verstehen.[1233] Kann der Zollwert auf diese Weise nicht festgelegt werden, so wird er nach einer verbindlichen Reihenfolge und gesetzlich festgelegten Methoden bestimmt, z.B. aufgrund des Geschäftswertes gleicher - wenn diese nicht vorhanden sind, vergleichbarer - Waren, die als Exportwaren nach Ungarn verkauft wurden.[1234] Als letzte Möglichkeit ist auch eine Schätzung des Zollwertes denkbar.[1235]

Wird die Zollware im Handelsverkehr eingeführt, ist dem Antrag auf Zollabfertigung eine Zollwerterklärung oder eine Rechnung beizufügen. Die Zollbehörde ist verpflichtet, den angegebenen Zollwert zu überprüfen. Liegt der angegebene Wert 20% unter dem Vergleichswert, der sich aus einem amtlichen Registerblatt ergibt oder gibt der die Zollabfertigung Beantragende an, daß der Zollwert nicht als endgültig angesehen werden soll, kann die Zollabfertigung erst dann vorgenommen werden, wenn der zur Zahlung Verpflichtete eine Zollsicherung in Höhe der Wertdifferenz leistet.[1236] Es bestehen folgende gesetzliche Ausnahmen von der Verpflichtung zur Zollwerterklärung: Der Zollwert liegt pro Sendung unter 1Million Forint, die Ware wird im Zollager gelagert etc. In diesen Fällen ist so zu verfahren, als ob die Zollwerterklärung eingereicht worden wäre.[1237]

[1230] § 19/A des ZollG

[1231] Németh, Géza: Módosul a vámtörvény, CJ 2000/3, S. 35.

[1232] Miskei/Müller/Kevevári/Kovács: A vámjogról, a vámeljárásról ..., S. 68.

[1233] Gobert, Arne: Europäische Rechtsangleichung in Ungarn, S. 492.

[1234] §§ 21 - 29 des ZollG

[1235] Miskei/Müller/Kevevári/Kovács: A vámjogról, a vámeljárásról ..., S. 78.

[1236] § 29 des ZollG

[1237] § 20 Abs. 8 des ZollG

5. Das Zollverfahren

Die Zollverfahren ist ein auf Antrag eingeleitetes Verfahren, in dem die Zollbehörde über das zollrechtliche Schicksal der Ware entscheidet.[1238] Die Zolleigenschaft der vom Ausland eingeführten oder ins Ausland auszuführenden Ware besteht bis zur Zollabfertigung.

Wird eine Ware nach Ungarn eingeführt oder aus Ungarn ausgeführt, bestehen im Handelsverkehr Verpflichtungen für nicht natürliche Personen zur Warendarstellung und schriftlichen Warenanmeldung, um die Zollkontrolle zu ermöglichen sowie zur Antragstellung auf Zollabfertigung oder vorübergehende Verwahrung.[1239] Es ist zu bemerken, daß der Zollkontrolle - im Gegensatz zur Zollabfertigung - alle aus dem Ausland eingeführten und ins Ausland auszuführenden Waren unterliegen, unabhängig vom Bestehen einer Zollzahlungspflicht.[1240] Der Antrag ist schriftlich in Formularform zu stellen und diesem ist die Warenerklärung beizufügen. Die Warenerklärung beinhaltet alle erforderlichen Angaben zur Vornahme der Zollabfertigung und dient auch der statistischen Datenerfassung. Die mangelhafte Warenerklärung ist - nach der heute noch geltenden Rechtslage - durch zollbehördlichen Beschluß abzuweisen.[1241]

Ab 1. Juli 2000 besteht die Möglichkeit des vereinfachten Zollverfahrens.[1242] Das ist ein Zollverfahren, in dem der die Zollabfertigung Beantragende berechtigt ist, die Warenerklärung mit fehlenden Angaben oder statt der Warenerklärung ein Ersatzdokument einzureichen. In beiden Fällen muß das eingereichte Dokument mindestens so viele Angaben beinhalten, daß eine Identifizierung der Ware ermöglicht wird. In einer bestimmten Frist muß die fehlende oder mangelhafte Warenerklärung mit den Angaben, die im normalen Zollverfahren erforderlich sind, vervollständigt werden. Für das vereinfachte Zollverfahren ist die vorherige Genehmigung des Hauptzollamtes einzuholen. Voraussetzung für die Erteilung der Genehmigung ist, daß die antragstellende Organisation einen Sitz in Ungarn besitzt, eine Zollsicherung nachweist, aus zollrechtlicher Hinsicht zuverlässig ist und die Verpflichtung zur Führung eines Registers, dessen Inhalt durch die Zollbehörde bestimmt wird, übernimmt. Das vereinfachte Zollverfahren ist nicht statthaft bei Banderolenprodukten und bei Waren, für welche eine Exportförderung in Anspruch genommen werden kann. Das Institut des vereinfachten Zollverfahrens – deren Regelung EU-konform ist – ermöglicht, daß ohne die strengen formalen Erfordernisse auch mit unvollständiger Warenerklärung oder Ersatzdokumenten das Zollverfahren eingeleitet werden kann.[1243]

Die Zollbehörde muß die Erfüllung der Verpflichtungen aus der Warenanmeldung und das Vorhandensein der Einfuhrbedingungen überprüfen, den Antrag auf Zoll-

---

[1238] § 1 Ziffer 10. des ZollG

[1239] Miskei/Müller/Kevevári/Kovács: A vámjogról, a vámeljárásról ..., S. 92.

[1240] § 34 Abs. 1 des ZollG

[1241] Miskei/Müller/Kevevári/Kovács: A vámjogról, a vámeljárásról ..., S. 131.

[1242] §§ 53, 54 des ZollG

[1243] Németh, Géza: Módosul a vámtörvény, CJ 2000/3, S. 35.

abfertigung annehmen sowie eine Zollkontrolle vornehmen. Nach der Annahme des Antrages und der Warenerklärung wird dies durch die Zollbehörde registriert und mitgeteilt, wann und auf welche Weise die Zollabfertigung vorgenommen wird.[1244] Sie ist in der Regel sofort oder spätestens innerhalb von drei Werktagen vorzunehmen. Die Zollabfertigung erfolgt aufgrund der Zollkontrolle, welche die Überprüfung der Angaben der Warenerklärung beinhaltet. Die erfolgte Zollabfertigung ist von der Zollbehörde durch Vermerk auf den eingereichten Dokumenten oder durch Ausstellen eines Zollscheins zu bestätigen.[1245] Die Zollabfertigung wird von Amts wegen nicht vorgenommen, sondern erfolgt lediglich aufgrund eines Antrages. Versäumt der Verfügungsberechtigte die Antragstellung auf Zollabfertigung oder ist seine Person nicht feststellbar, so ist die Ware in unmittelbare Zollaufsicht zu nehmen. Die Zollbehörde ist weiterhin verpflichtet, die in das ungarische Zollgebiet eingeführte Zollware bis zum Bestehen ihrer Zolleigenschaft,[1246] die im Zollager gelagerten Waren, die Waren, die zwecks vorübergehender Ausfuhr oder aktiver Veredelung ausgeführt wurden und die Banderolenprodukte, die aufgrund des Banderolengesetzes für den Innenverkehr durch Steueraussetzung zollabgefertigt wurden, zu überwachen.[1247] Die Zollaufsicht erfolgt entweder unmittelbar durch die Zollbehörden oder mittelbar, wenn die Zollbehörde die Zollware lediglich registriert, nicht aber in ihrem Besitz behält. Waren, die aufgrund ihrer Sonderbenutzung einer Zollbegünstigung oder der Zollfreiheit unterliegen, bleiben unter zollbehördlicher Aufsicht, solange sie als Zollware anzusehen sind.[1248]

Durch die Zollabfertigung wird die Zolleigenschaft der Ware entweder erhalten oder aufgelöst. Die Zolleigenschaft bleibt bei vorübergehender Verwahrung, Lagerung, aktiver Veredelung und bei vorübergehender Einfuhr bestehen.

Die dem Zoll vorgeführte Zollware bleibt bis zur weiteren Regelung ihres zollrechtlichen Schicksals unter vorübergehender Verwahrung. Die vorübergehende Verwahrung erfolgt im Zollager oder an einem genehmigten Ort bis zu 30 Tage lang.[1249] Dabei handelt es sich nicht um eine Lagerung im Sinne des Zollgesetzes, sondern lediglich um eine vorübergehende Verwahrung.[1250] Sie ist keine Zollabfertigung, sondern dient der sicheren Verwahrung der Ware bis zum Eintritt der zur Zollabfertigung erforderlichen Voraussetzungen.[1251]

Die Zollagerung ist ein amtliches Zollverfahren, das die Zollkontrolle, Warenidentifizierung, Aufsicht der Ein- und Auslagerung und die Fristsetzung für die Lagerung umfaßt. Die Zollabfertigung durch Lagerung erfolgt auf Antrag bei Zollwaren oder, wenn die Ware für die Ausfuhr bestimmt ist und deren Voraus-

---

[1244] § 55 Abs. 5 des ZollG

[1245] § 55 Abs. 8 des ZollG

[1246] Miskei/Müller/Kevevári/Kovács: A vámjogról, a vámeljárásról ..., S. 103.

[1247] § 45 Abs. 1 des ZollG

[1248] § 45 Abs. 10 des ZollG

[1249] § 44 des ZollG

[1250] Gobert, Arne: Europäische Rechtsangleichung in Ungarn, S. 493.

[1251] Miskei/Müller/Kevevári/Kovács: A vámjogról, a vámeljárásról ..., S. 101.

setzungen auch vorliegen, die Ausfuhr lediglich zu einem späteren Zeitpunkt erfolgt. Die Lagerung erfolgt von Amts wegen, wenn die Zollware beschlagnahmt oder die Ausgabe der Ware verboten wurde.[1252] Da durch die Lagerung die Zolleigenschaft der Ware erhalten bleibt, wird ihr zollrechtliches Schicksal durch eine andere Zollabfertigung endgültig entschieden.[1253] Das Zollager ist entweder öffentlich oder privat. Das öffentliche Zollager kann von jedermann, das private lediglich für Waren des Lagerhalters in Anspruch genommen werden.[1254] Spezielle Formen des öffentlichen Zollagers sind die Lager von Transportunternehmen oder der Post. Hier werden nicht nur eigene Waren, sondern auch solche, die aufgrund von Lieferungs- oder Postbeförderungsverträgen übernommen werden, gelagert.[1255] Das Inbetriebhalten des Zollagers ist genehmigungspflichtig, wenn das Zollager nicht von der Zollbehörde selbst betrieben wird. Die Genehmigung ist beim Vorliegen der gesetzlichen Voraussetzungen - Zuverlässigkeit des Antragstellers, Leistung einer Zollsicherung, wirtschaftliche Notwendigkeit der Zollagerung etc. - zu erteilen.[1256] Die Ware kann im Zollager auf unbestimmte Zeit gelagert werden.

Die aktive Veredelung ist eine Tätigkeit, die im Rahmen eines mit einem Ausländer abgeschlossenen Vertrages erfolgt, wie Bearbeitung, Verarbeitung, Instandhaltung oder Verbesserung ausländischer Produkte, wenn diese vom Ausländer ohne Gegenleistung zur Verfügung gestellt werden.[1257] Da die aktive Veredelung - als Export von Arbeitskräften - für die ungarische Wirtschaft eine erhebliche Rolle spielt, besteht für solche Waren keine Verpflichtung zur Zollsicherung oder Begleichung der Zollbelastung.[1258] Die Zollbelastung wird auch bei aktiver Veredelung festgesetzt, sie muß jedoch nicht im voraus bezahlt werden (Aussetzungsverfahren) oder sie wird von der Zollbehörde nachträglich zurückerstattet (Rückerstattungsverfahren).[1259] Voraussetzung ist, daß die Veredelung durch die Zollbehörde genehmigt und die betroffene Ware nach der Veredelung wieder aus Ungarn ausgeführt wird. Die Zollabfertigung bei aktiver Veredelung ist zu genehmigen, wenn die Einfuhr der Ware zwecks Veredelung vom Wirtschaftsministerium und von der Naturschutzbehörde genehmigt wurde sowie der Antragsteller eine Organisation mit Sitz in Ungarn und aus Zollsicht zuverlässig ist. Darüber hinaus muß die aktive Veredelung der gegebenen Ware aus Sicht der Wirtschaft begründet sein. [1260] Die Ausfuhrfrist richtet sich nach der Gültigkeit der Tätigkeitsgenehmigung und nach dem Außenhandelsvertrag. Sie wird durch

[1252] § 45 Abs. 2 des ZollG
[1253] Miskei/Müller/Kevevári/Kovács: A vámjogról, a vámeljárásról ..., S. 141.
[1254] § 66 Abs. 2 des ZollG
[1255] Miskei/Müller/Kevevári/Kovács: A vámjogról, a vámeljárásról ..., S. 148.
[1256] § 63 Abs. 4 des ZollG
[1257] § 72 des ZollG
[1258] Miskei/Müller/Kevevári/Kovács: A vámjogról, a vámeljárásról ..., S. 225.
[1259] Németh, Géza: Módosul a vámtörvény, CJ 2000/3, S. 34.
[1260] § 74 des ZollG

die Zollbehörde im voraus festgesetzt, kann aber nach Bedarf verlängert werden.[1261]
Unter passiver Veredelung ist die im Ausland erfolgte Veredelung zu verstehen, die ebenfalls eine Genehmigung erfordert. Gesetzlich kann jedoch vorgeschrieben werden, daß die Genehmigung als gegeben anzusehen ist.[1262]
Die Zolleigenschaft erhaltende Zollabfertigung ist weiterhin bei Zollwaren möglich, die sich im Eigentum eines Ausländers befinden und zwecks vorübergehender Benutzung, Darstellung oder Probe, aber mit einer Verpflichtung zur Rückführung eingeführt wurden. Dabei handelt es sich um eine vorübergehende Einfuhr, aufgrund derer die Zollware im unveränderten Zustand wieder ins Ausland auszuführen ist.[1263] Die Abnutzung aufgrund ordnungsgemäßen Gebrauchs ist dabei unschädlich.[1264]
Die Zolleigenschaft der Ware wird demgegenüber z.B. bei der Zollabfertigung für den Inlandsverkehr beendet. Sie umfaßt die Zollkontrolle, Feststellung der Verpflichtung zur Zollzahlung, Festsetzung, Mitteilung und Einnahme der Zollbelastung und - nach Begleichung der Zollbelastung oder Leistung einer Zollsicherheit - die Ausgabe der Ware.[1265] Wichtige Rechtsfolge ist, daß der Berechtigte nach der Ausgabe über die Ware frei verfügen kann.[1266]
Neu eingeführt in das ungarische Zollgesetz ist die Institution der Verarbeitung unter Zollaufsicht.[1267] Dieses Verfahren bedeutet an sich, daß die Zollbelastung erst am Ende des Verarbeitungsvorganges festgesetzt und erhoben wird. Zur Verarbeitung unter Zollaufsicht ist eine Genehmigung erforderlich. Voraussetzung der Genehmigung ist einerseits, daß die Ware nicht in den ursprünglichen Zustand zurückgesetzt werden kann, andererseits, daß der Berechtigte den gesetzlichen Voraussetzungen (Organisation mit Sitz in Ungarn, Zuverlässigkeit etc.) entspricht. Die Genehmigung gilt höchstens für 24 Monate, kann aber um ein Jahr verlängert werden. Während der Verarbeitung übt die Zollbehörde eine mittelbare Aufsicht aus. Nach Ablauf der Verarbeitungsfrist stehen dem Berechtigten 30 Tage zur Abrechnung mit der Zollbehörde zur Verfügung.[1268] Nach Begleichung der Zolbelastung gilt die verarbeitete Ware als für den Innenverkehr zollabgefertigt.
Der Berechtigte kann die Vernichtung der Ware beantragen oder diese dem Staat anbieten, was ebenfalls zur Beendigung der Zolleigenschaft führt.[1269]

[1261] Miskei/Müller/Kevevári/Kovács: A vámjogról, a vámeljárásról ..., S. 174.
[1262] Németh, Géza: Módosul a vámtörvény, CJ 2000/3, S. 34.
[1263] § 75 des ZollG
[1264] Miskei/Müller/Kevevári/Kovács: A vámjogról, a vámeljárásról ... S. 174.
[1265] § 79 des ZollG
[1266] Miskei/Müller/Kevevári/Kovács: A vámjogról, a vámeljárásról ..., S. 188.
[1267] § 82 des ZollG
[1268] Németh, Géza: Módosul a vámtörvény, CJ 2000/3, S. 34.
[1269] § 81 und § 83 des ZollG

6. Zollbegünstigungen und Zollfreiheit

Die über die Zollgrenze geführten Waren sind nach Tarifsätzen, die in Zolltarifen geregelt sind, einzustufen. Nach den Zolltarifen wird die Zollbelastung, als eine Spezialsteuer für die vom Ausland eingeführten Waren aufgrund des Zollwerts von den Zollbehörden auferlegt und eingenommen.[1270] Die Tarifsätze für Handelsgüter sind im Handelszolltarif festgelegt.[1271] Aus wirtschaftlichen Gründen und unter gesetzlichen Voraussetzungen liegen von den allgemeinen Tarifsätzen Ausnahmen vor: Als Begünstigung kommt die Meistbegünstigungsklausel der GATT und die Präferenzbehandlung von Waren aus Entwicklungsländern außerhalb Europas in Betracht, wenn diese Länder die Waren aus Ungarn entsprechend der Meistbegünstigungsklausel behandeln. Begünstigende Tarifsätze können daneben durch internationale Verträge oder Freihandelsabkommen vereinbart werden. Die meisten Begünstigungen beruhen also auf internationalen Abkommen.[1272] Darüber hinaus können im Interesse des Umweltschutzes, der Schaffung von Arbeitsplätzen, der Entwicklung bestimmter Regionen, der technologischen und wirtschaftlichen Entwicklung Zollerleichterungen und vorübergehende Abweichungen vom Industrie- und Handelsminister im Einvernehmen mit dem Finanzminister in der Regel für höchstens ein Jahr festgelegt werden. Diese Zollbegünstigungen können als Zollkontingent für bestimmte Mengen, als Zollaussetzung oder als sog. „Genehmigungsscheine" für bestimmte Tätigkeiten erteilt werden.[1273]

Waren, die zwecks aktiver Veredelung nach Ungarn eingeführt werden, genießen Zollfreiheit. Mit Ausnahme von Banderolprodukten ist für solche Waren auch keine Zollsicherheit zu leisten.

Neben den Begünstigungen genießen bestimmte Waren Zollfreiheit. Die Aufzählung der zollfreien Waren im Gesetz ist ausschließlich.[1274] Dafür einige Beispiele: Die Einfuhr von Werbe- und Propagandamaterialien, sowie unentgeltliche Warenmuster von geringem wirtschaftlichen Wert oder Umfang sind zollfrei. Vorausgesetzt, daß sie kostenlos verteilt werden. Wird die Wertgrenze überschritten, so kann eine Zollfreiheit genehmigt werden, wenn der Antragsteller die Warenmuster auf eigene Kosten und Gefahr für den bestimmungsgemäßen Gebrauch und damit zugleich wirtschaftlich untauglich macht. Zollfrei sind auch inländische Waren, die aus dem Inland in zollfreie Gebiete und von dort im unveränderten oder bearbeiteten Zustand zurückgeliefert werden. Die Zollfreiheit knüpft sich also in den meisten Fällen an Waren, die unentgeltlich nach Ungarn eingeführt werden.[1275]

[1270] Kovács, Józsefné: Gondolatok a vámjogról, Friss Hírek 1996/1, S. 43.

[1271] Gemeinsame Verordnung des Industrie- und Handelsministers, sowie des Finanzministers Nr. 64 (XI.24.)KM-PM vom Jahre 1995 über die Verkündung des Handelszolltarifs

[1272] Kovács, Józsefné: Gondolatok a vámjogról, Friss Hírek 1996/1, S. 47.

[1273] Miskei/Müller/Kevevári/Kovács: A vámjogról, a vámeljárásról ..., S. 208.

[1274] §§ 100 - 124 des ZollG

[1275] Miskei/Müller/Kevevári/Kovács: A vámjogról, a vámeljárásról ..., S. 209.

7. Zollverwaltung

Die Zollverwaltung ist Teil der Finanzverwaltung und wird vom Finanzminister geleitet.[1276] Die Vollzugsaufgaben übt die sog. Zoll- und Finanzwache aus,[1277] deren Mitglieder über polizeiliche Befugnisse einschließlich des Gebrauchs von Schußwaffen verfügen.[1278]

X. Außenhandelsrecht

Unter Außenhandelstätigkeit ist die Vorbereitung, der Abschluß und die Erfüllung von Außenhandelsverträgen zu verstehen,[1279] insbesondere Marktforschung und Werbetätigkeit zwecks Abschluß oder Erfüllung von Außenhandelsverträgen, Informationsübergabe, Bestellung, Angebot oder Annahme zwischen einem In- und einem Ausländer, Geltendmachung eines vertraglichen Anspruchs etc. Keine Außenhandelstätigkeit liegt dagegen vor, wenn eine Wirtschaftsorganisation von einem Ausländer unentgeltlich technische oder wirtschaftliche Informationen erhält oder einen Ausländer unentgeltlich über technische Angaben, Qualität, Bestimmung und Auswahl der von ihm hergestellten Waren informiert.[1280] Der Außenhandelsvertrag ist ein zwischen einem In- und einem Ausländer im Rahmen einer Wirtschaftstätigkeit abgeschlossener Vertrag,[1281] wie ein Tausch-, Miet- und Kaufvertrag über Waren, ein Werkvertrag, Verträge über Marktaufteilung, Produktions- oder Handelszusammenarbeit usw.[1282] Der Abschluß von Außenhandelsverträgen erfordert die Schriftform, zu deren Erfordernis aber auch ein Briefwechsel genügt. Ein Vertragsabschluß ist auch per Telefon zulässig, wenn die Handelsbräuche dies erlauben oder wegen der Natur der Sache oder sonstigen Umständen der Vertragsschluß so eilig ist, daß ein Telegramm nicht mehr möglich ist. Ein so abgeschlossener Vertrag ist später in Schriftform zu fassen, dessen Unterlassen die Wirksamkeit des Vertrages jedoch unberührt läßt.[1283] Unter Ausländern sind die Devisenausländer zu verstehen; die Wirtschaftsgesellschaft mit ausländischer Beteiligung gilt als Inländer.

Der Außenhandel ist ein sehr wichtiger Faktor bei der wirtschaftlichen und technischen Entwicklung eines Landes, für das Wachstum der Nationaleinkommen, für internationale Arbeitsteilung und Produktspezialisierung.[1284] Im Laufe der Entwicklung versuchen die Staaten den Außenhandel zu lenken und unter Kon-

---

[1276] § 173 Abs. 1 des ZollG

[1277] § 173 Abs. 2 des ZollG

[1278] Brunner, Georg: Wirtschaftsrecht der osteuropäischen Staaten, S. 75.

[1279] § 5 Abs. 1 des Gesetzes Nr. III vom Jahre 1974 über den Außenhandel (AußenhandelsG), siehe: WOS-Dokument: Nr.I.2.a.

[1280] § 3 Abs. 1 und 2 der Durchführungsverordnung des Außenhandelsministers Nr. 7(X.17.)KeM vom Jahre 1974 zum Gesetz Nr. III/1974 (Verordnung 7/1974)

[1281] § 5 Abs. 2 des AußenhandelsG

[1282] § 3 Abs. 3 der Verordnung 7/1974

[1283] § 6 Abs. 1 - 3 der Verordnung 7/1974

[1284] § 14 des AußenhandelsG

trolle zu halten. In einer freien und demokratischen Marktwirtschaft sowie bei der Bestrebung nach einem einheitlichen Europa ist der staatliche Einfluß auf den Außenhandel nur begrenzt erwünscht. Die Außenhandelspolitik bildet den Teil der allgemeinen Wirtschaftspolitik, bei dessen Bildung die Möglichkeiten und die Belange sowohl der Weltwirtschaft als auch der Binnenwirtschaft zu berücksichtigen sind.[1285] Eine gewisse staatliche Lenkung des Außenhandels kann in bestimmten Fällen - beim Schutz der Nationalwirtschaft oder bei Erfüllung internationaler Verbindlichkeiten - erwünscht sein. Dessen wirtschaftliche und behördliche Mittel sind: Die Erfordernis von Genehmigungen zum Abschluß bestimmter Verträge oder zur Aus- und Einfuhr bestimmter Waren, entsprechende Gestaltung der Zollpolitik und des Devisenrechts, bestimmte Anforderungen beim Handel mit besonders gefährlichen Gütern.

Die strengen Beschränkungen des Außenhandelsrechts in Ungarn, die im sozialistischen System herrschten, wurden stufenweise abgebaut. Das in sozialistischen Staaten kennzeichnende Außenhandelsmonopol des Staates, ausgeübt durch branchenbezogene, staatliche Außenhandelsunternehmen, wurde 1968 praktisch aufgehoben. Die danach erforderliche „Außenhandelsberechtigung" zur Aufnahme der Geschäftsbeziehungen zu ausländischen Partnern besteht seit Januar 1988 ebenfalls nicht mehr.[1286] Die Außenhandelsberechtigung wurde vom Außenhandelsministerium an staatliche Unternehmen und Genossenschaften, ausnahmsweise auch an Privatpersonen erteilt. 1991 verpflichtete sich Ungarn im Europa-Abkommen und 1992 im Mitteleuropäischen Freihandelsabkommen zum Abbau der Handelsbeschränkungen.[1287]

Dementsprechend sind seit 1991 alle juristischen Personen einschließlich der Wirtschaftsgesellschaften mit ausländischer Beteiligung, Wirtschaftsgesellschaften ohne Rechtspersönlichkeit, Einzelunternehmen, Fachgruppen und Zweigniederlassungen von Ausländern zur Ein- und Ausfuhr von Waren, zu Dienstleistungen und vermögenswerten Rechten berechtigt.[1288] Eine besondere Außenhandelsgenehmigung ist nur für einige Waren vorgeschrieben, wie beispielsweise Waffen, Rüstungsgüter, Chemikalien, Betäubungsmittel, pharmazeutische Produkte etc.[1289] Im Einzelfall sind bestimmte Güter genehmigungspflichtig.[1290] Die Erteilung der Genehmigung liegt im freien Ermessen des Wirtschaftsministeriums.[1291] Im Interesse der nationalen Sicherheit, im Sinne der Erfüllung von internationalen Verpflichtungen, bei schwerwiegender Gefährdung der Grundversorgung der Bevölkerung und als Retorsion wegen diskriminierender Handelsmaßnahmen ande-

1285 § 16 des AußenhandelsG

1286 Brunner, Georg: Wirtschaftsrecht der osteuropäischen Staaten, S. 11.

1287 Brunner, Georg: Wirtschaftsrecht der osteuropäischen Staaten, S. 12.

1288 § 2 der Regierungsverordnung Nr. 112(XII.23.)Korm. r. vom Jahre 1990 über die Aus- bzw. Einfuhr von Waren, Dienstleistungen und vermögenswerten Rechten (Verordnung 112/1990)

1289 Anlage 2 der Verordnung 112/1990

1290 Anlage 1 der Verordnung 112/1990

1291 Brunner, Georg: Wirtschaftsrecht der osteuropäischen Staaten, S. 11.

rer Ländern, wenn ein Streitschlichtungsverfahren innerhalb der GATT erfolglos blieb, kann der Minister die Genehmigungspflicht, Ein- und Ausfuhrverbote und sonstige Handelsbeschränkungen anordnen.[1292] Eine Genehmigungspflicht besteht auch aufgrund internationaler Vereinbarungen im Rahmen der Exportkontrolle für den Außenhandel mit Rüstungsgütern, für Stoffe, für die die bakteriologische und chemische Kriegsführung geeignet sind sowie für Raketen und Nukleartechnologien.[1293] Eine Beschränkung besteht weiterhin für Ausländer, die in Ungarn nur zusammen mit einem zur Außenhandelstätigkeit berechtigten Unternehmen eine Handelstätigkeit ausüben können. Hält sich der Ausländer vorübergehend in Ungarn auf, kann er zusammen mit einem solchen Unternehmen ohne Genehmigung eine Außenhandelstätigkeit ausüben. Genehmigungsfrei ist auch eine Tätigkeit, die zur Erfüllung eines Vertrages zwischen einem Ausländer und einem zum Außenhandel berechtigten Unternehmen erforderlich ist.[1294] Die Genehmigung erteilt der Wirtschaftsminister.[1295]

In sonstigen Fällen ist weder eine Eintragung noch eine Anmeldung der Außenhandelstätigkeit erforderlich.[1296] Die Eintragungspflicht in ein vom Ministerium für Internationale Handelsbeziehungen geführtes Register wurde 1991, die Anzeigepflicht an das Ministerium 1992 abgeschafft. Bei der Ausübung der Handelstätigkeit sind selbstverständlich die Vorschriften der internationalen Verträge und nationalen Rechtsnormen, die außenhandelspolitischen Richtlinien und internationalen Handelsbräuche zu beachten. Eine Außenhandelstätigkeit ist im Einklang mit den Zielen des Volkswirtschaftsplans und mit einer von einem Fachunternehmen zu erwartenden Sorgfalt auszuüben.[1297] Die Ermittlung der Auswirkungen des Weltmarktes auf die Produktion und auf Handels- und Dienstleistungen sind zu gewährleisten, umsichtige ausländische und inländische Marktforschung, Handelswerbung und Propaganda sind zu betreiben, ebenfalls sind wettbewerbsfähige, wirtschaftliche Produkte herzustellen und derartige Dienstleistungen zu erbringen.[1298]

Beim Verstoß gegen die Genehmigungspflicht oder sonstige Bestimmungen des Außenhandelsrechts sind keine speziellen Rechtsfolgen vorgesehen, es gelten die zivilrechtlichen, strafrechtlichen, finanzrechtlichen und sonstigen Sanktionen.[1299]

[1292] § 23 des AußenhandelsG, § 4 der Verordnung 112/1990
[1293] § 12 der Verordnung 112/1990
[1294] § 25 Abs. 1 und 2 des AußenhandelsG
[1295] § 21 des Durchführungsbeschlusses des Ministerrats Nr. 1053(X.17)Mt. vom Jahre 1974 siehe: WOS-Dokument: Nr.I.2.b.
[1296] § 3 Abs. 1 der Verordnung 112/1990
[1297] § 12 des AußenhandelsG
[1298] § 15 des AußenhandelsG
[1299] § 28 des AußenhandelsG

E. ABSCHLIEßENDE BEWERTUNG UND PERSPEKTIVE FÜR DIE ZUKUNFT

Abschließend sollen die wichtigsten Feststellungen der Arbeit noch einmal zusammengefaßt und die ausländischen Investitionen in Ungarn bewertet werden.
Der Schwerpunkt der Arbeit liegt in der Darstellung der rechtlichen Rahmenbedingungen für ausländische Investitionen in Ungarn, wobei von einer historischen Betrachtungsweise ausgegangen wird. Ausländische Investitionen wurden wegen der politischen und wirtschaftlichen Lage des Landes einerseits benachteiligt, andererseits gefördert.
Mit der Verordnung des Finanzministers vom Jahre 1972 erfolgte der erste Schritt zum Aufbau der rechtlichen Rahmenbedingungen für ausländische Investitionen. Die Verordnung über die Wirtschaftsvereinigungen mit ausländischer Beteiligung ermöglichte zwar ausländische Investitionen, aber mit erheblichen Beschränkungen: Die Wirtschaftsvereinigung mit ausländischer Beteiligung durfte nur zur Ausübung von Tätigkeiten gegründet werden, welche die rentable Entwicklung des technischen und wirtschaftlichen Niveaus Ungarns förderten. Vom Ausland durfte in die Wirtschaftsvereinigung keine Produktion, sondern lediglich die Fachkenntnis, das Know–how, eingeführt werden. Die Gründung eines Gemeinschaftsunternehmens war nur mit einem kapitalkräftigen, in der Wirtschaftsführung zuverlässigen, auf wirtschaftlichem und technischem Gebiet über entsprechende Fachkenntnisse verfügenden, anerkannten ausländischen Unternehmen zulässig. Natürliche Personen waren von der Gründung ausgeschlossen. Bis 1990 war eine ausländische Mehrheitsbeteiligung in der Wirtschaftsvereinigung nicht erlaubt. Zur Gründung war eine vorherige Anmeldung und auch eine Genehmigung erforderlich, um eine staatliche Kontrolle bei der Gründung sowohl bzgl. der Gesetzmäßigkeit als auch hinsichtlich der Zweckmäßigkeit und Begründetheit der Wirtschaftsvereinigung zu ermöglichen. Trotz dieser Beschränkungen standen den Gemeinschaftsunternehmen gegenüber rein ungarischen Gesellschaften auch Begünstigungen zu. Die Gesellschaftsformen der AG und der GmbH durften nur mit ausländischer Beteiligung gewählt werden. Für ausländische Arbeitskräfte konnten höhere Löhne festgesetzt werden. Die ausländischen Angestellten waren auch insofern günstiger gestellt, als es ihnen erlaubt war, 50% ihres Einkommens in ausländischer Währung ins Ausland zu überweisen. Ein Gemeinschaftsunternehmen war zur Kreditaufnahme sowohl im In- als auch im Ausland berechtigt. Es bestanden für Gesellschaften mit ausländischer Beteiligung Vermögensgarantien, z.B. die Möglichkeit der Bankgarantie für den Vermögensanteil des ausländischen Gesellschafters. Der dem ausländischen Gesellschafter zustehende Vermögensanteil bei Auflösung der Gesellschaft konnte ins Ausland überwiesen werden. Wichtig waren die normativen Steuerbegünstigungen für Gemeinschaftsunternehmen in besonders hervorgehobenen Industriesektoren und die nach Ermessen des Finanzministers genehmigten Steuerbegünstigungen, falls die Gesellschaft den Gewinn zur Erhöhung ihres in Ungarn befindlichen Vermögens verwendete.

Die andere Möglichkeit ausländischer Investoren neben der Beteiligung an einer Wirtschaftsvereinigung war ab 1982 die Errichtung einer Zollfreigebietsvereinigung. Da diese aus devisenrechtlicher Sicht als ausländisch galt, war sie nicht an die meisten devisenrechtlichen Vorschriften gebunden. Die Zollfreigebietsvereinigung war berechtigt, Waren nach Ungarn zwecks Verarbeitung oder Produktion zollfrei einzuführen und wieder zollfrei aus Ungarn auszuführen sowie Außenhandelsgeschäfte ohne Außenhandelsgenehmigung vorzunehmen. Die staatliche Aufsicht beschränkte sich auf die Kontrolle der gesetzmäßigen Tätigkeit der Zollfreigebietsvereinigung. Die möglichen Formen der ausländischen Investition in Ungarn waren also im Zeitraum zwischen 1972 und 1988 die Gründung einer Wirtschaftsvereinigung mit ausländischer Beteiligung oder die Errichtung einer Zollfreigebietsvereinigung. Der Immobilienerwerb durch Ausländer war kaum möglich. Trotz der Eröffnung des Weges für ausländische Investoren war die ausländische Beteiligung in der ungarischen Wirtschaft zu dieser Zeit unerheblich, da die grundlegenden rechtlichen und institutionellen Rahmenbedingungen der Marktwirtschaft und des Rechtsstaates noch fehlten.

Wegen des Zusammenbruchs der sozialistischen Wirtschaft wurden Anfang der 80er Jahre weitere Reformschritte eingeleitet. Um den organisatorischen Rahmen der sozialistischen Marktwirtschaft abzubauen, wurden 1988 neue Wirtschaftsgesetze erlassen, die für ausländische Investoren erhebliche Begünstigungen beinhalteten. Darüber hinaus wurden die Möglichkeiten für ausländische Investoren erweitert. Neben der Gründung von Wirtschaftsgesellschaften und Errichtung von Zollfreigebieten waren ausländische Anleger jetzt berechtigt, an der Privatisierung teilzunehmen, eine Handelsvertretung zu errichten und unter bestimmten Umständen auch Immobilien zu erwerben.

Das Gesetz über Wirtschaftsgesellschaften vom Jahre 1988 ermöglichte sowohl für in- als auch für ausländische juristische und natürliche Personen die Gründung einer OHG, KG, GmbH oder AG. Eine Wirtschaftsgesellschaft konnte zur Ausübung grundsätzlich aller geschäftsmäßigen, gemeinsamen Wirtschaftstätigkeiten gegründet werden, nicht nur zur Ausübung solcher, die das technische und wirtschaftliche Niveau Ungarns förderten. Einzige Voraussetzung für Ausländer war bis 1990 die Bestätigung, daß ein Unternehmen nach dem Recht des Heimatlandes im Handelsregister eingetragen war. Zur Gründung einer Wirtschaftsgesellschaft mit ausländischer Beteiligung war weder eine vorherige Anmeldung noch eine Genehmigung erforderlich, es sei denn, daß sie sich ausschließlich oder mehrheitlich im ausländischen Eigentum befand. In diesem Fall war die Gründung einer Wirtschaftsgesellschaft bzw. der Anteilerwerb an einer Wirtschaftsgesellschaft vom Finanz- und vom Handelsminister zu genehmigen. Das Gesetz über die Wirtschaftsgesellschaften war für ausländische Investoren wichtig, da es alle möglichen Organisationsformen regelte, in denen eine Investition erfolgen konnte. Infolge der Änderung des Zivilgesetzbuches 1988 galt die Wirtschaftsgesellschaft mit ausländischer Beteiligung als eine inländische Wirtschaftsorganisation. Die große Bedeutung dieser Änderung lag darin, daß damit für ausländische Investoren Wege eröffnet wurden, die einem Ausländer direkt sonst nicht zustanden, sie

ermöglichte z.B. den Immobilienerwerb der Gesellschaft mit ausländischer Beteiligung zur Ausführung ihrer Tätigkeit ohne devisenrechtliche Genehmigung. Nachteilige Auswirkungen der Änderung ergaben sich aus der fehlenden Konvertibilität von Forint. Die allgemeinen Devisenvorschriften galten z.B. auch für ausländische Kapitalaufnahmen von Gesellschaften, die zwar in Ungarn ansässig, sich aber ausschließlich in ausländischem Eigentum befanden.
Mit dem Erlaß des Gesetzes über ausländische Investitionen 1988 wurde den Ausländern ermöglicht, unter gleichen Bedingungen wie Inländer - zeitgleich unter Berücksichtigung der Gesichtspunkte, die sich aus der besonderen Rechtsstellung der Ausländer ergeben - unternehmerisch tätig zu werden. Ziel des Gesetzes war die Förderung des ausländischen Kapitals; dementsprechend waren die meisten Regelungen entweder Garantien oder Begünstigungen. Die Begünstigungen sicherten entweder die nationale Behandlung der Gemeinschaftsunternehmen (z.B. durch die Möglichkeit zum bedingungslosen Immobilienerwerb) oder sie gingen über die nationale Behandlung hinaus. Die bevorzugte Behandlung von Gesellschaften mit ausländischer Beteiligung lag in der Nichtanwendung von Vorschriften, die sich nach den Kategorien des staatlichen Unternehmens richteten und die starke wirtschaftliche Intervention des Staates zum Ausdruck brachten, um der ausländischen Kapitaleinfuhr nicht im Wege zu stehen. Die wichtigste Garantie des Gesetzes lag in der Bestimmung, daß die Beteiligung von Ausländern an der Wirtschaftsgesellschaft vollen Schutz und volle Sicherheit genießt, da damit ein allgemeiner, instutitioneller Investitionsschutz deklariert wurde. Darüber hinaus wurde die Überweisung der dem ausländischen Gesellschafter zustehenden Summe aus dem Gesellschaftsvermögen ins Ausland ohne devisenrechtliche Genehmigung möglich. Zur Förderung ausländischer Investitionen war diese Regelung wichtig, da sich ausländische Anleger von einem Land fernhalten, in dem der Transfer des Gewinns und anderer ihnen zustehenden Gesellschaftsanteilen nicht gesichert erscheint. Die Bankgarantie bekam einen anderen Inhalt. Sie gewährleistete die Erfüllung der Verpflichtungen der Gesellschaft gegenüber dem ausländischen Gesellschafter, wenn die Gesellschaft dieser Verpflichtung nicht nachkam.
Das wichtigste Mittel der Förderung ausländischer Investitionen war die Steuerbegünstigung, da sie die Rentabilität der Investition im voraus kalkulierbar machte und eine Kompensation für die noch bestehende rechtliche und politische Unsicherheit bedeutete. Die Steuerbegünstigungen hingen größtenteils mit dem Umfang der ausländischen Beteiligung und mit der Tätigkeit der Gesellschaft zusammen oder wurden gegeben, wenn die Gesellschaft ihren Gewinn erneut in Ungarn investierte. Darüber hinaus erhielten Großinvestitionen aufgrund von Einzelgenehmigungen Steuerbegünstigungen, wenn die ersparte Steuer in das Gemeinschaftsunternehmen zurückgeführt wurde. Der Betrag der Steuerbegünstigung wurde nicht nachträglich zurückerstattet, sondern direkt einbehalten, was für die berechtigte Gesellschaft mit Zinsvorteilen verbunden war.
Die rechtliche Anerkennung eines Gemeinschaftsunternehmens und die Eintragung in das Handelsregister durfte nicht mehr aus Zweckmäßigkeitsgründen, ge-

schäftlichen oder politischen Aspekten zurückgewiesen werden. Das Firmengericht wurde nur zur Ausübung einer Rechtsaufsicht berechtigt. Die einschränkenden Vorschriften über die Lohnregelung galten für Gemeinschaftsunternehmen nur, wenn die ausländische Beteiligung lediglich einen nominalen Wert hatte. Zahlte der ausländische Gesellschafter seine Geldeinlage in konvertierbarer Währung ein, war die Gesellschaft ohne devisenbehördliche Genehmigung zur Eröffnung eines Devisenkontos berechtigt. Die zu Lasten des Devisenkontos angeschafften Produktionsmittel genossen Zollfreiheit.

Aus der Sonderstellung der ausländischen Gesellschafter ergaben sich einige Einschränkungen: Ausländische Gesellschafter waren verpflichtet, ihre Geldeinlage in konvertierbarer Währung einzuzahlen. Ab 1.1.1991 durfte der ausländische Gesellschafter in gesetzlich bestimmten Fällen seine Geldeinlage auch in Forint leisten. Ausländer waren nur zum Erwerb von Namensaktien berechtigt.

Weitere Vorteile erhielten ausländische Investoren, wenn sie die Wirtschaftsgesellschaft auf einem zollfreien Gebiet errichteten. Die Vorteile ergeben sich daraus, daß die Gesellschaft auf zollfreiem Gebiet - wie früher die Zollfreigebietsvereinigung - aus Sicht des Devisen-, Zoll- und Außenhandelsrechts als ausländisch gilt. Dementsprechend darf sie Außenhandelstätigkeiten mit ausländischen Partnern ohne Außenhandelsgenehmigung ausüben, ihre Bücher in konvertibler Währung führen und ihre Geschäfte in konvertibler Währung abschließen, Kredite sowohl im In- als auch im Ausland aufnehmen, über ihre Devisen- und Valutabestände frei verfügen etc. Da der Gesellschaft auf zollfreiem Gebiet wenige Zusatzverpflichtungen gegenüber Gesellschaften im „Inland" auferlegt sind,[1300] werden dadurch die erwähnten Vorteile nur unerheblich beeinflußt. Zu beachten ist jedoch, daß ein Zollfreigebiet ausschließlich zur Ausübung einer Industrie- (Bearbeitung, Verarbeitung, Montage) oder einer Handelstätigkeit (Lagerung) errichtet werden konnte.

Der Immobilienerwerb durch Ausländer war nach wie vor nur in einem begrenzten Kreis und mit Genehmigung des Finanzministers (ab 1.1.1990 der Geldinstitutszentrale) gestattet, hatte also demzufolge keine große Bedeutung bei den ausländischen Investitionen. Ausnahme bedeutete der Immobilienerwerb durch eine Gesellschaft mit ausländischer Beteiligung, die berechtigt war, ohne behördliche Genehmigung die zu ihrer Tätigkeit notwendige Immobilie zu erwerben. Durch diese Möglichkeit wurden ausländische Investitionen gefördert, da der Erwerb solcher Immobilien die ungestörte und rentable Wirtschaftstätigkeit und die Kreditfähigkeit der Gesellschaft (z.B. durch Belastung des Grundstück mit einer Hypothek) sicherte. Das Kriterium „zu ihrer Tätigkeit notwendig" war weit auszulegen und verhinderte den Ankauf von Grundstücken zu Spekulationszwecken.

Seit 1989 steht ausländischen Investoren die Möglichkeit zur Errichtung einer Handelsvertretung in Ungarn zu. Die Handelsvertretung dient der Vermittlung und Vorbereitung von Außenhandelsverträgen im Interesse eines ausländischen

---

[1300] z.B. Sie ist verpflichtet, eine der Höhe des Stamm- bzw. Grundkapitals entsprechende Summe bei einem ungarischen Geldinstitut zu hinterlegen, die zu ihrer Gründung und Tätigkeit notwendigen Forintsummen von einem ungarischen Geldinstitut zu kaufen etc.

Auftraggebers im Rahmen eines Dauerschuldverhältnisses. Ohne die Errichtung einer Handelsvertretung durfte ein Ausländer in Ungarn keine Handelsvertretungstätigkeit ausüben. Die Errichtung einer Handelsvertretung ermöglicht ausländischen Unternehmen, auf dem ungarischen Markt vertreten zu sein und regelmäßige Geschäftsverbindungen mit ungarischen Partnern auszubauen und trägt der Einfuhr von ausländischem Kapital bei. Neben der Handelsvertretung waren Ausländer auch zur Eröffnung von Service- oder Informationsbüros berechtigt.

Die seit Ende der 80er Jahre erfolgte Privatisierung bildete das Kernstück der ungarischen Wirtschaftsreform und erzielte die Einfuhr von Kapital und Know-how in die privatisierten Unternehmen. Die Privatisierung bedeutete eine starke Anziehungskraft für ausländische Investoren, da sie dadurch im Vergleich zu ihren heimischen Verhältnissen sehr günstig Unternehmen erwerben konnten. Die Privatisierung erfolgte in bar und durch Ausschreibungen, welches die ausländischen Investitionen begünstigte. Darüber hinaus hat der Privatisierungskauf gegenüber der Gründung einer neuen Gesellschaft den Vorteil, daß die bereits bestehenden Marktanteile und Geschäftsbeziehungen ausgenutzt werden können. Mangels inländischem Kapital erwarben meist ausländische Anleger die privatisierten Unternehmen. Infolge der Privatisierung wurde ausländisches Kapital im erheblichem Maß nach Ungarn eingeführt, dessen Schwung sich aber seit 1992 infolge der Einführung inländerfreundlicher Privatisierungsformen minderte. Bei der Privatisierung von Großbetrieben und Banken herrschte ununterbrochen starke ausländische Beteiligung, da diese Bereiche das meiste Kapital benötigten.

Infolge der liberalen gesetzlichen Regelung und des breiten Angebots an zu privatisierenden Unternehmen begann 1989 ein dynamischer Kapitalstrom nach Ungarn. Die Erkenntnis, daß die Gemeinschaftsunternehmen in die ungarische Wirtschaft einzugliedern und nicht durch starre rechtliche Vorschriften von anderen Marktteilnehmern zu isolieren sind, führte dazu, daß die Gründung und Tätigkeit von Gesellschaften mit ausländischer Beteiligung unter gleichen Voraussetzungen wie rein ungarische Gesellschaften ermöglicht wurde.

Anfang der 90er Jahre wurden die den ausländischen Investoren zustehenden Sonderbegünstigungen abgebaut. Berücksichtigend, daß in Ungarn die Marktwirtschaft und der Rechtsstaat ausgebaut wurde und eine rechtliche, sowie politische Stabilität herrscht, sind diese Begünstigungen als Kompensation für Risiken, die sich aus einem unstabilen politischen und rechtlichen System ergaben, nicht mehr erforderlich. Darüber hinaus wurden parallel zum Abbau der Sonderbegünstigungen die Beschränkungen zu Lasten ausländischer Investoren weiter abgeschafft: Zur Gründung einer Wirtschaftsgesellschaft ist auch dann keine behördliche Genehmigung erforderlich, wenn sie ausschließlich im ausländischen Eigentum steht. Ausländer sind nicht mehr verpflichtet, ihren Geldbeitrag in konvertierbarer Währung zu entrichten und sind berechtigt, sowohl Namens- als auch Inhaberaktien zu erwerben. Der Abbau der Sondernormen brachte für ausländische Anleger auch Nachteile mit sich. Die Sacheinlage ausländischer Gesellschafter genießt z.B. keine Zollfreiheit mehr. Der größte Nachteil liegt im Abbau der besonderen Steuerbegünstigungen. Zwar sind die Gemeinschaftsunternehmen

zu allen Steuerbegünstigungen berechtigt, die den sonstigen inländischen Wirtschaftsgesellschaften zustehen, ihr Steuerprivileg hat aber ein Ende. Seit dem 1.1. 1992 wurden die Regelungen der Inanspruchnahme von Steuerbegünstigungen verschärft. Die Steuerbegünstigung aufgrund der ausländischen Beteiligung besteht nicht mehr. Gemeinschaftsunternehmen, die eine für die wirtschaftliche Entwicklung wichtige Tätigkeit ausüben, können bis 2003 eine Steuerbegünstigung in Anspruch nehmen. Seit 1993 ist die Regierung berechtigt, Steuerbegünstigungen im Einzelfall zu gestatten, wenn das Gründungsvermögen der Gesellschaft einen bestimmten Mindestbetrag beträgt und die Gesellschaft die Dividende zur Erhöhung des Gründungsvermögens verwendet oder die gesetzlichen Voraussetzungen erfüllt sind (Herstellung umweltfreundlicher Produkte oder Verwendung wissenschaftlicher Forschungen, Errichtung neuer Arbeitsplätze usw.). Diese Möglichkeit gilt aber auch für rein ungarische Gesellschaften.
Es ist zu beachten, daß Ausländer nur im Falle einer Wirtschaftsniederlassung zu einer geschäftsmäßigen, wirtschaftlichen Erwerbstätigkeit in Ungarn berechtigt sind. Unter Wirtschaftsniederlassung ist eine Wirtschaftsgesellschaft, Vereinigung, Genossenschaft, und eine gemeinnützige Gesellschaft, an denen ein Ausländer einen Anteil besitzt, eine Zweigniederlassung, eine Handelsvertretung sowie ein selbständiges Unternehmen eines ausländischen Staatsbürgers zu verstehen. Aus dieser Bestimmung folgt, daß die Möglichkeiten ausländischer Investoren mit weiteren Formen ausgebreitet wurden. Zeitlich verlieren aber ausländische Investitionen zwecks Privatisierungskauf an Bedeutung.
Einen nachteiligen Charakter hat die Regelung über den Immobilienerwerb durch Ausländer, da dies genehmigungspflichig ist. Die Genehmigung erteilt das Verwaltungsamt nach seinem Ermessen. Ausländer dürfen weder Naturschutzgebiete noch Ackerland erwerben, mit Ausnahme eines Gehöfts mit einer Fläche von max. 6000 Quadratmetern. Eine Gesellschaft mit ausländischer Beteiligung darf nach wie vor Immobilien ohne Genehmigung erwerben, die zu ihrer Tätigkeit erforderlich sind, es sei denn, daß es sich um Ackerland oder Naturschutzgebiete handelt. Somit ist eine ausländische Investition in Form vom Immobilienerwerb möglich.
1997 wurde die Errichtung einer Handelsvertretung neu geregelt. Durch die Neuregelung wurde die Errichtung erleichtert und einige einschränkende Vorschriften abgebaut, z.B. ist zur Errichtung keine Genehmigung des Industrie- und Handelsministeriums mehr erforderlich, nur die Eintragung in das Handelsregister. Neu eingeführt ist die Möglichkeit zur Errichtung einer Zweigniederlassung, die eine mit wirtschaftlicher Selbständigkeit ausgestattete Organisationseinheit eines ausländischen Unternehmens ist. Sowohl die Handelsvertretung als auch die Zweigniederlassung ist eine Organisationseinheit eines ausländischen Unternehmens und für beide gelten grundsätzlich die gleichen Vorschriften. Der Unterschied liegt darin, daß eine Zweigniederlassung zur Ausübung einer Wirtschaftstätigkeit berechtigt ist, die Handelsvertretung aber nicht. Die weiteren Möglichkeiten für ausländische Investitionen der Staatsbürger eines EU-Landes

sind, sich als selbständige Unternehmen in Ungarn niederzulassen. Der selbständige Unternehmer gilt als inländisch.

Nach den für Ausländer in Ungarn möglichen Investitionsformen wurden in der Arbeit die für ausländische Anleger wichtigsten Vorschriften des ungarischen Wirtschaftsrechts dargestellt. Diese Gesetze sind einerseits durch den Aufbau der Marktwirtschaft, andererseits durch die Rechtsharmonisierung des ungarischen Rechts mit dem Gemeinschaftsrecht geprägt.

Die rechtlichen Grundlagen der ungarischen Wirtschaftsordnung sind in der Verfassung von 1949/1990 niedergelegt. 1990 wurden die die Unternehmensfreiheit einschränkenden Bestimmungen der Verfassung abgebaut und die allgemein anerkannten Grundsätze einer freiheitlichen und sozialen Marktwirtschaft deklariert wie der freie Wettbewerb, die Eigentumsgarantie, die Unternehmensfreiheit und die Gleichstellung des öffentlichen und privaten Eigentums.

Eine der größten Schöpfungen des ungarischen Wirtschaftsrechts ist das Gesetz der Schiedsgerichtsbarkeit. Die Erledigung von Rechtsstreitigkeiten durch ein Schiedsgericht hat im Wirtschaftsleben eine erhebliche Bedeutung, da das Schiedsverfahren schneller, fachkundiger und konfliktlösender als das Verfahren vor staatlichen Gerichten ist. Wegen der Einhaltung von Geschäftsgeheimnissen ist das Schiedsverfahren nichtöffentlich. Das Gesetz über die Schiedsgerichtsbarkeit wurde in Ungarn bereits 1994 auf Grundlage des Model Law erlassen. Das Gesetz gilt sowohl für die internationale als auch für die nationale Schiedsgerichtsbarkeit und war der erste Versuch in der internationalen Praxis, beide Verfahren in einem Gesetz zu regeln. Die meisten Regelungen des Gesetzes sind dispositiv, um die Parteiautonomie zu gewährleisten. Das Gesetz beinhaltet wichtige Garantien, um einen ungestörten Verfahrenslauf und die Vollstreckung des Schiedsspruchs zu sichern. Eine wichtige Bestimmung des Gesetzes ist, daß für internationale Angelegenheiten ausschließlich das Schiedsgericht der Ungarischen Industrie- und Handelskammer zulässig ist. Da dieses Schiedsgericht bereits über jahrelange Erfahrung mit ausländischen Parteien verfügt und für internationale Angelegenheiten eingerichtet ist (z.B. befinden sich auf seiner Schiedsrichterliste sowohl ungarische als auch ausländische Schiedsrichter, Sprachkenntnisse der Schiedsrichter etc.), ist für ausländische Investoren unbedingt zu empfehlen, die Zuständigkeit dieses Schiedsgerichtes zu vereinbaren.

Ausländische Investitionen erfolgen in den meisten Fällen durch die Gründung von Wirtschaftsgesellschaften oder durch den Erwerb von Gesellschaftsanteilen. Das Gesetz über Wirtschaftsgesellschaften vom Jahre 1997 ist demzufolge für ausländische Anleger von erheblicher Bedeutung. Die möglichen Rechtsformen der Wirtschaftsgesellschaften sind im Zivilgesetzbuch allgemein bestimmt, die detaillierten Regelungen befinden sich im Gesetz über die Wirtschaftsgesellschaften. Zur Gründung einer Wirtschaftsgesellschaft sind sowohl in- als auch ausländische natürliche und juristische Personen unter den gleichen Voraussetzungen berechtigt. Die Gründung und Tätigkeit der Wirtschaftsgesellschaften ist frei, sie unterliegt nur einer Gesetzesaufsicht, die durch das Firmengericht ausgeübt wird.

Das Insolvenzrecht regelt die Auflösung insolventer Wirtschaftsgesellschaften ohne Rechtsnachfolge und ist ein unentbehrliches Institut der Marktwirtschaft. Die Aufgabe des Insolvenzrechts ist, die rechtliche Ordnung der in finanzielle Schwierigkeiten geratenen Unternehmen zu sichern und einen Gläubigerschutz zu gewährleisten. Ausländische Investoren können sowohl als Schuldner als auch als Gläubiger großes Interesse am Ablauf des Insolvenzverfahrens haben.
Regelungen des Wettbewerbs- und Kartellrechts wurden ebenfalls wegen des Ausbaus der Marktwirtschaft erlassen. Infolge der ungarischen Wirtschaftsreformen erweiterte sich die Handlungsfreiheit der Unternehmen erheblich. Dies brachte auch die Gefahr eines Mißbrauchs durch Preisabsprachen oder andere unlautere Marktverhalten der Wirtschaftsteilnehmer mit sich und deswegen wurde der Erlaß des Wettbewerbs- und Kartellgesetzes erforderlich. Für ausländische Investoren ist es wichtig, für ihre Produkte einen weitgehenden Schutz vor Nachahmungen ihrer Produkte in Ungarn wie im eigenen Land zu genießen. Darüber hinaus sind die Regelungen der Kartellkontrolle für ausländische Anleger von großer Bedeutung, da sich die Bildung von Kartellen nur im engen Rahmen und unter strengen Voraussetzungen nachteilig für Großinvestitionen auswirken kann. Das ungarische Wettbewerbsrecht ist mit dem europäischen fast identisch und bietet für ausländische Anleger und ihre Produkte ausreichenden Schutz. Das ungarische Kartellrecht ist EU-konform, die Zulässigkeit einer Fusion wird sachgerecht und fachgemäß entschieden. Ein Zusammenschluß ist zu genehmigen, wenn dem freien Wettbewerb dadurch keine große Hindernisse entstehen.
Die strengen Beschränkungen des Außenhandelsrechts in Ungarn, die im sozialistischen System herrschten, wurden stufenweise abgebaut. In einer freien und demokratischen Marktwirtschaft sowie bei der Bestrebung nach einem einheitlichen Europa ist der staatliche Einfluß auf den Außenhandel nicht erwünscht. Ungarn verpflichtete sich dementsprechend 1991 im Europa-Abkommen und 1992 im Mitteleuropäischen Freihandelsabkommen zum Abbau der Handelsbeschränkungen. Eine gewisse staatliche Lenkung kann zum Schutz der nationalen Wirtschaft und zwecks Erfüllung internationaler Verbindlichkeiten jedoch erwünscht sein, so ist z.B. für Handel mit bestimmten Waren (Waffen, Betäubungsmittel) eine Außenhandelsgenehmigung erforderlich.
Die devisenrechtlichen Bestimmungen wurden zwar 1996 - infolge des Beitritts Ungarns in die OECD - erheblich liberalisiert, es besteht jedoch immer noch in vielen Fällen eine Anzeige- oder Genehmigungspflicht, um die wirtschaftliche Entwicklung Ungarns zu schützen. Zur Gründung einer Wirtschaftsgesellschaft mit ausländischer Beteiligung ist keine devisenbehördliche Genehmigung erforderlich, es sei denn, der ausländische Gesellschafter leistet seine Sacheinlage in Form von Wertpapieren. Die devisenrechtlichen Einschränkungen sind im Verhältnis zu den EU-Ländern 2002 abzubauen.
Wegen des Ausbaus der Marktwirtschaft und der Neustrukturierung der Außenhandelsbeziehungen Ungarns wurde das Zollrecht 1995 neu geregelt, aber ebenfalls wie das Devisenrecht ohne eine völlige Liberalisierung. Im Verhältnis zu den EU-Ländern ist ein stufenweiser Zollabbau vorgesehen. Weiterhin wurde das

Zollgesetz 2000 erheblich geändert, demzufolge wurde das Zollverfahren vereinfacht und die in der EU bekannten Kategorien - wie das vereinfachte oder das Wirtschaftszollverfahren - in das ungarische Zollgesetz eingefügt.
Aus den dargestellten Rechtsvorschriften ist ersichtlich, daß die meisten ungarischen Wirtschaftsgesetze bereits EU-konform sind. Die Betonung der Rechtsharmonisierung bei der Darstellung der rechtlichen Rahmenbedingungen für ausländische Investitionen war wichtig, da die meisten ausländischen Anleger aus EU-Staaten stammen. Die gleichen rechtlichen Prinzipien und ähnliche oder völlig identische Gesetze erleichtern das Rechtsverständnis und helfen gegen Mißtrauen oder Unsicherheit, die ein Anleger bei der ersten Investition in einem fremden Land haben kann.

Letztlich bleibt die Bewertung ausländischer Investitionen in Ungarn:
In der globalisierenden Welt spielt das ausländische Kapital überall eine große Rolle und dabei ist Ungarn auch keine Ausnahme.[1301] Ungarn trat Ende der 80er Jahre unter sehr günstigen weltwirtschaftlichen und weltpolitischen Umständen in den internationalen Kapitalmarkt ein. Der wirtschaftliche Aufschwung nach dem Zweiten Weltkrieg dauerte noch an und die Kapitalmenge der Weltwirtschaft erreichte zwischen 1987 – 1990 Rekordgrößen.[1302] Das Interesse der westlichen Länder richtete sich nach Osteuropa, insbesondere nach Ungarn, obwohl z.B. Polen einen viermal so großen Markt bedeutet hätte.[1303] Diese Bevorzugung Ungarns ist in erster Linie mit seiner Initiatorrolle beim Ausbau der Marktwirtschaft in der osteuropäischen Region zu erklären.[1304]
Bereits Ende der 80er Jahre wurde in Ungarn ein der Marktwirtschaft ähnliches Rechts,- Finanz- und Institutionssystem errichtet.[1305] Beim Systemwechsel in Ungarn war die Abschaffung der rechtlichen Rahmenbedingungen der sozialen Marktwirtschaft die erste Aufgabe, wobei Ungarn das erste Land in Osteuropa war.[1306] 1968 wurden in Ungarn „neue Wirtschaftsmechanismen" eingeführt und Ungarn proklamierte die sozialistische Marktwirtschaft, was zu kommunistischen Zeiten vorher nur Jugoslawien 1954 getan hatte und 1982 auch Polen.[1307] Ungarn verfügte bereits am Anfang über relativ überschaubare rechtliche Rahmenbedingungen und über ein liberales Genehmigungssystem für ausländische Investoren. Zwischen den osteuropäischen Ländern war in Ungarn das Verständnis für die Marktwirtschaft am weitesten entwickelt, für das Banksystem und das Preissystem war es am liberalsten. Ungarn war das erste Land, das den Abbau der Importbeschränkungen begann und Gesetze zur Förderung ausländischer Investitionen erließ. Nachdem die direkte Planwirtschaft scheiterte und der Einholversuch

[1301] Pitti, Zoltán: A külföldi érdekeltségű vállalkozások ..., PSZ 1997/12, S. 1001.
[1302] Antalóczy, Katalin: Magyarország a nemzetközi tőkeáramlásban, TSZ 1995/5, S. 28.
[1303] Diczházy, Bertalan:Külföldi beruházások Magyarországon, Valóság 1996/10, S. 6.
[1304] Antalóczy, Katalin: Magyarország a nemzetközi tőkeáramlásban, TSZ 1995/5, S. 28.
[1305] Diczházy, Bertalan: Külföldi beruházások Magyarországon, Valóság 1996/10, S. 6.
[1306] Brunner, Georg, Ungarische Juristenvereinigung 1998, S. 394.
[1307] Brunner, Georg: Ungarische Juristenvereinigung 1998, S. 394.

mit Hilfe von ausländischen Krediten zu keinem Erfolg führte, wurde allgemein die These anerkannt, daß nur die Einfuhr von ausländischem Kapital eine langjährige Lösung bieten kann.[1308] Ausländische Investoren erhielten normative Steuerbegünstigungen, was für sie bei der Eröffnung neuer Märkte einen erheblich risikomindernden Faktor darstellte. Das Gesellschaftsgesetz von 1988 ermöglichte unbeschränkt die Gründung von Kapitalgesellschaften durch Privatpersonen und die Investitionen für Ausländer. Damit wurde in Ungarn das über das „Kleinunternehmen" hinausgehende „große Privateigentum" legitimiert.[1309] 1990-91 wurden Gesetze über Wettbewerb und über Konkursverfahren erlassen. Zur Entfaltung der Vertragsfreiheit war ein neues BGB nicht erforderlich, weil Ungarn sich zu kommunistischen Zeiten nicht den Anhängern des „Wirtschaftsrechts" im sozialistischen Sinne anschloß und so konnte das einheitliche Schuldrecht in Ungarn nach einigen wenigen Änderungen den neuen Anforderungen angepaßt werden.[1310] Die Errichtung eines marktwirtschaftlichen Rechtssystems beeinflußt an sich aber noch nicht den tatsächlichen Zustand der Eigentumsordnung. Dazu mußte die Privatisierung eingeleitet werden.[1311] Dabei wurde in Ungarn die sog. Marktprivatisierung gewählt, die den gewinnbringenden Verkauf staatlichen Unternehmensvermögens erzielte.[1312] Damit wählte Ungarn einen von den übrigen osteuropäischen Ländern abweichenden Weg, der nur mit Hilfe ausländischer Investoren erfolgreich werden konnte, da der größte Feind dieser Privatisationsform der inländische Kapitalmangel war. Das Wecken des Interesses von ausländischen Investoren war aufgrund des heruntergekommenen Zustandes im sozialistischen Ungarn keine einfache Aufgabe. Der Mut Ungarns wurde jedoch belohnt:[1313] Ungarn spielte bei den ausländischen Kapitalinvestitionen in Osteuropa von Anfang an eine führende Rolle, 40% des privatisierten Unternehmensvermögens wurde an Ausländer veräußert.[1314] Das Privatisationsprogramm bezweckte zwar nicht die Veräußerung des ungarischen Eigentums an Ausländern, war aber eine Folge mangels ungarischer Nachfrage.[1315] 1998 wurde der Privatisationsvorgang in Ungarn im Grunde genommen beendet und es entstand eine absolute Mehrheit des Privateigentums.

Ausländische Investitionen erfolgten größtenteils durch die Gründung oder den Kauf von Wirtschaftsgesellschaften. Anfangs entstanden Unternehmen mit ausländischer Beteiligung durch internationale Vereinbarungen, später durch Privatisierung und durch unmittelbare Investitionen von Ausländern.[1316] Ausländische Anleger waren durch mehrere Faktoren motiviert. Die Unternehmer bezeichneten

---

[1308] Antalóczy, Katalin: Magyarország a nemzetközi tőkeáramlásban, TSZ 1995/5, S. 28.

[1309] Sárközy, Tamás, Ungarische Juristenvereinigung 1998, S. 15.

[1310] Brunner, Georg, Ungarische Juristenvereinigung 1998, S. 394.

[1311] Brunner, Georg: Ungarische Juristenvereinigung 1998, S. 396.

[1312] Diczházy, Bertalan: Külföldi beruházások Magyarországon, Valóság 1996/10, S. 6.

[1313] Brunner, Georg, Ungarische Juristenvereinigung 1998, S. 397.

[1314] Diczházy, Bertalan: Külföldi beruházások Magyarországon, Valóság 1996/10, S. 5.

[1315] Pitti, Zoltán: A külföldi érdekeltségű vállalkozások ..., PSZ 1997/12, S. 981.

[1316] Pitti, Zoltán: A külföldi érdekeltségű vállalkozások..., PSZ 1997/12, S. 981.

als wichtigsten Grund den Erwerb des ungarischen Marktes und mittelbar den Eintritt in die Märkte der Nachbarländer, hauptsächlich der damaligen Sowjetunion. Markterwerb durch Übernahme eines Unternehmens oder Gründung einer Gesellschaft als Motivation für die Investition spielte insbesondere im Handel- und Finanzsektor, im Fernmeldewesen, in der Energieindustrie, im Immobilienbereich und bei der für den heimischen Markt produzierenden Verbraucherindustrie eine Rolle.[1317] Darüber hinaus sind die folgenden Motivationen zu erwähnen: Durch die Verlagerung bestimmter Tätigkeiten nach Ungarn können z.B. die strengen deutschen Umweltvorschriften, welche die Produktion in Deutschland erheblich verteuern, umgangen werden.[1318] Die Produktionsfaktoren sind in Ungarn billiger und die westeuropäischen Märkte sind in der Nähe. Niedrige Produktionskosten sind in der Verarbeitungsindustrie, wie KFZ-, Elektronik und Textilindustrie entscheidende Faktoren. Erheblich geringere Kosten entstehen für Innovation und Forschung, insbesondere in der pharmazeutischen Industrie, weshalb oft pharmazeutische Forschungen, die sehr arbeitsaufwendig sind, nach Ungarn verlegt werden.[1319] Die Arbeitskraft ist billig; an sich zwar teurer als die fernöstliche, wegen der Nähe im Endeffekt jedoch billiger. Die Qualifikation der Arbeitskraft spielt keine entscheidende Rolle. Zwar wurde die ungarische Arbeitskraft als gut ausgebildet angesehen, es fehlt jedoch die Fähigkeit zur Initiative. Die politische Stabilität Ungarns und die großen Privatisationsangebote waren besonders am Anfang entscheidende Faktoren. Viele Ausländer investieren in Ungarn, da ihre Konkurrenz hier bereits vertreten ist.[1320] Das einmal investierte Kapital bringt also weitere Investoren mit sich. Billige Rohstoffe und die Steuerbegünstigungen spielten nur bei Kleinunternehmen eine Rolle. Eine persönliche Beziehung (ungarische Abstammung, frühere Geschäftsbeziehung) spielte ebenfalls bei Kleinunternehmen, die sich im österreichischen, deutschen, dänischen oder italienischen Eigentum befanden, eine Rolle. Wo die Niederlassung ausländischer Unternehmen örtlich unterstützt wird, z.B. durch örtliche Steuerbegünstigungen, günstigen Sitz, oder schnelle Administration, fördert ebenfalls deren Investitionen. Die rasche Entwicklung des ungarischen Banksystems ist zwar günstig für die ausländischen Investitionen, spielt jedoch nur eine untergeordnete Rolle. Die ausländischen Investoren nehmen die ungarischen Banken in der Regel nur zur Kontoführung in Anspruch, die Investitionsfinanzierung und Kreditaufnahme erfolgt durch heimische Banken der ausländischen Muttergesellschaft.[1321]
In Ungarn wurde seit 1989 ausländisches Kapital in erheblichem Maße investiert. Im Verhältnis zu anderen osteuropäischen Staaten wurde in Ungarn das meiste ausländische Kapital angelegt, im Jahre 1996 2/3 dessen wegen Erwerbs staatlicher Unternehmen durch Privatisierung.[1322] Neben dem Unternehmenskauf spie-

[1317] Diczházy, Bertalan: Külföldi beruházások Magyarországon, Valóság 1996/10, S. 7.
[1318] Nagy, Katalin: Németország mint a legjelentősebb..., Külgazdaság 1994/7, S. 67.
[1319] Farkas, Péter: A külföldi működőtőke beáramlás..., MT 1996/9, S. 1074.
[1320] Antalóczy, Katalin: Magyarország a nemzetközi tőkeáramlásban, TSZ 1995/5, S. 31.
[1321] Diczházy, Bertalan: Külföldi beruházások Magyarországon, Valóság 1996/10, S. 7.
[1322] Diczházy, Bertalan: Külföldi működőtőke befektetések..., TSZ 1997/3, S. 24.

len für ausländische Anleger die sog. „Greenplace"- Investitionen eine erhebliche Rolle. Neue Unternehmen entstanden insbesondere in der KFZ–Industrie und in der elektronischen Ersatzteilindustrie wegen der niedrigeren Produktionslöhne und wegen des Erwerbs der ungarischen Marktbeteiligung. Solche Unternehmen produzieren größtenteils für den Export. Die Rohstoffe und Ersatzteile werden vom Ausland eingeführt und nach Verarbeitung oder Montage in Ungarn ins Ausland exportiert.
Seit 1994 minderte sich der Schwung ausländischer Kapitalinvestitionen. Grund war dafür einerseits, daß auch andere Länder der osteuropäischen Region sich auf den Weg des Ausbaus der Marktwirtschaft machten und somit die Verteilung der Kapitalinvestitionen gleichmäßiger wurde. Andererseits trat bei der Privatisierung die Entschädigung statt der Verwertung in bar in den Vordergrund, es wurde gelegentlich ausländerfeindliche Rhetorik verbreitet, unsichere und unkonsequenze Wirtschaftspolitik geführt, so daß eine hohe und unberechenbare Inflation eintrat, eine zu hohe Steuer und Sozialbelastung wurde auferlegt, das Banksystem geriet in eine Krise und es fehlte immer noch an einem funktionsfähigen Kapitalmarkt.[1323] Darüber hinaus minderte sich die Einfuhr des ausländischen Kapitals nach der Privatisierung, deren Wirkung erst 1998-1999 erheblich zu spüren war.[1324] Da durch die Privatisierung ausländische Anleger keine Unternehmen mehr erwerben, treten die „Greenplace"-Investitionen und die Modernisierung der bereits gekauften Unternehmen in den Vordergrund. Seit 1994 investieren Ausländer immer intensiver in die Dienstleistungsindustrie. Seit 1995 wurde die Banklage in Ungarn verbessert und das Girosystem eingeführt.[1325] Aufgrund dessen erfolgen in den letzten Jahren immer häufiger Investitionen im Finanzbereich. Infolge des Baus von Hotels und Bürohäusern blühte die Baumaterialindustrie auf.[1326] Diese Industrie ist besonders für Großinvestoren interessant. Seit 1996 ging die inländische Nachfrage in der Lebensmittelindustrie und nach Konsumgütern erheblich zurück; demzufolge erhöhte sich der Export auf die osteuropäischen Märkte, um den ausfallenden inländischen Markt zu ersetzen. Nach wie vor kann eine erhebliche Produktionsverlagerung von Deutschland und Österreich nach Ungarn beobachtet werden. Immer mehr Gießereien, Betriebe für Spanabhebungstätigkeiten und Kunststoffspritzereien werden in Ungarn gegründet. Investitionen werden erweitert bei der elektronischen Ersatzteilproduktion und der Montage. Auch in der Kunststoffverarbeitung, insbesondere bzgl. der Verpakkungstechnik und Ersatzteilproduktion wird immer mehr investiert. Die Zahl des Bürobaus vermindert sich zur Zeit, der Bau von Verteilungszentralen und Lagern steigt. Der größte Teil der Investitionen erfolgt - noch immer - in den Verarbeitungsindustrie, innerhalb derer sind insbesondere die Lebensmittel- Maschinen- Chemie- und Leichtindustrie, das Fernmeldewesen, sowie die Energieerzeugung und Verteilung die von ausländischen Investoren die bevorzugten Industriezwei-

---

[1323] Antalóczy, Katalin: Magyarország a nemzetközi tőkeáramlásban, TSZ 1995/5, S. 31.
[1324] Diczházy, Bertalan: Külföldi működőtőke befektetések..., TSZ 1997/3, S. 28.
[1325] Diczházy, Bertalan: Külföldi működőtőke befektetések..., TSZ 1997/3, S. 32.
[1326] Nagy, Gábor: A külföldi tőke szerepe..., TET 1995/1-2, S. 59.

ge. Überdurchschnittlich hoch liegt der Eigentumsanteil von Ausländern im Fernmeldewesen, in der Verarbeitungsindustrie, im Handel, bei den Finanzdienstleistungen, bei Immobilienangelegenheiten, unter dem Durchschnitt bei der Energieversorgung, Lieferung und in der Landwirtschaft.[1327]

Ausländische Investoren erwerben wegen der rechtlichen und politischen Risiken nur selten Ackerland, durch Verwertung in Konkursverfahren jedoch schon häufiger. In der Landwirtschaft sind hauptsächlich englische, spanische und französische Investoren vertreten, die zur Modernisierung der ungarischen Landwirtschaft erheblich beitragen. Ausländer investieren in der Weinproduktion, Gemüse- und Obstherstellung, in Gärtnereien und Molkereien.[1328]

1992 standen die Gesellschaften noch in gemischtem Eigentum, zwischen 1993 – 94 befanden sich die neugegründeten Gesellschaften fast alle in ausschließlich ausländischem Eigentum. Heutzutage gibt es in Ungarn sowohl völlig als auch teilweise im ausländischen Eigentum befindliche Gesellschaften. Neben Klein- und Mittelgesellschaften erschienen auch multinationale Unternehmen. 1995 stammte mehr als die Hälfte des investierten Kapitals (4 – 4,5 Milliarden Dollar) aus multinationalen Firmen. Von den 50 weltgrößten Unternehmen waren bereits 1995 35 in Ungarn vertreten.[1329] Nach der Zahl der Unternehmen ausländischer Investoren führt Deutschland, gefolgt von Österreich, USA, Italien und der Schweiz. Seit 1992 spielt Rußland, Jugoslawien und die Ukraine bei den Investitionen in Ungarn eine erhebliche Rolle.[1330]

Abweichend von anderen Visegrad-Staaten investiert auch Japan erhebliches Kapital in Ungarn.[1331] Die größten Investoren sind aber Deutschland und Österreich, was mit dem jahrhundertlangen regionalen Interesse zu erklären ist. Nach dem investierten Kapital steht ebenfalls Deutschland auf erster Stelle, danach kommen die USA, Österreich, Frankreich und das Vereinigte Königreich. Deutsche Investoren sind insbesondere im staatlichen Fernmeldewesen, in den Kraftwerken und bei der Energielieferung, französische Investoren bei der Energieerzeugung, die italienischen und französischen Anleger bei Banken und in der Metallindustrie zu finden.[1332]

Anleger aus Westeuropa wählen die GmbH und AG als Gesellschaftsform. Investoren aus dem ehemaligen Jugoslawien und aus Rumänien wählen gerne die Form einer KG, da hier kein Kapitalminimum vorgeschrieben ist. Offene Handelsgesellschaften und Kommanditgesellschaften befinden sich überwiegend in der Nähe der südlichen Grenze.[1333] Ausländische Kapitalinvestoren und multinationale Unternehmen gehen von Budapest aus und später verbreiteten sie sich im ganzen Land.

[1327] Pitti, Zoltán: A külföldi érdekeltségű vállalkozások..., PSZ 1997/12, S. 983.

[1328] Diczházy, Bertalan: Külföldi működőtőke befektetések..., TSZ 1997/3, S. 29.

[1329] Antalóczy, Katalin: Magyarország a nemzetközi tőkeáramlásban ..., TSZ 1995/5, S. 29.

[1330] Nagy, Gábor: A külföldi tőke szerepe..., TET 1995/1-2, S. 64.

[1331] Antalóczy, Katalin: Magyarország a nemzetközi tőkeáramlásban, TSZ 1995/5, S. 31.

[1332] Diczházy, Bertalan: Külföldi beruházások Magyarországon..., Valóság 1996/10, S. 6.

[1333] Nagy, Gábor: A külföldi tőke szerepe..., TET 1995/1-2, S. 60.

Die regionale Verteilung des ausländischen Kapitals ist in Ungarn sehr ungleich, was die bereits bestehenden erheblichen Unterschiede der einzelnen Regionen weiter vertieft. 2/3 der Unternehmen mit ausländischer Beteiligung befinden sich in Budapest.[1334] Die Hälfte des ausländischen Kapitals wurde in Budapest und Umgebung investiert. Für Bürohäuser, Immobilien und in Dienstleistungen (insbesondere in den Bereichen Finanz-, Transport,- Post- und Fernmeldewesen, Gastronomie- sowie Gesundheitswesen) wurde fast nur in der Hauptstadt investiert.[1335] Unternehmen, die den Export nach Westeuropa erzielten, wurden in Westungarn, jene, die die osteuropäischen Märkte erobern wollten, in Budapest und deren Umgebung gegründet. „Greenplace"-Investitionen, Investitionen in der Verarbeitungsindustrie und in Zollfreigebieten findet man demgegenüber in ganz Ungarn. Bei den Handelsinvestitionen - wie z.B. der Metro - rechnete man auch mit den Verbrauchern aus den Nachbarländern.[1336] In der Provinz spielt die Verarbeitungsindustrie (Lebensmittel- und Druckindustrie), die Landwirtschaft, die Fischerei und die arbeitsaufwendige oder Schichtarbeit erfordernde Industrie eine führende Rolle,[1337] in Nordungarn auch der Bergbau und die Bau- und Baumaterialindustrie. Die Gesellschaften der Provinz haben 3 Typen: In der Nähe von Industriezentren wurden Unternehmen, die sich an die Stadtindustrie knüpfen, gegründet. Am Balaton und seiner Umgebung wurden Gesellschaften bzgl. des Fremdenverkehrs gegründet. Die Komitatssitze haben im Komitat die gleiche Rolle wie Budapest in Ungarn, d.h. sie konzentrieren das Kapital auf ihrem Gebiet.[1338]

Der Grund, warum der größte Teil der ausländischen Investitionen auf Budapest gerichtet ist, liegt in den bereits vorhandenen Märkten der Hauptstadt, in der Nähe der Muttergesellschaft und hängt vom Vorhandensein der technischen und humanen Kraftquellen ab. Darüber hinaus ist für die Strecke zwischen Budapest und Wien eine günstige territoriale Lage, vorhandene moderne Infrastruktur, bereits bestehende Produktionsbeziehungen kennzeichnend, die insbesondere bei deutschen und italienischen Anlegern eine wichtige Rolle spielt.[1339] Ausländische Kapitaleigentümer erwarben bei vielen Tätigkeiten durch Investition in Budapest die Möglichkeit der Kontrolle bzgl. des ganzen Landes.[1340] Die Provinz war gegenüber ausländischen Investitionen anfangs der 90er Jahren noch skeptisch. Heutzutage fördern auch sie ausländische Investoren, z.B. durch günstigen Grundstückserwerb.[1341] Seit 1992 richten sich ausländische Investitionen auf die Provinz, insbesondere wegen der Nutzung des örtlichen geistlichen Potentials. Wegen der Errichtung von Zollfreigebieten, durch das Bestreben nach Entwick-

---

[1334] Antalóczy, Katalin: Magyarország a nemzetközi tőkeáramlásban, TSZ 1995/5, S. 30.
[1335] Hamar, Judit: A külföldi működőtőke beáramlás ..., Külgazdaság 1999/3, S. 61.
[1336] Diczházy, Bertalan: Külföldi működőtőke befektetések..., TSZ 1997/3, S. 28.
[1337] Hamar, Judit: A külföldi működőtőke beáramlás ..., Külgazdaság 1999/3, S. 60.
[1338] Nagy, Gábor: A külföldi tőke szerepe..., TET 1995/1-2, S. 68.
[1339] Nagy, Gábor: A külföldi tőke szerepe..., TET 1995/1-2, S. 65, 70.
[1340] Hamar, Judit: A külföldi működőtőke beáramlás..., Külgazdaság 1999/3, S. 65.
[1341] Diczházy, Bertalan: Külföldi működőtőke befektetések..., TSZ 1997/3, S. 28.

lung der Provinz (Phare Programm zur Förderung der Kleinunternehmen, Bevorzugung von Industrieparks)[1342] sowie mangels Freigebieten mindert sich die Rolle der Hauptstadt und verschieben sich die Zentralpunkte im Export und Verkehr auf die Gebiete neben den Autobahnen.[1343] Die Anziehungskraft von Budapest besteht jedoch nach wie vor. In Komitaten, wo die Siedlungen gleichmäßig verteilt sind, verteilen sich ausländische Investitionen ebenfalls gleichmäßig. Folgende Faktoren beeinflussen die regionale Verteilung von Gesellschaften mit ausländischer Beteiligung: territoriale Lage (Nähe der Anleger), wirtschaftliches Niveau der Umgebung, Struktur der örtlichen Wirtschaft, Verkehrsbeziehungen, Struktur und Größe des örtlichen Marktes, Kooperationsmöglichkeiten, Struktur der örtlichen Gesellschaft, fachliche und örtliche Mobilität und Bildungsniveau der Arbeitskraft. Sehr wichtig für ausländische Investoren in der Provinz sind die örtlichen Naturkraftquellen, der Fremdenverkehr und Mineralschätze. Zurückgebliebene oder benachteiligte Regionen können den Kriterien nicht oder nur teilweise entsprechen.[1344]

Trotz der nicht so großen Rolle der Komitate haben ausländische Investitionen auch für die Provinz erhebliche Auswirkungen: sie trugen erheblich zu deren Entwicklung bei, erhöhten die Exportorientierung, minderten die Arbeitslosigkeit.[1345]

Anfang der 90er Jahre stellte man an Investitionen ausländischen Kapitals hohe Erwartungen: die Einfuhr weiteren Kapitals zur Erhöhung der am Kapitalmangel leidenden ungarischen Wirtschaft, die Förderung der technischen Entwicklung und die Verbesserung der Exportfähigkeit Ungarns.[1346] Darüber hinaus hoffte man, daß die „stop and go“-Periode der ungarischen Wirtschaft beendet werden kann. Unter „stop and go“-Periode ist zu verstehen, daß auch bereits ein mäßiges Wirtschaftswachstum immer wieder zu einem unhaltbaren Fehlbetrag der Handelsbilanz führte, der immer mit einer gleichgewichtherstellenden Restriktion beendet werden mußte.[1347] In Wirtschaftskreisen waren die Kapitalinvestitionen besonders am Anfang sehr beliebt. Grund dafür war einerseits die Reaktion gegenüber der ideologischen Abweisung der früheren Jahre, andererseits der wirtschaftliche Richtungswechsel der Entwicklungsländer. Sie versuchten in den 70er und 80er Jahren ihre Wirtschaft durch Auslandskredite zu modernisieren und verboten die Einfuhr von ausländischem Kapital. Da dies nicht zum Erfolg führte, erfolgte die Modernisierung dieser Länder in der zweiten Hälfte der 80er Jahre doch mit Hilfe ausländischer Kapitaleinfuhr.[1348]

Ausländische Investitionen haben verschiedene Typen: Bei einer kolonialtypischen Investition werden nur die natürlichen Kraftquellen genutzt, darüber hinaus

---

[1342] Hamar, Judit: A külföldi működőtőke beáramlás..., Külgazdaság 1999/3, S. 65.

[1343] Diczházy, Bertalan: Külföldi beruházások Magyarországon..., Valóság 1996/10, S. 6.

[1344] Nagy, Gábor: A külföldi tőke szerepe..., TET 1995/1-2, S. 79.

[1345] Hamar, Judit: A külföldi működőtőke beáramlás..., Külgazdaság 1999/3, S. 48.

[1346] Pető, Márton: A szervezeti és tulajdonviszonyok..., SSZ 1991/12, S. 977.

[1347] Árva, László: Külföldi működőtőke..., KSZ 1997/11, S. 1007.

[1348] Árva, László: Külföldi működőtőke..., KSZ 1997/11, S. 1008.

entfaltet die Investition keine Auswirkung auf die Wirtschaft des Ziellandes. Die Führungs- und Facharbeitskraft kommt aus dem investierenden Land, die Bürger des Ziellandes werden nur für die einfachsten Arbeiten in Anspruch genommen.[1349] Die sog. außenhandelsersetzende Investition dient dem freien Waren- und Dienstleistungsverkehr. Da Tochtergesellschaften als inländische Gesellschaften gelten, werden solche durch Investitionen gegründet, um z.B. die den freien Warenverkehr verhindernden Mengenbeschränkungen zu vermeiden.[1350] Bei einer außenhandelserrichtenden Investition erfolgt die ausländische Investition im Zielland wegen der billigen Produktionsfaktoren, insbesondere wegen der billigen Arbeitskraft. Die Produkte werden aber auf dem Weltmarkt, also außerhalb des Ziellandes umgesetzt.[1351] Eine kolonialtypische Investition erfolgte in Ungarn nicht. Außenhandelserrichtende Investitionen erfolgten in der Verarbeitungsindustrie, insbesondere in der Kraftfahrzeugindustrie. Der größte Teil der ausländischen Investitionen richtet sich nicht auf die Exportproduktion, sondern auf die Produktion für den ungarischen Markt. Somit ähneln sie der außenhandelsersetzenden Investition, jedoch mit folgendem Unterschied: Investitionen in Ungarn erfolgten nicht, um Beschränkungen gegen den freien Warenverkehr zu umgehen. Hauptmotiv war vielmehr, daß während der postsozialistischen Privatisierung preiswert Produktions- und Handelskapazitäten in Ungarn erworben werden konnten. Diese Produkte waren auf den hochentwickelten westeuropäischen Märkten nicht wettbewerbsfähig, konnten jedoch auf dem heimischen und osteuropäischen Markt noch langjährig gewinnbringend umgesetzt werden. Es handelt sich dabei um eine sog. „best–buy“-Investition, die für das Gebiet der Lebensmittelindustrie, Handel- und Finanzdienstleistungen sowie der Nachrichtenübermittlung kennzeichnend war. Die „best–buy“-Investitionsform steht nicht der technischen Entwicklung oder der Produktauswahl entgegen, da der geöffnete ungarische Markt immer mehr Mitbewerber anzieht und der Konkurrenzdruck eine immer bessere Produktion erfordert.[1352]

Die Untersuchungen des Statistischen Zentralamtes ergaben, daß die ausländischen Kapitalinvestitionen zwar einen positiven Einfluß ausübten, jedoch entsprach ihre Wirkung nicht immer den Erwartungen. Die einseitige positive Seite der ausländischen Kapitalinvestitionen liegt im Technologietransfer und in der Einführung von Methoden der modernen Unternehmensführung. Bei den privatisierten Unternehmen haben die ausländischen Investitionen dem Kapitalmangel abgeholfen, veraltete Maschinen wurden ausgetauscht, moderne Marketing- und Verkaufsmethoden, neue Organisationsformen sowie Qualitätssicherungssysteme eingeführt, das technische Niveau erhöht und die Finanzwirtschaft sowie der Produktionsvorgang wurden rationalisiert. Die Rechnungsführung wurde geändert und die Management-Methoden wurden weiterentwickelt. Alle diese Faktoren

---

[1349] Árva, László: A Közép-Kelet Európába..., KSZ 1994/3, S. 235.
[1350] Árva, László: A Közép-Kelet Európába..., KSZ 1994/3, S. 233.
[1351] Árva, László: A Közép-Kelet Európába..., KSZ 1994/3, S. 234.
[1352] Árva, László: Külföldi működőtőke..., KSZ 1997/11, S. 1016.

sind unentbehrlich beim Übergang zur Marktwirtschaft.[1353] Die Übernahme staatlicher Unternehmen durch ausländische Anleger führte aber nicht zum Erwerb neuer Märkte.[1354]
Wegen des wirtschaftlichen Wachstums und der Schaffung neuer Arbeitsplätze sind „Greenplace"-Investitionen wichtiger als die Übernahme staatlicher Unternehmen durch ausländische Anleger. Solche Investitionen erfolgten in den meisten Fällen in Budapest und in West-Ungarn und trugen insbesondere zur Entwicklung dieser Regionen bei. Durch „Greenplace"-Investitionen wurde das Wachstum der heimischen Wirtschaft erheblich gefördert und die Nachfrage in der Bauindustrie erhöht. Das Wirtschaftswachstum wird neben den „Greenplace"- Investitionen durch solche gefördert, die die Exportnachfrage erhöhen, sowie die technologischen Innovationen, die für ungarische Unternehmen Bestellungen und Aufträge ergeben, z.B. Bau- und Baumaterialindustrie, Maschinenindustrie und Dienstleistungen.[1355]
Die Auswirkungen der ausländischen Investitionen auf die Arbeitsplätze sind unterschiedlich: In den privatisierten Unternehmen sank die Zahl der Arbeitsplätze um 5-20%. Durch „Greenplace"-Investitionen und in den Bereichen der Immobilienvermietung, des Handels sowie der Dienstleistungen wurden jedoch neue Arbeitsplätze geschaffen. Die Arbeitslöhne wurden erhöht, von den Arbeitern wurde aber auch mehr Leistung erwartet. Die Arbeitsmoral stieg.[1356]
Ausländische Investitionen wirkten sich beschleunigend auf die Umgestaltung der Unternehmensformen aus und bewirkten eine spektakuläre Änderung des Eigentumssektors. Der Anteil des staatlichen Eigentums verringerte sich drastisch, gleichzeitig wuchs das Gewicht des in- und ausländischen Kapitaleigentums.[1357]
Die Gesellschaften mit ausländischer Beteiligung bilden einen dominanten Eigentumssektor in der ungarischen Wirtschaft. Sie verfügen über eine rentable Wirtschaftsführung und erzielen höheren Gewinn als rein ungarische Gesellschaften, insbesondere auf dem Finanzsektor, im Fernmeldewesen, bei der Industrie und bei Dienstleistungen. Da wegen des hinter den Gesellschaften mit ausländischer Beteiligung stehenden wirtschaftlichen Hintergrunds ihr Effektivitätsindex höher ist als der von rein ungarischen Gesellschaften, wirken sie sich sehr intensiv auf das Funktionieren und die Leistungsfähigkeit der ungarischen Wirtschaft aus und verhindern den wirtschaftlichen Rückgang Ungarns. Eine wichtige mittelbare Auswirkung der Gesellschaften mit ausländischer Beteiligung liegt darin, daß sie mit ihren Bestellungen die Marktmöglichkeiten der heimischen Unternehmen erheblich erweitern.[1358] Dazu muß aber die Elastizität der heimischen Unternehmen und die Qualität deren Produkte weiterentwickeln und die

---

[1353] Farkas, Péter: A külföldi működőtőke beáramlás..., MT 1996/9, S. 1076.
[1354] Diczházy, Bertalan: Külföldi beruházások Magyarországon, Valóság 1996/10, S. 7.
[1355] Diczházy, Bertalan: Külföldi beruházások Magyarországon, Valóság 1996/10, S. 9.
[1356] Diczházy, Bertalan: Külföldi beruházások Magyarországon, Valóság 1996/10, S. 7.
[1357] Pitti, Zoltán: A külföldi érdekeltségű vállalkozások..., PSZ 1997/12, S. 1001.
[1358] Pitti, Zoltán: A külföldi érdekeltségű vállalkozások..., PSZ 1997/12, S. 1000.

Fristen von rein ungarischen Unternehmen eingehalten werden, um sie nicht gegen ausländische Gesellschaften austauschen zu müssen.
Ausländische Kapitalinvestitionen erhöhten erheblich die Zahl der Wirtschaftsteilnehmer und veränderten auch die Wettbewerbsverhältnisse. Im Tiefbau, in der Zementindustrie, der Gasversorgung, dem Handel, der elektrischen Energieerzeugung, der Zuckerindustrie und in der Presseausgabe wurde das Gewicht der Oligopolen erhöht. Im Bank- und Versicherungssektor sowie in der Maschinen- und Chemieindustrie wurde der Wettbewerb größer. Im Handel erhöhte sich die Zahl der Anbieter erheblich. Da die vielen ausländischen Unternehmen ihren Einfluß enorm erhöhten, werden sie früher oder später die kleinen und mittleren Unternehmen verdrängen.[1359]
Seit 1996 hält das Wirtschaftswachstum in Ungarn an. Dabei spielen ausländische Investoren wegen ihres sicheren Produktionshintergrunds und deren Marktbeziehungen eine große Rolle. Die ausländischen Unternehmen erwarben durch Investitionen Märkte in Ungarn und schufen auch für Produkte, die von der ungarischen Wirtschaft hergestellt wurden, ausländische Märkte. Sie sind wichtig beim Export- und Importverkehr. Der Export hat für die Entwicklung und Erhöhung der ungarischen Wirtschaft eine hervorgehobene Rolle, da der steigende Export die Handelsbilanz verbessert. Da die Maschinen- und Technologieindustrie in Ungarn anfangs zu schwach war, erhöhten Investitionen in diesen Bereichen den Import. Die Kapitaleinfuhr im Handel und in den Dienstleistungen erzielt ebenfalls den Aufbau von Märkten für Importprodukte.[1360]
Trotz zahlreicher technischer Erneuerungen und Modernisierung brachte die Einfuhr ausländischen Kapitals keinen technischen Sprung mit sich, sondern eher eine wirtschaftliche Rationalisierung und eine einfachere technische Entwicklung bzgl. der Produktion. Die Spitzentechnologie wurde nur beschränkt eingeführt, da z.B. wegen der billigen Arbeitskraft die Montage nicht automatisiert wird. Der Transfer von hochentwickelter technischer Kultur erfolgte nur im Bereich der „Greenplace"-Investitionen. Jedoch auch in diesem Bereich herrscht die Montagetätigkeit oder Produktion von Teileinheiten, die keine erhebliche technische Entwicklung oder Adaptationskapazitäten erfordert.[1361]
Negative Auswirkung entfalteten ausländische Investitionen, indem ausländische Eigentümer durch Privatisierung ein Unternehmen erwarben, dort die Produktion ganz oder teilweise zusammen mit der Arbeitskultur und dem geistlichen Hintergrund abbauten und es als bloßes Lager oder Verteilungszentrale für ihr im Ausland sitzendes Unternehmen umstrukturierten. Innovationsabteilungen wurden auch in der auf Veredelung spezialisierten Textilindustrie oft abgeschafft, wobei der ausländische Besteller sowohl die Grundstoffe als auch die technologischen Vorschriften mit sich brachte.[1362]

[1359] Diczházy, Bertalan: Külföldi beruházások Magyarországon, Valóság 1996/10, S. 9.
[1360] Pitti, Zoltán: A külföldi érdekeltségű vállalkozások..., PSZ 1997/12, S. 987.
[1361] Farkas, Péter: A külföldi működőtőke beáramlás..., MT 1996/9, S. 1072.
[1362] Farkas, Péter: A külföldi működőtőke beáramlás..., MT 1996/9, S. 1070.

Die Einfuhr ausländischen Kapitals wirkte sich – besonders am Anfang – negativ auf die Handelsbilanz aus. Dies ist mit folgenden Gründen zu erklären: Um die Produktion zu beginnen und zu fördern, standen in Ungarn geeignete Investitionsgüter nicht zur Verfügung. Weiterhin erfolgte ein Teil der ausländischen Investitionen von vornherein als markterwerbende Investition. In diesen Fällen wurde ausländisches Kapital nach Ungarn nur eingeführt, um einen erheblichen Marktanteil zu erwerben und um auf diesem Markt Produkte umzusetzen, die völlig ausländisch waren oder nur einen geringen ungarischen Wert beinhalteten. In den Unternehmen, die in ausländisches Eigentum gerieten, erfolgte eine technologische Erneuerung, der Ausbau eines neuen Informationssystems und der Austausch der Maschinen, außerdem wurden verpackungstechnologische Innovationen mit ausländischen Mitteln vorgenommen. Oft wurden auch die zur laufenden Produktion nötigen Rohstoffe von den Importeuren des Mutterlandes besorgt. Dadurch verschlechterte sich die Lage der heimischen Subunternehmen. Bei den „Greenplace"-Investitionen wurde mit Ausnahme des Grundstückskaufs und Bau alles importiert, was zum Aufbau der neuen Fabrik erforderlich war.[1363] Darüber hinaus kann sich aus den Transferpreisen ergeben, warum ein Unternehmen nicht als gewinnbringend erscheinen will: Besitzt ein internationaler Unternehmer in verschiedenen Ländern Tochtergesellschaften, verwenden diese untereinander aus steuerlichen Gründen höhere oder niedrigere Preise als den Marktpreis. Der Gewinn einer Tochtergesellschaft wird in eine andere verschoben, wenn die letztgenannte verlustbringend ist oder sich in einem „Steuerparadies" befindet.[1364] Kostentransfer und verdeckter Gewinnauszug spielen für die Verschlechterung der Handelsbilanz jedoch kaum eine Rolle, da in Ungarn die Steuerlast im europäischen Vergleich sehr günstig ist.[1365] Andererseits ist eine makroökonomische Frage, ob nach dem Jahr 2000 bei einem 20-25 Milliarden $ Kapitalbestand ein entstehender 2-3 Milliarden $ Gewinntransfer die Zahlungsbilanz belasten kann.[1366]

Unternehmen mit ausländischer Beteiligung, die hauptsächlich für den Export produzieren oder den Gewinn zur Erweiterung der Kraftquellen der ungarischen Wirtschaft verwenden, wirken sich günstig auf die Handelsbilanz aus.

Zur Förderung sowohl ausländischer als auch inländischer Investitionen und zur zeitgleichen Sicherung des Wirtschaftswachstums und der regionalen Entwicklung Ungarns sind noch einige wirtschaftspolitische und rechtliche Aufgaben wahrzunehmen. Fehlt in einem Land andauernd das wirtschaftliche Wachstum, führt dies zur mäßigen inländischen Nachfrage und zu einem Kapitalauszug, da Investitionen in ein Land fließen, von dem mehr Gewinn zu erwarten ist.[1367]

Für die Zukunft ist eine wichtige Frage, wie man erreichen kann, daß das für die ungarische Wirtschaft wichtige ausländische Kapital auch nach der Privatisierung

---

1363 Diczházy, Bertalan: Külföldi beruházások Magyarországon., Valóság 1996/10, S. 8.
1364 Árva, László: Külföldi működőtőke..., KSZ 1997/11, S. 1010.
1365 Pitti, Zoltán: A külföldi érdekeltségű vállalkozások..., PSZ 1997/12, S. 989.
1366 Diczházy, Bertalan: Külföldi működőtőke befektetések, TSZ 1997/3, S. 28.
1367 Diczházy, Bertalan: Külföldi működőtőke befektetések..., TSZ 1997/3, S. 31.

ein unverändertes Interesse für Investitionen in Ungarn zeigt. Wie kann aufrechterhalten werden, daß nach dem EU-Beitritt die ausländischen Anleger den in Ungarn erreichten Gewinn in die Entwicklung der ungarischen Wirtschaft einbringen?[1368]

Ausländische Investoren müssen sich in Ungarn einerseits in Sicherheit fühlen, andererseits auch nach Abschluß der Privatisierung bereit sein, hier weiter zu investieren.[1369]

Zur Förderung ausländischer Investitionen hat die Regierung eine einheitliche und konsequente Wirtschaftspolitik zu führen. Nur durch konsequente Staatshaushaltsreformen können Sozial- und Steuerlasten gesenkt und die Ersparnisse für die Weiterentwicklung der Wirtschaft verwendet werden. Werden die externen und internen Quellen völlig zur Finanzierung des Staatshaushaltes verwendet, verhindert das den Ausbreitungseffekt des Kapitals und beschränkt die Mobilität der inneren Quellen. Deren ungünstige makrowirtschaftliche Auswirkungen sind die schnelle Erhöhung des äußeren Mangels, Unfinanzierbarkeit des Landes, Beschleunigung der Inflation, Devalvation der Valuta und Zinserhöhungen. Die Vermeidung der andauernden und hohen Inflation ist wichtig, weil sie insbesondere die mittel- und langfristige Investitionsplanung instabil macht.[1370] Die wirtschaftlichen Schlüsselpositionen sind durch geeignete, auch im Ausland anerkannte Fachleute zu besetzen.[1371]

Es wäre wünschenswert, anstelle der Steuerbegünstigungen für Investoren die Zölle abzubauen, da bei der Eröffnung eines neuen Marktes die Steuerbegünstigungen eher kurzfristig eine Rolle spielen. Langfristig wichtig für das Kapital ist vielmehr die allgemeine wirtschaftspolitische Umgebung und die Entwicklung der Funktionsbedingungen für das Kapital. So bedeutet z.B. der Zollabbau eine größere Förderungskraft als die Steuerbegünstigungen, weil sich dadurch auch die Wettbewerbsfähigkeit der Produkte verbessert.[1372]

Für das wirtschaftliche Wachstum Ungarns ist die Exporterweiterung und die Entwicklung der Infrastruktur besonders wichtig. Deswegen sind Investitionen in infrastrukturellen Bereichen (Fernmeldewesen, Straßenbau, Bau von Häfen, Brücken und Flughäfen, leistungsfähige und sichere Strom- und Gasleitungen) und solche, die neue exportfähige Kapazitäten schaffen oder der Produktion importersetzender Waren dienen, zu fördern. Unternehmen, die ausschließlich auf dem inländischen Markt produzieren, benötigen keine besondere Förderung. Die ungarische Wirtschaft muß erweitert, die heimische Industrie modernisiert, die Bürokratie abgebaut, eine schnelle Administration eingeführt und es müssen neue Arbeitsplätze geschaffen werden.[1373]

[1368] Pitti, Zoltán: A külföldi érdekeltségű vállalkozások, PSZ 1997/12, S. 1002.
[1369] Pitti, Zoltán: A külföldi érdekeltségű vállalkozások, PSZ 1997/12, S. 1002.
[1370] Diczházy, Bertalan: Külföldi működőtőke befektetések, TSZ 1997/3, S. 32.
[1371] Antalóczy, Katalin: Magyarország a nemzetközi tőkeáramlásban, TSZ 1995/5, S. 31.
[1372] Antalóczy, Katalin: Magyarország a nemzetközi tőkeáramlásban, TSZ 1995/5, S. 31.
[1373] Diczházy, Bertalan: Külföldi működőtőke befektetések, TSZ 1997/3, S. 26.

Ungarn steht mit seinen Nachbarländern, Osteuropa mit anderen Regionen als Einheit im Wettbewerb. Ausländische Investoren sehen Osteuropa auch dann als eine Einheit an, wenn es keine ist. Ungarn muß deswegen die politische Stabilität der ganzen Region fördern und die wirtschaftlichen Beziehungen „regiomäßig" behandeln, um für das ausländische Kapital einen einheitlichen mittel–osteuropäischen Markt zu präsentieren.[1374]

Die Bedingungen des Kapitalmarktes müssen verbessert und dadurch die Wertpapieranlagen gefördert werden.[1375] Für Wertpapieranleger ist besonders die wirtschaftliche und politische Stabilität, eine überschaubare Finanz- und Monetärpolitik und die Liquidität der Börse wichtig. Bei fehlender Liquidität kann der Anleger aus dem Markt schwer aussteigen und tritt deswegen erst gar nicht ein.

Ausländische Wertpapieranleger sind durch Minimierung der Risiken zu fördern. Ausländische Investoren sind eher durch kurzfristige Interessen motiviert und ihre Entscheidung wird dadurch beeinflußt, daß die Produktion eine größere Rentabilität bieten kann als die Zinsen der Geldinstitute.[1376] Auf dem Markt müssen die Preise die Marktverhältnisse wiedergeben und über Marktvorgänge genügend Informationen zur Verfügung stehen.

Kurzfristig kann man Erfolge auch durch Betonung der Wichtigkeit des ausländischen Kapitals und durch Stärkung des Vertrauens ausländischer Anleger erreichen.

Es ist zu beachten, daß ein ausländischer Investor zum erstenmal mit Vorsicht und negativen Vorurteilen in ein neues Land kommt. Wenn er aber positive Erfahrungen sammelt, läßt er auch andere Tätigkeiten über die eigentlichen Arbeiten hinaus im neuen Land verrichten.[1377]

Wichtig wäre für rein ungarische Klein- und Mittelunternehmen - und auch für die Entwicklung der ungarischen Wirtschaft - eine intensive Zusammenarbeit mit Gesellschaften im ausländischen Eigentum, insbesondere im Montagebereich, bei Motorfabriken, der Unterhaltungsindustrie und im Bereich PC. Sowohl an privatisierten als auch an neugegründeten Gesellschaften beteiligen sich heimische Unternehmen lediglich mit einem kleinen Umfang. Hauptsächlich werden in Ungarn nur solche Ersatzteile hergestellt, die eine Handarbeit erfordern. Den Rest produzieren die Tochtergesellschaften von deutschen, amerikanischen und österreichischen Firmen. Opel z.B. produziert in Ungarn. Dabei werden hier lediglich Akkumulatoren, Motorschläuche und Türscharniere hergestellt.[1378] Die Fachkenntnis der ungarischen Ingenieure und Facharbeiter wird von ausländischen Investoren zwar anerkannt, die Zusammenarbeit mit ungarischen Firmen erfolgt jedoch selten. Das erforderliche technische Niveau wurde bereits errichtet, es fehlt jedoch an der Unternehmenorganisation, an Qualitätssicherung und am Kapital.[1379]

1374 Antalóczy, Katalin: Magyarország a nemzetközi tőkeáramlásban, TSZ 1995/5, S. 31.

1375 Diczházy, Bertalan: Külföldi beruházások Magyarországon, Valóság 1996/10, S. 5.

1376 Pitti, Zoltán: A külföldi érdekeltségű vállalkozások, PSZ 1997/12, S. 1001.

1377 Diczházy, Bertalan: Külföldi működőtőke befektetések, TSZ 1997/3, S. 26.

1378 Diczházy, Bertalan: Külföldi működőtőke befektetések, TSZ 1997/3, S. 26.

1379 Diczházy, Bertalan: Külföldi működőtőke befektetések, TSZ 1997/3, S. 35.

Andererseits verfügen ausländische Gesellschaften, die Anteile an ungarischen Unternehmen erwerben, bereits über fertige Technologiesysteme, Produktionsorganisation sowie wissenschaftliche und technologische Entwicklungsarbeiten. In Ungarn erfolgt somit lediglich die Entwicklung der Verwendung und der Dienstleistungen sowie spezieller Gebiete, wie PC-Programmerweiterungen etc. Der Grund für den wirtschaftlichen Rückgang und den Abbau der Innovationskapazitäten in den ungarischen Unternehmen liegt einerseits im Zusammenbruch der Märkte der ungarischen Wirtschaft und andererseits darin, daß mehrere ungarische Spitzenunternehmen nach der Privatisierung als Teil der multinationalen Unternehmen erheblich an Bedeutung verloren.[1380] Darüber hinaus bildete das hohe Maß der ausländischen Kapitaleinfuhr ein Hindernis bei der Entwicklung der rein ungarischen Unternehmen und erschwert erheblich den Markteintritt neuer Teilnehmer, insbesondere in unterentwickelten Regionen.[1381] Eine Möglichkeit der Marktstabilität solcher Unternehmen wäre, Zulieferer von internationalen Unternehmen zu sein. Damit würden sie Teil eines weltgroßen, wettbewerbsfähigen und kapitalstarken Verteilungssystems. In Ungarn sind aber zu wenig Subunternehmen vorhanden. Die rein ungarischen Klein- und Mittelunternehmen konzentrieren sich nicht auf die Industrie, sie sind gelegentlich nur in der Textil- und Maschinenindustrie zu finden. Nachteil solcher Zusammenarbeit ist, daß die Forschung, Entwicklung, Planung, das Marketing und die Produktionsvorbereitung vom Mutterunternehmen wahrgenommen wird und nur die wenig schöpferische Arbeit nach Ungarn verlegt wird.[1382]

Deswegen ist es wichtig, die vorhandenen unternehmerischen Forschungs- und Entwicklungskapazitäten finanziell so zu unterstützen und weiterzuentwickeln, daß die rein ungarischen Gesellschaften für Ausländer ein gleichberechtigter Partner und ernstzunehmende Konkurrenten werden. Bei Beziehungen mit multinationalen Unternehmen ist das eigene Potential und die Verhandlungsposition der ungarischen Seite zu stärken. Dazu müßten die wirtschaftlichen Kenntnisse bzgl. der marktfähigen Produkte und das Know–how entwickelt werden. Andererseits sollen die ungarischen Unternehmen für die Übernahme ausländischer Technologien offen sein. Offensichtlich kann das Weltniveau zur Zeit auch mit staatlicher Hilfe nur eingeschränkt erzielt werden, je tiefer aber die wirtschaftliche Rezession eines Landes ist, desto stärker muß die Forschung und Entwicklung auch durch staatliche Mittel gefördert werden. Ungarn ist in den Bereichen Mathematik, nukleare Physik, Astronomie, pharmazeutische Industrie, Molekularbiologie, Biotechnologie und ärztliche Instrumente wettbewerbsfähig.[1383]

Die Zurückhaltung ausländischer Investoren mindert sich und heute werden bereits logistische Zentren, Forschungs- und Entwicklungszentralen nach Budapest verlegt. Unter günstigen Umständen ist es denkbar, daß die ungarische Hauptstadt zum Zentrum der osteuropäischen Region wird. Dazu müssen in einigen Be-

---

[1380] Farkas, Péter: A külföldi működőtőke beáramlás, MT 1996/9, S. 1076.

[1381] Hamar, Judit: A külföldi működőtőke beáramlás, Külgazdaság 1999/3, S. 69.

[1382] Farkas, Péter: A külföldi működőtőke beáramlás, MT 1996/9, S. 1074.

[1383] Farkas, Péter: A külföldi működőtőke beáramlás, MT 1996/9, S. 1077.

reichen noch Fortschritte gemacht werden: Gewährleistung der öffentlichen Sicherheit, Reinhaltung der Luft und der Stadt, Lösung der Parkplatzprobleme und des Verkehrs, Weiterentwicklung der Bank- und Rechtssphäre, Erhöhung der Kontrolle der Börse und öffentlicher Gelder und Errichtung einer überschaubaren und korruptionsfreien Dienstleistungs- und Informationstätigkeit des administrativen Apparates (Ministerien, Kammern).[1384]

Die Provinz ist in Zukunft weiter zu entwickeln. Der Unterschied zwischen Budapest und der Provinz sowie zwischen West- und Ostungarn ist zu mindern. Dazu müßten Flughäfen in der Provinz gebaut, die Südautobahn und Straßen - die Budapest umgehen - geschaffen[1385] sowie die „Greenplace"-Investitionen gefördert werden, da diese eine sehr günstige makroökonomische Auswirkung haben und die ungleichmäßige Verteilung des ausländischen Kapitals verringern.

Um die regionale Ungleichheit des ausländischen Kapitals zu beenden, sind darüber hinaus sowohl örtliche als auch zentrale Maßnahmen erforderlich, in Betracht kommt z.B. die kostenlose oder günstige Übergabe sowie Vermietung einiger Gebiete an Investoren, oder hervorgehobene Infrastrukturversorgung einiger Gebiete.[1386]

Zur Zeit befinden sich 125 Industriezollfreigebiete in Ungarn. Alle hier tätigen Unternehmen befinden sich in ausländischem Eigentum. Die ungarischen Regelungen über die Zollfreigebiete sind noch nicht EU-konform, da Ungarn erst am Tag des Beitritts den einheitlichen Bedingungen entsprechen muß. Durch den Beitritt Ungarns in die EU sinkt die Zahl der Zollfreigebiete auf 1/6. Die Minderung der Zahl der Zollfreigebiete und die Übernahme der EU-Regelungen bedeuten aber keine ernsthaften Schwierigkeiten für die ungarische Wirtschaft, da die ungarischen Regelungen entweder strenger als die der EU sind oder diese sich nur scheinbar voneinander unterscheiden bzw. der Unterschied nur in der Möglichkeit der zollfreien Einfuhr von Produktionsmitteln liegt. Eine strengere Regelung ist z.B., daß Unternehmen auf Zollfreigebieten zur Errichtung einer Zollsicherung verpflichtet sind oder die Warenbewegungen einer Registrierungspflicht unterliegen. Ein Unterschied liegt z.B. darin, daß in der EU die Genehmigung zur Errichtung eines Zollfreigebietes in die nationale Zuständigkeit fällt, der Beginn der Tätigkeit erfordert eine Zustimmung auf EU-Ebene. In Ungarn werden beide Genehmigungen gleichzeitig erteilt. Nach dem Beitritt Ungarns in die EU werden lediglich die Gesellschaften, die außerhalb der EU-Länder Rohstoffe importieren oder nicht in die EU exportieren, nach wie vor auf Zollfreigebieten bleiben, die anderen werden als inländische Unternehmen eingestuft. Vor dem Eintritt Ungarns in die EU werden diese Regelungen jedoch nicht übernommen.

Die europäische Rechtsharmonisierung ist - auch hinsichtlich der ausländischen Investitionen - eine wichtige Aufgabe Ungarns. Die Übernahme des Gemeinschaftsrechts ist eine unabdingbare Bedingung zum EU-Beitritt. Das bedeutet aber, daß ca. 20.000 Rechtsvorschriften, 7.500 EU-Normen und mehr als 4000

[1384] Hamar, Judit: A külföldi működőtőke beáramlás, Külgazdaság 1999/3, S. 68.
[1385] Hamar, Judit: A külföldi működőtőke beáramlás, Külgazdaság 1999/3, S. 68.
[1386] Antalóczy, Katalin: Magyarország a nemzetközi tőkeáramlásban, TSZ 1995/5, S. 31.

Entscheidungen des EuGH in das ungarische Rechtssystem eingebaut werden müssen.[1387]
Die ungarische Regierung verpflichtete bereits 1990 den Justizminister, bei der Schaffung neuer Gesetze die einschlägigen Vorschriften des EU-Rechts zu berücksichtigen. 1995 wurde ein fünfjähriges Rechtsharmonisierungsprogramm der Regierung beschlossen.[1388] Das ungarische Wirtschaftsrecht ist gegenwärtig bereits EU-konform. Insbesondere das Gesellschaftsrecht, Bank- und Börsenrecht, sowie die Regelungen über die Rechnungsführung und die Schiedsgerichtsbarkeit entsprechen den EU-Richtlinien.[1389]
Zum Aufbau einer modernen Wirtschaft in Ungarn stehen jedoch noch einige Aufgaben bevor. Eine Frist bis Ende 2002 ist für die Kodifikation des Bürgerlichen Gesetzbuches vorgesehen.[1390] Wichtigste Aufgabe bei der Kodifikation ist, einerseits die modernen zivilrechtlichen Grundlagen für die Geschäftswirtschaft zu erschaffen, andererseits die Wirtschaftsverträge - insbesondere Kauf-, Versicherungs-, Komission-, Werks- und Lieferungsverträge - zeitgemäß und unmittelbar im BGB zu regeln.[1391]

[1387] Brunner, Georg, Juristenvereinigung 1998, S. 397.
[1388] Brunner, Georg, Juristenvereinigung 1998, S. 397.
[1389] Sárközy, Tamás, Juristenvereinigung 1998, S. 25.
[1390] Regierungsbeschluß Nr. 1050 (IV.24.)Korm. vom Jahre 1998 über die Kodifikation des Bürgerlichen Gesetzbuches
[1391] Sárközy, Tamás, Juristenvereinigung 1998, S. 27.

ANHANG

ANHANG I:

Verordnung des Finanzministers Nr. 28/1972(X.3.)PM
über die wirtschaftlichen Vereinigungen mit ausländischer Beteiligung[1392]

In Durchführung des § 31 der Gesetzesverordnung Nr. 19 vom Jahre 1970 über wirtschaftliche Vereinigungen (im weiteren: Gesetzesverordnung) ordne ich – im Einvernehmen mit dem Außenhandelsminister, dem Minister für Arbeitswesen und dem Präsidenten der Ungarischen Nationalbank – folgendes an:

§ 1

(1) Die in § 1 Abs. 1 der Gesetzesverordnung angeführten ungarischen Wirtschaftsorganisationen und die ausländischen Unternehmen oder juristischen Personen dürfen in Ungarn dem § 2 dieser Verordnung entsprechende wirtschaftliche Vereinigungen in Form einer offenen Handelsgesellschaft, Aktiengesellschaft, Gesellschaft mit beschränkter Haftung, Kommanditgesellschaft und als gemeinsames Unternehmen gründen.

(2) Vereinigungen dürfen unter den in der Zollgesetzgebung und in besonderen Rechtsvorschriften festgelegten Bedingungen auch in Zollfreigebieten errichtet werden.

§ 2

(1) Eine Vereinigung kann aufgrund des gegenseitigen Interesses der Mitglieder zur Förderung der Rentabilität des technischen und wirtschaftlichen Niveaus bei der Ausübung produktiver, kommerzieller und dienstleistender Tätigkeit mit Genehmigung des Finanzministers gegründet werden.

(2) Die Wirtschaftsbeziehungen der Vereinigung zu den ungarischen Produktionsunternehmen werden durch Verträge - den Gesellschaftsvertrag ausgenommen – geregelt.

§ 3

(1) Der Gesellschaftsvertrag, die Satzung, usw. (im weiteren: Gesellschaftsvertrag) und deren Änderungen sind mit Genehmigung des Finanzministers wirksam.

(2) Die Genehmigung des Gesellschaftsvertrages befreit nicht von der Pflicht zur Einholung der in den Rechtsnormen vorgeschriebenen behördlichen Bewilligungen.

(3) Der Genehmigungsantrag muß alle Angaben beinhalten, aufgrund derer beurteilt werden kann, ob die Verwirklichung der in § 2 bestimmten Ziele von der Tätigkeit der Vereinigung erwartet werden kann.

[1392] Quelle der deutschen Übersetzung: Investitionsführer Ungarn, S. 116.

§ 4

(1) Die Mitglieder bestimmen ihre Vermögensbeiträge entsprechend den die Vereinigung betreffenden Rechtsnormen. In dem Gesamtbetrag (Grundkapital, usw.) der im Geldwert zu bestimmenden Vermögensbeiträge soll die Beteiligung des (der) ausländischen Mitglieds (Mitglieder) im allgemeinen 49Prozent nicht überschreiten.

(2) Von diesen Bedingungen ist auf dem Gebiete des Finanz-(Bank-)wesens, der Dienstleistungen, sowie – in besonders begründeten Fällen – aufgrund einer Genehmigung des Finanzministers auch auf anderen Gebieten, eine Abweichung zulässig.

§ 4a

Nach den Arbeitslöhnen, die für die unter die Sozialversicherung fallenden Arbeitnehmer gezahlt werden, entrichtet die Vereinigung einen Sozialversicherungsbeitrag im gleichen Maße wie die betrieblichen Wirtschaftsorganisationen.

§ 5

Die Vereinigung ist verpflichtet, in der im Gesellschaftsvertrag festgestellten Weise aus dem Gewinn einen Risikofonds zu bilden. Für diesen Zweck sind mindestens 15% des Jahresgewinnes aufzuwenden. Der Risikofonds ist laufend jährlich zu bilden, bis der Betrag den im Gesellschaftsvertrag bestimmten Prozentsatz des Grundkapitals (Stammkapitals) der Vereinigung erreicht. Dieser Prozentsatz kann 10 bis 20 % des Grundkapitals (Stammkapitals) betragen.

§ 6

(1) Die Vereinigung darf nach Abzug der Summe für den Risikofonds zu Lasten ihres Jahresgewinnes einen Beteiligungsfonds bilden. Der jährliche Betrag des Beteiligungsfonds darf 15% der seitens der Vereinigung ausgezahlten jährlichen Lohnsumme nicht überschreiten.

(2) Für die Bestimmung des Lohns der Arbeitnehmer der Vereinigung ist – im Rahmen der Rechtsnormen und der Genehmigung gemäß § 3 – der Gesellschaftsvertrag bzw. Arbeitsvertrag maßgebend.

(3) Hinsichtlich der Sozialversicherungsgesetzgebung sind die ausländischen Arbeitnehmer so zu betrachten, als seien sie durch einen ausländischen Arbeitgeber auf dem Gebiet der Ungarischen Volksrepublik beschäftigt. Vom Gesichtspunkt dieser Verordnung aus ist jeder Arbeitnehmer als Ausländer zu betrachten, der seinen ständigen Wohnsitz im Ausland hat und sich in Ungarn aufhält, um für die Vereinigung Arbeit zu leisten.

§ 7

(1) Die Vereinigung ist verpflichtet, Körperschaftssteuer zu zahlen.

(2) Die Grundlage zur Berechnung der Körperschaftssteuer ist das um die in die Risiko- und Beteiligungsfonds zu hinterlegenden Beträge verminderte Jahresergebnis.

(3) Die Höhe der Körperschaftssteuer beträgt 40%.

(4) Falls die Vereinigung ihren versteuerten Gewinn zur Erhöhung ihres Vermögens verwendet, kann ein Teil der demnach gezahlten Körperschaftssteuer – aufgrund eines dem Finanzministerium gesondert unterbreiteten Antrages – rückerstattet werden.

§ 7a

(1) Außer der in § 7 (3) bestimmten Körperschaftssteuer wird die Vereinigung – aufgrund des Wirtschaftsergebnisses – durch keine andere Steuer bzw. steuerartige Zahlungsverpflichtung belastet.

(2) Der Finanzminister kann für die Vereinigung eine günstigere Steuer festsetzten als sie in dieser Verordnung bestimmt ist.

§ 8

Die Angestellten der Vereinigung mit ausländischer Staatsbürgerschaft dürfen 50% ihres von der Vereinigung in irgendeiner Form bezogenen Einkommens ins Ausland in der im Gesellschaftsvertrag bestimmten Währung überweisen.

§ 9

(außer Kraft)

§ 10

(1) Die Vereinigung führt ihre Valuta- und Devisenverrechnungen entsprechend den für die ungarischen Wirtschaftsorganisationen maßgebenden Normen durch.

(2) Die Vereinigung ist entsprechend den für die ungarischen Wirtschaftsorganisationen maßgebenden Normen zur Kreditaufnahme berechtigt.

§ 11

(1) Die Ungarische Nationalbank (im weiteren: die Bank) überweist den dem Auslandspartner gebührenden Gewinn und die sonstigen Bezüge zugunsten des Mitglieds – bis zur Höhe der bei der Bank eingezahlten Summe – in der im Vertrag bestimmten Währung ins Ausland.

(2) Die Bank kann – falls das ausländische Mitglied gleichzeitig mit der Genehmigung des Gesellschaftsvertrages dies beantragt – bis zur Höhe des in die Vereinigung vom Mitglied entsprechend den Bedingungen der Genehmigungsurkunde (§ 3) eingebrachten Vermögens den Ersatz jenes Schadens garantieren, der aus eventueller staatlicher Maßnahme betreffend den Vermögensbeitrag des ausländischen Mitglieds entsteht.

(3) Für die Verpflichtungen der Vereinigung gegenüber dem ausländischen Mitglied, die sich aus dem Mitgliedsverhältnis ergeben, kann die Bank bzw. die Ungarische Außenhandelsbank AG gemäß den üblichen Bankgeschäftsbedingungen eine Garantie übernehmen.

(4) Beim Ausscheiden des ausländischen Partners wird der ihm im Verhältnis zu seinem Vermögensbeitrag zustehende Vermögensanteil durch die Bank – bis zur Höhe des bei ihr eingezahlten Betrages – in der im Vertrag bestimmten Währung ins Ausland überwiesen.

(5) Bei Anwendung der die Doppelbesteuerung ausschließenden internationalen Abkommen ist in der Frage der Gegenseitigkeit die Stellungnahme des Finanzministers maßgebend.

§ 12

(1) Der Jahresverlust der Vereinigung ist zu Lasten des Risikofonds zu verrechnen.

(2) Sollte der Risikofonds zur Deckung des Verlustes nicht ausreichen und würde der Verlust auch anderweitig seitens der Mitglieder nicht geregelt, so fällt die Entscheidung über die weitere Tätigkeit oder Auflösung der Vereinigung dem Finanzminister zu.

(3) Wird die Vereinigung zahlungsunfähig und übertreffen die Passiven die Aktiven, ordnet der Finanzminister die Auflösung der Vereinigung an. Sollte die Vereinigung eine von dem genehmigten Gesellschaftsvertrag oder von der Satzung abweichende Tätigkeit ausüben, so kann der Finanzminister die Auflösung der Vereinigung anordnen.

(4) Im Falle der Absätze (2) und (3) bestellt der Finanzminister den Liquidator.

(5) Sollte die Vereinigung aus den im Gesellschaftsvertrag bestimmten Gründen oder sonst durch Beschluß der Mitglieder aufgelöst werden, so ist die Auflösung laut den für die Vereinigung geltenden Rechtsnormen vorzunehmen.

§ 13

Im Falle der Auflösung der Vereinigung kann der nach Begleichung der Schulden übriggebliebene ausländische Vermögensanteil in der durch den Vertrag bestimmten Währung ins Ausland steuerfrei überwiesen werden.

§ 13a

Der Finanzminister ist im Einvernehmen mit den beteiligten Ministern und den Leitern der Organe mit Landesbefugnis aufgrund eines entsprechend begründeten Antrages vorausgesetzt, daß die Vereinigung keine Tätigkeit ausübt, die die Ausfuhr von Waren über die Landesgrenze zu Folge hat, befugt, in seinem Beschluß über die Genehmigung des Gesellschaftsvertrages der Vereinigung die Anwendung irgendwelcher Bestimmungen der §§ 3-6 der gemeinsamen Verordnung Nr. 62/1982, 16.11., PM-KKm des Finanzministers und des Außenhandelsministers über die auf Zollfreigebieten errichteten wirtschaftlichen Vereinigungen mit ausländischer Beteiligung zu genehmigen, ausgenommen jedoch die Befreiung der Vereinigung von den Rechtsregeln über die staatliche Kontrolle, die Unternehmungsaufsicht und die Innenkontrolle der Unternehmungen.

§ 14

(1) Diese Verordnung tritt am Tage ihrer Verkündung in Kraft; ihre Bestimmungen sind auf die nach ihrem Inkrafttreten gegründeten Vereinigungen anzuwenden.

(2) Die Vereinigung darf ihre Tätigkeit aufgrund der durch Beilage der Gesetzesverordnung Nr. 11 vom Jahre 1960 aufrechterhaltenen Bestimmungen des Gesetzes Nr. XXXVII vom Jahre 1875 und des Gesetzes Nr. V vom Jahre 1930 betreffen die Aktiengesellschaften und offenen Handelsgesellschaften bzw. die Gesellschaften mit beschränkter Haftung und auf-

grund der Gesetzesverordnung Nr. 4 vom Jahre 19778 sowie den Bestimmungen der gegenwärtigen Verordnung entsprechend ausüben.

(3) (überholt)

(4) Diese Verordnung erstreckt sich nicht auf Fragen, die durch internationale Verträge geregelt sind.

ANHANG II:

Weisung des Finanzministers Nr. 5 (VII.23.) vom Jahre 1979
zur Durchführung der Verordnung Nr. 28/1972 (X.3.)PM des Finanzministers[1393]

Zur Durchführung der mit den Verordnungen Nr. 7/1977 FinMin vom 6.5. und 35/1978 FinMin vom 22.12. geänderten Verordnung Nr. 28/1972 FinMin vom 3.10. (im weiteren: VO) erlasse ich im Einvernehmen mit dem Minister für Binnenhandel, für Hüttenwesen und Maschinenbau, für Leichtindustrie, für Außenhandel, für Landwirtschaft und Ernährung, sowie für Schwerindustrie und dem Präsidenten der ungarischen Nationalbank die nachstehende Weisung:

(zu § 1 der VO)

§ 1

(1) Eine wirtschaftliche Vereinigung mit ausländischer Beteiligung (im weiteren: Vereinigung) darf nur mit einer kapitalkräftigen, in der Geschäftsführung zuverlässigen, dem Gegenstand der Vereinigung gemäß auf wirtschaftlichem oder technischem Gebiet über entsprechende Fachkenntnisse verfügende, anerkannte Firma gegründet werden.

(2) In einer Vereinigung können mehrere inländische und mehrere ausländische Mitglieder als Geschäftspartner teilnehmen.

(3) Falls mehrere ungarische Wirtschaftsorganisationen an der Vereinigung als Mitglieder beteiligt sind, müssen diese bei den ungarischen Behörden einheitlich, miteinander abgestimmt auftreten. Aus diesem Zweck haben sie unter sich einen Vertreter zu bestimmen. Im allgemeinen wird diejenige Wirtschaftsorganisation zum Vertreter bestimmt, die durch ihre Aktivität das Erreichen der wirtschaftlichen Zielsetzungen der Vereinigung am wirksamsten fördern kann. Falls sich die Mitglieder hinsichtlich der Bestimmung des Vertreters nicht einigen können, wird dieser von den Ministerien, die über die Mitglieder Aufsicht ausüben, bestimmt.

(zu § 2 der VO)

§ 2

(1) Als Tätigkeiten zur Hebung des technischen und wirtschaftlichen Niveaus sind anzusehen die Anwendung hochentwickelter Technik in Ungarn, die Aneignung moderner technischer und produktionsorganisatorischer Verfahren, die Erweiterung der bestehenden Märkte, die Steigerung des Exports oder die Erlangung sonstiger Devisenvorteile.

(2) Eine Wirtschaftseinheit, die sich an die Tätigkeit einer bereits bestehenden oder im Entstehen begriffenen Wirtschaftsorganisation organisch anfügt, bzw. diese ergänzt, kann in der Rechtsform einer Vereinigung gegründet werden, oder eine Einheit, ein Betriebsteil eines bestehenden Betriebes kann zu einer Vereinigung umgestaltet werden, wenn die Vereinigung als selbständige Institution von dem bestehenden Betrieb organisatorisch getrennt, mit eigener Rechnungsführung betrieben werden kann.

[1393] Quelle der deutschen Übersetzung: Investitionsführer Ungarn, S. 125.

(3) Die Vereinigung kann keinen Liefervertrag im Sinne der §§ 379 Abs. 2 und 685 des Zivilgesetzbuches abschließen.

§ 3

(1) Wenn ein ungarisches Wirtschaftsorgan eine Vereinigung gründen will, so hat sie ihre Gründungsabsicht von Beginn der diesbezüglichen Vorbereitungsverhandlungen unter Angabe des Namens, der Anschrift des ausländischen Partners sowie des Gegenstandes der geplanten Vereinigung dem Finanzministerium und dem Außenhandelsministerium anzuzeigen. Soweit während der Vorbereitungsverhandlungen eine prinzipielle Einigung zwischen dem ungarischen Wirtschaftsorgan und dem ausländischen Partner hinsichtlich der Gründung einer Vereinigung in Ungarn zustande kommt, so ist das ungarische Wirtschaftsorgan zur Aufnahme der sachlichen Verhandlungen über den Abschluß der endgültigen Vereinbarung verpflichtet, die Genehmigung des Finanzministeriums einzuholen. Der Antrag ist in 10 Exemplaren zu unterbreiten. Der Finanzminister überstellt den Antrag den Mitgliedern des unter § 5 Abs. 2 genannten Ausschusses zur gutachtlichen Stellungnahme.

(2) In der sich auf den Beginn der meritorischen Verhandlungen beziehenden Anmeldung hat die die Anmeldung einreichende Wirtschaftsorgan folgende Einzelheiten anzugeben:

a) Name und Adresse der ungarischen Wirtschaftsorganisation, die die Vereinigung errichten will,
b) Name und Adresse des ausländischen Partners/der ausländischen Partner,
c) Gegenstand der geplanten Vereinigung,
d) Bekanntgabe, welches der unter § 2 Abs. 1 bezeichneten Ziele durch die Tätigkeit der Vereinigung gefördert wird und in welchem Maße,
e) vorgesehene Rechtsform der Vereinigung, die sich auf ihre Organisation und Tätigkeit beziehenden wichtigsten Bedingungen sowie die vorgesehene Anzahl der Mitarbeiter,
f) Gegenstand der Lizenz und des Know-how, das die geplante Vereinigung zu erwerben wünscht und die entsprechenden Vertragsbedingungen,
g) Höhe des Vermögens, das zur bestimmungsmäßigen Einleitung der Tätigkeit notwendig ist, sowie die Spezifizierung, in welchem Maße und in welcher Form der ungarische und der ausländische Partner/die ungarischen und ausländischen Partner zu dessen Verwirklichung beitragen (Bargeld, eingebrachtes Sachvermögen, Know-how usw.),
h) Einnahmen und Ausgaben der Vereinigung, in konvertierbarer Währung sowie der Gewinn vor der vorgesehenen Steuerzahlung.

(3) Nach obiger Anmeldung können die eingeleiteten Verhandlungen laufend fortgesetzt werden.

(4) Das Finanzministerium wird seine mit der Anmeldung verbundenen Bemerkungen und eventuelle Stellungnahmen innerhalb von 30 Tagen, gerechnet vom Eingang der Anmeldung, bekanntgeben.

(zu § 3 der VO)

§ 4

Die zur Genehmigung vorgelegten Unterlagen müssen beinhalten:

a) endgültige Daten, die sich auf § 2 Abs. 3 Punkt a-g der vorliegenden Anordnung beziehen,
b) die Fonds, deren Bildung von der Vereinigung vorgesehen wurde, die Art und Weise ihrer Auffüllung und Nutzung und der in den Rechtsnormen als obligatorisch vorgeschriebenen Fonds,
c) Regeln zur Bewertung des gemeinsamen Vermögens bei Auflösung der Vereinigung,
d) die Quellen der Anlagen, die ungarischerseits zur Gründung und Tätigkeit erforderlich sind, die voraussichtliche Umschlagperiode derselben,
e) die Stellungnahme des kreditgebenden Bankinstituts in bezug auf die Kreditfähigkeit für den Fall, daß die ungarische Wirtschaftsorganisation, die die Vereinigung gründen will, ihre Vermögenseinlage, teilweise oder gänzlich, durch Kredit decken will,
f) den sich auf die ersten drei Jahre beziehenden Finanzplan der Vereinigung mit Angabe der in konvertierbaren und nichtkonvertierbaren Devisen geplanten Einnahmen und Ausgaben,
g) Bank- und Firmeninformationen, die über die ausländischen Partner eingeholt wurden,
h) alle weiteren Angaben, die die wirtschaftliche und technische Zielsetzung der geplanten Vereinigung betreffen.

§ 5

(1) Der Genehmigungsantrag ist in 10 Exemplaren beim Finanzminister einzureichen unter Beifügung folgender Belege, je im Original mit 9 Durchschlägen:

a) sämtliche Verträge, Vereinbarungen, Protokolle und sonstige Dokumente sowohl in der Originalsprache als auch in ungarischer Übersetzung, ohne Rücksicht auf deren Bezeichnung, die hinsichtlich der Gründung von Vereinigungen, auf deren inneren Struktur und die Tätigkeitsbedingungen (Gesellschaftssatzung, Gesellschaftsvertrag, Gesellschaftsordnung usw.) hinweisen, weiterhin solche, die im Zusammenhang mit der Gründung und Tätigkeit der Vereinigung stehen und Rechte und Pflichten der Mitglieder untereinander oder gegenüber der Vereinigung enthalten, sofern sie in vorgenannten Urkunden nicht aufgeführt sind;
b) Bestätigungen und detaillierte Kalkulationen, welche die Angaben und Voranschläge im Sinne § 3 Abs. 2 Punkt g-i glaubwürdig unterstützen;
c) falls die Vereinigung zur Fortführung einer Tätigkeit gegründet wird oder eine Tätigkeit ausüben will, die einer gesonderten Genehmigung der Behörden bedarf (z.B. Außenhandelstätigkeit), so ist eine Erklärung der zuständigen Behörde dahingehend erforderlich, daß die Ausübung dieser Tätigkeit genehmigt wird.

(2) Der Finanzminister faßt seinen Beschluß nach Anhörung der interministeriellen Expertenkommission. Ständige Mitglieder der Kommission sind: die mit ständigem Auftrag ernannten Vertreter des Finanzministers für Außenhandel, des Ministers für Außenhandel, des Präsidenten des Staatsamtes für Lohn- und Arbeitswesen, des Präsidenten der Landeskommission für Technische Entwicklung und des Präsidenten der Ungarischen Nationalbank. Zur Sitzung der Kommission ist als vollberechtigtes Mitglied der Vertreter des Ministers einzuladen, der die Aufsicht über das ungarische Mitglied (die ungarischen Mitglieder) der Vereinigung ausübt. Der Vertreter des Finanzministers ist Vorsitzender der Kommission.

(zu § 4 der VO)

§ 6

(1) Die Leistung des übernommenen Vermögensbeitrags der Mitglieder zum Zwecke der Gründung der Vereinigung erfolgt durch Überlassung des im Gesellschaftsvertrag vorgesehenen Bargeldes und des Vermögenswertes (Sacheinlage) zu Eigentum der wirtschaftlichen Vereinigung.

(2) Die ungarischen Mitglieder der Vereinigung können ihre Vermögenseinlage durch Entnahme aus dem frei verfügbaren, anderweitig nicht beanspruchbaren Teil des Entwicklungs- und Umlaufmittelfonds, aus den Grundmitteln sowie gemäß Vereinbarung der Mitglieder durch sonstige Vermögenswerte, Leistungen (Rechten) und ferner durch Darlehen aus den Entwicklungsfonds und durch staatliche Fondszuteilungen erbringen.

(3) Falls Mobilien als Sacheinlage und als anfängliche Investition ins Land eingeführt werden, so kann die Zollentrichtung gemäß § 98 Abs. 5 der gemeinsamen Verordnung des Finanzministers und des Außenhandelsministers Nr. 39/1976 vom 10.11.76 - auf Antrag – in monatlichen Ratenzahlungen bis zu 36 Monaten genehmigt werden.

(zu § 7 der VO)

§ 7

Die dem Risikofonds entnommene Summe - mit Ausnahme des zur Verlustbegleichung verwendeten Betrages - gilt als steuerpflichtiger Gewinn.

(zu § 10 der VO)

§ 8

(1) Die Darlehensbedingungen eines ausländischen Mitgliedes sind von der Ungarischen Nationalbank im voraus genehmigen zu lassen.

(2) Im Zusammenhang mit der wirtschaftlichen Tätigkeit der Vereinigung erfolgt die Umrechnung des Forints in ein ausländisches Zahlungsmittel und des ausländischen Zahlungsmittels in Forint, einschließlich der Umrechnung des durch den ausländischen Partner, unter welchem Rechtstitel auch immer, der Vereinigung zur Verfügung gestellten Betrages, so wie die Umrechnung der von der Vereinigung an den ausländischen Partner geleisteten Überweisungen zu dem von der Ungarischen Nationalbank festgelegten, jeweiligen kommerziellen Kurs. Der Finanzminister kann in seinem die Gründung betreffenden Genehmigungsbeschluß mit Rücksicht auf die Tätigkeit der Vereinigung die Anwendung des nicht kommerziellen Kurses vorsehen.

§ 9

Die ungarische Außenhandelsbank übt im Zusammenhang mit den Vereinigungen Verwaltungs- und Bankfunktionen aus; sie führt im Auftrag der Ungarischen Nationalbank Forint-Konten für die Vereinigungen und gewährt diesem Darlehen.

(zu § 14 der Verordnung)

§ 10

(1) Soweit nichts anderes bestimmt ist, sind auf die Tätigkeit der Vereinigung die Vorschriften anzuwenden, die für branchenmäßig ähnliche Tätigkeit ausübende Wirtschaftsorgane erlassen wurden.

(2) Die Vereinigung kann – mit Ausnahme der Vereinigungen, die unmittelbar an die Bevölkerung verkaufen – ihre für den Inlandsverbrauch vorgesehenen Produkte nur im Wege des Großhandels und des Handels mit Produktionsmitteln absetzten. Der Finanzminister kann bei der Gründung der Vereinigung hiervon Befreiung erteilen.

§ 11

Diese Weisung tritt am Tage ihrer Veröffentlichung in Kraft.

ANHANG III:

Gemeinsame Verordnung Nr. 62/1982 (XI.16.)PM-KM
des Finanzministers und des Außenhandelsministers
über die auf Zollfreigebieten errichteten wirtschaftlichen Vereinigungen
mit ausländischer Beteiligung[1394]

Aufgrund der durch den Ministerrat erteilten Ermächtigung wird – im Einverständnis mit dem Präsidenten der Ungarischen Nationalbank und den zuständigen Ministern sowie Leitern der Organe mit Landesbefugnis – folgendes verordnet:

§ 1

Eine auf einem Zollfreigebiet mit ausländischer Beteiligung tätige wirtschaftliche Vereinigung (im weiteren: Zollfreigebietsvereinigung) kann bei Vorliegen der in den Zollrechtsvorschriften vorgesehenen Genehmigungen mit Zustimmung des Finanzministers gegründet werden. Der Gesellschaftsvertrag, die Satzung, der Vereinigungsvertrag usw. (im weiteren: der Gesellschaftsvertrag) und ihre Abänderung sind mit Genehmigung des Finanzministers gültig.

§ 2

(1) Hinsichtlich der Anwendung der Rechtsvorschriften des Zoll-, Devisen- und – mit der im Abs. (3) enthaltenen Einschränkung – des Außenhandelswesens ist die Zollfreigebietsvereinigung als Ausländer zu betrachten.

(2) Zur Außenhandelstätigkeit einer Zollfreigebietsvereinigung im Verhältnis zu solchen Ländern sowie mit solchen Waren, Dienstleistungen und Rechten, die einen finanziellen Wert verkörpern (des weiteren zusammen: Waren), mit welchen Ländern bzw. hinsichtlich welcher Waren die Ungarische Volksrepublik ein die Art oder die Menge (den Wert) der aus- bzw. einzuführenden Waren bestimmendes Abkommen abgeschlossen hat, ist eine entsprechende Genehmigung des Außenhandelsministers erforderlich. Für die Zollfreigebietsvereinigungen sind auch die den Außenhandel betreffenden Bestimmungen der für die Ungarische Volksrepublik maßgebenden internationalen Verträge sowie die für die einzelnen Beziehungen bzw. Waren gültigen Ein- und Ausfuhrbedingungen verbindlich.

§ 3

(1) Die Zollfreigebietsvereinigung

a) führt ihre Bücher, in der im Gesellschaftsvertrag bestimmten konvertiblen Währung der vom Finanzminister festgelegten Rechnungsordnung entsprechen. Der Finanzminister kann die Führung einiger Konten sowie die Zusammenstellung der Bilanz in ungarischer Währung (Forint) vorschreiben. Die Vereinigung darf ihre Geschäfte – von der im Absatz (2) beschriebenen und durch den Finanzminister fallweise zu genehmigenden Ausnahme abgesehen – nur in konvertiblen Währungen abschließen;
b) darf ihre Währungs- und Devisenvorräte bis zur Höhe ihres eingezahlten Grundkapitals (Stammkapitals) bei einem inländischen, die dasselbe überschreitenden Währungs- und Devisenvorräte sowohl bei einem inländischen als auch bei einem ausländischen Geldinstitut verwalten lassen;

[1394] Quelle der deutschen Übersetzung: Investitionsführer Ungarn, S. 121.

c) darf Kredite sowohl im Inland als auch im Ausland aufnehmen;
d) darf über ihre in Ungarn in konvertiblen Währungen angelegten Forderungen – mit den im obigen Punkte b) beschriebenen Einschränkungen – frei verfügen.

(2) Die Zollfreigebietsvereinigung ist verpflichtet, den zu ihrer Tätigkeit benötigten Forint-Betrag gegen konvertible Devisen bei ungarischen Geldinstituten anzuschaffen und den so erworbenen Forint-Betrag zugunsten eines bei einem ungarischen Geldinstitut eröffneten Kontos einzuzahlen. Zu Lasten dieses Kontos hat sie die öffentlichen Abgaben, die Löhne und die übrigen Bezüge, die nach denen zu entrichtenden Beiträge, die Bodenbenutzungskosten (Pachtgelder) und Kommunalbetriebsgebühren sowie jene Entgelte zu zahlen, welche ungarischen Privatpersonen und zur Außenhandelstätigkeit nicht befugten Wirtschafts- und sonstigen Organisationen für die Anschaffung von Einzelhandelswaren, für im Zollfreigebiet auszuführende Bau-, Installations-, Reparatur- und ähnliche Arbeiten, weiterhin für sonstige, nicht in den Tätigkeitskreis der Vereinigung fallende, aber zur Errichtung und Tätigkeit der Zollfreigebietsvereinigung benötigte Anschaffungen und Dienstleistungen zustehen.

§ 4

(1) Ungarischen Arbeitnehmern kann über die für den Arbeitsbereich festgesetzten Löhne hinaus ein Lohnzuschlag gezahlt werden. Der Lohnzuschlag ist frei von Sozialversicherungs- und Pensionsabgaben, von ihm ist Einkommensteuer zu entrichten.

(2) Hinsichtlich des Arbeitslohnes und der Arbeitsvertragsbedingungen ausländischer Arbeitnehmer sind die ungarischen Rechtsvorschriften maßgebend, falls der Gesellschaftsvertrag und der Arbeitsvertrag keine abweichenden Löhne und Bedingungen feststellt.

§ 5

Auf Antrag und nach Wahl des ausländischen Mitinhabers der Zollfreigebietsvereinigung ist die Ungarische Nationalbank oder die Ungarische Außenhandelsbank berechtigt, zu den üblichen Bankgeschäftsbedingungen die Überweisung des dem ausländischen Mitinhaber nach Abzug eventueller steuern und sonstiger Abgaben zustehenden Gewinns und anderer Beträge, im Falle der Liquidation der Vereinigung des ihm zustehenden Vermögensanteiles zu garantieren, in beiden Fällen aber höchstens den von der Vereinigung bei der garantierenden Bank in konvertibler Währung eingezahlten Betrag zugunsten des ausländischen Mitinhabers an dessen Auslandsanschrift.

§ 6

Auf die Zollfreigebietsvereinigungen sind die ungarischen Rechtsvorschriften anzuwenden. Die Rechtsvorschriften, die auf diese Firmen gemäß §§ 2-4 dieser Verordnung sinngemäß nicht anwendbar sind, beziehen sich auf sie nicht; dies gilt insbesondere für Rechtsvorschriften über

- die Einkommensregelung der Unternehmungen
- die Lohnregelung der Unternehmungen
- die Preisregelung
- die Investitionsordnung
- die staatliche Kontrolle sowie die Unternehmungsaufsicht und die Innenkontrolle

- die Errichtung, Höhe und Festsetzungsmethode von verschiedenen Fonds und Kostenrahmen (mit Ausnahme des Risikofonds), weiterhin die Bewirtschaftungsweise der finanziellen Mittel der Vereinigungen
- die Anschaffung und Benutzung von Kraftfahrzeugen

§ 7

(1) Über die Gesetzmäßigkeit der Tätigkeit der Zollfreigebietsvereinigungen übt der Finanzminister die Kontrolle aus.

(2) Die Zollfreigebietsvereinigung ist zu einer durch die zuständigen Minister im Einklang mit dem Gesetz über die Statistik speziell bestimmten statistischen Datenlieferung verpflichtet.

§ 8

(1) Hinsichtlich der Gründung, Tätigkeit und Auflösung der Zollfreigebietsvereinigung sowie der Besteuerung ihres Gewinnes sind, neben den Bestimmungen dieser Verordnung Nr. 28/1972, 3.10., PM und die in deren Vollstreckung erlassene Anweisung Nr. 5/1979, PK 10.; PM des Finanzministers – mit den im Abs. (2) umschriebenen Ausnahmen – anzuwenden.

(2) Auf die Zollfreigebietsvereinigung finden § 6 Abs. (1), die Zuweisung auf den Beteiligungsfonds in § 7 Abs. (2) sowie der § 10 und § 11 Abs. (1) und (4) der Verordnung Nr. 28/1972, 3.10., PM, weiterhin § 6 Abs. (3), § 8 und § 10 Abs. (2) der Anweisung Nr. 5/1979, PK 10., PM keine Anwendung.

§ 9

Diese Verordnung tritt am Tage der Verkündung in Kraft.

ANHANG IV:

Gesetz Nr. XXIV vom Jahre 1988
über die Investitionen von Ausländern in Ungarn
(ursprüngliche Fassung)[1395]

Im Interesse der Entwicklung der internationalen Wirtschaftskooperation, insbesondere im Interesse der Förderung des direkten Erscheinens ausländischen aktiven Kapitals in unserer Wirtschaft und auch im Interesse der auf dieser Weise erfolgenden Förderung der technischen Entwicklung in der ungarischen Wirtschaft, verabschiedet das Parlament – um den ausländischen Investoren die von nachteiliger Unterscheidung freie und nationale Behandlung zu sichern – das folgende Gesetz:

I. Kapitel

Allgemeine Bestimmungen

§ 1

(1) Die Investitionen von Ausländern in Ungarn genießen vollen Schutz und volle Sicherheit.

(2) Der ausländische Investor ist für Schäden, die sich aus eventuellen Verstaatlichungs-, Enteignungs- oder ähnlichen juristischen Maßnahmen in seinem Eigentum ergeben, aufgrund des tatsächlichen Wertes unverzüglich zu entschädigen.

(3) Für die Entschädigung sorgt der Staat durch das Verwaltungsorgan, das die Maßnahme getroffen hat. Im Falle einer Rechtsverletzung kann die Revision des Verwaltungsbeschlusses über die Entschädigung beim Gericht beantragt werden.

(4) Die Entschädigungssumme ist dem Berechtigten in der Währung der getätigten Investition auszuzahlen.

§ 2

Bei Anwendung vorliegenden Gesetzes:

a) gilt als Ausländer die juristische Person, bzw. natürliche Person, die von den Devisenrechtsnormen als Ausländer deklariert wird,
b) als Investitionen von Ausländern in Ungarn gelten: die mit ausländischer Beteiligung wirkende Wirtschaftsgesellschaft, die von Ausländern gegründete Wirtschaftsgesellschaft und der Erwerb einer Beteiligung eines Ausländers an einer Wirtschaftsgesellschaft (im Folgenden: Gesellschaft mit ausländischer Beteiligung)

§ 3

Eine Gesellschaft mit ausländischer Beteiligung kann in der Weise und unter den Formen gegründet werden, die das Gesetz Nr. VI vom Jahre 1988 über die Wirtschaftsgesellschaften (im Folgenden: WgG) bestimmt. Auf diese Gesellschaften sind – mit den im vorliegenden Gesetz beinhalteten Abweichungen und Ergänzungen – die Regeln des WgG anzuwenden.

[1395] Quelle der deutschen Übersetzung: Sárközy, Tamás: Ausländische Investitionen in Ungarn, S. 140.

§ 4

(1) Eine Wirtschaftsgesellschaft mit ausländischer Beteiligung kann an der Gründung einer anderen Wirtschaftsgesellschaft teilnehmen, kann auch selbst eine Gesellschaft gründen und kann an einer wirkenden Gesellschaft – mit der Beschränkung gemäß Absatz (2) – einen Anteil erwerben. Auf diese Gesellschaften beziehen sich die Bestimmungen des vorliegenden Gesetzes – die Bestimmungen von Kapitel IV ausgenommen – nicht.

(2) Eine mehrheitlich oder völlig in ausländischem Eigentum stehende Aktiengesellschaft kann an einer anderen Aktiengesellschaft keine Mehrheitsbeteiligung erwerben.

§ 5

Über die Gesellschaft mit ausländischer Beteiligung versieht das Handelsregister führende Gericht (im Folgenden: Firmengericht) die Gesetzlichkeitsaufsicht.

§ 6

Falls ein internationaler Vertrag vom vorliegenden Gesetz abweichend verfügt, ist der internationale Vertrag anzuwenden.

II. Kapitel

Gründung einer Gesellschaft mit ausländischer Beteiligung, Erwerb eines Anteils einer wirkenden Gesellschaft

§ 7

Ausländer können an der Gründung bzw. als Gesellschafter einer Wirtschaftsgesellschaft dann teilnehmen, falls sie gemäß ihrem heimischen Recht über eine Firma verfügen oder sie, gemäß ihrem heimischen Recht in ein Unternehmens- (oder anderes Wirtschafts-) register eingetragen wurden. Aktionär kann jede ausländische natürliche und juristische Person sein.

§ 8

An einer Gesellschaft mit ausländischer Beteiligung können sich als inländische Gründer bzw. als Gesellschafter der Staat, juristische Personen, Wirtschaftsgesellschaften ohne juristische Persönlichkeit und natürliche Personen gemäß den Bestimmungen des WgG gleicher weise beteiligen.

§ 9

(1) Eine Wirtschaftsgesellschaft mit ausländischer Beteiligung kann zwecks Ausübung jeglicher Wirtschaftstätigkeit gegründet werden, es sei denn, daß dies das Gesetz ausschließt oder beschränkt.

(2) Zur Gründung einer mehrheitlich oder völlig in ausländischem Eigentum befindlichen Wirtschaftsgesellschaft, zur Umgestaltung in eine solche Gesellschaft, zum Erwerb der Mehrheit des ausländischen Anteils an der Gesellschaft ist die gemeinsame Genehmigung des Finanzministers und des Handelsministers erforderlich. Diese Genehmigung beinhaltet die devi-

senbehördliche Genehmigung. Falls das Gesuch binnen neunzig Tagen von seinem Einreichen nicht abgewiesen wird, ist die Genehmigung als erteilt zu betrachten.

(3) Zur Gründung einer Wirtschaftsgesellschaft, wo die ausländische Beteiligung das Maß gemäß Absatz (2) nicht erreicht, ist zur Beteiligung an der Gesellschaft keine devisenbehördliche oder andere Genehmigung erforderlich.

§ 10

(1) Das Gesuch zur Genehmigung (§ 9 Absatz (2)) ist dem Finanzminister einzureichen.

(2) Das Gesuch ist

a) im Falle der Gründung einer neuen Gesellschaft vom ungarischen Gründer,
b) im Falle ausschließlichen ausländischen Eigentums von der ausländischen Partei,
c) im Falle des Erwerbs ausländischen Anteils an einer wirkenden Gesellschaft von der Gesellschaft in fünf Exemplaren in ungarischer Sprache einzureichen. Das Gesuch kann aufgrund eines Auftrages auch von anderen eingereicht werden, im Falle Punktes b) ist ein inländischer Zustellungsbevollmächtigter zu bezeichnen.

(3) Das Gesuch hat folgendes zu enthalten:

a) die Nennung des Namens (des Firmennamens) der ungarischen und ausländischen Gesellschafter (Gründer), ihrer Gesellschaftsform, ihres Sitzes (Wohnsitzes),
b) die Nennung der Form, des Registrierungsortes und des Sitzes der Gesellschaft sowie die Beschreibung ihres Tätigkeitsbereiches,
c) im Falle einer wirkenden Gesellschaft die Angabe der Größe des zur Zeit des Einreichens des Gesuches vorhandenen Vermögens (Stammkapital, Grundkapital), im Falle der Gründung einer neuen Gesellschaft die diesbezüglich vorgesehenen Daten,
d) Art und Weise der Aufteilung des versteuerten Reinerlöses,
e) Erläuterung der geschäftspolitischen Zielsetzung der Gesellschaft, bei Angabe zur Bewertung geeigneten Daten.

(4) Dem Gesuch ist der Gesellschaftsvertrag in ungarischer Sprache beizulegen (die Satzung, der Gründungsentwurf), im Falle einer wirkenden Gesellschaft auch die eventuell notwendige Änderung der erwähnten Dokumente.

§ 11

(1) Über den Genehmigungsantrag erteilt den gemeinsamen Beschluß der Finanzminister. Der abweisende Beschluß ist zu begründen.

(2) Falls das Gesuch nicht in der vorgeschriebenen Form oder mit dem vorgeschriebenen Inhalt eingereicht wurde, kann binnen dreißig Tagen vom einreichen gerechnet (einmal) eine Mangelbeseitigung verordnet werden. Über das Gesuch ist binnen sechzig Tagen nach erfolgter Mangelbeseitigung ein meritorischer Entscheid zu fällen.

(3) Ein Exemplar der in Absätzen (1) und (2) erwähnten Beschlüsse ist auch dem Firmengericht zuzusenden.

§ 12

(1) Mangels abweichender Bestimmung eines internationalen Vertrages hat der Ausländer seinen eigenen finanziellen Beitrag in konvertierbarer Valuta zu entrichten.

(2) Die nicht aus Geldbeitrag bestehende Einlage kann jegliche, über Vermögenswert verfügende, umsatzfähige Sache, geistiges Eigentum und Recht von Vermögenswert sein.

§ 13

(1) Falls mehr Aktien gezeichnet wurden, als durch die Aktiengesellschaft emittiert, und es infolgedessen zur Abweisung kommt (§ 255 WgG), kann im Falle einer Gesellschaft mit ausländischer Beteiligung auch die vom Haushaltsorgan oder vom Geldinstitut getätigte Aktienzeichnung abgewiesen werden.

(2) Ein Ausländer kann nur auf Namen lautende Aktien erwerben. Zur Übertragung einer Inhaberaktie auf einen Ausländer ist die Aktie in eine auf Namen lautende Aktie umzugestalten. Im Erbfall ist die Aktie des ausländischen Erben binnen einem Jahr ab Übergabe des Nachlasses in eine auf Namen lautende Aktie umzugestalten.

III. Kapitel

Die Funktionsbedingungen der Gesellschaften

§ 14

(1) Die Gesellschaft mit ausländischer Beteiligung (im Folgenden: Gesellschaft) ist verpflichtet, Unternehmensgewinnsteuer zu zahlen. Die Bemessungsgrundlage der Steuer ist der im Kalenderjahr erzielte Gewinn der Gesellschaft. Die Gesellschaft ist aufgrund ihres Gewinns zugunsten des staatlichen Budgets mit keiner anderen Einzahlungspflicht belastet.

(2) Das Maß der Unternehmensgewinnsteuer beträgt vierzig Prozent für den drei Millionen Forint nicht übersteigenden Anteil der Steuergrundlage, für den darüber hinaus gehenden Teil beträgt das Maß fünfzig Prozent (berechnete Steuer).

§ 15

(1) Die Gesellschaft ist zu all jenen Steuervergünstigungen berechtigt, die anderen inländischen Wirtschaftsorganisationen zustehen.

(2) Weitere Steuervergünstigungen im Kreise der Unternehmensgewinnsteuer:

a) falls im Gründungsvermögen der Anteil der ausländischen Beteiligung zwanzig Prozent oder fünf Millionen Forint erreicht, gebührt der Gesellschaft aus der berechneten Steuer eine Steuervergünstigung von zwanzig Prozent;
b) falls der Erlös der Gesellschaft über mehr, als die Hälfte der Summe aus Produktion oder in Betriebhaltung eines selbst erbauten Hotels herrührt, weiter, falls das Gründungsvermögen die Summe von fünfundzwanzig Millionen Forint übersteigt und die ausländische Beteiligung am Gründungsvermögen wenigstens dreißig Prozent beträgt, gebührt der Gesellschaft von der berechneten Steuer vom Beginn der Verwertung der Dienstleistung an

gerechnet für die ersten fünf Jahre eine Steuervergünstigung von sechzig Prozent, vom sechsten Jahr eine Steuervergünstigung von vierzig Prozent;

c) falls die in Punkt b) entsprechenden Bedingungen bestehen und die Gesellschaft eine in der Beilage des vorliegenden Gesetzes angeführte, für die ungarischen Wirtschaft besonders wichtige Tätigkeit ausübt, gebührt der Gesellschaft von der berechneten Steuer vom Beginn der Verwertung des Produkts, bzw. vom Beginn der Verwertung der Dienstleistung an gerechnet für die ersten fünf Jahre eine Steuervergünstigung von hundert Prozent, vom sechsten Jahr an gerechnet eine Steuervergünstigung von sechzig Prozent.

(3) Die Steuervergünstigungen können in Form von Steuerrückhaltung in Anspruch genommen werden.

(4) Der Ministerrat kann durch Verordnung – für den Fall des Bestehens der in Absatz (2) Punktes a) bestimmten Bedingungen – für Gesellschaften, die eine Geldinstituts-Tätigkeit ausüben sowie für Gesellschaften, die gemäß der Beilage des vorliegenden Gesetzes eine besonders wichtige Tätigkeit ausüben, eine Steuervergünstigung auch für längere Zeit bzw. von größerem Maße als in Absatz (2) bestimmt, festlegen.

§ 16

(1) Im Falle des Bestehens der Bedingungen laut § 15 Absatz (2) Punkte b) und c) gebührt der Gesellschaft falls der ausländische Gesellschafter (der Aktionär) die ihm zustehende Dividende (Beteiligung) teilweise oder völlig zur Erhöhung des Gründungsvermögens verwendet, eine Steuervergünstigung in gleicher Höhe, wie die auf diese Summe berechnete Steuer, die in Form einer Steuerrückhaltung in Anspruch genommen werden kann.

(2) Die Bedingung der Inanspruchnahme der Absatz (1) entsprechenden Steuervergünstigung ist, daß der Reingewinn wenigstens so hoch liege, wie die Gesamtsumme der Erhöhung des Gründungsvermögens und der damit verbundenen Stuervergünstigung.

§ 17

Im Falle einer von der Gesellschaft vorgenommenen Investition dürfen hundert Prozent der im Berichtsjahr entstandenen, vorher berechneten allgemeinen Umsatzsteuer rückbehalten werden.

§ 18

Die Produktionsmittel, die der ausländische Gesellschafter der Gesellschaft als nicht Geldbeitrag bestehende Einlage zur Verfügung stellt, können zollfrei in das Land eingeführt werden.

§ 19

Die Gesellschaft kann

a) Eigentumsrechte und andere Rechte für ihre im Gesellschaftsvertrag (in der Satzung) bestimmte Wirtschaftstätigkeit notwendigen Immobilien erwerben;
b) mit ihren Vermögensgegenständen im Rahmen der ungarischen Rechtsnormen und des Gesellschaftsvertrages (der Satzung) frei wirtschaften.

§ 20

(1) Die Gesellschaft geht auf dem Gebiet der Anschaffung und Verwertung von Waren gemäß den Bestimmungen der den Warenverkehr und die Marktaufsicht betreffenden Rechtsnormen vor.

(2) Für die Preisbildung sind die im Rahmen der Rechtsnormen über das Verbot unlauterer Wirtschaftstätigkeit und Festlegung eines unlauteren Preises geltenden Marktbedingungen maßgebend. Falls die Rechtsnorm einen behördlichen Preis festlegt, ist dieser anzuwenden.

§ 21

Die Gesellschaft darf gemäß den für andere inländische Wirtschaftsorganisationen maßgeblichen Regeln, Außenhandels-, Großhandels- und Einzelhandelstätigkeiten ausüben.

§ 22

Die Rechtsnormen für den Qualitätsschutz von Produkten und Dienstleistungen sind auch auf die Gesellschaft anzuwenden.

§ 23

Die Gesellschaft darf gemäß den Regeln für andere inländische Wirtschaftsorganisationen, Kredite aufnehmen und führt ihren Geldverkehr dementsprechend durch.

§ 24

Für das Rechnungswesen, die Bilanzaufstellung und statistische Datenlieferungs-Verpflichtung der Gesellschaft, sowie für ihre staatliche Kontrolle sind dieselben Rechtsnormen anzuwenden, die sich auf andere inländische Wirtschaftsorganisationen beziehen.

§ 25

Im Falle andauernder Zahlungsunfähigkeit sind die Bestimmungen für das Liquidierungsverfahren anzuwenden.

§ 26

(1) Die Gesellschaft zahlt aufgrund des den Arbeitnehmern gezahlten Lohnes in demselben Maße Sozialversicherungsbeiträge, wie andere inländische Wirtschaftsorganisationen.

(2) Die Gesellschaft ist zur Zahlung von Sozialversicherungsbeiträgen nur für die ausländischen Arbeitnehmer verpflichtet, die die kostenlose Gesundheitsversorgung und die Sozialversicherungsdienstleistungen in Anspruch nehmen wollen. Diese Bestimmung ist auch für den Pensionsbeitrag entsprechend anzuwenden.

§ 27

Leitende Amtsträger, die Geschäftsführer, die Mitglieder des Aufsichtsrates und die Angestellten der Gesellschaft dürfen auch Ausländer sein.

§ 28

(1) Für den arbeitsrechtlichen Stand der Arbeitnehmer sind das Gesetzbuch der Arbeit sowie in dessen Rahmen der Gesellschaftsvertrag (die Satzung) und der Arbeitsvertrag, für ihre Verantwortung jedoch das WgG bzw. das Gesetzbuch der Arbeit maßgebend.

(2) Für die Gewerkschaftsrechte gelten das Gesetzbuch der Arbeit und die auf dessen Basis publizierten Rechtsnormen.

§ 29

Die Rechtsnormen für die Lohnregelung und das Beteiligungssystem der Mitarbeiter in leitender Stellung sind für die Gesellschaft nur dann anzuwenden, wenn in der Gesellschaft die ausländische Beteiligung weniger als zwanzig Prozent oder weniger als fünf Millionen Forint ausmacht.

§ 30

Das Vermögen der Gesellschaft ist – mit Ausnahme der Gesellschaften auf zollfreiem Gebiet – in Forint auszudrücken und die Bücher der Gesellschaft sind in Forint zu führen. Der Wert des vom ausländischen Investor nicht in Geld geleisteten Beitrages ist aufgrund der Währung des Sitzes des Ausländers in Forint in Evidenz zu halten.

§ 31

(1) Die Gesellschaft nimmt ihre Valuta- und Devisentransaktionen bzw. ihre Verrechnungen gemäß den für andere inländische Wirtschaftsorganisationen maßgeblichen Regeln vor.

(2) Die Umrechnung von Forint in ausländische Währung und die Umrechnung von ausländischer Währung in Forint erfolgt bei der Gründung, der Tätigkeit und dem Erlöschen der Gesellschaft – inbegriffen auch die Überweisung der vom Ausländer der Gesellschaft unter jeglichem Titel zur Verfügung gestellten Summe und die von der Gesellschaft dem ausländischen Gesellschafter erfolgende Überweisung – bei Anwendung des von der Ungarischen Nationalbank festgestellten jeweiligen offiziellen Kurses.

(3) Die Gesellschaft darf den in konvertierbarer Valuta geleisteten Geldbeitrag ihres ausländischen Gesellschafters in der Währung der Einzahlung auf ihrem eigenen Konto halten und frei zur Anschaffung der zur Tätigkeit nötigen Produktionsmittel, Ersatzteile und dauerhafter Benutzung dienender Einrichtungen verwenden. Die zu Lasten dieses Kontos angeschafften derartigen Produktionsmittel dürfen zollfrei in das Land eingeführt werden.

§ 32

(1) Der aus dem Gewinn der Gesellschaft dem Ausländer zustehende Anteil, sowie für den Fall der Auflösung der Gesellschaft oder der teilweisen oder völligen Veräußerung des Ausländeranteils, kann die dem Ausländer zustehende Summe, falls deren Deckung der Gesellschaft zur Verfügung steht, aufgrund des Antrages des Ausländers in der Währung der Anlegung ins Ausland frei überwiesen werden.

(2) Für den Fall der Auflösung der Gesellschaft sind vor der Überweisung die den Ausländer belastenden Verpflichtungen zu erfüllen.

§ 33

Die ausländischen leitenden Amtsträger, die mit der Geschäftsführung beauftragten Gesellschafter, die Mitglieder des Aufsichtsrates und die ausländischen Angestellten sind berechtigt, fünfzig Prozent ihres von der Gesellschaft bezogenen, bei der kontoführenden Bank der Gesellschaft eingezahlten, versteuerten Einkommens in der Landeswährung ihres ständigen Wohnortes ins Ausland frei zu überweisen.

§ 34

Falls eine Rechtsnorm den ungarischen Wirtschaftsorganisationen zu irgendeiner Tätigkeit eine behördliche Genehmigung vorschreibt, hat auch die Gesellschaft – unabhängig von der in § 9 Absatz (2) vorgeschriebenen Genehmigung – diese Genehmigung einzuholen.

§ 35

Falls vorliegendes Gesetz nicht anderweitig verfügt, können auf die Gesellschaft die mit ihrer Wirtschaftstätigkeit zusammenhängenden Bestimmungen nicht zivilrechtlichen Inhalts, die sich ausschließlich auf staatliche Wirtschaftsorganisationen und Genossenschaften – in ihrer diesbezüglichen Eigenschaft – beziehen, nicht zur Anwendung kommen.

§ 36

Die Banken dürfen unter den üblichen Bankgeschäftsbedingungen für die sich aus dem Gesellschaftsverhältnis ergebenden Verpflichtungen der Gesellschaft gegenüber dem ausländischen Gesellschafter eine Garantie übernehmen.

IV. Kapitel

Gesellschaften auf zollfreiem Gebiet

§ 37

(1) Eine Gesellschaft kann von Ausländern oder mit ausländischer Beteiligung auch auf zollfreiem Gebiet gegründet werden, an einer solchen Gesellschaft kann ein Ausländer eine Beteiligung erwerben. Eine Vereinigung kann auf zollfreiem Gebiet nicht gegründet werden.

(2) Für die Gründung einer Gesellschaft auf zollfreiem Gebiet, für den Erwerb einer Beteiligung an einer solchen Gesellschaft und für die Tätigkeit der Gesellschaft ist – mit den Abweichungen und Ergänzungen dieses Kapitels – vorliegendes Gesetz maßgebend.

(3) Die Bedingungen der technischen Abgrenzung des zollfreien Gebiets, die Bedingungen der Errichtung von Anlagen auf zollfreiem Gebiet und die Bedingungen der Ausführung der Tätigkeiten, die Regeln des sich auf dem zollfreien Gebiet realisierenden Personen- und Warenverkehrs beinhalten die Rechtsnormen für Zollrecht und Zollverfahren.

§ 38

Das zollfrei Gebiet gilt hinsichtlich der Anwendung der Zoll- und Devisenrechtsnormen und – mit den Abweichungen von § 39 – hinsichtlich der Anwendung der Rechtsnormen über den Außenhandel als Ausland, die Gesellschaft auf zollfreiem Gebiet gilt in der Anwendung der erwähnten Rechtsnormen als Ausländer. Demgemäß können auf die Gesellschaft auf zollfreiem Gebiet die Rechtsnormen der Preisregelung sowie der staatlichen Kontrolle nicht zur Anwendung kommen.

§ 39

(1) Die den Außenhandel betreffenden Bestimmungen der internationalen Verträge, die die Ungarische Volksrepublik verpflichten, sowie die für einzelne Relationen oder Waren festgelegten Export- und Importvorschriften, erstrecken sich auf die Gesellschaft auf zollfreiem Gebiet.

(2) Die Gesellschaft auf zollfreiem Gebiet darf mit Genehmigung des Handelsministers mit solchen Waren und mit solchen Ländern Außenhandelstätigkeiten ausüben, bezüglich welcher Waren und Relationen die Ungarische Volksrepublik für den Export und Import die Sorte oder die Menge bestimmende internationale Verträge hat.

§ 40

Zur Eintragung der Gesellschaft auf zollfreiem Gebiet ins Handelsregister ist auch der Beschluß des Finanzministeriums beizulegen, der das Grundstück, auf welchem die Tätigkeit der Gesellschaft geplant ist, zum zollfreien Gebiet deklariert hat.

§ 41

(1) Die Gesellschaft auf zollfreiem Gebiet führt ihre Bücher – mit der in Absatz (2) geregelten Ausnahme – in der konvertierbaren Währung, die im Gesellschaftsvertrag (in der Satzung) bestimmt wurde.

(2) Der Finanzminister kann verordnen, einzelne Konten in Forint zu führen und die Bilanz in Forint aufzustellen.

(3) Die Gesellschaft schließt ihre Geschäfte – abgesehen von den im § 42 geregelten und von den durch den Finanzminister von Fall zu Fall zugelassenen Ausnahmen – in einer konvertierbaren Währung ab.

(4) Die Gesellschaft auf zollfreiem Gebiet darf:

a) ihre Valuta- und Devisentatbestände bis zur Höhe der zur Zeit ihrer Gründung bestehenden Summe ihres Vermögens (ihres Stammkapitals, ihres Grundkapitals) bei einem inländischen Geldinstitut, ihre darüber hinausgehenden Valuta- und Devisenbestände sowohl bei einem inländischen, wie auch bei einem ausländischen Geldinstitut halten;
b) Kredite frei sowohl im Inland, wie auch im Ausland aufnehmen;
c) Über ihre, im Inland und im Ausland in konvertierbarer Währung angelegten Forderungen frei verfügen.

§ 42

(1) Die Gesellschaft auf zollfreiem Gebiet kauft die zu ihrer Gründung und ihrer Tätigkeit nötige Forint-Summe gegen konvertierbare Währung bei einem ungarischen Geldinstitut. Sie ist verpflichtet, die Forint-Summe auf einem, bei einem ungarischen Geldinstitut eröffneten Konto zu halten.

(2) Zu Lasten des in Absatz (1) erwähnten Kontos sind die nachfolgenden Zahlungen zu leisten:

a) die öffentlichen Lasten,
b) der Lohn und sonstige Dotierungen der Angestellten und die diese belastenden Beiträge,
c) die Geländebenutzungs- (Miet-) und Kommunalkosten, sowie
d) der Gegenwert der Einzelhandelsanschaffungen und der auf zollfreiem Gebiet zu verrichtenden Bau-, Montage-, Reparatur- und ähnlichen Arbeiten sowie nicht in den Tätigkeitsbereich der Gesellschaft auf zollfreiem Gebiet gehörenden und zur Gründung und Tätigkeit der Gesellschaft nötigen sonstigen Anschaffungen und Dienstleistungen inländischer natürlicher Personen und Wirtschaftsorganisationen, die nicht über Außenhandelsrechte verfügen.

§ 43

Der Finanzminister kann die, der Gesellschaft auf zollfreiem Gebiet zustehenden Begünstigungen völlig oder teilweise auch einer Gesellschaft mit ausländischer Beteiligung auf nicht zollfreiem Gebiet gewähren, vorausgesetzt, daß die Gesellschaft keine solche Tätigkeit ausübt, die den Grenzübergang von Waren bewirkt. Ein solches Geldinstitut kann als ausländisches Geldinstitut qualifiziert werden.

V. Kapitel

Schlußbestimmungen

§ 44

Falls die Gründer bzw. die Gesellschafter der Gesellschaft es schriftlich ausbedungen haben, geht bei sich aus dem Gesellschaftsvertrag ergehenden Streitigkeiten der Gesellschaft mit ausländischer Beteiligung ein inländisches oder ausländisches ordentliches oder Schiedsgericht vor.

§ 45

Das vorliegende Gesetz tritt mit dem 1. Januar 1989 in Kraft, gleichzeitig ändert sich § 11 Punkt c) des Beschlusses des Ministerrats Nr. 1016/1985 (III.2.) dem § 5 des vorliegenden Gesetzes entsprechend.

§ 46

(1) Die Bestimmungen des Gesetzes sind

a) bei Inkrafttreten des Gesetzes auch auf mit ausländischer Beteiligung bereits wirkenden Gesellschaften anzuwenden, mit Ausnahme der Regeln für die Genehmigung (§§ 10-11);
b) auch bei den verfahrensanhängigen Angelegenheiten anzuwenden, derart, daß als Erledigungstermin des Gesuchs der Genehmigung die vorgeschriebenen 90 Tage (§ 9 Absatz (2)) mit dem 1. Januar 1989 beginnen.

(2) Die vor dem Inkrafttreten des Gesetzes erteilten Genehmigungsdokumente bleiben weiterhin gültig.

(3) Die für die Gesellschaft mit ausländischer Beteiligung vor dem Inkrafttreten des Gesetzes gewährten Steuervergünstigungen dürfen bis zu ihrem Ablauf von den berechneten Steuern - in Höhe ihres Betrages – rückgehalten werden.

§ 47

Dieses Gesetz läßt diejenigen Bestimmungen, die sich auf die Gründung von Banken und Geldinstituten mit ausländischer Beteiligung beziehen (§ 34 des Gesetzes Nr. II. vom Jahre 1979) unangetastet. Der volle Wert der Aktien einer solchen Bank oder eines solchen Geldinstituts ist – abweichend von den Bestimmungen von § 264 Absatz 1 des Gesetzes über die Wirtschaftsgesellschaften – binnen drei Jahren ab Eintragung der Aktiengesellschaft ins Handelsregister, einzuzahlen.

ANHANG V:

Gesetz Nr. XXIV vom Jahre 1988
über die Investitionen von Ausländern in Ungarn
(heute geltende Fassung)[1396]

Im Interesse der Entwicklung der internationalen Wirtschaftskooperation, insbesondere im Interesse der Förderung des direkten Erscheinens ausländischen aktiven Kapitals in unserer Wirtschaft und auch im Interesse der auf dieser Weise erfolgenden Förderung der technischen Entwicklung in der ungarischen Wirtschaft, verabschiedet das Parlament – um den ausländischen Investoren die von nachteiliger Unterscheidung freie und nationale Behandlung zu sichern – das folgende Gesetz:

I. Kapitel

Allgemeine Bestimmungen

§ 1

(1) Die Investitionen und Wirtschaftsniederlassungen von Ausländern in Ungarn genießen vollen Schutz und volle Sicherheit.

(2) Der ausländische Investor ist für Schäden, die sich aus eventuellen Verstaatlichungs-, Enteignungs- oder ähnlichen juristischen Maßnahmen in seinem Eigentum ergeben, aufgrund des tatsächlichen Wertes unverzüglich zu entschädigen.

(3) Für die Entschädigung sorgt der Staat durch das Verwaltungsorgan, das die Maßnahme getroffen hat. Im Falle einer Rechtsverletzung kann die Revision des Verwaltungsbeschlusses über die Entschädigung beim Gericht beantragt werden.

(4) Die Entschädigungssumme ist dem Berechtigten in der Währung der getätigten Investition auszuzahlen.

§ 2

Bei Anwendung des vorliegenden Gesetzes:

a) Gilt als Ausländer, der durch Devisenrechtsnormen als Ausländer deklariert wird;
b) Als Investitionen von Ausländern in Ungarn gelten: der dem Ausländer aufgrund seines Gesellschaftsverhältnisses (als Aktionär, als Eigentümer eines Geschäftsanteils) zustehende Anteil aus dem Vermögen einer im Inland ansässigen Wirtschaftsgesellschaft, Vereinigung, gemeinnützigen Gesellschaft oder Genossenschaft, weiterhin das Vermögen der Zweigniederlassung oder der Handelsvertretung eines im Ausland ansässigen Unternehmens bzw. des selbständigen Unternehmens eines gemäß Punkt a) ausländischen Staatsbürgers;
c) Als Wirtschaftsniederlassungen von Ausländern gelten: eine Wirtschaftsgesellschaft, Vereinigung, gemeinnützige Gesellschaft oder Genossenschaft, an der ein Ausländer über einen Anteil verfügt (im weiteren: Gesellschaft mit ausländischer Beteiligung), weiterhin

[1396] die Übersetzung stammt von der Verfasserin als für den Bezirk des OLG Köln ermächtigte Übersetzerin der ungarischen Sprache

die Zweigniederlassung und die Handelsvertretung eines im Ausland ansässigen Unternehmens sowie das selbständige Unternehmen eines gemäß Punkt a) ausländischen Staatsbürgers;

d) Als selbständiges Unternehmen von Ausländern gilt die geschäftsmäßige – entgeltliche, zwecks Gewinn- und Vermögenserwerb ausgeübte und regelmäßige - wirtschaftliche (Produktion oder Dienstleistung) bzw. durch eine Rechtsnorm bestimmte Tätigkeit eines im gesonderten Gesetz bestimmten Ausländers.

§ 3

(1)Ein Ausländer ist ohne die Wirtschaftsniederlassung gemäß § 2 c) in Ungarn berechtigt

a) eine Lehrtätigkeit an einem Hochschulinstitut,
b) die Tätigkeit als Vortragskünstler,
c) eine Sachverständigentätigkeit (mit Ausnahme von Buchprüfung, Buch- und Rechnungsführungstätigkeit und Rechtsberatung),
d) die Tätigkeit eines Berufssportlers
e) eine Bau-, Montage- und Geschäftsführungstätigkeit im Interesse der Erfüllung eines Außenhandelsvertrages,
f) eine sonstige, geschäftsmäßige Wirtschaftstätigkeit, deren Ausübung ohne die Wirtschaftsniederlassung durch ein Gesetz oder eine Regierungsverordnung ermöglicht wird,

auszuüben.

(2) Im Zusammenhang mit der im Punkt e) bestimmten Bautätigkeit kann auch eine Niederlassung errichtet werden.

(3) Ohne eine Wirtschaftsniederlassung kann der Ausländer die im Absatz 1 Punkte b) - c) bestimmte Tätigkeit in Ungarn für eine Zeitdauer von längstens dreißig Tagen pro Kalenderjahr ausüben, außerdem darf er zur Ausübung der Tätigkeiten im Absatz 1 Punkte a) - b) im Inland keine Angestellten beschäftigen, einschließlich auch der Fall der Versetzung eines im Ausland beschäftigten Angestellten oder Beauftragten nach Ungarn.

§ 4

(1) Eine Wirtschaftsgesellschaft mit ausländischer Beteiligung kann an der Gründung einer anderen Wirtschaftsgesellschaft teilnehmen, kann auch selbst eine Gesellschaft gründen und kann an einer wirkenden Gesellschaft – mit der Beschränkung gemäß Absatz (2) – einen Anteil erwerben. Auf diese Gesellschaften beziehen sich die Bestimmungen des vorliegenden Gesetzes – die Bestimmungen von Kapitel IV ausgenommen – nicht.

(2) (außer Kraft)

§ 5

Über die Gesellschaft mit ausländischer Beteiligung versieht das Handelsregister führende Gericht (im Folgenden: Firmengericht) die Gesetzlichkeitsaufsicht.

§ 6

Falls ein internationaler Vertrag vom vorliegenden Gesetz abweichend verfügt, ist der internationale Vertrag anzuwenden.

§ 7

(außer Kraft)

§ 8

An einer Gesellschaft mit ausländischer Beteiligung können sich als inländische Gründer bzw. als Gesellschafter der Staat, juristische Personen, Wirtschaftsgesellschaften ohne juristische Persönlichkeit und natürliche Personen gemäß den Bestimmungen des Gesetzes über die Wirtschaftsgesellschaften in gleicher Weise beteiligen.

§ 9

(1) Eine Wirtschaftsgesellschaft mit ausländischer Beteiligung kann zwecks Ausübung jeglicher Wirtschaftstätigkeit gegründet werden, es sei denn, daß dies das Gesetz ausschließt oder beschränkt.

(2) Zur Gründung einer Gesellschaft mit ausländischer Beteiligung und zum Anteilerwerb an einer solchen Gesellschaft ist keine devisenbehördliche Genehmigung erforderlich.

(3) (außer Kraft)

§ 10

(außer Kraft)

§ 11

(außer Kraft)

§ 12

(1) (außer Kraft)

(2) (außer Kraft)

(3) Für die Einfuhr von Sacheinlagen und Nebenleistungen sind die Regelungen des Warenverkehrs im Außenhandel anzuwenden.

§ 13

(1) Falls mehr Aktien gezeichnet wurden, als durch die Aktiengesellschaft emittiert, und es infolgedessen zur Abweisung kommt (§ 255 Wirtschaftsgesellschaftengesetz), kann im Falle einer Gesellschaft mit ausländischer Beteiligung auch die vom Haushaltsorgan oder vom Geldinstitut getätigte Aktienzeichnung abgewiesen werden.

(2) (außer Kraft)

III. Kapitel

Die Funktionsbedingungen der Gesellschaften

§ 14

(1) Die Gesellschaft mit ausländischer Beteiligung (im weiteren: Gesellschaft) ist verpflichtet, in einer im gesonderten Gesetz bestimmten Weise Körperschaftsteuer zu zahlen. Der Gewinn der Gesellschaft ist zugunsten des staatlichen Budgets mit keiner anderen Einzahlungspflicht belastet.

(2) Die Gesellschaft ist zu all jenen Steuervergünstigungen berechtigt, die zugunsten solcher Gesellschaften gesondert bestimmt sind, sowie die beim Vorliegen sonstiger Bedingungen den anderen inländischen Wirtschaftsgesellschaften zustehen. Die Steuervergünstigung kann aus der berechneten Steuer – bis zu deren Höhe - in Form von Steuerrückhaltung in Anspruch genommen werden.

§ 15

(außer Kraft)

§ 16

(außer Kraft)

§ 17

Im Falle einer von der Gesellschaft vorgenommenen Investition dürfen hundert Prozent der im Berichtsjahr entstandenen, vorher berechneten allgemeinen Umsatzsteuer gemäß den Bestimmungen des Gesetzes über die allgemeine Umsatzsteuer zurückgefordert werden.

§ 18

(außer Kraft)

§ 19

Die Gesellschaft kann

a) Eigentumsrecht und andere Rechte für ihre im Gesellschaftsvertrag (in der Satzung) bestimmte Wirtschaftstätigkeit notwendigen Immobilien - mit Ausnahme von Ackerland und von Naturschutzgebieten - erwerben;
b) mit ihren Vermögensgegenständen im Rahmen der ungarischen Rechtsnormen und des Gesellschaftsvertrages (der Satzung) frei wirtschaften.

§ 20

Für das inländische Marktverhalten und für die inländische Preisbildung sind - im Rahmen der Gesetze über das Verbot des unlauteren Wettbewerbs und über die Preisbildung - die Marktbedingungen maßgebend. Falls die Rechtsnorm einen behördlichen Preis festlegt, ist dieser anzuwenden.

§ 21

Die Gesellschaft darf gemäß den für andere inländische Wirtschaftsorganisationen maßgeblichen Regeln, Außenhandels-, Großhandels- und Einzelhandelstätigkeiten ausüben.

§ 22

Die Rechtsnormen für den Qualitätsschutz von Produkten und Dienstleistungen sind auch auf die Gesellschaft anzuwenden.

§ 23

(außer Kraft)

§ 24

Für das Rechnungswesen, die Bilanzaufstellung und statistische Datenlieferungsverpflichtung der Gesellschaft, sowie für ihre staatliche Kontrolle sind dieselben Rechtsnormen anzuwenden, die sich auf andere inländische Wirtschaftsorganisationen beziehen.

§ 25

Im Falle andauernder Zahlungsunfähigkeit sind die Bestimmungen für das Liquidierungsverfahren anzuwenden.

§ 26

(1) Die Gesellschaft zahlt aufgrund des den Arbeitnehmern gezahlten Lohns in demselben Maße Sozialversicherungs- und Krankenversicherungsbeiträge, wie andere inländische Wirtschaftsorganisationen.

(2) (außer Kraft)

§ 27

Leitende Amtsträger, die Geschäftsführer, die Mitglieder des Aufsichtsrates und die Angestellten der Gesellschaft dürfen auch Ausländer sein.

§ 28

(1) Für den arbeitsrechtlichen Stand der Arbeitnehmer sind das Arbeitsgesetzbuch sowie in dessen Rahmen der Gesellschaftsvertrag (die Satzung) und der Arbeitsvertrag, für ihre Haftung jedoch das Gesetz über die Wirtschaftsgesellschaften bzw. das Arbeitsgesetzbuch maßgebend.

(2) Für die Gewerkschaftsrechte gelten das Arbeitsgesetzbuch und die auf dessen Basis publizierten Rechtsnormen.

§ 29

(außer Kraft)

§ 30

Das Vermögen der Gesellschaft ist – mit Ausnahme der Gesellschaften auf zollfreiem Gebiet – in Forint auszudrücken und die Bücher der Gesellschaft sind in Forint zu führen. Der Wert des vom ausländischen Investor nicht in Geld geleisteten Beitrages ist aufgrund der Währung des Sitzes des Ausländers in Forint zu registrieren.

§ 31

(außer Kraft)

§ 32

(außer Kraft)

§ 33

(außer Kraft)

§ 34

Falls eine Rechtsnorm den ungarischen Wirtschaftsorganisationen zu irgendeiner Tätigkeit eine behördliche Genehmigung vorschreibt, hat auch die Gesellschaft diese Genehmigung einzuholen.

§ 35

Falls vorliegendes Gesetz nicht anderweitig verfügt, können auf die Gesellschaft die mit ihrer Wirtschaftstätigkeit zusammenhängenden Bestimmungen nicht zivilrechtlichen Inhalts, die sich ausschließlich auf staatliche Wirtschaftsorganisationen und Genossenschaften – in ihrer diesbezüglichen Eigenschaft – beziehen, nicht zur Anwendung kommen.

§ 36

Die Banken dürfen unter den üblichen Bankgeschäftsbedingungen für die sich aus dem Gesellschaftsverhältnis ergebenden Verpflichtungen der Gesellschaft gegenüber dem ausländischen Gesellschafter eine Garantie übernehmen.

IV. Kapitel

Gesellschaften auf zollfreiem Gebiet

§ 37

(1) Ein Ausländer oder eine Gesellschaft mit ausländischer Beteiligung kann eine Gesellschaft auch auf einem Industriezollfreigebiet gründen oder an einer solchen Gesellschaft eine Beteiligung erwerben. Eine Vereinigung kann auf zollfreiem Gebiet nicht gegründet werden.

(2) Für die Gründung einer Gesellschaft auf zollfreiem Gebiet, für den Erwerb einer Beteiligung an einer solchen Gesellschaft und für die Tätigkeit der Gesellschaft sind – mit den Abweichungen und Ergänzungen dieses Kapitels – die Bestimmungen des Gesetzes Nr. XCV vom Jahre 1995 über die Devisen maßgebend.

(3) Die Bedingungen der technischen Abgrenzung des zollfreien Gebiets, die Bedingungen der Errichtung von Anlagen auf zollfreiem Gebiet und die Bedingungen der Ausführung der Tätigkeiten, die Regeln des sich auf dem zollfreien Gebiet realisierenden Personen- und Warenverkehrs beinhalten die Rechtsnormen über das Zollrecht und das Zollverfahren.

§ 37/A

(1) Die Gesellschaft auf einem zollfreiem Gebiet ist verpflichtet, ihr Entstehen innerhalb von acht Tagen ab Eintritt der Rechtskraft des Beschlusses des Zentralorgans der Zollorganisation über die Genehmigung der Errichtung eines Zollfreigebietes der Devisenbehörde zwecks Registrierung anzumelden.

(2) Wenn eine in Ungarn eingetragene und ansässige Gesellschaft mit ausschließlicher oder teilweiser ausländischer Beteiligung vom Zentralorgan der Zollorganisation die Genehmigung zur Errichtung eines Industriezollfreigebietes auf ihrem Sitz bekommt oder eine solche Gesellschaft ihren Sitz auf ein Industriezollfreigebiet verlegt, gilt sie damit als Gesellschaft auf zollfreiem Gebiet und ist verpflichtet, diese Tatsache innerhalb von acht Tagen der Devisenbehörde zwecks Registrierung anzumelden.

§ 38

Das zollfrei Gebiet gilt hinsichtlich der Anwendung der Zoll- und Devisenrechtsnormen und – mit den Abweichungen von § 39 – hinsichtlich der Anwendung der Rechtsnormen über den Außenhandel als Ausland, die Gesellschaft auf zollfreiem Gebiet gilt in der Anwendung der erwähnten Rechtsnormen als Ausländer. Demgemäß können auf die Gesellschaft auf zollfreiem Gebiet die Rechtsnormen der Preisregelung sowie der staatlichen Kontrolle nicht zur Anwendung kommen.

§ 39

(1) Die den Außenhandel betreffenden Bestimmungen der internationalen Verträge, die die Ungarische Volksrepublik verpflichten, sowie die für einzelne Relationen oder Waren festgelegten Export- und Importvorschriften, erstrecken sich auf die Gesellschaft auf zollfreiem Gebiet.

(2) Die Gesellschaft auf zollfreiem Gebiet darf mit Genehmigung des Industrie- und Handelsministers mit solchen Waren und mit solchen Ländern Außenhandelstätigkeiten ausüben, bezüglich welcher Waren und Relationen die Ungarische Volksrepublik für den Export und Import die Sorte oder die Menge bestimmende internationale Verträge hat.

§ 40

(1) Zur Eintragung der Gesellschaft auf zollfreiem Gebiet ins Handelsregister ist auch der Beschluß des Zentralorgans der Zollorganisation beizulegen, der das Grundstück, auf welchem die Tätigkeit der Gesellschaft geplant ist, zum zollfreien Gebiet deklariert hat.

(2) Die Gesellschaft ist verpflichtet, das Firmengericht und die Devisenbehörde über die Rücknahme oder über den Ablauf der Genehmigung zur Errichtung eines Zollfreigebietes durch Einreichen des einschlägigen rechtskräftigen Beschlusses oder durch Anmeldung des Ablaufs zu benachrichtigen.

§ 41

(1) Die Gesellschaft auf zollfreiem Gebiet führt ihre Bücher – mit der in Absatz (2) geregelten Ausnahme – in der konvertierbaren Währung, die im Gesellschaftsvertrag (in der Satzung) bestimmt wurde.

(2) Der Finanzminister kann verordnen, einzelne Konten in Forint zu führen und die Bilanz in Forint aufzustellen.

(3) (außer Kraft)

(4) (außer Kraft)

§ 42

(außer Kraft)

§ 43

(außer Kraft)

V. Kapitel

Schlußbestimmungen

§ 44

Falls die Gründer bzw. die Gesellschafter der Gesellschaft es schriftlich ausbedungen haben, geht bei sich aus dem Gesellschaftsvertrag ergehenden Streitigkeiten der Gesellschaft mit ausländischer Beteiligung ein inländisches oder ausländisches ordentliches oder Schiedsgericht vor.

§ 45

Das vorliegende Gesetz tritt mit dem 1. Januar 1989 in Kraft, gleichzeitig ändert sich § 11 Punkt c) des Beschlusses des Ministerrats Nr. 1016/1985 (III.2.) dem § 5 des vorliegenden Gesetzes entsprechend.

§ 46

(1) Die Bestimmungen des Gesetzes sind

c) bei Inkrafttreten des Gesetzes auch auf mit ausländischer Beteiligung bereits wirkenden Gesellschaften anzuwenden, mit Ausnahme der Regeln für die Genehmigung (§§ 10-11);
d) auch bei den verfahrensanhängigen Angelegenheiten anzuwenden, derart, daß als Erledigungstermin des Gesuchs der Genehmigung die vorgeschriebenen 90 Tage (§ 9 Absatz (2)) mit dem 1. Januar 1989 beginnen.

(2) Die vor dem Inkrafttreten des Gesetzes erteilten Genehmigungsdokumente bleiben weiterhin gültig.

(3) Die für die Gesellschaft mit ausländischer Beteiligung vor dem Inkrafttreten des Gesetzes gewährten Steuervergünstigungen dürfen bis zu ihrem Ablauf von den berechneten Steuern - in Höhe ihres Betrages - zurückgehalten werden.

§ 47

Dieses Gesetz läßt diejenigen Bestimmungen, die sich auf die Gründung von Geldinstituten und Versicherungen mit ausländischer Beteiligung oder sich auf den Erwerb eines ausländischen Anteils in einem inländischen Geldinstitut und in einer inländischen Versicherung beziehen, unangetastet.

FSC
www.fsc.org
MIX
Papier | Fördert gute Waldnutzung
FSC® C083411

Kolibri 360 GmbH
Ferdinand-Jühlke-Straße 7
99095 Erfurt, Deutschland
produktsicherheit@kolibri360.de

Druck:
CPI Druckdienstleistungen GmbH
im Auftrag der
Kolibri 360 GmbH
Ferdinand-Jühlke-Str. 7
99095 Erfurt